A COMPLETE BOOK OF LEGAL PRACTICE OF MERGER, DISSOLUTION, LIQUIDATION, BANKRUPTCY AND REORGANIZATION OF CHINESE ENTERPRISES

中国企业
兼并重组 解散清算 破产重整
法律政策 典型案例 法律文书
全 书

（目录索引＋原创法律文书全文版）

主 编：左娅菲娜 常硕　　副主编：左军 王强 张敏 邓舒文

中国政法大学出版社

2020・北京

图书在版编目（CIP）数据

中国企业兼并重组、解散清算、破产重整法律政策、典型案例、法律文书全书/左娅菲娜，常硕主编. —北京:中国政法大学出版社，2020. 12
ISBN 978-7-5620-5143-5

Ⅰ. ①中… Ⅱ. ①左… ②常… Ⅲ. ①企业法－研究－中国 Ⅳ. ①D922. 291. 914

中国版本图书馆 CIP 数据核字(2020)第 257507 号

出版者	中国政法大学出版社
地址	北京市海淀区西土城路 25 号
邮寄地址	北京 100088 信箱 8034 分箱　邮编 100088
网址	http://www.cuplpress.com (网络实名：中国政法大学出版社)
电话	010-58908586(编辑部) 58908334(邮购部)
编辑邮箱	zhengfadch@126.com
承印	北京鑫海金澳胶印有限公司
开本	720mm × 960mm　1/16
印张	35
字数	580 千字
版次	2020 年 12 月第 1 版
印次	2020 年 12 月第 1 次印刷
定价	139.00 元

编写说明

为贯彻党的十九大报告关于深化供给侧结构性改革，坚持“三去一降一补”、优化存量资源配置等精神，继续贯彻《国务院关于促进企业兼并重组的意见》（国发〔2010〕27号），落实国家“十三五”规划关于推动传统产业改造升级、积极稳妥化解产能过剩的规划内容，全面执行国家发展和改革委员会等十一部门发布的《关于进一步做好“僵尸企业”及去产能企业债务处置工作的通知》（发改财金〔2018〕1756号）、国家发展和改革委员会等十三部门发布的《加快完善市场主体退出制度改革方案》（发改财金〔2019〕1104号），满足、方便社会各界对企业兼并重组、公司解散清算与企业破产法律规范及规范性文件的查询需求，重庆邮电大学会同四川高扬律师事务所组织部分专家学者编写了《中国企业兼并重组、解散清算、破产重整法律政策、典型案例、法律文书全书》。

全书内容丰富、全面、完整，编排合理，不仅适用于公司、企业等市场主体处理企业兼并重组，公司解散清算，企业破产重整、和解、清算查询需要，还适用于人民法院及律师事务所、会计师事务所、清算机构等办理企业兼并重组、公司解散清算、企业破产实务工作需要，也适用于有关高校、科研机构收藏研究使用。

全书共四编，即：

第一编　法律、司法解释及其他规范性文件；

第二编　地方法规、规范性文件和行业规范；

第三编　人民法院审判相关案件之典型案例；

第四编　公司解散清算与企业破产常用法律文书样式。

第一编收录内容为现行有效国家层面的法律、司法解释及其他规范性文件，附录最高人民法院公布的有关司法解释、司法文件，举行新闻发布会的发言及答记者问，最高人民法院法官撰写的有关司法解释、司法文件的理解与适用专业文章，共计2200余件，基本囊括了我国企业兼并重组、公司解散清算与企业破产及与之相关的全部法律法规、司法解释及其他规范文件。其中附录部分不仅收录了市场主体法律规范、民商事法律规范、劳动者权益保护规范，还特别收录了为公司解散清算及企业兼并重组、企业破产提供服务的律师、会计师及审计、鉴定、评估、税务、拍卖、招投标、公证等社会服务机构业务规范，这也是本编的突出特色之一。

第二编收录各省市自治区地方法规、各级人民政府、人民法院和行业协会规范文件422件，其中包括行业规范46件，部分地区关于企业破产中对有关个人债务一并集中清理，也即自然人个人破产实验、试点的意见9件，深圳市人大常委会审议通过的《深圳经济特区个人破产条例》及其解读，以及2020年应对新冠肺炎疫情的地方司法及行业规范文件66件。由于公司诉讼解散、司法清算尤其是企业破产法立法的原则性、滞后性等局限，各省市自治区的各级人民政府、人民法院和行业协会根据实际情况出台了具有创造性、前瞻性、实用性的规范文件，不仅丰富了各地公司解散清算、企业破产社会实践的方式方法和内容，而且及时弥补了国家立法、政策的不足，为各地指导实践和相互借鉴学习提供了蓝本，也为国家层面将来修正、修订相关法律法规、制定相关政策等，提供了非常全面的实践经验和参考依据。

第三编收录各级人民法院审判案例585例，其中最高人民法院发布、公布的111例，包括公司解散、清算案例36例、企业破产案例65例（含2020年应对新冠肺炎疫情处理有关破产案件典型案例9例），企业兼并重组、改制典型案例10例；地方各级人民法院发布474例，其中公司解散、清算案例8例，企业破产案例452例（含2020年应对新冠肺炎疫情处理有关破产案件典型案例23例）、个人债务集中清理（破产试验）15例。

在收录案例中，为便于学习研究借鉴进行查询检索，除原案例已有“提示”“关键词”、副标题等进行审判要旨提示外，其余部分本书编者均以“审理要旨”（少数）及副标题（绝大多数）形式对其审判、办理要旨进行了提炼添加。

第四编编写、收录公司诉讼解散、司法清算与企业破产程序当事人、人民法院及清算组、破产管理人各类常用法律文书、工作文书332篇，其中86篇为本书编者编写，246篇为收录各级人民法院、有关行业协会发布、推荐。246篇收录法律文书中，各级人民法院发布、推荐218篇，其他行业协会制定28篇。332篇法律文书、工作文书中，当事人诉讼解散公司、申请公司清算与申请、参与企业破产清程序法律文书27篇，人民法院法律文书178篇，清算组、破产管理人工作文书127篇。

本书第一编至第三编及第四编部分内容均为有关国家机关、行业协会公开公布、发布，可以通过互联网搜素引擎查询，第四编部分内容为本书编者编写。为贯彻绿色发展理念，适应互联网时代信息资讯查询网络化、便利化、自主化的特点，减少纸质文本篇幅，节约出版发行及需求者消费成本，我们将全书四编整理为“目录索引版”，并将通过互联网搜索引擎不能查询的第四编常用法律文书原创部分作为附录刊载全文，这也是本书有别于其他同类图书的重要特色。

本书收录内容截至2020年12月31日。

本书在编写体例格式上遵从以下原则：

第一，在标题上出现颁布机关名称的，在具体法律规范性文件中省略其颁布机关的名称。例如：以下为最高人民法院颁布的司法解释，在出现的内容中，直接使用《关于……解释》省去“最高人民法院”。

第二，由于本书收录内容时间跨度较大，有些颁布机关的名称发生变更或者已经被撤销、并入其他机关。这种情况，本书保留了原发布机关的名称。

第三，法律规范性文件通过日期、发布日期与实施日期为同一个的，不做特别说明，直接写上日期。如果以上三个日不一致的，则在日期后，特别标注具体为哪个日期。比如，××××年×月×日发布，说明此日期为发布日期，而其通过日期或实施日期与此不同。

第四，有些法律规范性文件修订或修正过多次，本书收录时，选择的是发布日期和最后一次修订或修正日期，中间修订或修正日期省略。

第五，有些发布机关使用名称有全称，也有简称，本书遵照发布时所使用的名称，保留原样，而没有全部统一为全称。

编　者

2020年12月31日

目　录

第一编　法律、司法解释及其他规范性文件

第二编　地方法规、规范性文件和行业规范

第三编 人民法院审判相关案件之典型案例

第四编　公司解散清算与企业破产常用法律文书样式

附　录　法律文书样式原创部分全文

第一编

法律、司法解释及其他规范性文件

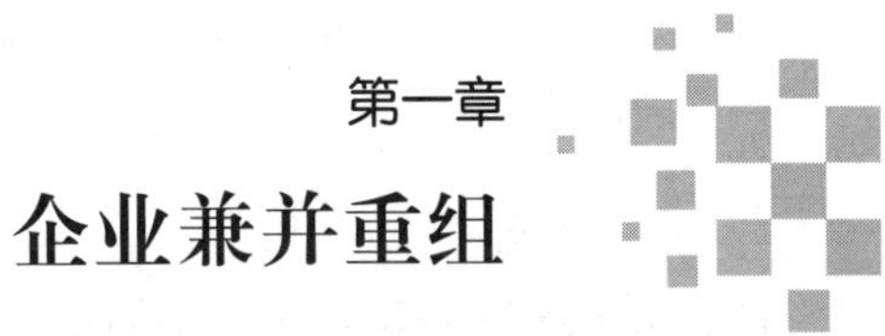

第一章 企业兼并重组

第一节 企业兼并重组的一般规定

一、统领性法律

中华人民共和国民法典（第一编 总则：第一章 基本规定、第三章 法人、第四章 非法人组织）

（2020 年 5 月 28 日第十三届全国人民代表大会第三次会议通过 2021 年 1 月 1 日实施）

二、主干法律、法规

1. 中华人民共和国公司法

（1993 年 12 月 29 日第八届全国人民代表大会常务委员会第五次会议通过 2018 年 10 月 26 日第四次修正）

2. 中华人民共和国证券法

（1998 年 12 月 29 日第九届全国人民代表大会常务委员会第六次会议通过 2019 年 12 月 28 日第二次修订）

3. 中华人民共和国反垄断法

（2007 年 8 月 30 日第十届全国人民代表大会常务委员会第二十九次会议通过 2008 年 8 月 1 日实施）

4. 中华人民共和国资产评估法

（2016 年 7 月 2 日第十二届全国人民代表大会常务委员会第二十一次会议通过 2016 年 12 月 1 日实施）

三、国务院文件

（一）主干文件

1. 关于经营者集中申报标准的规定

（2008年8月3日　国务院令第529号发布　2018年9月18日修订）

2. 关于促进企业兼并重组的意见

（2010年8月28日　国发〔2010〕27号）

3. 关于进一步优化企业兼并重组市场环境的意见

（2014年3月7日　国发〔2014〕14号）

4. 国务院关于实施金融控股公司准入管理的决定〔二、（三）〕

（2020年9月13日　国发〔2020〕12号）

5. 国务院关于进一步提高上市公司质量的意见（四、健全上市公司退出机制）

（2020年10月5日　国发〔2020〕14号）

（二）其他相关文件

1. 关于进一步实施东北地区等老工业基地振兴战略的若干意见〔一、（一）〕

（2009年9月9日　国发〔2009〕33号）

2. 关于加快推进现代农作物种业发展的意见〔三、（九）；四、（二十）〕

（2011年4月10日　国发〔2011〕8号）

3. 关于支持农业产业化龙头企业发展的意见〔五、（十三）〕

（2012年3月6日　国发〔2012〕10号）

4. 关于加强道路交通安全工作的意见〔四、（十）〕

（2012年7月22日 国发〔2012〕30号）

5. 关于促进光伏产业健康发展的若干意见〔四、（二）；七、（四）（五）〕

（2013年7月4日　国发〔2013〕24号）

6. 关于化解产能严重过剩矛盾的指导意见

（2013年10月6日　国发〔2013〕41号）

7. 关于开展优先股试点的指导意见

（2013年11月30日　国发〔2013〕46号）

8. 国家集成电路产业发展推进纲要〔三、（三）；四、（二）、（四）〕

（国务院　2014 年 6 月）

9. 物流业发展中长期规划（2014—2020 年）〔三、（二）〕

（2014 年 9 月 12 日　国发〔2014〕42 号）

10. 关于建立健全粮食安全省长责任制的若干意见〔六、（十六）〕

（2014 年 12 月 31 日　国发〔2014〕69 号）

11. 关于促进快递业发展的若干意见〔二、（四）〕

（2015 年 10 月 23 日　国发〔2015〕61 号）

12. 关于煤炭行业化解过剩产能实现脱困发展的意见

（2016 年 2 月 1 日　国发〔2016〕7 号）

13. 关于印发盐业体制改革方案的通知〔四、（十四）〕

（2016 年 4 月 22 日　国发〔2016〕25 号）

14. 关于印发“十三五”国家科技创新规划的通知〔第十七章　健全支持科技创新创业的金融体系：二、发展支持创新的多层次资本市场，第十九章　强化企业创新主体地位和主导作用：一、培育创新型领军企业〕

（2016 年 7 月 28 日　国发〔2016〕43 号）

15. 关于印发降低实体经济企业成本工作方案的通知〔十（三十四）〕

（2016 年 8 月 8 日　国发〔2016〕48 号）

16. 关于促进创业投资持续健康发展的若干意见〔三、（六）；五、（十二）；六、（十三）〕

（2016 年 9 月 16 日　国发〔2016〕53 号）

17. 关于积极稳妥降低企业杠杆率的意见

（2016 年 9 月 22 日　国发〔2016〕54 号）

18. 关于印发“十三五”卫生与健康规划的通知〔三、（十）〕

（2016 年 12 月 27 日　国发〔2016〕77 号）

19. 关于印发“十三五”深化医药卫生体制改革规划的通知〔三、（四）2.〕

（2016 年 12 月 27 日　国发〔2016〕78 号）

20. 关于印发“十三五”国家食品安全规划和“十三五”国家药品安全规划的通知〔《“十三五”国家药品安全规划》四、（一）〕

（2017 年 2 月 14 日　国发〔2017〕12 号）

21. 关于推动创新创业高质量发展打造“双创”升级版的意见〔六、（二十）；七、（二十四）〕

（2018 年 9 月 18 日　国发〔2018〕32 号）

22. 关于印发改革国有资本授权经营体制方案的通知

（2019 年 4 月 19 日　国发〔2019〕9 号）

四、国务院办公厅及有关部委文件

（一）国务院办公厅文件

1. 转发发展改革委关于加快推进煤矿企业兼并重组若干意见的通知

（2010 年 10 月 16 日　国办发〔2010〕46 号）

2. 转发证监会等部门关于依法打击和防控资本市场内幕交易意见的通知

（2010 年 11 月 16 日　国办发〔2010〕55 号）

3. 关于建立外国投资者并购境内企业安全审查制度的通知

（2011 年 2 月 3 日　国办发〔2011〕6 号）

4. 关于金融支持经济结构调整和转型升级的指导意见（二、引导、推动重点领域与行业转型和调整）

（2013 年 7 月 1 日　国办发〔2013〕67 号）

5. 关于促进地理信息产业发展的意见〔四、（十四）〕

（2014 年 1 月 22 日　国办发〔2014〕2 号）

6. 关于转发工业和信息化部等部门推动婴幼儿配方乳粉企业兼并重组工作方案的通知

（2014 年 6 月 6 日　国办发〔2014〕28 号）

7. 关于促进内贸流通健康发展的若干意见〔三、（七）〕

（2014 年 10 月 24 日　国办发〔2014〕51 号）

8. 关于加快融资租赁业发展的指导意见〔二、（六）〕

（2015 年 8 月 31 日　国办发〔2015〕68 号）

9. 关于促进医药产业健康发展的指导意见〔三、（十四）〕

（2016 年 3 月 4 日　国办发〔2016〕11 号）

10. 关于开展消费品工业“三品”专项行动营造良好市场环境的若干意见〔三、（十）〕

（2016 年 5 月 26 日　国办发〔2016〕40 号）

11. 关于石化产业调结构促转型增效益的指导意见〔一、（二）（六）；

二、(七)〕

(2016年7月23日 国办发〔2016〕57号)

12. 关于进一步改革完善药品生产流通使用政策的若干意见〔一、(五)〕

(2017年1月24日 国办发〔2017〕13号)

13. 关于推进奶业振兴保障乳品质量安全的意见〔三、(九)〕

(2018年6月3日 国办发〔2018〕43号)

14. 关于印发文化体制改革中经营性文化事业单位转制为企业和进一步支持文化企业发展两个规定的通知(2018)〔《文化体制改革中经营性文化事业单位转制为企业的规定》二、(11)〕

(2018年12月18日 国办发〔2018〕124号)

(二)国务院有关部委文件

1. 工业和信息化部 国家发展和改革委员会 财政部等十二部门关于加快推进重点行业企业兼并重组的指导意见

(2013年1月22日 工信部联产业〔2013〕16号)

2. 关于外国投资者并购境内企业的规定

(2006年8月8日商务部、国务院国有资产监督管理委员会、国家税务总局 国家工商行政管理总局、中国证券监督管理委员会、国家外汇管理局令第10号发布 2009年6月22日商务部修订)

3. 外商投资安全审查办法

(2020年12月9日国家发展和改革委员会、商务部令第37号发布)

五、相关司法解释

1. 最高人民法院关于审理与企业改制相关的民事纠纷案件若干问题的规定

(2003年1月3日发布 2020年12月29日修正 法释〔2020〕18号)

2. 最高人民法院对《商务部关于请确认〈关于审理与企业改制相关的民事纠纷案件若干问题的规定〉是否适用于外商投资的函》的复函

(2003年10月20日 〔2003〕民二外复第13号)

3. 最高人民法院关于审理外商投资企业纠纷案件若干问题的规定(一)

(2010年5月17日发布 2020年12月29日修正 法释〔2020〕18号)

4. 最高人民法院关于人民法院为企业兼并重组提供司法保障的指导意见
(2014年6月3日　法发〔2014〕7号)

第二节　国有企业发展混合所有制经济法律及政策文件

一、法律、法规

1. 中华人民共和国企业国有资产法
(2008年10月28日第十一届全国人民代表大会常务委员会第五次会议通过　自2009年5月1日实施)
2. 企业国有资产监督管理暂行条例
(2003年5月27日发布　2019年3月2日第二次修订)
3. 国有资产评估管理办法
(1991年11月16日国务院令第91号发布)
4. 企业国有资产产权登记管理办法
(1996年1月25日国务院令第192号发布)
5. 国有企业监事会暂行条例
(2000年3月15日国务院令第283号发布)

二、中共中央、国务院及国务院办公厅文件

(一) 中共中央、国务院文件

1. 中共中央　国务院关于完善国有金融资本管理的指导意见〔二、(四)(五)(六)(七)(八)(九);三、(十)(十一);四、(十五)〕
(2018年6月30日)
2. 国务院关于国有企业发展混合所有制经济的意见
(2015年9月23日　国发〔2015〕54号)
3. 国务院关于全民所有自然资源资产有偿使用制度改革的指导意见〔一、(二);二、(四)〕
(2016年12月29日　国发〔2016〕82号)
4. 国务院关于推进国有资本投资、运营公司改革试点的实施意见
(2018年7月14日　国发〔2018〕23号)

5. 国务院关于印发改革国有资本授权经营体制方案的通知

（2019 年 4 月 19 日　国发〔2019〕9 号）

（二）国务院办公厅文件

1. 转发国务院国有资产监督管理委员会关于规范国有企业改制工作意见的通知

（2003 年 11 月 30 日　国办发〔2003〕96 号）

2. 转发国资委关于进一步规范国有企业改制工作实施意见的通知

（2005 年 12 月 19 日　国办发〔2005〕60 号）

3. 转发国资委关于推进国有资本调整和国有企业重组指导意见的通知

（2006 年 12 月 5 日　国办发〔2006〕97 号）

4. 关于加强和改进企业国有资产监督防止国有资产流失的意见

（2015 年 10 月 31 日发布　国办发〔2015〕79 号）

5. 关于推动中央企业结构调整与重组的指导意见

（2016 年 7 月 17 日　国办发〔2016〕56 号）

6. 关于印发中央企业公司制改制工作实施方案的通知

（2017 年 7 月 18 日　国办发〔2017〕69 号）

7. 关于建立国有企业违规经营投资责任追究制度的意见

（2016 年 8 月 2 日　国办发〔2016〕63 号）

三、国务院部委规章

1. 企业国有资产所有权界定的暂行规定

（1991 年 3 月 26 日　国资综发〔1991〕23 号）

2. 国有资产评估管理办法施行细则

（1992 年 7 月 18 日　国资办发〔1992〕36 号）

3. 国有资产产权界定和产权纠纷处理暂行办法

（1993 年 11 月 21 日　国资法规发〔1993〕68 号）

4. 集体企业国有资产产权界定暂行办法

（1994 年 12 月 25 日　国家国有资产管理局令第 2 号）

5. 国有资产评估管理若干问题的规定

（2001 年 12 月 31 日　财政部令第 14 号发布）

6. 国有资产评估违法行为处罚办法

（2001年12月31日　财政部令第15号发布）

7. 国有企业清产核资办法

（2003年9月9日　国务院国有资产监督管理委员会令第1号）

8. 国有企业清产核资工作规程

（2003年9月13日　国务院国有资产监督管理委员会发布　国资评价〔2003〕73号）

9. 国有企业清产核资经济鉴证工作规则

（2003年9月18日国务院国有资产监督管理委员会发布　国资评价〔2003〕78号）

10. 企业国有资产评估管理暂行办法

（2005年8月25日国务院国有资产监督管理委员会令第12号公布　2005年9月1日实施）

11. 国有控股上市公司（境外）实施股权激励试行办法

（2006年1月27日国务院国有资产监督管理委员会、财政部发布　国资发分配〔2006〕8号）

12. 国有控股上市公司（境内）实施股权激励试行办法

（2006年9月30日国务院国有资产监督管理委员会、财政部发布　国资发分配〔2006〕175号）

13. 国有股东转让所持上市公司股份管理暂行办法

（2007年6月30日国资委、证监会令第19号公布）

14. 事业单位国有资产管理暂行办法

（2006年5月30日财政部令第36号发布　2019年3月29日财政部令第100号第二次修改）

15. 金融企业国有资产转让管理办法

（2009年3月17日财政部令第54号发布　2009年5月1日实施）

16. 企业国有产权交易操作规则

（2009年6月15日国务院国有资产监督管理委员会发布　国资发产权〔2009〕120号　2009年7月1日实施）

17. 中央企业商业秘密保护暂行规定

（2010年3月25日国务院国有资产监督管理委员会发布　国资发

〔2010〕41 号）

18. 中央企业资产评估项目核准工作指引

（2010 年 5 月 25 日国务院国有资产监督管理委员会发布　国资发产权〔2010〕71 号）

19. 中央企业境外国有资产监督管理暂行办法

（2011 年 6 月 14 日国务院国有资产监督管理委员会发布　国资委令第 26 号　2011 年 7 月 1 日实施）

20. 中央企业境外国有产权管理暂行办法

（2011 年 6 月 14 日国务院国有资产监督管理委员会发布　国资委令第 27 号　2011 年 7 月 1 日实施）

21. 国家出资企业产权登记管理暂行办法

（2012 年 4 月 12 日国务院国有资产监督管理委员会令第 29 号发布　自 2012 年 6 月 1 日实施）

22. 企业国有资产评估项目备案工作指引

（2013 年 5 月 10 日国务院国有资产监督管理委员会发布　国资发产权〔2013〕64 号）

23. 企业国有资产交易监督管理办法

（2016 年 6 月 24 日国务院国有资产监督管理委员会、财政部发布　国资委、财政部令第 32 号）

24. 国有科技型企业股权和分红激励暂行办法

（2016 年 2 月 26 日财政部、科技部、国资委发布　财资〔2016〕4 号　2016 年 3 月 1 日实施）

25. 上市公司股权激励管理办法

（2016 年 5 月 4 日中国证券监督管理委员会发布　2018 年 8 月 15 日修正）

26. 中央企业投资监督管理办法

（2017 年 1 月 7 日国务院国有资产监督管理委员会发布　国资委令第 34 号）

27. 中央企业境外投资监督管理办法

（2017 年 1 月 7 日国务院国有资产监督管理委员会发布　国资委令第 35 号）

28. 中央科技型企业实施分红激励工作指引

（2017 年 8 月 25 日国务院国有资产监督管理委员会发布　国资厅发考分〔2017〕47 号）

29. 上市公司国有股权监督管理办法

(2018年5月16日国务院国有资产监督管理委员会、财政部、中国证券监督管理委员会令第36号发布　2018年7月1日实施)

30. 中央企业违规经营投资责任追究实施办法(试行)

(2018年7月13日国务院国有资产监督管理委员会发布　国资委令第37号　2018年8月30日实施)

31. 中央企业合规管理指引(试行)

(2018年11月2日国务院国有资产监督管理委员会发布　国资发法规〔2018〕106号)

32. 中央企业控股上市公司实施股权激励工作指引

(2020年4月23日国务院国有资产监督管理委员会发布　国资考分〔2020〕178号)

四、国务院部委其他规范性文件

1. 国土资源部关于加强土地资产管理促进国有企业改革和发展的若干意见

(1999年11月25日　国土资发〔1999〕433号)

2. 国务院国有资产监督管理委员会关于加强企业国有资产评估管理工作有关问题的通知

(2006年12月12日　国资发产权〔2006〕274号)

3. 国务院国有资产监督管理委员会　财政部关于规范国有控股上市公司实施股权激励制度有关问题的通知

(2008年10月21日　国资发分配〔2008〕171号)

4. 国务院国有资产监督管理委员会关于企业国有资产评估报告审核工作有关事项的通知

(2009年9月11日　国资产权〔2009〕941号)

5. 国务院国有资产监督管理委员会关于建立国有企业改革重大事项社会稳定风险评估机制的指导意见

(2010年10月20日　国资发〔2010〕157号)

6. 国务院国有资产监督管理委员会关于规范中央企业选聘评估机构工作的指导意见

(2011年5月28日　国资发产权〔2011〕68号)

7. 国务院国有资产监督管理委员会关于中央企业国有产权置换有关事项的通知

（2011年9月7日　国资发产权〔2011〕121号）

8. 国务院国有资产监督管理委员会关于加强上市公司国有股东内幕信息管理有关问题的通知

（2011年10月28日　国资发产权〔2011〕158号）

9. 国务院国有资产监督管理委员会关于促进企业国有产权流转有关事项的通知

（2014年7月11日　国资发产权〔2014〕95号）

10. 国务院国有资产监督管理委员会关于进一步深化中央企业劳动用工和收入分配制度改革的指导意见

（2016年6月24日　国资发分配〔2016〕102号）

11. 国务院国有资产监督管理委员会关于国有控股混合所有制企业开展员工持股试点的意见

（2016年8月2日　国资发改革〔2016〕133号）

12. 国务院国有资产监督管理委员会关于做好中央科技型企业股权和分红激励工作的通知

（2016年10月31日　国资发分配〔2016〕274号）

13. 中央企业实施混合所有制改革有关事项的规定

（2016年12月5日　国资发产权〔2016〕295号）

14. 财政部　科技部　国资委关于《国有科技型企业股权和分红激励暂行办法》的问题解答

（2017年11月10日）

15. 国家发展改革委员会　财政部　人力资源和社会保障部等关于深化混合所有制改革试点若干政策的意见

（2017年11月29日　发改经体〔2017〕2057号）

16. 国有企业混合所有制改革相关税收政策文件汇编

（2018年8月4日　发改办经体〔2018〕947号）

17. 财政部　科技部　国资委关于扩大国有科技型企业股权和分红激励暂行办法实施范围等有关事项的通知

（2018年9月18日　财资〔2018〕54号）

18. 国务院国有资产监督管理委员会关于深化中央企业国有资本投资公司改革试点工作意见

（2019年1月1日　国资发资本〔2019〕28号）

19. 国务院国有资产监督管理委员会关于深化中央企业国有资本运营公司改革试点工作意见

（2019年1月1日　国资发资本〔2019〕45号）

20. 国务院国有资产监督管理委员会关于印发《国务院国资委授权放权清单（2019年版）》的通知

（2019年6月3日　国资发改革〔2019〕52号）

21. 国务院国有资产监督管理委员会关于加强中央企业内部控制体系建设与监督工作的实施意见

（2019年10月19日　国资发监督规〔2019〕101号）

22. 国务院国有资产监督管理委员会关于进一步做好中央企业控股上市公司股权激励工作有关事项的通知

（2019年10月24日　国资发考分规〔2019〕102号）

23. 中央企业混合所有制改革操作指引

（2019年10月31日　国资产权〔2019〕653号）

附件：混合所有制改革涉及的法律法规制度目录

24. 国务院国有资产监督管理委员会关于进一步推动构建国资监管大格局有关工作的通知

（2019年11月8日　国资发法规〔2019〕117号）

25. 国务院国有资产监督管理委员会关于进一步做好中央企业控股上市公司股权激励工作有关事项的通知

（2019年11月11日发布 国资发考分规〔2019〕102号）

26. 国务院国有资产监督管理委员会关于加强中央企业内部控制体系建设与监督工作的实施意见

（2019年11月14日发布 国资发监督规〔2019〕101号）

27. 国务院国资委关于以管资本为主加快国有资产监管职能转变的实施意见

（2019年11月7日　国资发法规〔2019〕114号）

28. 国务院国有资产监督管理委员会关于中央企业加强参股管理有关事项

的通知

（2019 年 12 月 12 日　国资发改革规〔2019〕126 号）

29. 国务院国有资产监督管理委员会　国家知识产权局关于推进中央企业知识产权工作高质量发展的指导意见

（2020 年 2 月 26 日　国资发科创规〔2020〕15 号）

30. 国家发展改革委 科技部 工业和信息化部 财政部 人力资源社会保障部 人民银行关于支持民营企业加快改革发展与转型升级的实施意见〔八、鼓励引导民营企业改革创新（三十四）鼓励民营企业参与混合所有制改革〕

（2020 年 10 月 13 日 发改体改〔2020〕1566 号）

五、司法解释

（一）国有资产产权争议

1. 最高人民法院关于国有资产产权管理行政案件管辖问题的解释

（2001 年 2 月 6 日发布　2001 年 2 月 21 日实施　法释〔2001〕6 号）

2. 最高人民法院关于审理与企业改制相关的民事纠纷案件若干问题的规定（第三条）

（2003 年 1 月 3 日发布　2003 年 2 月 1 日实施　法释〔2003〕1 号）

（二）有关人员涉及国有资产违法行为的法律适用

1. 最高人民法院关于对受委托管理、经营国有财产人员挪用国有资金行为如何定罪问题的批复

（2000 年 2 月 16 日发布　2000 年 2 月 24 日实施　法释〔2000〕5 号）

2. 最高人民法院关于在国有资本控股、参股的股份有限公司中从事管理工作的人员利用职务便利非法占有本公司财物如何定罪问题的批复

（2001 年 5 月 23 日发布　2001 年 5 月 26 日实施　法释〔2001〕17 号）

3. 最高人民法院关于如何认定国有控股、参股股份有限公司中的国有公司、企业人员的解释

（2005 年 8 月 1 日发布　2005 年 8 月 11 日实施　法释〔2005〕10 号）

（三）金融资产管理公司收购、管理、处置国有银行不良贷款

1. 最高人民法院关于审理涉及金融资产管理公司收购、管理、处置国有银行不良贷款形成的资产的案件适用法律若干问题的规定

（2001 年 4 月 11 日发布　2001 年 4 月 23 日实施　法释〔2001〕12 号）

2. 最高人民法院对《关于贯彻执行最高人民法院“十二条”司法解释有关问题的函》的答复

（2002 年 1 月 7 日　法函〔2002〕3 号）

3. 最高人民法院关于甘肃省高级人民法院就在诉讼时效期间债权人依法将主债权转让给第三人保证人是否继续承担保证责任等问题请示的答复

（2003 年 10 月 20 日〔2003〕民二他字第 39 号）

4. 最高人民法院关于金融资产管理公司收购、处置银行不良资产有关问题的补充通知

（2005 年 5 月 30 日　法〔2005〕62 号）

5. 最高人民法院印发《关于审理涉及金融不良债权转让案件工作座谈会纪要》的通知

（2009 年 3 月 30 日　法发〔2009〕19 号）

第三节　上市公司并购重组规范文件及有关问答

一、规章

（一）一般规定

1. 上市公司收购管理办法

（2006 年 5 月 17 日中国证券监督管理委员会通过　2020 年 3 月 20 日第四次修正）

2. 上市公司重大资产重组管理办法

（2014 年 7 月 7 日中国证券监督管理委员会通过　2020 年 3 月 20 日第三次修正）

3. 上市公司并购重组审核委员会工作规程

（2007 年 7 月 17 日中国证券监督管理委员会发布　2018 年 7 月 3 日修正）

4. 上市公司重大资产重组申报工作指引

〔2008 年 5 月 20 日中国证券监督管理委员会（上市公司监管部）〕

5. 上市公司并购重组财务顾问业务管理办法

（2008 年 6 月 3 日发布　中国证券监督管理委员会令第 54 号）

6. 上市公司并购重组审核工作规程（2017 年修订）

〔2017 年 7 月 25 日 证监会（上市公司监管部）〕

（二）科创板上市公司

1. 科创板上市公司持续监管办法（试行）

（2019 年 3 月 1 日 中国证券监督管理委员会令〔2019〕第 154 号）

2. 科创板上市公司重大资产重组特别规定

（2019 年 8 月 23 日　中国证券监督管理委员会公告〔2019〕19 号）

（三）证券期货市场诚信建设

证券期货市场诚信监督管理办法

（2018 年 3 月 28 日中国证券监督管理委员会令第 139 号发布　2020 年 3 月 20 日修正）

（四）证券市场禁入

证券市场禁入规定

（2006 年 3 月 7 日中国证券监督管理委员会通过　2015 年 5 月 18 日修订）

（五）外国投资者战略投资

外国投资者对上市公司战略投资管理办法

（2005 年 12 月 31 日商务部、中国证券监督管理委员会、国家税务总局、国家工商总局、国家外汇管理局令 2005 年第 28 号发布　2015 年 10 月 28 日商务部修订）

（2020 年 6 月 18 日—7 月 19 日商务部公示修订征求意见稿）

二、其他规范、规则性文件

（一）中国证券监督管理委员会发布

1. 关于在发行审核委员会中设立上市公司并购重组审核委员会的决定

（2007 年 7 月 17 日　证监发〔2007〕93 号发布　2017 年 12 月 7 日修订）

2. 关于规范上市公司信息披露及相关各方行为的通知

（2007 年 8 月 15 日　证监公司字〔2007〕128 号）

3. 关于规范上市公司重大资产重组若干问题的规定

(2008 年 4 月 16 日发布　2016 年 9 月 9 日修订)

4. 上市部关于进一步做好上市公司重大资产重组信息披露监管工作的通知

(2008 年 5 月 20 日　上市部函〔2008〕076 号)

附件：上市公司重大资产重组财务顾问业务指引（试行）

5. 《上市公司收购管理办法》第六十二条及《上市公司重大资产重组管理办法》第四十三条有关限制股份转让的适用意见——证券期货法律适用意见第 4 号

(2009 年 5 月 19 日　中国证券监督管理委员会公告〔2009〕11 号)

6. 《上市公司证券发行管理办法》第三十九条“违规对外提供担保且尚未解除”的理解和适用——证券期货法律适用意见第 5 号

(2009 年 7 月 9 日发布　中国证券监督管理委员会公告〔2009〕16 号)

7. 关于填报《上市公司并购重组财务顾问专业意见附表》的规定

(2010 年 11 月 18 日中国证券监督管理委员会发布　2017 年 12 月 7 日修改)

8. 《上市公司收购管理办法》第六十二条有关上市公司严重财务困难的适用意见——证券期货法律适用意见第 7 号

(2011 年 1 月 10 日　中国证券监督管理委员会公告〔2011〕1 号)

9. 《上市公司收购管理办法》第六十二条、第六十三条有关要约豁免申请的条款发生竞合时的适用意见——证券期货法律适用意见第 8 号

(2011 年 1 月 17 日 证监会公告〔2011〕2 号)

10. 《上市公司收购管理办法》第七十四条有关通过集中竞价交易方式增持上市公司股份的收购完成时点认定的适用意见——证券期货法律适用意见第 9 号

(2011 年 1 月 17 日　中国证券监督管理委员会公告〔2011〕3 号　2017 年 12 月 7 日修改)

11. 《上市公司重大资产重组管理办法》第十二条上市公司在 12 个月内连续购买、出售同一或者相关资产的有关比例计算的适用意见——证券期货法律适用意见第 11 号

(2011 年 1 月 17 日　中国证券监督管理委员会公告〔2011〕5 号)

12. 《上市公司重大资产重组管理办法》第三条有关拟购买资产存在资金

占用问题的适用意见——证券期货法律适用意见第 10 号

（2011 年 3 月 14 日　中国证券监督管理委员会公告〔2011〕4 号）

13. 上市公司并购重组专家咨询委员会工作规则

（2012 年 2 月 6 日　中国证券监督管理委员会公告〔2012〕2 号）

14. 中国证券监督管理委员会关于加强与上市公司重大资产重组相关股票异常交易监管的暂行规定

（2012 年 11 月 6 日发布　2016 年 9 月 9 日修订）

15. 中国证券监督管理委员会关于借壳上市审核中严格执行首次公开发行股票上市标准的通知

（2013 年 11 月 30 日 证监发〔2013〕61 号）

附件：借壳上市审核严格执行首次公开发行股票上市标准

16. 公开发行证券的公司信息披露内容与格式准则第 16 号——上市公司收购报告书（2014 年修订）

（2014 年 5 月 28 日修订　中国证券监督管理委员会公告〔2014〕25 号）

17. 公开发行证券的公司信息披露内容与格式准则第 17 号——要约收购报告书（2014 年修订）

（2014 年 5 月 28 日修订　中国证券监督管理委员会公告〔2014〕26 号）

18. 中国证券监督管理委员会调整上市公司再融资、并购重组涉及房地产业务监管政策

（2015 年 1 月 16 日中国证券监督管理委员会网站发布）

19. 关于首发及再融资、重大资产重组摊薄即期回报有关事项的指导意见

（2015 年 12 月 30 日发布　中国证券监督管理委员会公告〔2015〕31 号）

20. 关于完善上市公司股票停复牌制度的指导意见

（2018 年 11 月 6 日　中国证券监督管理委员会公告〔2018〕34 号）

21. 中国证券监督管理委员会　财政部　国务院国有资产监督管理委员会关于支持上市公司回购股份的意见

（ 2018 年 11 月 9 日　中国证券监督管理委员会公告〔2018〕35 号）

22. 公开发行证券的公司信息披露内容与格式准则第 26 号——上市公司重大资产重组（2018 年修订）

（ 2018 年 11 月 15 日　中国证券监督管理委员会公告〔2018〕36 号）

23. 关于认真学习贯彻《全国人民代表大会常务委员会关于修改〈中华人民共和国公司法〉的决定》的通知

（2018 年 11 月 20 日　中国证券监督管理委员会公告〔2018〕37 号）

24.《上市公司重大资产重组管理办法》第十四条、第四十四条的适用意见——证券期货法律适用意见第 12 号

（2019 年 10 月 18 日　中国证券监督管理委员会公告〔2019〕21 号）

25. 上市公司分拆所属子公司境内上市试点若干规定

（2019 年 12 月 12 日　中国证券监督管理委员会公告〔2019〕27 号）

26.《上市公司重大资产重组管理办法》第二十八条、第四十五条的适用意见——证券期货法律适用意见第 15 号

（2020 年 7 月 31 日　中国证券监督管理委员会公告〔2020〕53 号）

27. 监管规则适用指引——上市类第 1 号

（2020 年 7 月）

28. 关于证券市场信息披露媒体条件的规定

（2020 年 9 月 11 日中国证监会 国家新闻出版署公告〔2020〕60 号发布）

29. 具备证券市场信息披露条件的媒体名单

（2020 年 9 月 11 日中国证监会 国家新闻出版署公告〔2020〕61 号发布）

30. 关于修改〈关于加强上市证券公司监管的规定〉的决定（1209）

（2020 年 9 月 17 日中国证监会公告〔2020〕62 号发布）

关于加强上市证券公司监管的规定（2020 年修订）

31. 关于修改、废止部分证券期货制度文件的决定

（2020 年 10 月 30 日中国证监会公告〔2020〕66 号发布）

附件 1　中国证监会决定修改的规范性文件

附件 2　中国证监会决定废止的规范性文件

附件 3　中国证监会决定废止的部函等制度文件

《关于修改、废止部分证券期货制度文件的决定》起草说明

（二）深圳证券交易所发布

1. 关于发布《深圳证券交易所上市公司信息披露指引第 3 号——重大资产重组》的通知

（2019 年 5 月 10 日　深证上〔2019〕273 号）

2. 关于发布《深圳证券交易所创业板上市公司重大资产重组审核规则》的通知

(2020 年 6 月 12 日　深证上〔2020〕503 号)

3. 深圳证券交易所协助执法办理指引

(2020 年 10 月 23 日 深证综〔2020〕26 号)

(三) 上海证券交易所发布

关于发布《上海证券交易所科创板上市公司重大资产重组审核规则》的通知

(2019 年 11 月 29 日　上证发〔2019〕114 号)

三、中国证券监督管理委员会网站相关问题答记者问/解答

1. 中国证券监督管理委员会有关部门负责人就优先股试点答记者问

(2013 年 12 月 13 日)

2. 中国证券监督管理委员会明确并购重组法规政策咨询机制

(2015 年 1 月 16 日)

3. 中国证券监督管理委员会新闻发言人邓舸就并购重组定价等相关事项答记者问

(2017 年 2 月 18 日)

4. 中国证券监督管理委员会发行监管问答——关于上市公司非公开发行股票引入战略投资者有关事项的监管要求

(2020 年 3 月 20 日)

5. 中国证券监督管理委员会国新办新闻发布会答问实录

(2020 年 2 月 18 日)

6. 中国证券监督管理委员会：做好全市场注册制改革的准备

——中国证券监督管理委员会有关负责人就近期市场关心的一些问题接受记者采访

(2020 年 8 月 22 日)

四、最高人民法院司法文件

1. 关于为设立科创板并试点注册制改革提供司法保障的若干意见

(2019 年 6 月 20 日　法发〔2019〕17 号)

2. 关于为创业板改革并试点注册制提供司法保障的若干意见
（2020 年 8 月 8 日　法发〔2020〕28 号）

第四节　非上市公众公司（全国中小企业股份转让系统挂牌公司）并购重组

一、国务院文件

关于全国中小企业股份转让系统有关问题的决定
（2013 年 12 月 13 日　国发〔2013〕49 号）

二、其他规范、规则文件

1. 非上市公众公司监督管理办法
（2012 年 9 月 28 日中国证券监督管理委员会通过　2013 年 12 月 26 日、2019 年 12 月 20 修正）
2. 非上市公众公司收购管理办法
（2014 年 5 月 5 日中国证券监督管理委员会通过　2020 年 3 月 20 日修正）
3. 非上市公众公司重大资产重组管理办法
（2014 年 5 月 5 日中国证券监督管理委员会通过　2020 年 3 月 20 日修正）
4. 非上市公众公司信息披露管理办法
（2019 年 12 月 20 日　中国证券监督管理委员会令第 162 号）
5. 关于发布《全国中小企业股份转让系统非上市公众公司重大资产重组业务细则》的公告
（2020 年 4 月 24 日全国中小企业股份转让系统有限责任公司发布　股转系统公告〔2020〕340 号）
6. 全国中小企业股份转让系统有限责任公司关于发布《挂牌公司权益变动与收购业务问答》和《挂牌公司重大资产重组业务问答》的公告
（2018 年 10 月 26 日　股转系统公告〔2018〕1232 号）
7. 全国中小企业股份转让系统有限责任公司关于发布《挂牌公司权益变动与收购业务问答（二）》的公告
（2019 年 4 月 12 日）

8. 关于发布《全国中小企业股份转让系统挂牌公司要约收购业务指引》的公告

（2019 年 6 月 14 日全国中小企业股份转让系统有限责任公司发布　股转系统公告〔2019〕931 号）

9. 全国中小企业股份转让系统有限责任公司　中国证券登记结算有限责任公司关于发布全国中小企业股份转让系统挂牌公司股份特定事项协议转让细则的公告

（2019 年 12 月 27 日　股转系统公告〔2019〕1847 号）

10. 关于发布《全国中小企业股份转让系统挂牌公司股份特定事项协议转让业务办理指南（试行）》的公告

（2018 年 6 月 1 日全国中小企业股份转让系统有限责任公司发布　股转系统公告　〔2018〕640 号）

11. 关于发布《全国中小企业股份转让系统挂牌公司信息披露规则》的公告

（2020 年 1 月 3 日全国中小企业股份转让系统有限责任公司发布　股转系统公告〔2020〕2 号）

12. 关于非上市公众公司行政许可事项的有关事宜

（2020 年 2 月 19 日　中国证券监督管理委员会公告〔2020〕13 号）

13. 非上市公众公司信息披露内容与格式准则第 5 号——权益变动报告书、收购报告书、要约收购报告书（2020 年修订）

（2014 年 6 月 23 日中国证券监督管理委员会公布　2020 年 3 月 20 日中国证券监督管理委员会公告〔2020〕20 号修订）

14. 非上市公众公司监管指引第 1 号——信息披露（2020 年修订）

（2013 年 1 月 4 日中国证券监督管理委员会发布　2020 年 3 月 20 日中国证券监督管理委员会公告〔2020〕20 号修订）

15. 非上市公众公司信息披露内容与格式准则第 1 号——公开转让说明书（2020 年修订）

（2013 年 12 月 26 日中国证券监督管理委员会发布　2020 年 3 月 20 日中国证券监督管理委员会公告〔2020〕20 号修订）

16. 非上市公众公司信息披露内容与格式准则第 2 号——公开转让股票申请文件（2020 年修订）

（2013 年 12 月 26 日中国证券监督管理委员会发布　2020 年 3 月 20 日中

国证券监督管理委员会公告〔2020〕20号修订）

附录：公开转让股票申请文件目录

17. 关于发布《全国中小企业股份转让系统挂牌公司股票停复牌业务实施细则》的公告

（2020年4月24日全国中小企业股份转让系统有限责任公司发布 股转系统公告〔2020〕371号）

18. 全国中小企业股份转让系统重大资产重组业务指南第2号：非上市公众公司发行股份购买资产构成重大资产重组文件报送指南

（2020年10月23日全国中小企业股份转让系统有限责任公司发布 股转系统公告〔2020〕766号）

19. 全国中小企业股份转让系统股票挂牌审查业务规则适用指引第1号

（2020年11月6日全国中小企业股份转让系统有限责任公司发布 股转系统公告〔2020〕794）

20. 全国中小企业股份转让系统公开转让说明书信息披露指引——卫生行业公司

（2020年11月6日全国中小企业股份转让系统有限责任公司发布 股转系统公告〔2020〕815号）

21. 全国中小企业股份转让系统挂牌公司信息披露指引——卫生行业公司

（2020年11月6日全国中小企业股份转让系统有限责任公司发布 股转系统公告〔2020〕815号）

22. 全国中小企业股份转让系统挂牌公司信息披露指引——建筑公司

（2020年11月6日全国中小企业股份转让系统有限责任公司发布 股转系统公告〔2020〕816）

23. 全国中小企业股份转让系统公开转让说明书信息披露指引——建筑公司

（2020年11月6日全国中小企业股份转让系统有限责任公司发布 股转系统公告〔2020〕816）

三、有关答记者问

1. 中国证券监督管理委员会就落实《国务院关于全国中小企业股份转让

系统有关问题的决定》有关事宜答记者问

（2013 年 12 月 14 日）

2. 中国证券监督管理委员会新闻发言人就非上市公众公司并购重组办法答记者问

（2014 年 5 月 9 日）

第二章

公司解散清算与企业破产

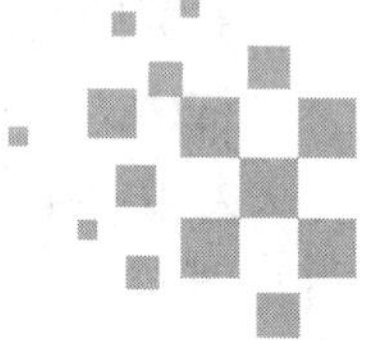

第一节　统领性法律

中华人民共和国民法典（第一编　总则：第一章 基本规定、第三章 法人、第四章 非法人组织）

（2020 年 5 月 28 日第十三届全国人民代表大会第三次会议通过　2021 年 1 月 1 日实施）

第二节　公司解散、清算法律、司法解释及有关会议纪要

一、公司法及其适用司法解释

1. 中华人民共和国公司法

（1993 年 12 月 29 日第八届全国人民代表大会常务委员会第五次会议通过　2018 年 10 月 26 日第四次修正）

2. 最高人民法院关于适用《中华人民共和国公司法》若干问题的规定（一）

（2006 年 3 月 27 日最高人民法院审判委员会第 1382 次会议通过　2014 年 2 月 17 日修正）

3. 最高人民法院关于适用《中华人民共和国公司法》若干问题的规定（二）

（2008 年 5 月 5 日最高人民法院审判委员会第 1447 次会议通过　2020 年 12 月 29 日修正　法释〔2020〕18 号）

附：宋晓明、张勇健、刘敏："《关于适用〈中华人民共和国公司法〉若干问题的规定（二）》的理解与适用"，载杜万华主编：《最高人民法院企业

破产与公司清算案件审判指导》，中国法制出版社2017年版。

4. 最高人民法院关于适用《中华人民共和国公司法》若干问题的规定（三）

（2010年12月6日最高人民法院审判委员会第1504次会议通过　2020年12月29日修正　法释〔2020〕18号）

附：宋晓明、张勇健、杜军：“《关于适用〈中华人民共和国公司法〉若干问题的规定（三）》的理解与适用”，载《人民司法（应用）》2011年第5期。

5. 最高人民法院关于适用《中华人民共和国公司法》若干问题的规定（四）

（2016年12月5日最高人民法院审判委员会第1702次会议通过　2020年12月29日修正　法释〔2020〕18号）

附1：最高人民法院副院长杜万华在《最高人民法院关于适用〈中华人民共和国公司法〉若干问题的规定（四）》新闻发布会上的发言。

附2：依法保护股东权利 促进规范公司治理——最高人民法院民二庭负责人就《关于适用〈中华人民共和国公司法〉若干问题的规定（四）》答记者问。

6. 最高人民法院关于适用《中华人民共和国公司法》若干问题的规定（五）

（2019年4月22日最高人民法院审判委员会第1766次会议通过 2019年4月28日发布　2020年12月29日修正　法释〔2020〕18号）

附：依法保护股东权益 服务保障营商环境——最高人民法院民二庭相关负责人就《关于适用若干问题的规定（五）》答记者问。

二、公司强制清算适用法律问题有关会议纪要

1. 最高人民法院印发《关于审理公司强制清算案件工作座谈会纪要》的通知

（2009年11月4日　法发〔2009〕52号）

附：宋晓明、张勇健、刘敏：“《关于审理公司强制清算案件工作座谈会

纪要》的理解与适用”，载《人民司法（应用）》2010年第1期。

2. 最高人民法院印发《全国法院民商事审判工作会议纪要》〔二、关于公司纠纷案件的审理（五）关于有限责任公司清算义务人的责任〕

（2019年11月8日　法〔2019〕254号）

第三节　企业破产法

1. 中华人民共和国民事诉讼法

（1991年4月9日第七届全国人民代表大会第四次会议通过　2017年6月27日第三次修正）

2. 中华人民共和国企业破产法

（2006年8月27日第十届全国人民代表大会常务委员会第二十三次会议通过　自2007年6月1日起施行）

3. 优化营商环境条例

（2019年10月8日国务院第66次常务会议通过　2020年1月1日施行）

4. 优化营商环境条例（第三十三条）

（2019年10月8日国务院第66次常务会议通过　2019年10月22日国务院令第722号发布　2020年1月1日实施）

5. 国务院关于进一步提高上市公司质量的意见（四、健全上市公司退出机制）

（2020年10月5日　国发〔2020〕14号）

第四节　适用企业破产法的司法解释、司法文件

一、适用企业破产法若干问题的规定、有关会议纪要

（一）适用企业破产法若干问题的规定、通知及其理解与适用

1. 最高人民法院关于正确适用《中华人民共和国企业破产法》若干问题的规定（一）充分发挥人民法院审理企业破产案件司法职能作用的通知

（2011年9月21日　法〔2011〕281号）

2. 最高人民法院关于适用《中华人民共和国企业破产法》若干问题的规

定（一）

（2011 年 9 月 9 日公布　自 2011 年 9 月 26 日起施行　法释〔2011〕22 号）

附：宋晓明、张勇健、刘敏：“《最高人民法院关于适用〈中华人民共和国企业破产法〉若干问题的规定（一）》的理解与适用”，载《人民司法（应用）》2011 年第 21 期。

3. 最高人民法院关于适用《中华人民共和国企业破产法》若干问题的规定（二）

（2013 年 9 月 5 日发布　2020 年 12 月 29 日修正　法释〔2020〕18 号）

附：积极追收债务人财产　充分保障债权人利益——最高人民法院民二庭负责人就《关于适用〈中华人民共和国企业破产法〉若干问题的规定（二）》答记者问。

4. 最高人民法院关于适用《中华人民共和国企业破产法》若干问题的规定（三）

（2019 年 3 月 27 日发布　2020 年 12 月 29 日修正　法释〔2020〕18 号）

附 1：最高人民法院民二庭关于《最高人民法院关于适用〈中华人民共和国企业破产法〉若干问题的规定（三）》及继续推进破产审判工作的设想答记者问。

附 2：刘贵祥、林文学、郁琳：“《关于适用〈中华人民共和国企业破产法〉若干问题的规定（三）》的理解与适用”，载《人民司法》2019 年第 31 期。

5. 最高人民法院印发《关于推进破产案件依法高效审理的意见》的通知

（2020 年 4 月 15 日　法发〔2020〕14 号）

附：林文学、关丽、郁琳、詹应国：“《关于推进破产案件依法高效审理的意见》的理解与适用”，载《人民司法》2020 年第 13 期。

6. 最高人民法院关于依法妥善审理涉新冠肺炎疫情民事案件若干问题的指导意见（二）（三、关于破产案件的审理）

（2020 年 5 月 15 日　法发〔2020〕17 号）

7. 最高人民法院 国家发展改革委 关于完善企业破产配套制度保障管理人依法履职进一步优化营商环境的意见（征求意见稿）

（2020 年 9 月 18 日）

（二）企业破产案件审理、审判有关会议纪要及其理解与适用

1. 最高人民法院印发《关于审理上市公司破产重整案件工作座谈会纪要》的通知

（2012 年 10 月 29 日　法〔2012〕261 号）

附：宋晓明、张勇健、赵柯："《关于审理上市公司破产重整案件工作座谈会纪要》的理解与适用"，载《人民司法（应用）》2013 年第 1 期。

2. 最高人民法院关于印发《全国法院破产审判工作会议纪要》的通知

（2018 年 3 月 4 日　法〔2018〕53 号）

3. 最高人民法院印发《全国法院民商事审判工作会议纪要》（十、关于破产纠纷案件的审理）

（2019 年 11 月 8 日　法〔2019〕254 号）

4. 最高人民法院关于印发《全国法院审理债券纠纷案件座谈会纪要》的通知（二、关于诉讼主体资格的认定 5、6；三、关于案件的受理、管辖与诉讼方式 12；四、关于债券持有人权利保护的特别规定 16、17、19；七、关于发行人破产管理人的责任）

（2020 年 7 月 15 日　法〔2020〕185 号）

二、执行转破产司法解释、司法文件

1. 最高人民法院关于适用《中华人民共和国民事诉讼法》的解释（第五百一十三条至第五百一十六条）

（2015 年 1 月 30 日发布　2020 年 12 月 29 日修正　法释〔2020〕20 号）

2. 最高人民法院印发《关于执行案件移送破产审查若干问题的指导意见》的通知

（2017 年 1 月 20 日　法发〔2017〕2 号）

附 1：最高人民法院民二庭负责人就《执行案件移送破产审查若干问题的指导意见》答记者问

附 2：王富博："《最高人民法院关于执行案件移送破产审查若干问题的指导意见》的理解与适用"，载《人民司法（应用）》2017 年第 10 期。

3. 最高人民法院关于进一步做好"执转破"有关工作的通知

（2018 年 6 月 8 日）

4. 人民法院办理执行案件规范（第十一章　执行程序和破产程序的衔接）（2017 年 4 月最高人民法院执行局发布）

三、人民法院受理强制清算与企业破产及衍生诉讼案件有关事项的通知等司法文件及其理解与适用

1. 最高人民法院关于对企业法人破产还债程序终结的裁定的抗诉应否受理问题的批复

（1997 年 7 月 31 日发布　1997 年 8 月 2 日实施　法释〔1997〕2 号）

2. 最高人民法院关于破产清算组在履行职责过程中违约或侵权等民事纠纷案件诉讼管辖问题的批复

（2004 年 6 月 21 日发布　2004 年 6 月 28 日实施　法释〔2004〕5 号）

3. 最高人民法院关于债权人对人员下落不明或者财产状况不清的债务人申请破产清算案件如何处理的批复

（2008 年 8 月 7 日发布　2008 年 8 月 18 日实施　法释〔2008〕10 号）

附：宋晓明、张勇健、刘敏："《最高人民法院关于债权人对人员下落不明或者财产状况不清的债务人申请破产清算案件如何处理的批复》的理解与适用"，载《人民司法·应用》2008 年第 17 期。

4. 最高人民法院关于受理借用国际金融组织和外国政府贷款偿还任务尚未落实的企业破产申请问题的通知

（2009 年 12 月 3 日　法〔2009〕389 号）

附：杨征宇："解读：《关于受理借用国际金融组织和外国政府贷款偿还任务尚未落实的企业破产申请问题的通知》"，载《商事审判指导》（总第 20 辑），人民法院出版社 2010 年版。

5. 最高人民法院关于对因资不抵债无法继续办学被终止的民办学校如何组织清算问题的批复

（2010 年 12 月 29 日公布　2020 年 12 月 29 日修正　法释〔2020〕18 号）

附：孙佑海、吴兆祥、孙茜："《关于对因资不抵债无法继续办学被终止的民办学校如何组织清算问题的批复》的理解与适用"，载《人民司法（应用）》2011 年第 5 期。

6. 最高人民法院关于税务机关就破产企业欠缴税款产生的滞纳金提起的

债权确认之诉应否受理问题的批复

(2012 年 6 月 26 日发布　2012 年 7 月 12 日实施　法释〔2012〕9 号)

7. 最高人民法院关于个人独资企业清算是否可以参照适用企业破产法规定的破产清算程序的批复

(2012 年 12 月 11 日发布　2012 年 12 月 18 日实施　法释〔2012〕16 号)

8. 最高人民法院印发《关于在中级人民法院设立清算与破产审判庭的工作方案》的通知

(2016 年 6 月 21 日　法〔2016〕209 号)

9. 最高人民法院关于破产案件立案受理有关问题的通知

(2016 年 7 月 28 日　最高法明传〔2016〕469 号)

10. 最高人民法院关于调整强制清算与破产案件类型划分的通知

(2016 年 7 月 6 日发布　2016 年 8 月 1 日实施　法〔2016〕237 号)

11. 最高人民法院关于上海金融法院案件管辖的规定（第 1 条）

(2018 年 8 月 7 日发布　法释〔2018〕14 号)

四、人民法院审理企业破产、重组案件的其他司法解释、司法文件及其部分理解与适用

1. 最高人民法院关于人民法院在审理企业破产和改制案件中切实防止债务人逃废债务的紧急通知

(2001 年 8 月 10 日　法〔2001〕105 号)

2. 最高人民法院关于审理企业破产案件若干问题的规定

(2002 年 7 月 30 日发布　2002 年 9 月 1 日实施　法释〔2002〕23 号)

3. 最高人民法院关于执行《最高人民法院关于〈中华人民共和国企业破产法〉施行时尚未审结的企业破产案件适用法律若干问题的规定》的通知

(2007 年 5 月 26 日　法〔2007〕81 号)

4. 最高人民法院关于《中华人民共和国企业破产法》施行时尚未审结的企业破产案件适用法律若干问题的规定

(2007 年 4 月 25 日发布　2007 年 6 月 1 日实施　法释〔2007〕10 号)

附：宋晓明、张勇健、刘敏："《关于〈中华人民共和国企业破产法〉施行时尚未审结的企业破产案件适用法律若干问题的规定》的理解与适用"，载

《人民司法·应用》2007年第6期。

5. 最高人民法院关于正确审理企业破产案件 为维护市场经济秩序提供司法保障若干问题的意见

（2009年6月12日 法发〔2009〕36号）

附：宋晓明、张勇健、刘敏："解读：《关于正确审理企业破产案件 为维护市场经济秩序提供司法保障若干问题的意见》"，载《人民司法·应用》2009年第15期。

6. 最高人民法院关于人民法院为企业兼并重组提供司法保障的指导意见

（2014年6月3日 法发〔2014〕7号）

7. 最高人民法院关于依法开展破产案件审理 积极稳妥推进破产企业救治和清算工作的通知

（2016年5月6日 法〔2016〕169号）

8. 最高人民法院印发《关于进一步加强金融审判工作的若干意见》的通知（三、有效防范化解金融风险，切实维护金融安全）

（2017年8月4日 法发〔2017〕22号）

9. 最高人民法院关于为改善营商环境提供司法保障的若干意见（一、依法平等保护各类市场主体，推动完善社会主义市场经济主体法律制度1、2、3；四、加强破产制度机制建设，完善社会主义市场主体救治和退出机制15、16、17、18、19）

（2017年8月7日 法发〔2017〕23号）

10. 最高人民法院办公厅转发《关于进一步做好"僵尸企业"及去产能企业债务处置工作的通知》的通知

（2018年12月26日 法办〔2018〕278号）

11. 最高人民法院 司法部 中华全国律师协会关于深入推进律师参与人民法院执行工作的意见（二、充分发挥律师在执行工作中的重要作用，8. 充分发挥律师在参与分配和执行转破产程序中的作用）

（2019年12月25日 法发〔2019〕34号）

12. 最高人民法院关于依法妥善办理涉新冠肺炎疫情执行案件若干问题的指导意见（一、充分发挥执行工作的服务保障作用；九、充分发挥破产和解、重整制度的保护功能）

（2020年5月13日 法发〔2020〕16号）

五、最高人民法院针对有关特定事项或个案请示的批复、规定、通知

1. 对广东省高级人民法院《关于佛山市中级人民法院受理经济合同纠纷案件与青岛市中级人民法院受理破产案件工作协调问题的请示》的复函

（1990 年 10 月 6 日　法（经）〔1990〕70 号）

2. 关于人民法院受理破产案件后对以破产案件的债务人为被执行人的执行案件均应中止执行的批复

（1993 年 9 月 17 日　法复〔1993〕9 号）

3. 对湖北省高级人民法院《关于破产债权能否与未到位的注册资金抵消问题的请示》的复函

（1995 年 4 月 10 日　法函〔1995〕32 号）

4. 对黑龙江省高级人民法院《关于哈尔滨百货采购供应站申请破产一案的汇报》的复函

（1995 年 5 月 4 日　法函〔1995〕48 号）

5. 关于山西省太原市中级人民法院执行深圳市罗湖对外经济发展公司房产问题的复函

〔1996 年 5 月 26 日　法函（1996）89 号〕

6. 关于实行社会保险的企业破产后各种社会保险统筹费用应缴纳至何时的批复

〔1996 年 11 月 22 日　法复（1996）17 号〕

7. 关于上海啤酒厂破产案中转让“天鹅”注册商标问题的答复

（1997 年 3 月 11 日）

8. 关于湖南省各级人民法院与北京市各级人民法院执行中国机电总公司协调案的复函

（2001 年 6 月 18 日　〔2001〕执协字第 8 号）

9. 对重庆市高级人民法院关于人民法院不应受理农村合作基金会的破产案件的复函

（2002 年 7 月 16 日　法民二〔2002〕第 27 号）

10. 对青海省高级人民法院《关于担保期间债权人向保证人主张权利的方式及程序问题的请示》的答复

（2002 年 11 月 22 日〔2002〕民二他字第 32 号）

11. 对山东省高级人民法院《关于蓬莱京鲁通讯视像设备厂破产还债案有关法律适用问题的请示》的复函

（2003 年 2 月 25 日 〔2001〕民立他字第 49 号）

12. 关于破产企业国有划拨土地使用权应否列入破产财产等问题的批复

（2003 年 4 月 16 日发布　2020 年 12 月 29 日修正　法释〔2020〕18 号）

13. 对河南省高级人民法院《关于郑州亚细亚五彩购物广场有限公司破产一案中董桂琴等 50 家商户能否行使取回权问题的请示》的答复

（2003 年 6 月 9 日 〔2003〕民二他字第 14 号）

14. 关于审理出口退税托管账户质押贷款案件有关问题的规定（第 5 条）

（2004 年 11 月 22 日发布　2004 年 12 月 7 日实施　法释〔2004〕18 号）

15. 关于法院已判决确权的财产不应列入破产财产的处理意见及复函

（〔2005〕执协字第 19-1 号）

16. 对山西省高级人民法院《关于湖南省华容县棉花总公司棉花取回权的确认及该批棉花灭失破产清算组如何承担责任的问题的请示》的答复

（2005 年 3 月 31 日 〔2004〕民二他字第 32 号）

17. 关于山西省大同市矿区法院执行案与湖南省株洲市中院破产案冲突请求我院协调的复函

（2006 年 8 月 28 日 〔2006〕执协字第 14-1 号）

18. 关于执行回转案件的申请执行人在被执行人破产案件中能否得到优先受偿保护的请示的答复

（2006 年 12 月 14 日 〔2005〕执他字第 27 号）

19. 关于破产和解后以破产债务人为被执行人的案件能否继续执行的请示答复

（2007 年 3 月 9 日　法（执）明传〔2007〕10 号）

20. 对重庆市高级人民法院《关于中国华融资产管理公司重庆办事处能否纳入企业破产案件社会中介机构管理人名册的请示》的答复

（2007 年 10 月 30 日 〔2007〕民二他字第 48 号）

21. 对海南省高级人民法院《关于长峰公司对一般结算账户上的资金能否行使取回权问题的请示》的答复

（2008 年 11 月 6 日 〔2008〕民二他字第 33 号）

22. 对宁夏回族自治区高级人民法院《关于上诉人宁波金昌实业投资有

限公司于被上诉人西北证券有限责任公司破产清算组取回权纠纷一案的请示》的答复

（2009 年 10 月 19 日 〔2009〕民二他字第 24 号）

23. 对广东省高级人民法院《关于请求指令广东省湛江市中级人民法院管辖广东中谷糖业集团有限公司属下广西博白县中创糖业发展有限公司和广西玉林雅桥糖业有限公司重整案的请示》的答复

（2009 年 12 月 13 日 〔2009〕民二他字第 36 号）

24. 对广东省高级人民法院《关于北京市中伦律师事务所与中国证券投资者保护基金有限公司签订法律服务合同的行为是否构成〈企业破产法〉第二十四条规定的“与本案利害关系”问题的请示》的答复

（2010 年 6 月 22 日 〔2010〕民二他字第 2 号）

25. 对山东省高级人民法院《关于代为清偿的连带债务人是否有权向破产和解的债务人继续追偿的问题的请示》的答复

（2010 年 11 月 10 日 〔2010〕民二他字第 15 号）

26. 对广西壮族自治区高级人民法院《关于破产财产拍卖相关问题的请示》的答复

（2010 年 12 月 21 日 〔2010〕民二他字第 45 号）

27. 对宁夏回族自治区高级人民法院《关于西北证券有限责任公司处置日前佣金收入及富余外币结算备付金归属问题的请示》的答复

（2011 年 6 月 23 日 〔2011〕民二他字第 9 号）

28. 就四川方向光电股份有限公司破产重整一案责令解除对该公司 3000 万股份的保全措施一事向辽宁省、四川省、重庆市高级人民法院发出的通知

（2011 年 11 月 15 日 〔2011〕民二他字第 17 号）

29. 对广东省高级人民法院《关于裁定批准深圳市国基房地产开发有限公司重整计划草案的报告》的答复

（2012 年 9 月 3 日 〔2012〕民二他字第 24 号）

30. 对辽宁省高级人民法院《关于沈阳特种环保设备制造股份有限公司破产重整一案的请示》的答复

（2013 年 4 月 25 日 〔2013〕民二他字第 8 号）

31. 对广东省高级人民法院《关于人民法院受理破产案件前债务人未付应付款项的滞纳金是否应当确认为破产债权的请示》的答复

（2013 年 6 月 27 日〔2013〕民二他字第 9 号）

32. 对河南省高级人民法院《关于河南济源农村商业银行股份有限公司与济源市商贸（集团）总公司保证担保借款合同纠纷一案的请示》的答复

（2013 年 8 月 21 日〔2013〕民二他字第 12 号）

33. 对广东省高级人民法院《关于李汉桥等 164 人与南方证券股份有限公司职工权益清单更正纠纷再审系列案有关法律问题的请示》的答复

（2013 年 12 月 11 日〔2013〕民二他字第 22 号）

34. 对湖北省高级人民法院《关于武汉九龙宫陵园有限公司与武汉市新洲区公墓管理处、武汉市新洲区阳逻街道办事处老屋村村民委员会、广州市万境科技发展有限公司公司解散纠纷一案适用法律问题的请示》的复函

（2013 年 12 月 13 日〔2013〕民二他字第 18 号）

35. 对福建省高级人民法院《关于上诉人杨文彬与被上诉人闽发证券有限责任公司房屋买卖合同纠纷中相关法律问题的请示》的答复

（2014 年 5 月 13 日〔2014〕民二他字第 3 号）

36. 对上海市高级人民法院《关于债权人主张公司股东承担清算赔偿责任诉讼时效问题的请示》的答复

（2014 年 12 月 11 日〔2014〕民二他字第 16 号）

37. 对广东省高级人民法院《关于广东国际信托投资公司对广东省信托房产开发公司的投资权益及债权公开处置方式的请示》的答复

（2015 年 2 月 16 日〔2015〕民二他字第 2 号）

38. 对重庆市高级人民法院《关于破产申请受理前已经划扣到执行法院账户尚未支付给申请执行人的款项是否属于债务人财产及执行法院收到破产管理人中止执行告知函后应否中止执行问题的请示》的答复函

（2017 年 12 月 12 日〔2017〕最高法民他 72 号）

附：最高人民法院对河北省高级人民法院《关于如何理解〈最高人民法院关于破产法司法解释〉第六十八条的请示》的答复（2004 年 12 月 22 日〔2003〕民二他字第 52 号）

第五节 关于破产管理人指定、报酬确定及破产案件信息公开、信息平台使用的司法解释、司法文件及其部分理解与适用

1. 最高人民法院关于执行《最高人民法院审理企业破产案件指定管理人的规定》《最高人民法院审理企业破产案件确定管理人报酬的规定》几个问题的通知

（2007 年 4 月 12 日 法明传〔2007〕129 号）

2. 最高人民法院关于审理企业破产案件指定管理人的规定

（2007 年 4 月 12 日发布 2007 年 6 月 1 日实施 法释〔2007〕8 号）

附：高民尚：“《关于审理企业破产案件指定管理人的规定》的理解与适用”，载《人民司法 · 应用》2007 年第 5 期。

3. 最高人民法院关于审理企业破产案件确定管理人报酬的规定

（2007 年 4 月 12 日发布 2007 年 6 月 1 日实施 法释〔2007〕9 号）

附：杨征宇：“《关于审理企业破产案件确定管理人报酬的规定》的理解与适用”，载《人民司法 · 应用》2007 年第 6 期。

4. 最高人民法院印发《关于企业破产案件信息公开的规定（试行）》的通知

（2016 年 7 月 26 日发布 2016 年 8 月 1 日实施 法〔2016〕19 号）

5. 最高人民法院关于印发《企业破产案件法官工作平台使用办法（试行）》的通知

（2016 年 7 月 27 日发布 2016 年 8 月 1 日实施 法〔2016〕252 号）

6. 最高人民法院关于印发《企业破产案件破产管理人工作平台使用办法（试行）》的通知

（2016 年 7 月 27 日发布 2016 年 8 月 1 日实施 法〔2016〕253 号）

第六节 其他相关司法解释、司法文件

1. 最高人民法院关于产业工会、基层工会是否具备社团法人资格和工会经费集中户可否冻结划拨问题的批复

（1997 年 5 月 16 日公布 2020 年 12 月 29 日修正 法释〔2020〕21 号）

2. 最高人民法院关于严禁冻结或划拨国有企业下岗职工基本生活保障资金的通知

（1999 年 11 月 24 日　法〔1999〕228 号）

3. 最高人民法院关于审理军队、武警部队、政法机关移交、撤销企业和与党政机关脱钩企业相关纠纷案件若干问题的规定

（2001 年 3 月 20 日发布　2020 年 12 月 29 日修正　法释〔2020〕18 号）

4. 最高人民法院关于处理担保法生效前发生保证行为的保证期间问题的通知

（2002 年 8 月 1 日　法〔2002〕144 号）

5. 最高人民法院关于金融资产管理公司收购、处置银行不良资产有关问题的补充通知（第“三”条）

（2005 年 5 月 30 日　法〔2005〕62 号）

6. 最高人民法院关于强制执行中不应将企业党组织的党费作为企业财产予以冻结或划拨的通知

（2005 年 11 月 22 日　法〔2005〕209 号）

7. 最高人民法院关于审理民事案件适用诉讼时效制度若干问题的规定（第十三条）

（2008 年 8 月 21 日公布　2020 年 12 月 29 日修正　法释〔2020〕17 号）

8. 最高人民法院关于审理涉及金融不良债权转让案件工作座谈会纪要（十、关于诉讼或执行主体的变更）

（2009 年 3 月 30 日　法发〔2009〕19 号）

9. 最高人民法院关于在执行工作中如何计算迟延履行期间的债务利息等问题的批复

（2009 年 5 月 11 日发布　2009 年 5 月 18 日实施　法释〔2009〕6 号）

10. 最高人民法院关于依法审理和执行被风险处置证券公司相关案件的通知

（2009 年 5 月 26 日　法发〔2009〕35 号）

11. 最高人民法院关于部分人民法院冻结、扣划被风险处置证券公司客户证券交易结算资金有关问题的通知

（2010 年 6 月 22 日〔2010〕民二他字第 21 号）

12. 最高人民法院关于执行程序中计算迟延履行期间的债务利息适用法律若干问题的解释

（2014 年 7 月 7 日公布　2014 年 8 月 1 日实施　法释〔2014〕8 号）

13. 最高人民法院关于执行案件立案、结案若干问题的意见（第13条、第17条）

（2014年12月17日发布 2015年1月1日实施 法发〔2014〕26号）

14. 最高人民法院关于人民法院网络司法拍卖若干问题的规定

（2016年8月2日发布 2017年1月1日实施 法释〔2016〕18号）

15. 最高人民法院关于公布失信被执行人名单信息的若干规定（第10条第（五）项）

（2013年7月1日通过 2017年1月16日修正）

16. 最高人民法院关于人民法院确定财产处置参考价若干问题的规定

（2018年8月28日发布 2018年9月1日实施 法释〔2018〕15号）

17. 最高人民法院关于进一步深化司法公开的意见（二、进一步深化司法公开的内容和范围5、6）

（2018年11月20日 法发〔2018〕20号）

18. 关于内地与香港特别行政区法院相互认可和执行民商事案件判决的安排（尚未生效）（第1条至第4条）

（2019年1月18日）

19. 中央全面依法治国委员会关于关于加强综合治理从源头切实解决执行难问题的意见〔三、加强和改进人民法院执行工作（五）；四、强化执行难源头治理制度建设（二）、（五）〕

（2019年7月14日 中法委发〔2019〕1号）

20. 最高人民法院关于为河北雄安新区规划建设提供司法服务和保障的意见（二、充分发挥职能作用，为雄安新区规划建设提供有力司法服务和保障4.）

（2019年9月26日 法发〔2019〕22号）

21. 关于人民法院进一步为“一带一路”建设提供司法服务和保障的意见（五、进一步加强“一站式”国际商事争端解决机制建设，为“一带一路”建设参与方提供优质高效法律服务31.）

（2019年12月9日 法发〔2019〕29号）

22. 最高人民法院关于人民法院为中国（上海）自由贸易试验区临港新片区建设提供司法服务和保障的意见（三、强化审判职能，依法保障新片区以投资贸易自由化为核心的制度体系13.）

（2019年12月13日 法发〔2019〕31号）

23. 最高人民法院关于为长江三角洲区域一体化发展提供司法服务和保障的意见（4. 提升民商事审判专业化水平，促进优化长三角区域法治化营商环境；9. 完善跨域司法执行联动协作机制，促进长三角区域诚信建设）

（2020 年 7 月 10 日　法发〔2020〕22 号）

24. 最高人民法院关于人民法院服务保障进一步扩大对外开放的指导意见（三、深入推进涉外商事海事审判体系现代化建设，服务贸易投资自由化便利化 7. 发挥涉外商事海事审判服务保障跨境贸易的专业优势；四、加大对外开放各领域的司法保护力度，营造法治化国际化便利化营商环境 12. 妥善处理跨境破产、金融、执行案件）

（2020 年 9 月 25 日 法发〔2020〕37 号）

25. 最高人民法院关于支持和保障深圳建设中国特色社会主义先行示范区的意见（12. 扎实开展破产制度改革试点。28. 加强审判专业化建设）

（2020 年 11 月 4 日　法发〔2020〕39 号）

26. 最高人民法院印发《关于修改〈民事案件案由规定〉的决定》的通知

（2020 年 12 月 29 日　法〔2020〕346 号）

第三章

与企业兼并重组、解散清算及破产相关的法律、司法解释及规范文件

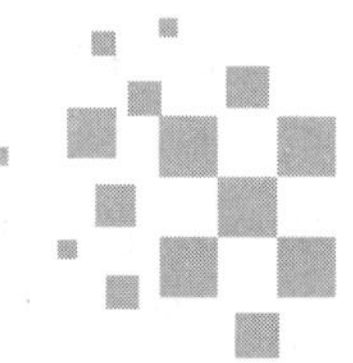

第一节 合伙、独资企业及民办学校、农民专业合作社的解散、清算与破产以及外资企业的法律适用规范

1. 中华人民共和国合伙企业法（第48条、第85条至第92条）

（1997年2月23日第八届全国人民代表大会常务委员会第二十四次会议通过 2006年8月27日修订）

2. 中华人民共和国个人独资企业法（第四章 个人独资企业的解散和清算）

（1999年8月30日第九届全国人民代表大会常务委员会第十一次会议通过 2000年1月1日实施）

3. 中华人民共和国民办教育促进法（第56条至第60条）

（2002年12月28日第九届全国人民代表大会常务委员会第三十一次会议通过 2018年12月29日第三次修正）

4. 中华人民共和国农民专业合作社法（第48条至第55条）

（2006年10月31日第十届全国人民代表大会常务委员会第二十四次会议通过 2017年12月27日修订）

5. 征信业管理条例（第12条）

（2012年12月26日国务院第228次常务会议通过 2013年3月15日实施）

6. 商务部办公厅关于依法做好外商投资企业解散和清算工作的指导意见

（2008年5月5日 商法字〔2008〕31号）

7. 财政部、农业农村部关于印发《农民专业合作社解散、破产清算时接受国家财政直接补助形成的财产处置暂行办法》的通知

（2019年6月25日发布 2019年7月1日实施 财资〔2019〕25号）

8. 中华人民共和国外商投资法（第2条、第31条、第42条）

（2019年3月15日第十三届全国人民代表大会第二次会议通过　2020年1月1日实施）

9. 中华人民共和国外商投资法实施条例（第22条、第44条至第49条）

（2019年12月26日国务院令第723号发布　2020年1月1日施行）

第二节　金融机构的解散、撤销清算与破产法律规范

一、银行

1. 中华人民共和国商业银行法（第七章　接管和终止）

（1995年5月10日第八届全国人民代表大会常务委员会第十三次会议通过　2015年8月29日第二次修正）

2. 中华人民共和国票据法（第61条、第64条）

（1995年5月10日第八届全国人民代表大会常务委员会第十三次会议通过　2004年8月28日修正）

3. 中华人民共和国反洗钱法（第19条）

（2006年10月31日第十届全国人民代表大会常务委员会第二十四次会议通过　2007年1月1日实施）

4. 中华人民共和国外资银行管理条例（第五章　终止与清算）

（2006年11月11日发布　2019年9月30日第三次修订）

5. 存款保险条例（第1条至第5条、第18条至第19条、第22条）

（2014年10月29日国务院第67次常务会议通过　2015年5月1日实施）

二、保险公司

1. 中华人民共和国保险法（第89条至第93条、第100条、第148条、第149条）

（1995年6月30日第八届全国人民代表大会常务委员会第十四次会议通过　2015年4月24日修正）

2. 中华人民共和国外资保险公司管理条例（第22条、第23条、第26至第30条）

（2001 年 12 月 12 日国务院令第 336 号发布　2019 年 9 月 30 日第三次修订）

3. 中华人民共和国外资保险公司管理条例实施细则（第 27 条至第 33 条）

（2004 年 5 月 13 日中国保险监督管理委员会保监会令 2004 年第 4 号发布　2019 年 11 月 29 日修订）

三、证券机构

1. 中华人民共和国证券法（第一章　总则　第 1 条、第 2 条、第 6 条；第三章：证券交易，第三节　禁止的交易行为：第 50 条至第 54 条；第四章　上市公司的收购：第 62 条至第 77 条；第五章　信息披露：第 78 条、第 80 条、第 81 条；第七章　证券交易场所：第 96 条、第 97 条；第八章　证券公司：第 118 条、第 120 条、第 122 条、第 131 条、第 143 条、第 144 条；第九章　证券登记结算机构：第 145 条、第 147 条、第 156 条；第十二章　证券监督管理机构：第 168 条、第 169 条）

（1998 年 12 月 29 日第九届全国人民代表大会常务委员会第六次会议通过　2019 年 12 月 28 日修订）

2. 证券公司监督管理条例（第 15 条、第 17 条）

（2008 年 4 月 23 日国务院第 6 次常务会议通过　2014 年 7 月 29 日修订）

3. 证券公司风险处置条例

（2008 年 4 月 23 日国务院第 6 次常务会议通过　2016 年 2 月 6 日修订）

四、证券投资基金、期货交易、信托、金融资产管理及融资担保公司

1. 中华人民共和国证券投资基金法（第 5 条、第 15 条、第 28 条、第 41 条、第 100 条）

（2003 年 10 月 28 日第十届全国人民代表大会常务委员会第五次会议通过　2015 年 4 月 24 日修正）

2. 期货交易管理条例（第 19 条）

（2007 年 3 月 6 日国务院令第 489 号发布　2017 年 3 月 1 日第四次修订）

3. 中华人民共和国信托法（第 15 条至第 18 条、第 39 条、第 52 条）

（2001 年 4 月 28 日第九届全国人民代表大会常务委员会第二十一次会议通过　2001 年 10 月 1 日实施）

4. 金融资产管理公司条例（第 2 条、第 3 条、第 4 条、第 26 条、第 31 条、第 32 条）

（2000 年 11 月 10 日国务院令第 297 号发布　自发布之日起施行）

5. 融资担保公司监督管理条例（第二章　设立、变更和终止 第6条至第11条）

（2017 年 8 月 2 日国务院令第 683 号发布　2017 年 10 月 1 日实施）

五、金融机构撤销与分立、合并、解散及破产管理

1. 金融机构撤销条例

（2001 年 11 月 14 日国务院第 47 次常务会议通过　2001 年 12 月 15 日施行）

2. 国务院关于实施金融控股公司准入管理的决定〔二、（三）〕

（2020 年 9 月 13 日　国发〔2020〕12 号）

第三节　企业、金融机构国有资产及金融债权人委员会管理

1. 中华人民共和国企业国有资产法（第 30 条至第 34 条、第 37 条、第 38 条）

（2008 年 10 月 28 日第十一届全国人民代表大会常务委员会第五次会议通过　2009 年 5 月 1 日实施）

2. 企业国有资产监督管理暂行条例（第 21 条、第 22 条、第 24 条、第 25 条）

（2003 年 5 月 13 日国务院第八次常务会议讨论通过　2019 年 3 月 2 日第二次修订）

3. 国有金融资本出资人职责暂行规定

（2019 年 11 月 7 日　国办发〔2019〕49 号）

4. 中国银保监会 发展改革委 中国人民银行 中国证监会关于印发《金融机构债权人委员会工作规程》的通知

（2020 年 12 月 28 日 银保监发〔2020〕57 号）

第四节　劳动者——企业职工权益保护

一、法律法规

1. 中华人民共和国劳动法

(1994 年 7 月 5 日第八届全国人民代表大会常务委员会第八次会议通过　2018 年 12 月 29 日第二次修正)

2. 中华人民共和国劳动合同法

(2007 年 6 月 29 日第十届全国人民代表大会常务委员会第二十八次会议通过　2012 年 12 月 28 日修正)

3. 中华人民共和国劳动合同法实施条例

(2008 年 9 月 3 日　2008 年 9 月 18 日国务院令第 535 号发布)

4. 中华人民共和国劳动争议调解仲裁法

(2007 年 12 月 29 日第十届全国人民代表大会常务委员会第三十一次会议通过　2008 年 5 月 1 日实施)

二、司法解释、司法文件

1. 最高人民法院关于在民事审判工作中适用《中华人民共和国工会法》若干问题的解释

(2003 年 6 月 25 日发布　2020 年 12 月 29 日修正　法释〔2020〕17 号)

2. 最高人民法院关于执行《最高人民法院关于〈中华人民共和国企业破产法〉施行时尚未审结的企业破产案件适用法律若干问题的规定》的通知(第“六”条)

(2007 年 5 月 26 日　法〔2007〕81 号))

3. 最高人民法院关于《中华人民共和国企业破产法》施行时尚未审结的企业破产案件适用法律若干问题的规定(第 14 条、第 15 条)

(2007 年 4 月 25 日发布　2007 年 6 月 1 日实施　法释〔2007〕10 号)

4. 最高人民法院关于正确审理企业破产案件 为维护市场经济秩序提供司法保障若干问题的意见(二、坚持在当地党委的领导下，努力配合政府做好企业破产案件中的维稳工作，为构建和谐社会提供司法保障 5；四、在破产程

序中要注重保障民生，切实维护职工合法权益 8、9、10)

(2009年6月12日 法发〔2009〕36号)

5. 最高人民法院关于人民法院为企业兼并重组提供司法保障的指导意见(一、坚持围绕中心服务大局，以法治方式保障企业兼并重组工作依法有序推进 5. 要按照利益衡平原则，依法妥善处理各种利益冲突；六、充分保障职工合法权益，全力维护社会和谐稳定 19. 依法保护劳动者合法权益，切实保障民生)

(2014年6月3日 法发〔2014〕7号)

6. 最高人民法院关于依法开展破产案件审理 积极稳妥推进破产企业救治和清算工作的通知(第“三”条)

(2016年5月6日 法〔2016〕169号)

7. 全国法院破产审判工作会议纪要(27. 企业破产与职工权益保护)

(2018年3月4日 法〔2018〕53号)

三、中华全国总工会及人力资源和社会保障部政策文件等

1. 中华全国总工会关于进一步加强国有企业改制和关闭破产中工会工作的意见

(2007年7月27日 总工发〔2007〕28号)

2. 企业工会主席合法权益保护暂行办法

(2007年8月20日 总工发〔2007〕32号)

3. 中华全国总工会办公厅关于在企业改制重组关闭破产中进一步加强民主管理工作的通知

(2009年8月14日 工发电〔2009〕61号)

4. 全总《关于在企业改制重组关闭破产中进一步加强民主管理工作的通知》深度解读(一)——职代会的法律效力是不容置疑的

(2009年9月 中华全国总工会)

5. 全总《关于在企业改制重组关闭破产中进一步加强民主管理工作的通知》深度解读(二)——公开公正才能更好地推进改革

(2009年9月 中华全国总工会)

6. 全总《关于在企业改制重组关闭破产中进一步加强民主管理工作的通知》深度解读(三)——让职代会成为企业改制的“减压阀”

(2009年9月 中华全国总工会)

7. 全总《关于在企业改制重组关闭破产中进一步加强民主管理工作的通知》深度解读（四）——工会依法维权受法律保护

（2009 年 9 月　中华全国总工会）

8. 全总《关于在企业改制重组关闭破产中进一步加强民主管理工作的通知》深度解读（五）——以职工权益实现促企业改制

（2009 年 9 月　中华全国总工会）

9. 人力资源和社会保障部　国家发展和改革委员会等八部委关于切实做好化解过剩产能中职工安置工作的通知

（2019 年 6 月 25 日　人社部发〔2019〕56 号）

第五节　企业破产清算的会计处理、重组改制及企业破产中的税收政策、破产管理人办理查询等证券业务问答

一、财务会计处理

（一）法律

中华人民共和国会计法

（1985 年 1 月 21 日第六届全国人民代表大会常务委员会第九次会议通过　2017 年 11 月 4 日第二次修正）

（二）其他一般规范文件

1. 财政部关于外商投资企业清算期财政财务管理有关规定的通知

（1995 年 7 月 9 日　财工字〔1995〕222 号）

2. 财政部关于印发《国有企业试行破产有关财务问题的暂行规定》的通知

（1996 年 8 月 20 日　财工字〔1996〕226 号）

3. 财政部关于印发《国有企业试行破产有关会计处理问题暂行规定》的通知

（1997 年 7 月 30 日　财会字〔1997〕28 号）

4. 财政部　国家税务总局关于印发《关于执行〈企业会计制度〉和相关会计准则有关问题解答（三）》的通知

（2003 年 8 月 22 日　财会〔2003〕29 号）

5. 财政部关于印发《企业资产损失财务处理暂行办法》的通知

（2003年9月3日发布　财企〔2003〕233号　自2003年10月5日起执行）

6. 上市公司执行企业会计准则监管问题解答（2009年第2期）…

（2009年9月23日发布　会计部函〔2009〕60号）

7. 财政部关于企业重组有关职工安置费用财务管理问题的通知..

（2009年6月25日　财企〔2009〕117号）

8. 财政部　国家安全监管总局关于印发《中央下放地方政策性关闭破产有色金属矿山企业尾矿库闭库治理安全工程项目和补助资金管理暂行办法》的通知

（2009年7月8日　财企〔2009〕120号）

9. 财政部关于中央企业重组中退休人员统筹外费用财务管理问题的通知

（2010年5月21日　财企〔2010〕84号）

10. 财政部关于印发《规范"三去一降一补"有关业务的会计处理规定》的通知

（2016年9月22日　财会〔2016〕17号）

11. 财政部 国务院国有资产监督管理委员会关于钢铁煤炭行业化解过剩产能国有资产处置损失有关财务处理问题的通知

（2018年1月3日　财资〔2018〕1号）

12. 财政部《关于印发〈企业破产清算有关会计处理规定〉的通知》

（2016年12月20日）

（三）国企、央企的其他相关规范文件

1. 中央企业清产核资工作方案

（2003年9月2日国务院国有资产监督管理委员会发布　国资评价〔2003〕58号）

2. 国有企业清产核资办法

（2003年9月9日国务院国有资产监督管理委员会令第1号公布）

3. 国有企业资产损失认定工作规则

（2003年9月13日国务院国有资产监督管理委员会发布　国资评价〔2003〕72号）

4. 国有企业清产核资工作规程

（2003年9月13日国务院国有资产监督管理委员会发布　国资评价〔2003〕73号）

5. 国有企业清产核资资金核实工作规定

（2003年9月13日国务院国有资产监督管理委员会发布　国资评价〔2003〕74号）

6. 国有企业清产核资经济鉴证工作规则

（2003年9月18日国务院国有资产监督管理委员会发布　国资评价〔2003〕78号）

二、税收法律政策

（一）企业所得税

◇ 法律法规

1. 中华人民共和国企业所得税法

（2007年3月16日第十届全国人民代表大会第五次会议通过　根据2018年12月29日第十三届全国人民代表大会常务委员会第七次会议《关于修改〈中华人民共和国电力法〉等四部法律的决定》第二次修正）

2. 中华人民共和国企业所得税法实施条例

（2007年12月6日中华人民共和国国务院令第512号公布　根据2019年4月23日《国务院关于修改部分行政法规的决定》修订）

◇ 其他规范文件

1. 财政部　国家税务总局关于对企业兼并破产中不予核销的银行呆、坏账损失营业税抵扣问题的通知

（1997年8月1日　财税字〔1997〕100号）

2. 国家税务总局关于金融企业呆帐损失税前扣除审批事项的通知

（2003年6月19日发布　2003年6月1日实施　国税发〔2003〕73号）

3. 企业财产损失所得税前扣除管理办法

（2005年8月9日发布　2005年9月1日实施）

4. 国家税务总局关于企业财产损失所得税前扣除中有关涉税鉴证业务问题的通知

（2006年12月26日　国税发〔2006〕185号）

5. 企业财产损失所得税税前扣除鉴证业务准则（试行）

（2007 年 2 月 2 日发布　2007 年 3 月 1 日实施 国税发〔2007〕9 号）

6. 财政部　国家税务总局关于企业资产损失税前扣除政策的通知

（2009 年 4 月 16 日发布　2008 年 1 月 1 日实施 财税〔2009〕57 号）

7. 财政部　国家税务总局关于金融企业贷款损失准备金企业所得税税前扣除有关问题的通知

（2009 年 4 月 30 日　财税〔2009〕64 号）

8. 财政部　国家税务总局关于企业清算业务企业所得税处理若干问题的通知

（2009 年 4 月 30 日发布　2008 年 1 月 1 日实施 财税〔2009〕60 号）

9. 财政部　国家税务总局关于企业重组业务企业所得税处理若干问题的通知

（2009 年 4 月 30 日发布　2008 年 1 月 1 日实施 财税〔2009〕59 号）

10. 企业资产损失税前扣除管理暂行办法

（2009 年 5 月 4 日发布　2008 年 1 月 1 日 国税发〔2009〕88 号）

11. 国家税务总局关于印发《中华人民共和国企业清算所得税申报表》的通知

（2009 年 7 月 17 日　国税函〔2009〕388 号）

12. 国家税务总局关于企业清算所得税有关问题的通知

（2009 年 12 月 4 日　国税函〔2009〕684 号）

13. 国家税务总局关于企业以前年度未扣除资产损失企业所得税处理问题的通知

（2009 年 12 月 31 日　国税函〔2009〕772 号）

14. 国家税务总局关于贯彻落实企业所得税法若干税收问题的通知

（2010 年 2 月 22 日　国税函〔2010〕79 号）

15. 企业重组业务企业所得税管理办法

（2010 年 7 月 26 日发布　2010 年 1 月 1 日实施　国家税务总局公告 2010 年第 4 号）

16. 国家税务总局关于企业股权投资损失所得税处理问题的公告

（2010 年 7 月 28 日发布　2010 年 1 月 1 日实施　国家税务总局公告 2010 年第 6 号）

17. 国家税务总局关于企业取得财产转让等所得企业所得税处理问题的公告

（2010 年 10 月 27 日发布　2010 年 11 月 26 日实施　国家税务总局公告

2010 年第 19 号）

18. 国家税务总局关于房地产开发企业注销前有关企业所得税处理问题的公告

（2010 年 12 月 24 日发布　2010 年 1 月 1 日实施　国家税务总局公告 2010 年第 29 号）

19. 企业资产损失所得税税前扣除管理办法

（2011 年 3 月 31 日发布　2011 年 1 月 1 日实施　国家税务总局公告 2011 年第 25 号）

20. 财政部　国家税务总局关于金融企业贷款损失准备金企业所得税税前扣除政策的通知

（2012 年 1 月 29 日　财税〔2012〕5 号）

21. 国家税务总局关于企业因国务院决定事项形成的资产损失税前扣除问题的公告

（2014 年 3 月 17 日　国家税务总局公告 2014 年第 18 号）

22. 财政部　国家税务总局关于促进企业重组有关企业所得税处理问题的通知

（2014 年 12 月 25 日发布　2014 年 1 月 1 日实施　财税〔2014〕109 号）

23. 财政部　国家税务总局关于金融企业贷款损失准备金企业所得税税前扣除有关政策的通知

（2015 年 1 月 15 日　财税〔2015〕9 号）

24. 国家税务总局关于金融企业涉农贷款和中小企业贷款损失税前扣除问题的公告

（2015 年 4 月 27 日　国家税务总局公告 2015 年第 25 号）

25. 国家税务总局关于资产（股权）划转企业所得税征管问题的公告

（2015 年 5 月 27 日　国家税务总局公告 2015 年第 40 号）

26. 国家税务总局关于企业重组业务企业所得税征收管理若干问题的公告

（2015 年 6 月 24 日发布　2015 年 1 月 1 日实施　国家税务总局公告 2015 年第 48 号）

27. 国家税务总局关于房地产开发企业土地增值税清算涉及企业所得税退税有关问题的公告

（2016 年 12 月 9 日　国家税务总局公告 2016 年第 81 号）

28. 国家税务总局关于企业所得税资产损失资料留存备查有关事项的公告

（2018 年 4 月 10 日　国家税务总局公告 2018 年第 15 号）

29. 企业所得税税前扣除凭证管理办法

（2018 年 6 月 6 日发布　2008 年 7 月 1 日实施 国家税务总局公告 2018 年第 28 号）

（二）增值税

1. 国家税务总局关于企业破产、倒闭、解散、停业后增值税留抵税额处理问题的批复

（1998 年 7 月 16 日　国税函〔1998〕429 号）

2. 国家税务总局关于纳税人资产重组有关增值税问题的公告

（2011 年 2 月 18 日发布　2011 年 3 月 1 日实施　国家税务总局公告 2011 年第 13 号）

3. 国家税务总局关于纳税人资产重组增值税留抵税额处理有关问题的公告

（2012 年 12 月 13 日发布　2013 年 1 月 1 日实施　国家税务总局公告 2012 年第 55 号）

4. 国家税务总局关于纳税人资产重组有关增值税问题的公告

（2013 年 11 月 19 日发布　2013 年 12 月 1 日实施　国家税务总局公告 2013 年第 66 号）

（三）土地增值税

1. 财政部　国家税务总局关于土地增值税一些具体问题规定的通知

（1995 年 5 月 25 日　财税字〔1995〕48 号）

2. 财政部　国家税务总局关于土地增值税若干问题的通知

（2006 年 3 月 2 日发布　2006 年 3 月 2 日实施　财税〔2006〕21 号）

3. 财政部　国家税务总局关于企业改制重组有关土地增值税政策的通知

（2015 年 2 月 2 日　财税〔2015〕5 号）

（四）契税

1. 中华人民共和国契税法（第六条第二款）

（中华人民共和国第十三届全国人民代表大会常务委员会第二十一次会议于 2020 年 8 月 11 日通过 自 2021 年 9 月 1 日起施行）

2. 财政部　国家税务总局关于企业改制重组若干契税政策的通知

（2003年8月20日　财税〔2003〕184号）

3. 财政部　国家税务总局关于延长企业改制重组若干契税政策执行期限的通知

（2006年3月29日　财税〔2006〕41号）

4. 国家税务总局关于企业改制重组契税政策有关问题解释的通知

（2006年8月28日　国税函〔2006〕844号）

5. 财政部　国家税务总局关于企业改制重组若干契税政策的通知

（2008年12月29日　财税〔2008〕175号）

6. 国家税务总局关于企业改制重组契税政策若干执行问题的通知

（2009年4月28日　国税发〔2009〕89号）

7. 财政部　国家税务总局关于企业事业单位改制重组契税政策的通知

（2012年1月12日　财税〔2012〕4号）

8. 财政部　国家税务总局关于进一步支持企业事业单位改制重组有关契税政策的通知

（2015年3月31日　财税〔2015〕37号）

9. 财政部　国家税务总局关于继续支持企业事业单位改制重组有关契税政策的通知

（2018年3月2日　财税〔2018〕17号）

（五）出口退税

国家税务总局关于出口企业申报出口货物退（免）税提供收汇资料有关问题的公告

（2013年6月9日发布　2013年8月1日实施 国家税务总局公告2013年第30号）

（六）个人所得税

1. 国家税务总局关于个人因解除劳动合同取得经济补偿金征收个人所得税问题的通知

（1999年9月23日发布　1999年10月1日实施　国税发〔1999〕178号）

2. 国家税务总局关于国有企业职工因解除劳动合同取得一次性补偿收入征免个人所得税问题的通知

（2000 年 5 月 8 日发布　2000 年 6 月 1 日实务　国税发〔2000〕77 号）

3. 财政部　国家税务总局关于个人与用人单位解除劳动关系取得的一次性补偿收入征免个人所得税问题的通知

（2001 年 9 月 10 日发布　2001 年 10 月 1 日实施　财税〔2001〕157 号）

（七）有关涉税批复

◇ 最高人民法院

最高人民法院关于税务机关就破产企业欠缴税款产生的滞纳金提起的债权确认之诉应否受理问题的批复

（2012 年 6 月 26 日发布　2012 年 7 月 12 日实施　法释〔2012〕9 号）

◇国家税务总局

1. 国家税务总局关于以房屋抵顶债务应征收营业税问题的批复

（1998 年 12 月 15 日　国税函〔1998〕771 号）

2. 国家税务总局关于人民法院强制执行被执行人财产有关税收问题的复函

（2005 年 9 月 12 日　国税函〔2005〕869 号）

3. 国家税务总局关于企业之间相互提供贷款担保发生担保损失税前扣除问题的批复

（2007 年 12 月 18 日　国税函〔2007〕1272 号）

4. 国家税务总局关于债务重组所得企业所得税处理问题的批复

（2009 年 1 月 4 日　国税函〔2009〕1 号）

5. 国家税务总局关于税务机关协助执行人民法院裁定有关问题的批复

（2013 年 8 月 26 日　税总函〔2013〕466 号）

6. 国家税务总局关于鄂尔多斯羊绒集团有限责任公司资产损失税前扣除问题的批复

（2015 年 4 月 7 日　税总函〔2015〕193 号）

7. 国家税务总局关于大屯煤电（集团）有限责任公司债转股及减资企业所得税处理问题的批复

（2015 年 4 月 28 日　税函〔2015〕221 号）

（八）其他有关涉税法律文件

1. 财政部税政司　国家税务总局政策法规司《企业重组改制税收政策文

件汇编》

（2018 年 6 月）

2. 国家税务总局对十三届全国人大一次会议关于修改破产法及相关配套制度强化破产审判工作的第 2304 号建议的答复

（2018 年 7 月 16 日）

3. 国家税务总局关于税收征管若干事项的公告（节选）

（2019 年 12 月 12 日）

4. 国家税务总局对十三届全国人大三次会议第 8471 号《关于规范完善不动产司法拍卖中税费征缴的建议》的答复

（2020 年 9 月 2 日）

三、破产管理人办理证券查询、过户等登记存管业务

中国证券登记结算有限责任公司破产管理人办理证券查询、过户等登记存管业务问答

（2020 年 4 月 30 日）

第六节　企业法人、公司的工商注销登记、税务注销规定

1. 中华人民共和国企业法人登记管理条例

（1988 年 5 月 13 日国务院第四次常务会议通过　2019 年 3 月 2 日修正）

2. 中华人民共和国企业法人登记管理条例施行细则

（1988 年 11 月 3 日发布　2019 年 8 月 8 日第七次修订）

3. 中华人民共和国公司登记管理条例

（1994 年 6 月 24 日发布　2016 年 2 月 6 日第三次修订）

4. 国家工商行政总局　国家税务总局关于清理长期停业未经营企业工作有关问题的通知

（2016 年 5 月 27 日　工商企监字〔2016〕97 号）

5. 国家工商行政管理总局关于全面推进企业简易注销登记改革的指导意见

（2016 年 12 月 26 日　工商企注字〔2016〕253 号）

6. 国家税务总局关于进一步优化办理企业税务注销程序的通知

（2018 年 9 月 18 日发布　2018 年 10 月 1 日实施　税总发〔2018〕149 号）

7. 国家税务总局关于深化"放管服"改革更大力度推进优化税务注销办理程序工作的通知

(2019 年 5 月 9 日发布 税总发〔2019〕64 号 2019 年 7 月 1 日实施)

8. 市场监管总局关于开展进一步完善企业简易注销登记改革试点工作的通知

(2018 年 12 月 3 日 国市监注〔2018〕237 号)

9. 市场监管总局 人力资源和社会保障部 商务部 海关总署 税务总局关于推进企业注销便利化工作的通知

(2019 年 1 月 18 日 国市监注〔2019〕30 号)

附 1：企业办理注销业务提交材料规范

附 2：企业注销指引

10. 市场监管总局办公厅关于进一步做好企业注销清算组备案有关工作的通知

(2020 年 9 月 29 日 市监注〔2020〕107 号)

附件：

1. 撤销清算组备案承诺声明

2. 通过国家企业信用信息公示系统办理清算组备案和债权人公告使用说明

3. 撤销债权人公告承诺声明

4-6.（略）

第七节 企业终止时的固体废物、放射性废物安全管理规定

1. 中央下放地方政策性关闭破产有色金属矿山企业尾矿库闭库治理安全工程项目和补助资金管理暂行办法

(2009 年 7 月 8 日 财企〔2009〕120 号)

2. 中华人民共和国固体废物污染环境防治法（第 33 条、第 41 条）

(1995 年 10 月 30 日第八届全国人民代表大会常务委员会第十六次会议通过 2020 年 4 月 29 日第二次修订)

3. 放射性废物安全管理条例（第 27 条）

(2011 年 11 月 30 日国务院第 183 次常务会议通过 2012 年 3 月 1 日施行)

第八节　刑法相关规范及有关司法解释、司法文件

一、刑法相关规范

中华人民共和国刑法（第二编　分则，第三章　破坏社会主义市场经济秩序罪，第三节　妨害对公司、企业的管理秩序罪：第一百五十八条至第一百六十九条之一；第六章　妨害社会管理秩序罪，第二节　妨害司法罪：第三百零七条之一）

（1979 年 7 月 1 日第五届全国人民代表大会第二次会议通过　2017 年 11 月 4 日第十次修正）

二、有关司法解释、司法文件

1. 最高人民法院关于对受委托管理、经营国有财产人员挪用国有资金行为如何定罪问题的批复

（2000 年 2 月 16 日发布　2000 年 2 月 24 日实施　法释〔2000〕5 号）

2. 最高人民法院关于在国有资本控股、参股的股份有限公司中从事管理工作的人员利用职务便利非法占有本公司财物如何定罪问题的批复

（2001 年 5 月 23 日发布　2001 年 5 月 26 日实施　法释〔2001〕17 号）

3. 最高人民法院关于如何认定国有控股、参股股份有限公司中的国有公司、企业人员的解释

（2005 年 8 月 1 日发布　2005 年 8 月 11 日实施　法释〔2005〕10 号）

4. 最高人民检察院关于渎职侵权犯罪案件立案标准的规定〔一、渎职犯罪案件（一）滥用职权案（第 397 条），（二）玩忽职守案（第 397 条），（七）执行判决、裁定失职案（第 397 条第 3 款），（八）执行判决、裁定滥用职权案（第 399 条第 3 款）；三、附则〕

（2006 年 7 月 26 日　高检发释字〔2006〕2 号）

5. 最高人民检察院　公安部关于公安机关管辖的刑事案件立案追诉标准的规定（二）（二、破坏社会主义市场经济秩序案 第 3 条〔虚报注册资本案（刑法第 158 条）〕、第 4 条〔虚假出资、抽逃出资案（刑法第 159 条）〕、第 5 条〔欺诈发行股票、债券案（刑法第 160 条）〕、第 7 条〔妨害清算案

(刑法第162条)〕、第8条〔隐匿、故意销毁会计凭证、会计账簿、财务会计报告案（刑法第162条之一）〕、第9条〔虚假破产案（刑法第162条之二）〕、第10条〔非国家工作人员受贿案（刑法第163条）〕、第11条〔对非国家工作人员行贿案（刑法第164条）〕、第12条〔非法经营同类营业案（刑法第165条）〕、第13条〔为亲友非法牟利案（刑法第166条）〕、第14条〔签订、履行合同失职被骗案（刑法第167条）〕、第15条〔国有公司、企业、事业单位人员失职案（刑法第168条）〕、第16条〔国有公司、企业、事业单位人员滥用职权案（刑法第168条）〕、第17条〔徇私舞弊低价折股、出售国有资产案（刑法第169条）〕、第18条〔背信损害上市公司利益案（刑法第169条之一）〕、第28条〔非法吸收公众存款案（刑法第176条）〕、第34条〔擅自发行股票、公司、企业债券案（刑法第179条）〕、第35条〔内幕交易、泄露内幕信息案（刑法第180条第1款）〕、第36条〔利用未公开信息交易案（刑法第180条第4款）〕、第49条〔集资诈骗案（刑法第192条）〕、第76条〔串通投标案（刑法第223条）〕、第77条〔合同诈骗案（刑法第224条）〕、第81条〔提供虚假证明文件案（刑法第229条第1款、第2款）〕、第82条〔出具证明文件重大失实案（刑法第229条第3款）〕；三、侵犯财产案 第84条〔职务侵占案（刑法第271条第1款）〕、第85条〔挪用资金案（刑法第272条第1款）〕、第86条〔挪用特定款物案（刑法第273条）〕；附 则)

(2010年6月21日　法发〔2010〕22号)

附：全国人民代表大会常务委员会关于《中华人民共和国刑法》第一百五十八条、第一百五十九条的解释（2014年4月24日第十二届全国人民代表大会常务委员会第八次会议通过）

6. 最高人民法院关于审理非法集资刑事案件具体应用法律若干问题的解释（第4条）

(2010年12月13日发布　2011年1月4日实施　法释〔2010〕18号)

7. 最高人民法院　最高人民检察院关于办理内幕交易、泄露内幕信息刑事案件具体应用法律若干问题的解释

(2012年3月29日发布　2012年6月1日实施　法释〔2012〕6号)

8. 最高人民法院关于适用《中华人民共和国刑事诉讼法》的解释（第十

一章 单位犯罪案件的审理：第 278 条至第 288 条）

（2012 年 12 月 20 日发布 2013 年 1 月 1 日实施 法释〔2012〕21 号）

9. 最高人民法院 最高人民检察院关于办理渎职刑事案件适用法律若干问题的解释（一）

（2012 年 12 月 7 日发布 2013 年 1 月 9 日实施）

10. 最高人民法院关于审理拒不支付劳动报酬刑事案件适用法律若干问题的解释（第 2 条）

（2013 年 1 月 16 日发布 2013 年 1 月 23 日实施 法释〔2013〕3 号）

11. 最高人民法院 最高人民检察院 公安部关于办理非法集资刑事案件适用法律若干问题的意见

（2014 年 3 月 25 日 公通字〔2014〕16 号）

12. 最高人民法院 最高人民检察院关于办理虚假诉讼刑事案件适用法律若干问题的解释

（2018 年 9 月 26 日发布 2018 年 10 月 1 日实施 法释〔2018〕17 号）

13. 最高人民法院 最高人民检察院 公安部关于办理非法集资刑事案件若干问题的意见（九、关于涉案财物追缴处置问题；十、关于集资参与人权利保障问题）

（2019 年 1 月 30 日 高检会〔2019〕2 号 ）

第九节 有关行政政策文件

1. 国家发展改革委等十一部门关于进一步做好“僵尸企业”及去产能企业债务处置工作的通知

（2018 年 11 月 23 日 发改财金〔2018〕1756 号）

2. 国家发展改革委等十三部门关于印发《加快完善市场主体退出制度改革方案》的通知

（2019 年 6 月 22 日 发改财金〔2019〕1104 号）

附 1：国家发展改革委财金司有关负责人就《加快完善市场主体退出制度改革方案》答记者问

附 2：李曙光：“《加快完善市场主体退出制度改革方案》的意义与突破”（来源：国家发展改革委官方微信公众号）

附录1　市场主体法律规范

一、自然人、法人及非法人组织

中华人民共和国民法典（第一编第二章、第三章、第四章）
（2020年5月28日发布　2021年1月1日实施）

二、企业

（一）全民所有制工业企业

1. 中华人民共和国全民所有制工业企业法
（1988年4月13日发布　2009年8月27日修正）
2. 全民所有制工业企业承包经营责任制暂行条例
（1988年2月27日发布　2011年1月8日第二次修订）
3. 全民所有制小型工业企业租赁经营暂行条例
（1988年6月5日发布　1990年2月24日修订）
4. 全民所有制工业企业转换经营机制条例
（1992年7月23日发布　2011年1月8日修订）

（二）集体所有制企业

1. 中华人民共和国乡村集体所有制企业条例
（1990年6月3日发布　2011年1月8日修订）
2. 中华人民共和国城镇集体所有制企业条例
（1991年9月9日发布　2016年2月6日第二次修订）

（三）其他企业

1. 中华人民共和国合伙企业法
（1997年2月23日发布　2006年8月27日修订）
2. 中华人民共和国个人独资企业法
（1999年8月30日发布　2000年1月1日实施）
3. 中华人民共和国乡镇企业法
（1996年10月29日发布　1997年1月1日实施）
4. 中华人民共和国外商投资法

（2019年3月15日发布 2020年1月1日实施）

5. 中华人民共和国外商投资法实施条例

（2019年12月26日发布 2020年1月1日实施）

三、公司总类

（一）法律

中华人民共和国公司法

（1993年12月29日通过 2018年10月26日第五次修正）

（二）主干司法解释

1. 最高人民法院关于适用《中华人民共和国公司法》若干问题的规定（一）

（2006年3月27日发布 2014年2月17日修正）

2. 最高人民法院关于适用《中华人民共和国公司法》若干问题的规定（二）

（2008年5月5日发布 2020年12月29日修正 法释〔2020〕18号）

3. 最高人民法院关于适用《中华人民共和国公司法》若干问题的规定（三）

（2010年12月6日发布 2020年12月29日修正 法释〔2020〕18号）

4. 最高人民法院关于适用《中华人民共和国公司法》若干问题的规定（四）

（2017年8月25日发布 2020年12月29日修正 法释〔2020〕18号）

5. 最高人民法院关于适用《中华人民共和国公司法》若干问题的规定（五）

（2019年4月28日发布 2020年12月29日修正 法释〔2020〕18号）

四、上市公司

（一）证券、股份、股票及其投资者保护

◇ 证券

1. 中华人民共和国证券法

（1998年12月29日通过 2019年12月28日第二次修订）

2. 中华人民共和国证券投资基金法

（2003年10月28日通过 2015年4月24日第二次修正）

3. 上市公司证券发行管理办法

（2006年4月26日通过 2020年2月14日修正）

4. 证券市场禁入规定

（2006 年 6 月 7 日发布　2015 年 5 月 18 日修订）

5. 证券公司风险控制指标管理办法

（2006 年 7 月 5 日通过　2020 年 3 月 20 日第三次修正）

6. 证券公司监督管理条例

（2008 年 4 月 23 日发布　2014 年 7 月 29 日修订）

7. 证券投资基金管理公司管理办法

（2004 年 9 月 16 日发布　2020 年 3 月 20 日第二次修正）

8. 证券发行与承销管理办法

（2006 年 9 月 17 日通过　2018 年 6 月 15 日第七次修订）

9. 国务院关于全国中小企业股份转让系统有关问题的决定

（2013 年 12 月 13 日　国发〔2013〕49 号）

10. 证券公司和证券投资基金管理公司合规管理办法

（2017 年 6 月 6 日发布　2020 年 3 月 20 日修正）

11. 证券交易所管理办法

（1996 年 8 月 21 日发布　2020 年 3 月 20 日第三次修正）

12. 外商投资证券公司管理办法

（2018 年 4 月 28 日发布　2020 年 3 月 20 日修正）

13. 证券公司和证券投资基金管理公司境外设立、收购、参股经营机构管理办法

（2018 年 9 月 25 日）

◇ 股份

1. 超额配售选择权试点意见

（2001 年 9 月 3 日　证监发〔2001〕112 号）

2. 国务院关于开展优先股试点的指导意见

（2013 年 11 月 30 日　国发〔2013〕46 号）

3. 金融负债与权益工具的区分及相关会计处理规定

（2014 年 3 月 17 日财政部印发　财会〔2014〕13 号）

4. 优先股试点管理办法

（2014 年 3 月 21 日）

◇ 股票

1. 股票发行与交易管理暂行条例

（1993 年 4 月 22 日　国务院令第 112 号）

2. 上市公司非公开发行股票实施细则

（2007 年 9 月 17 日证监发行字〔2007〕302 号发布　2020 年 2 月 14 日修正）

3. 上海证券交易所股票上市规则

（1998 年 1 月实施　2019 年 4 月 30 日第十三次修订　上证发〔2019〕52 号）

4. 深圳证券交易所股票上市规则

（1998 年 1 月实施　2019 年 4 月 30 日第十三次修订　深证上〔2019〕245 号）

5. 深圳证券交易所创业板股票上市规则

（2009 年 7 月实施　2019 年 4 月 30 日第五次修订　深证上〔2019〕245 号）

6. 上海证券交易所科创板股票上市规则

（2019 年 3 月实施　2019 年 4 月第一次修订）

7. 上海证券交易所科创板股票交易特别规定

（2019 年 3 月 1 日　上证发〔2019〕23 号）

◇ 投资者保护

1. 国务院办公厅关于进一步加强资本市场中小投资者合法权益保护工作的意见

（2013 年 12 月 25 日　国办发〔2013〕110 号）

2. 国务院办公厅关于进一步促进资本市场健康发展的若干意见

（2014 年 5 月 8 日　国发〔2014〕17 号）

（二）境内上市公司

◇保荐

1. 证券发行上市保荐业务管理办法

（2008 年 10 月 17 日发布　2020 年 6 月 12 日第三次修改）

2. 证券发行上市保荐业务工作底稿指引

（2009 年 3 月 27 日发布　2009 年 4 月 1 日实施）

3. 关于进一步加强保荐业务监管有关问题的意见

（2012年3月15日　证监会公告〔2014〕42）

◇ 新股发行

1. 中国证券监督管理委员会关于缩短新股发行结束到上市所需时间有关事宜的通知

（2001年11月21日　证监发〔2001〕144号）

2. 中国证券监督管理委员会关于进一步改革和完善新股发行体制的指导意见

（2009年6月10日　证监会公告〔2009〕13号）

3. 中国证券监督管理委员会关于进一步推进新股发行体制改革的意见

（2013年11月30日　证监会公告〔2013〕42号）

4. 关于加强新股发行监管的措施

（2014年1月12日　证监会公告〔2014〕4号）

◇ 公开发行

○ 主板

1. 首次公开发行股票并上市管理办法

（2006年5月17日通过　2020年7月10日第三次修正）

2. 首次公开发行股票时公司股东公开发售股份暂行规定

（2013年12月2日发布　2014年3月21日修订）

3. 关于发布《首发业务若干问题解答》的通知

（2019年3月25日）

首发业务若干问题解答（一）

首发业务若干问题解答（二）

○ 创业板

1. 境内企业申请到香港创业板上市审批与监管指引

（1999年9月21日　证监发行字〔1999〕126号）

2. 创业板市场投资者适当性管理暂行规定

（2009年6月30日　证监会公告〔2009〕14号）

3. 首次公开发行股票并在创业板上市管理办法

（2014年2月11日通过　2018年6月6日第二次修正 证监会令第142号）

4. 创业板上市公司证券发行管理暂行办法

（2014 年 5 月 14 日证监会令第 100 号发布　2020 年 2 月 14 日修订）

5. 科创板上市公司持续监管办法（试行）

（2019 年 3 月 1 日　中国证券监督管理委员会令第 154 号）

6. 最高人民法院印发《关于为设立科创板并试点注册制改革提供司法保障的若干意见》的通知

（2019 年 6 月 20 日　法发〔2019〕17 号）

○B 股

1. 国务院关于股份有限公司境内上市外资股的规定

（1995 年 12 月 25 日　国务院令第 189 号）

2. 股份有限公司境内上市外资股规定的实施细则

（1996 年 5 月 3 日　证委发〔1996〕第 9 号）

3. 关于企业发行 B 股有关问题的通知

（1999 年 5 月 19 日　证监发行字〔1999〕52 号）

4. 中国证券监督管理委员会　国家外汇管理局关于境内居民个人投资境内上市外资股若干问题的通知

（2001 年 2 月 21 日　证监发〔2001〕22 号）

5. 对外经济贸易合作部　中国证券监督管理委员会关于上市公司涉及外商投资有关问题的若干意见

（2001 年 10 月 8 日　外经贸资发〔2001〕538 号）

◇ 资金管理

1. 中国证券监督管理委员会　国务院国有资产监督管理委员会关于规范上市公司与关联方资金往来及上市公司对外担保若干问题的通知

（2003 年 8 月 28 日发布　2017 年 12 月 7 日修改）

2. 中国证券监督管理委员会关于集中解决上市公司资金被占用和违规担保问题的通知

（2005 年 6 月 6 日　证监公司字〔2005〕37 号）

3. 中国证券监督管理委员会　中国银行业监督管理委员会关于规范上市公司对外担保行为的通知

（2005 年 11 月 14 日发布　证监发〔2005〕120 号）

4. 中国证券监督管理委员会等关于进一步做好清理大股东占用上市公司资金工作的通知

（2006 年 11 月 7 日　证监发〔2006〕128 号）

5. 国务院国有资产监督管理委员会　中国证券监督管理委员会关于推动国有股东与所控股上市公司解决同业竞争规范关联交易的指导意见

（2013 年 8 月 20 日　国资发产权〔2013〕202 号）

◇ 信息披露

1. 中国证券会关于首次公开发行股票公司招股说明书网上披露有关事宜的通知

（2001 年 1 月 20 日发布　证监发行字〔2001〕13 号）

2. 中国证券监督管理委员会关于进一步提高上市公司财务信息披露质量的通知

（2004 年 1 月 6 日 证监会会计字〔2004〕1 号）

3. 上市公司信息披露管理办法

（2007 年 1 月 30 日　中国证券监督管理委员会令第 40 号）

4. 中国证券监督管理委员会关于上市公司立案稽查及信息披露有关事项的通知

（2007 年 8 月 13 日　证监发〔2007〕111 号）

5. 中国证券监督管理委员会关于规范上市公司信息披露及相关各方行为的通知

（2007 年 8 月 15 日　证监公司字〔2007〕128 号）

6. 中国证券监督管理委员会关于发布《关于前次募集资金使用情况报告的规定》的通知

（2007 年 12 月 26 日　证监发行字〔2007〕500 号）

7. 中国证券监督管理委员会关于进一步提高首次公开发行股票公司财务信息披露质量有关问题的意见

（2012 年 5 月 23 日　中国证券监督管理委员会公告〔2012〕14 号）

8. 关于首次公开发行股票并上市公司招股说明书财务报告审计截止日后主要财务信息及经营状况信息披露指引

（2013 年 12 月 6 日发布　2020 年 7 月 10 日修订）

9. 关于首次公开发行股票并上市公司招股说明书财务报告审计截止日后主要财务信息及经营状况信息披露指引

（2013 年 12 月 6 日　中国证券监督管理委员会公告〔2013〕45 号）

10. 关于首次公开发行股票并上市公司招股说明书中与盈利能力相关的信息披露指引

（2013 年 12 月 6 日　中国证券监督管理委员会公告〔2013〕46 号）

11. 关于首发及再融资、重大资产重组摊薄即期回报有关事项的指导意见

（2015 年 12 月 30 日发布　2016 年 1 月 1 日实施　中国证券监督管理委员会公告〔2015〕31 号）

12. 深圳证券交易所上市公司信息披露指引第 3 号——重大资产重组

（2019 年 5 月 10 日　深圳上〔2019〕273 号）

◇ 增持与减持

1. 上市公司回购社会公众股份管理办法（试行）

（2005 年 6 月 16 日　证监发〔2005〕51 号）

2. 中国证券监督管理委员会关于上市公司控股股东在股权分置改革后增持社会公众股份有关问题的通知

（2005 年 6 月 16 日　证监发〔2005〕52 号）

3. 关于上市公司实施员工持股计划试点的指导意见

（2014 年 6 月 20 日　中国证券监督管理委员会公告〔2014〕33 号）

4. 上市公司股东、董监高减持股份的若干规定

（2017 年 5 月 26 日　中国证券监督管理委员会公告〔2017〕9 号）

5. 上市公司创业投资基金股东减持股份的特别规定

（2018 年 3 月 1 日　中国证券监督管理委员会公告〔2018〕4 号　2020 年 3 月 6 日修订　2020 年 3 月 31 日实施）

6. 关于支持上市公司回购股份的意见

（2018 年 11 月 9 日　中国证券监督管理委员会公告〔2018〕35 号）

◇ 国有股减持、国有股股东标识

1. 国务院关于减持国有股筹集社会保障基金管理暂行办法

（2001 年 6 月 6 日　国发〔2001〕22 号）

2. 国有股东转让所持上市公司股份管理暂行办法

(2007年6月30日国资委、证监会令第19号公布)

3. 上市公司国有股东标识管理暂行规定

(2007年6月30日　国资发〔2007〕108)

4. 境内证券市场转持国有股充实全国社会保障基金实施办法

(2009年6月19日财政部、国资委、证监会、社保基金会印发 财企〔2009〕94号)

◇ 并购重组

(见第一章第三节　上市公司并购重组规范文件及有关问答)

◇ 股权分置

1. 中国证券监督管理委员会　国务院国资监管委　财政部等关于上市公司股权分置改革的指导意见

(2005年8月23日　证监发〔2005〕80号)

2. 上市公司股权分置改革管理办法

(2005年9月4日　证监发〔2005〕86号)

3. 商务部　中国证券监督管理委员会关于上市公司股权分置改革涉及外资管理有关问题的通知

(2005年10月26日　商资发〔2005〕565号)

4. 上市公司股权分置改革相关会计处理暂行规定

(2005年11月14日　财会〔2005〕18号)

5. 中国证券监督管理委员会关于已完成股权分置改革的上市公司原非流通股股份转让有关问题的通知

(2006年8月2日　证监发〔2006〕87号)

◇ 公司治理

○ 综合

1. 国务院批转证监会关于提高上市公司质量意见的通知

(2005年10月19日　国发〔2005〕34号)

2. 上市公司章程指引

（2016 年 9 月 30 日公布　2019 年 4 月 17 日修订）

3. 上市公司治理准则

（2018 年 9 月 30 日　证监会公告〔2018〕29 号）

○ 股东与股东大会

1. 关于加强社会公众股股东权益保护的若干规定

（2004 年 12 月 7 日　证监发〔2004〕118 号）

2. 上市公司与投资者关系工作指引

（2005 年 7 月 11 日　证监公司字〔2005〕52 号）

3. 上市公司股东大会规则

（2016 年 9 月 30 日　证监会公告〔2016〕22 号）

4. 中国证券监督管理委员会关于进一步落实上市公司现金分红有关事项的通知

（2012 年 5 月 4 日　证监发〔2012〕37 号）

○ 董事、监事与高级管理人员

1. 中国证券监督管理委员会关于上市公司总经理及高层管理人员不得在控股股东单位兼职的通知

（1999 年 5 月 6 日　证监公司字〔1999〕22 号）

2. 上市公司董事长谈话制度实施办法

（2001 年 3 月 19 日　证监发〔2001〕47 号）

3. 关于在上市公司建立独立董事制度的指导意见

（2001 年 8 月 16 日　证监发〔2001〕102 号）

4. 上市公司董事、监事和高级管理人员所持本公司股份及其变动管理规则

（2007 年 4 月 5 日　证监公司字〔2007〕56 号）

○ 股权激励

1. 国有控股上市公司（境内）实施股权激励试行办法

（2006 年 9 月 30 日　国资发分配〔2006〕175 号）

2. 上市公司股权激励管理办法

（2016 年 7 月 13 日发布　2018 年 8 月 15 日修正）

3. 国务院国有资产监督管理委员会　财政部关于规范国有控股上市公司实施股权激励制度有关问题的通知

（2008 年 10 月 21 日　国资发分配〔2008〕171 号）

4. 国务院国有资产监督管理委员会关于进一步做好中央企业控股上市公司股权激励工作有关事项的通知

（2019 年 10 月 24 日　国资发考分规〔2019〕102 号）

5. 中央企业控股上市公司实施股权激励工作指引

（2020 年 4 月 23 日　国资考分〔2020〕178 号）

◇ 公司监管

1. 国务院批转国务院证券委　中国人民银行　国家经贸委《关于严禁国有企业和上市公司炒作股票的规定》的通知

（1997 年 5 月 21 日　国发〔1997〕16 号）

2. 国务院办公厅关于严厉打击以证券期货投资为名进行违法犯罪活动的通知

（2001 年 8 月 31 日　国办发〔2001〕64 号）

3. 中国证券监督管理委员会冻结、查封实施办法

（2005 年 12 月 30 日公布　2020 年 3 月 20 日第二次修正）

4. 国务院办公厅关于严厉打击非法发行股票和非法经营证券业务有关问题的通知

（2006 年 12 月 12 日　国办发〔2006〕99 号）

5. 中国证券监督管理委员会限制证券买卖实施办法

（2007 年 4 月 30 日公布　2020 年 10 月 30 日修正）

6. 最高人民法院　最高人民检察院　公安部　中国证券监督管理委员会关于整治非法证券交易活动有关问题的通知

（2008 年 1 月 2 日　证监发〔2008〕1 号）

7. 上市公司现场检查办法

（2010 年 4 月 13 日发布　中国证券监督管理委员会公告〔2010〕12 号　2010 年 5 月 2 日施行）

8. 国务院办公厅转发证监会等部门《关于依法打击和防控资本市场内幕交易意见》的通知

（2010 年 11 月 16 日　国办发〔2010〕55 号）

9. 国务院国有资产监督管理委员会关于加强上市公司国有股东内幕信息

管理有关问题的通知

（2011 年 10 月 28 日　国资发产权〔2011〕158 号）

10. 中国证券监督管理委员会关于上市公司建立内幕信息知情人登记管理制度的规定

（2011 年 10 月 25 日　中国证券监督管理委员会公告〔2011〕30 号）

11. 创新企业境内发行股票或存托凭证上市后持续监管实施办法（试行）

（2018 年 6 月 14 日　中国证券监督管理委员会公告〔2018〕19 号）

12. 关于完善上市公司股票停复牌制度的指导意见

（2018 年 11 月 6 日　中国证券监督管理委员会公告〔2018〕34 号）

◇ 退市

1. 中国证券监督管理委员会关于改革完善并严格实施上市公司退市制度的若干意见

（2014 年 2 月 7 日通过　2018 年 7 月 27 日修正）

2. 上海证券交易所上市公司重大违法强制退市实施办法

（2018 年 11 月 16 日　上证发〔2018〕98 号）

（三）境外上市公司

1. 国务院关于股份有限公司境外募集股份及上市的特别规定

（1994 年 8 月 4 日　国务院令第 160 号）

2. 国务院证券委员会　国家经济体制改革委员会关于执行《到境外上市公司章程必备条款》的通知

（1994 年 8 月 27 日　证委发〔1994〕21 号）

3. 国务院关于进一步加强在境外发行股票和上市管理的通知

（1997 年 6 月 20 日　国发〔1997〕21 号）

4. 中国证券监督管理委员会关于落实国务院《关于进一步加强在境外发行股票和上市管理的通知》若干问题的通知

（1998 年 2 月 22 日　证监〔1998〕5 号）

5. 国家经贸委　中国证券监督管理委员会关于进一步促进境外上市公司规范运作和深化改革的意见

（1999 年 3 月 29 日　国经贸企改〔1999〕230 号）

6. 中国证券监督管理委员会关于规范境内上市公司所属企业到境外上市有关问题的通知

（2004 年 7 月 21 日　证监发〔2004〕67 号）

7. 中国证券监督管理委员会关于境外上市公司非境外上市股份集中登记存管有关事宜的通知

（2007 年 3 月 28 日　证监国合字〔2007〕10 号）

8. 中国证券监督管理委员会　国家保密局　国家档案局关于加强在境外发行证券与上市相关保密和档案管理工作的规定

（2009 年 10 月 20 日　中国证券监督管理委员会、国家保密局、国家档案局公告〔2009〕29 号）

9. 关于股份有限公司境外发行股票和上市申报文件及审核程序的监管指引

（2012 年 12 月 20 日发布　中国证券监督管理委员会公告〔2012〕45 号）

10. 国家外汇管理局关于境外上市外汇管理有关问题的通知

（2014 年 12 月 26 日　汇发〔2014〕54 号）

11. 国务院关于调整适用在境外上市公司召开股东大会通知期限等事项规定的批复

（2019 年 10 月 17 日　国函〔2019〕97 号）

（四）法律责任

◇ 民事责任

1. 最高人民法院关于冻结、拍卖上市公司国有股和社会法人股若干问题的规定

（2001 年 9 月 21 日发布　2001 年 9 月 30 日实施　法释〔2001〕28 号）

2. 最高人民法院关于受理证券市场因虚假陈述引发的民事侵权纠纷案件有关问题的通知

（2003 年 1 月 9 日发布　2002 年 1 月 15 日　法明传〔2001〕43 号）

3. 最高人民法院关于审理证券市场因虚假陈述引发的民事赔偿案件的若干规定

（2003 年 2 月 1 日实施　法释〔2003〕2 号）

◇ 刑事责任

1. 中华人民共和国刑法（分则，第三章，第三节：第 158 条、第 159 条、第 160 条第 161 条；第四节第 178 条第 2 款、第 179 条、第 180 条、第 181 条第 182 条）

（1979 年 7 月 1 日通过　2017 年 11 月 4 日第十次修订）

2. 最高人民检察院　公安部关于公安机关管辖的刑事案件立案追诉标准的规定（二）（第 3 条、第 4 条、第 5 条、第 6 条、第 18 条、第 33 条、第 34 条、第 35 条、第 36 条、第 37 条、第 38 条、第 39 条）

（2010 年 5 月 7 日　公通字〔2010〕23 号　2011 年 11 月 14 日修改）

3. 最高人民法院　最高人民检察院关于办理内幕交易、泄露内幕信息刑事案件具体应用法律若干问题的解释

（2012 年 3 月 29 日发布　2012 年 6 月 1 日实施　法释〔2012〕6 号）

4. 全国人大常委会关于《中华人民共和国刑法》第一百五十八条、第一百五十九条的解释

（2014 年 4 月 24 日通过）

5. 最高人民检察院　公安部关于严格依法办理虚报注册资本和虚假出资抽逃出资刑事案件的通知

（2014 年 5 月 20 日　公经〔2014〕247 号）

6. 最高人民法院　最高人民检察院关于办理操纵证券、期货市场刑事案件适用法律若干问题的解释

（2019 年 6 月 27 日发布　法释〔2019〕9 号）

7. 最高人民法院　最高人民检察院关于办理利用未公开信息交易刑事案件适用法律若干问题的解释

（2018 年 6 月 27 日发布　法释〔2019〕10 号）

◇ 行政复议、行政责任、行政处罚证据认定、行政听证

1. 中国证券监督管理委员会行政复议办法

（2010 年 5 月 4 日发布　2010 年 7 月 1 日实施　中国证券监督管理委员会令第 67 号）

2. 信息披露违法行为行政责任认定规则

(2011年4月29日　中国证券监督管理委员会公告〔2011〕11号)

3. 最高人民法院印发《关于审理证券行政处罚案件证据若干问题的座谈会纪要》的通知

(2011年7月13日　法〔2011〕225号)

4. 中国证券监督管理委员会行政处罚听证规则

(2015年11月2日发布　2015年12月4日实施　中国证券监督管理委员会令第119号)

五、非上市公众公司

(一) 一般规定

1. 非上市公众公司监督管理办法

(2012年9月28日发布　2019年12月20修正)

2. 非上市公众公司信息披露管理办法

(2019年12月20日　中国证券监督管理委员会令第162号)

(二) 并购重组

〔见第一章第四节　非上市公众公司（全国中小企业股份转让系统挂牌公司）并购重组〕

六、金融机构

(一) 银 行

1. 中华人民共和国商业银行法

(1995年5月10日发布　2015年8月29日第二次修正)

2. 中华人民共和国外资银行管理条例

(2006年11月11日发布　2019年9月30日第三次修订)

(二) 保险公司

1. 中华人民共和国保险法

(1995年6月30日发布　2015年4月24日第三次修正)

2. 中华人民共和国外资保险公司管理条例

(2001年12月12日发布　2019年9月30日第三次修订)

3. 中华人民共和国外资保险公司管理条例实施细则

（2004 年 5 月 13 日发布　2019 年 11 月 29 日修订）

（三）证券公司

1. 中华人民共和国证券法

（1998 年 12 月 29 日发布　2019 年 12 月 28 日第二次修订）

2. 证券公司监督管理条例

（2008 年 4 月 23 日发布　2014 年 7 月 29 日修订）

3. 证券公司风险处置条例

（2008 年 4 月 23 日发布　2016 年 2 月 6 日修订）

（四）证券投资基金、期货交易、信托、金融资产管理及融资担保公司

1. 中华人民共和国证券投资基金法

（2003 年 10 月 28 日发布　2015 年 4 月 24 日修正）

2. 期货交易管理条例

（2007 年 3 月 6 日发布　2017 年 3 月 1 日第四次修订）

3. 中华人民共和国信托法

（2001 年 4 月 28 日发布　2001 年 10 月 1 日实施）

4. 金融资产管理公司条例

（2000 年 11 月 10 日发布　国务院令第 297 号）

5. 融资担保公司监督管理条例

（2017 年 8 月 2 日发布　2017 年 10 月 1 日实施）

（五）金融机构撤销

金融机构撤销条例

（2001 年 11 月 23 日发布　2001 年 12 月 15 日实施）

（六）金融票据

中华人民共和国票据法

（1995 年 5 月 10 日发布　2004 年 8 月 28 日修正）

七、企业兼并重组、改制法律规范

（见第一章“企业兼并重组”法律及政策文件）

八、企业资产与债券、存托凭证管理

（一）国有企业资产

（见第一章第二节国有企业发展混合所有制经济法律及政策文件相关部分）

（二）城镇集体企业（单位）资产

城镇集体所有制企业、单位清产核资产权界定暂行办法

（1996年12月27日　国经贸企〔1996〕895号）

（三）债券和存托凭证发行与交易管理

1. 企业债券管理条例

（1993年8月2日国务院令第121号发布　2011年1月8日修订）

2. 公司债券发行与交易管理办法

（2015年1月15日　中国证券监督管理委员会令第113号）

3. 存托凭证发行与交易管理办法（试行）

（2018年6月6日　中国证券监督管理委员会令第143号）

（四）债券纠纷审理

最高人民法院关于印发《全国法院审理债券纠纷案件座谈会纪要》的通知

（2020年7月15日　法〔2020〕185号）

九、其他机构

（一）教育机构

1. 中华人民共和国教育法

（1995年3月18日发布　2015年12月27日第二次修正）

2. 中华人民共和国职业教育法

（1996年5月15日发布　1996年9月1日实施）

3. 中华人民共和国高等教育法

（1998年8月29日发布　2018年12月29日第二次修正）

4. 中华人民共和国民办教育促进法

（2002年12月28日发布　2018年12月29日第三次修正）

5. 中华人民共和国民办教育促进法实施条例

(2004 年 3 月 5 日发布　2004 年 4 月 1 日实施)

6. 中华人民共和国中外合作办学条例

(2003 年 3 月 1 日发布　2019 年 3 月 2 日第二次修订)

(二) 医疗机构、计划生育服务机构

◇ 医疗机构

1. 医疗机构管理条例

(1994 年 2 月 26 日发布　2016 年 2 月 6 日修订)

2. 医疗机构管理条例实施细则

(1994 年 8 月 29 日　2017 年 2 月 21 日修正)

3. 中外合资、合作医疗机构管理暂行办法

(2000 年 5 月 15 日　2000 年 7 月 1 日实施)

4.《中外合资、合作医疗机构管理暂行办法》的补充规定

(2007 年 12 月 30 日发布　2008 年 1 月 1 日实施)

5.《中外合资、合作医疗机构管理暂行办法》的补充规定二

(2008 年 12 月 7 日发布　2009 年 1 月 1 日实施)

6. 医疗美容服务管理办法

(2002 年 1 月 22 日发布　2016 年 1 月 19 日第二次修正)

◇ 计划生育服务机构

1. 中华人民共和国人口与计划生育法

(2001 年 12 月 29 日发布　2015 年 12 月 27 日修正)

2. 计划生育技术服务管理条例

(2001 年 6 月 13 日发布　2004 年 12 月 10 日修订)

3. 计划生育技术服务管理条例实施细则

(2001 年 12 月 29 日发布、实施)

(三) 村民组织、农业合作社

1. 中华人民共和国村民委员会组织法

(1998 年 11 月 4 日发布　2018 年 12 月 29 日修正)

2. 中华人民共和国农民专业合作社法

(2006年10月31日发布　2017年12月27日修订)

3. 农民专业合作社登记管理条例

(2007年5月28日发布　2014年2月19日修订)

(四) 征信业

征信业管理条例

(2013年1月21日发布　2013年3月15日实施)

(五) 从事经营活动的事业单位、科技性的社会团体

1. 中华人民共和国企业法人登记管理条例（第九章　事业单位、科技性的社会团体从事经营活动的登记管理)

(1988年6月3日　2019年3月2日第四次修订)

2. 国务院办公厅关于印发文化体制改革中经营性文化事业单位转制为企业和进一步支持文化企业发展两个规定的通知

(2018年12月18日发布　国办发〔2018〕124号)

附1：文化体制改革中经营性文化事业单位转制为企业的规定

附2：进一步支持文化企业发展的规定

(六) 民办非企业单位

民办非企业单位登记管理暂行条例

(1998年10月25日　国务院令第251号)

(七) 个体工商户

个体工商户条例

(2011年4月16日发布　2016年2月6日第二次修订)

十、企业、公司等登记与投资核准和备案及行政许可法律规范

(一) 综 合

国务院办公厅关于全面推行证明事项和涉企经营许可事项告知承诺制的指导意见

(2020年10月27日 国办发〔2020〕42号)

（二）企业、公司等登记及市场主体管理、信息公示

◇ 企业、公司等登记

1. 中华人民共和国企业法人登记管理条例
（1988年6月3日发布　2019年3月2日修订）
2. 中华人民共和国企业法人登记管理条例施行细则
（1988年11月3日发布　2020年10月23日第八次修订）
3. 中华人民共和国公司登记管理条例
（1994年6月24日公布　2016年2月6日第三次修订）
4. 中华人民共和国合伙企业登记管理办法
（1997年11月19日发布　2019年3月2日修订）
5. 企业集团登记管理暂行规定
（1998年4月6日　工商企字〔1998〕第59号）
6. 关于实施《企业集团登记管理暂行规定》有关问题的通知
（1998年9月5日　企指字〔1998〕5号）
7. 社会团体登记管理条例
（1998年10月25日发布　2016年2月6日修订）
8. 民办非企业单位登记暂行办法
（1999年12月28日发布　2010年12月27日修改）
9. 个人独资企业登记管理办法
（2000年1月13日发布　2014年2月20日修订）
10. 外商投资企业授权登记管理办法
（2002年12月10日发布　2016年4月29日修订）
11. 外商投资合伙企业登记管理规定
（2010年1月29日发布　2019年8月8日第二次修订）
12. 个体工商户登记管理办法
（2011年9月30日发布　2019年8月8日第二次修订）
13. 关于做好公司合并分立登记支持企业兼并重组的意见
（2011年11月28日　工商企字〔2011〕226号）
14. 公司注册资本登记管理规定

（2004 年 6 月 14 日发布　2014 年 2 月 20 日第二次修改）

15. 关于扩大开放台湾居民在大陆申办个体工商户登记管理工作的意见

（2015 年 12 月 28 日　工商个字〔2015〕224 号）

16. 关于全面推进企业简易注销登记改革的指导意见

（2016 年 12 月 26 日　工商企注字〔2016〕253 号）

17. 国务院关于取消一批行政许可等事项的决定

（2018 年 7 月 28 日　国发〔2018〕28 号）

附件：国务院决定取消的行政许可等事项目录（共计 11 项）

18. 市场监管总局关于做好取消企业集团核准登记等 4 项行政许可等事项衔接工作的通知

（2018 年 8 月 17 日　国市监企注〔2018〕139 号）

19. 市场监管总局关于进一步推进企业简易注销登记改革的通知

（2018 年 8 月 24 日　国市监注〔2018〕153 号）

20. 市场监管总局关于做好电子商务经营者登记工作的意见

（2018 年 12 月 3 日　国市监注〔2018〕236 号）

21. 市场监管总局关于开展进一步完善企业简易注销登记改革试点工作的通知

（2018 年 12 月 3 日　国市监注〔2018〕237 号）

22. 市场监管总局　人力资源和社会保障部　商务部　海关总署　税务总局关于推进企业注销便利化工作的通知

（2019 年 1 月 18 日　国市监注〔2019〕30 号）

23. 市场监管总局关于做好取消企业名称预先核准行政许可事项衔接工作的通知

（2019 年 4 月 1 日　国市监注〔2019〕70 号）

24. 市场监管总局　发展改革委　公安部　人力资源和社会保障部税务总局关于持续深化压缩企业开办时间的意见

（2019 年 4 月 10 日　国市监注〔2019〕79 号）

25. 市场监管总局关于做好取消企业名称预先核准行政许可事项衔接工作的通知

（2019 年 4 月 1 日　国市监注〔2019〕70 号）

26. 市场监管总局关于撤销冒用他人身份信息取得公司登记的指导意见

(2019 年 6 月 28 日　国市监信〔2019〕128 号)

27. 市场监管总局关于取消部分部门规章和规范性文件等设定的证明事项的公告

(2019 年 11 月 29 日　市场监管总局 2019 年第 54 号)

28. 市场监管总局关于落实“证照分离”改革全覆盖试点的通知

(2019 年 11 月 29 日　国市监注〔2019〕225 号)

29. 市场监管总局关于印发《企业登记申请文书规范》《企业登记提交材料规范》的通知

(2019 年 1 月 2 日　国市监注〔2019〕2 号)

附件:

1. 企业登记申请文书规范
2. 企业登记提交材料规范

◇ 市场主体信息公示、监管

○ 法规、规范文件

1. 企业信息公示暂行条例

(2014 年 8 月 7 日发布　2014 年 10 月 1 日实施)

2. 无证无照经营查处办法

(2017 年 8 月 6 日发布　2017 年 10 月 1 日实施)

3. 国家发展改革委办公厅　人民银行办公厅关于对失信主体加强信用监管的通知

(2018 年 7 月 24 日　发改办财金〔2018〕893 号)

4. 国务院关于在全国推开“证照分离”改革的通知

(2018 年 9 月 27 日　国发〔2018〕35 号)

5. 国务院关于在市场监管领域全面推行部门联合“双随机、一公开”监管的意见

(2019 年 1 月 27 日　国发〔2019〕5 号)

6. 国务院关于加强和规范事中事后监管的指导意见

(2019 年 9 月 6 日　国发〔2019〕18 号)

○ 规章、规范文件

1. 严重违法失信企业名单管理暂行办法

(2015 年 12 月 30 日发布　2016 年 4 月 1 日实施)

2. 国家企业信用信息公示系统使用运行管理办法（试行）

(2017 年 6 月 27 日　工商办字〔2017〕104 号)

3. 电子营业执照管理办法（试行）

(2018 年 12 月 17 日　国市监注〔2018〕249 号)

4. 市场监管总局关于启用新版营业执照的通知

(2018 年 12 月 19 日　国市监注〔2018〕253 号)

5. 市场监管总局关于全面推进“双随机、一公开”监管工作的通知

(2019 年 2 月 1 日　国市监信〔2019〕38 号)

6. 市场监管总局关于电子营业执照亮照系统上线运行的公告

(2019 年 6 月 6 日发布　2019 年 6 月 10 日实施)

7. 市场监管总局关于进一步优化国家企业信用信息公示系统的通知

(2019 年 7 月 19 日　国市监信〔2019〕142 号)

8. 国务院办公厅电子政务办公室　市场监管总局办公厅关于依托全国一体化在线政务服务平台做好电子营业执照应用推广工作的通知

(2019 年 8 月 16 日　国办电政函〔2019〕175 号)

9. 市场监管总局关于开展落实电子商务平台责任专项行动的通知

(2019 年 11 月 20 日　国市监网监〔2019〕211 号)

(三) 行政许可

1. 中华人民共和国行政许可法

(2003 年 8 月 27 日发布　2019 年 4 月 23 日修正)

2. 最高人民法院关于审理行政许可案件若干问题的规定

(2009 年 12 月 14 日发布　法释〔2009〕20 号　2010 年 1 月 4 日实施)

3. 企业投资项目核准和备案管理条例

(2016 年 11 月 30 日发布　2017 年 2 月 1 日实施)

4. 企业投资项目核准和备案管理办法

(2017 年 3 月 8 日发布　2017 年 4 月 8 日实施)

附录2　民商事基本法律规范

一、总 类

（一）综 合

1. 中华人民共和国民法典

（2020 年 5 月 28 日发布　2021 年 1 月 1 日实施）

2. 中华人民共和国电子签名法

（2004 年 8 月 28 日发布　2019 年 4 月 23 日第二次修正）

3. 最高人民法院公布《第八次全国法院民事商事审判工作会议（民事部分）纪要》

（2016 年 11 月 21 日）

4. 最高人民法院印发《全国法院民商事审判工作会议纪要》

（2019 年 11 月 8 日　法〔2019〕254 号）

5. 最高人民法院关于适用《中华人民共和国民法典》时间效力的若干规定

（2020 年 12 月 29 日　法释〔2020〕15 号）

（二）特别权益保护

1. 中华人民共和国归侨侨眷权益保护法

（1990 年 9 月 7 日发布　2009 年 8 月 27 日第二次修正）

2. 中华人民共和国归侨侨眷权益保护法实施办法

（2004 年 6 月 23 日发布　2004 年 7 月 1 日实施）

3. 中华人民共和国台湾同胞投资保护法

（1994 年 3 月 5 日发布　2019 年 12 月 28 日第二次修正）

4. 中华人民共和国台湾同胞投资保护法实施细则

（1999 年 12 月 5 日发布　2020 年 11 月 29 日修订）

5. 最高人民法院关于人民法院为“一带一路”建设提供司法服务和保障的若干意见

（2015 年 6 月 16 日　法发〔2015〕9 号）

6. 最高人民法院关于人民法院进一步为“一带一路”建设提供司法服务和保障的意见

（2019 年 12 月 9 日　法发〔2019〕29 号）

7. 中共中央办公厅　国务院办公厅印发《关于加强知识产权审判领域改革创新若干问题的意见》

（2018 年 2 月）

8. 中华人民共和国外商投资法

（2019 年 3 月 15 日发布　2020 年 1 月 1 日实施）

9. 中华人民共和国外商投资法实施条例

（2019 年 12 月 26 日发布　2020 年 1 月 1 日实施）

10. 最高人民法院关于适用《中华人民共和国外商投资法》若干问题的解释

（2019 年 12 月 26 日发布　2020 年 1 月 1 日实施）

二、物权

（一）综合

1. 中华人民共和国民法典（第二编　物权）

（2020 年 5 月 28 日发布　2021 年 1 月 1 日实施）

2. 中华人民共和国城市房地产管理法

（1994 年 7 月 5 日发布　2019 年 8 月 26 日第三次修正）

3. 不动产登记暂行条例

（2014 年 11 月 24 日发布　2019 年 3 月 24 日修订）

4. 最高人民法院关于审理房屋登记案件若干问题的规定

（2010 年 11 月 5 日发布　2010 年 11 月 18 日实施）

5. 不动产登记暂行条例实施细则

（2016 年 1 月 1 日发布　2019 年 7 月 24 日修正）

6. 最高人民法院关于适用《中华人民共和国民法典》物权编的解释（一）

（2020 年 12 月 29 日　法释〔2020〕24 号）

（二）土地管理总类

◇ 法 律

中华人民共和国土地管理法
（1986 年 6 月 25 日发布　2019 年 8 月 26 日第三次修正）

◇ 法 规

1. 中华人民共和国城镇国有土地使用权出让和转让暂行条例
（1990 年 5 月 19 日发布　2020 年 11 月 29 日修订）
2. 中华人民共和国土地管理法实施条例
（1998 年 12 月 27 日发布　2014 年 7 月 29 日第二次修订）
3. 大中型水利水电工程建设征地补偿和移民安置条例
（2006 年 7 月 7 日发布　2017 年 4 月 14 日第三次修订）
4. 土地调查条例
（2008 年 2 月 7 日发布　2018 年 3 月 19 日第二次修订）
5. 基本农田保护条例
（1994 年 8 月 18 日发布　2011 年 1 月 8 日修订）
6. 国有土地上房屋征收与补偿条例
（2011 年 1 月 21 日　国务院第 590 号）
7. 土地复垦条例
（2011 年 3 月 5 日　国务院第 592 号）

◇ 规章及规范文件

1. 城市国有土地使用权出让转让规划管理办法
（1992 年 12 月 4 日发布　1993 年 1 月 1 日实施）
2. 关于变更土地登记的若干规定
（1993 年 2 月 23 日 〔1993〕国土（籍）字第 33 号）
3. 确定土地所有权和使用权的若干规定
（1995 年 3 月 11 日　2010 年 12 月 3 日修正）
4. 规范国有土地租赁若干意见

（1999年7月27日发布　国土资发〔1999〕222号）

5. 国土资源部关于贯彻执行《中华人民共和国土地管理法》和《中华人民共和国土地管理法实施条例》若干问题的意见

（1999年9月17日发布　国土资厅发〔1999〕97号）

6. 划拨用地目录

（2001年10月22日发布　国土资源部令第9号）

7. 土地权属争议调查处理办法

（2003年1月3日发布　2010年11月30日修正）

8. 协议出让国有土地使用权规定

（2003年6月11日发布　2003年8月1日实施）

9. 国土资源部关于完善农用地转用和土地征收审查报批工作的意见

（2004年11月2日　国土资发〔2004〕237号）

10. 国土资源部关于完善征地补偿安置制度的指导意见

（2004年11月3日　国土资发〔2004〕238号）

11. 财政部　国家发展改革委关于征地补偿安置费性质的批复

（2004年3月21日　财综〔2004〕19号）

12. 国土资源部办公厅关于土地登记发证后提出的争议能否按权属争议处理问题的复函

（2007年3月29日发布　国土资厅函〔2007〕60号）

13. 招标拍卖挂牌出让国有建设用地使用权规定

（2007年9月28日发布　2007年11月1日实施）

14. 国有土地上房屋征收评估办法

（2011年6月3日　建房〔2011〕77号）

15. 国务院办公厅关于完善建设用地使用权转让、出租、抵押二级市场的指导意见

（2019年7月6日　国办发〔2019〕34号）

◇ 司法解释、司法文件

1. 最高人民法院关于转发国土资源部《关于国有划拨土地使用权抵押登记有关问题的通知》的通知

（2004年3月23日　法发〔2004〕11号）

2. 最高人民法院关于审理涉及国有土地使用权合同纠纷案件适用法律问题的解释

（2005 年 6 月 18 日发布　2020 年 12 月 29 日修正　法释〔2020〕17 号）

3. 最高人民法院关于办理申请人民法院强制执行国有土地上房屋征收补偿决定案件若干问题的规定

（2012 年 3 月 26 日发布　2012 年 4 月 10 日实施　法释〔2012〕4 号）

4. 最高人民法院关于国有土地开荒后用于农耕的土地使用权转让合同纠纷案件如何适用法律问题的批复

（2012 年 9 月 4 日发布　2020 年 12 月 29 日修正　法释〔2020〕17 号）

（三）农村土地承包

1. 中华人民共和国农村土地承包法

（2002 年 8 月 29 日发布　2018 年 12 月 29 日第二次修正）

2. 中华人民共和国农村土地承包经营权证管理办法

（2003 年 11 月 14 日发布　2004 年 1 月 1 日实施）

3. 农村土地承包经营权流转管理办法

（2005 年 1 月 19 日发布　2005 年 3 月 1 日实施）

4. 最高人民法院关于审理涉及农村土地承包纠纷案件适用法律问题的解释

（2005 年 7 月 29 日发布　2020 年 12 月 29 日修正　法释〔2020〕17 号）

5. 中华人民共和国农村土地承包经营纠纷调解仲裁法

（2009 年 6 月 27 日发布　2010 年 1 月 1 日实施）

6. 最高人民法院关于审理涉及农村土地承包经营纠纷调解仲裁案件适用法律若干问题的解释

（2014 年 1 月 9 日发布　2020 年 12 月 29 日修正　法释〔2020〕17 号）

（四）水资源

1. 中华人民共和国水法

（1988 年 1 月 21 日发布　2016 年 7 月 2 日第二次修正）

2. 取水许可和水资源费征收管理条例

（2006 年 2 月 21 日发布　2017 年 3 月 1 日修订）

(五) 森林

1. 中华人民共和国森林法

(1984 年 9 月 20 日发布　2019 年 12 月 28 日修订)

2. 中华人民共和国森林法实施条例

(2000 年 1 月 29 日发布　2018 年 3 月 19 日第三次修订)

3. 林木和林地权属登记管理办法

(2000 年 12 月 31 日发布　2011 年 1 月 25 日修正)

(六) 草原

中华人民共和国草原法

(1985 年 6 月 18 日发布　2013 年 6 月 29 日第二次修正)

(七) 矿产资源

1. 中华人民共和国矿产资源法

(1986 年 3 月 19 日发布　2009 年 8 月 27 日第二次修正)

2. 中华人民共和国矿产资源法实施细则

(1994 年 3 月 26 日)

3. 矿产资源监督管理暂行办法

(1987 年 4 月 29 日发布、实施)

4. 矿产资源补偿费征收管理规定

(1994 年 2 月 27 日发布　1997 年 7 月 3 日修订)

5. 矿产资源勘查区块登记管理办法

(1998 年 2 月 12 日发布　2014 年 7 月 29 日修订)

6. 矿产资源开采登记管理办法

(1998 年 2 月 12 日发布　2014 年 7 月 29 日修订)

7. 探矿权采矿权转让管理办法

(1998 年 2 月 12 日发布　2014 年 7 月 29 日修订)

8. 探矿权采矿权使用费和价款管理办法

(1999 年 6 月 7 日　财综字〔1999〕74 号)

9. 探矿权采矿权使用费减免办法

(2000 年 6 月 6 日发布　2010 年 12 月 3 日修正)

10. 探矿权采矿权招标拍卖挂牌管理办法（试行）

（2003 年 6 月 11 日发布　国土资发〔2003〕197 号）

11. 最高人民法院关于审理矿业权纠纷案件适用法律若干问题的解释

（2017 年 6 月 24 日发布　2020 年 12 月 29 日修正　法释〔2020〕17 号）

（八）野生动物、文物、古生物化石

1. 中华人民共和国野生动物保护法

（1988 年 11 月 8 日发布　2018 年 10 月 26 日第三次修正）

2. 中华人民共和国文物保护法

（1982 年 11 月 19 日发布　2017 年 11 月 4 日第五次修正）

3. 古生物化石保护条例

（2010 年 8 月 25 日国务院令第 580 号发布　2019 年 3 月 2 日修订）

三、知识产权

（一）商 标

◇ 综 合

1. 中华人民共和国商标法

（1982 年 8 月 23 日发布　2019 年 4 月 23 日第四次修正）

2. 中华人民共和国商标法实施条例

（2002 年 8 月 3 日发布　2014 年 4 月 29 日修订）

3. 烟草制品商标使用管理规定

（1996 年 8 月 23 日发布、实施）

4. 集体商标、证明商标注册和管理办法

（1994 年 12 月 30 日发布　2003 年 4 月 17 日修订）

5. 国家工商行政管理总局关于如何处理商标专用权与外观设计专利权冲突问题的批复

（2009 年 11 月 9 日　工商标函字〔2009〕291 号）

6. 国家工商行政管理总局关于执行修改后的《中华人民共和国商标法》有关问题的通知

（2014 年 4 月 15 日　工商标字〔2014〕81 号）

◇ 注册与评审

1. 商标评审规则

（1995 年 11 月 2 日发布　2014 年 5 月 28 日第三次修订）

2. 自然人办理商标注册申请注意事项

（2007 年 2 月 6 日发布）

3. 国家工商行政管理总局商标局关于提交商标异议申请有关事项的通知

（2008 年 12 月 1 日）

4. 商标网上申请试用办法

（2009 年 1 月 7 日发布　2009 年 1 月 20 日实施　商标综字〔2009〕第 30 号）

5. 国家工商行政管理总局商标局关于在第 16 类“报纸、期刊、杂志（期刊）、新闻刊物”四种商品上申请注册商标注意事项的通知

（2009 年 2 月 17 日　商标综字〔2009〕第 39 号）

6. 国家工商行政管理总局商标局关于依法妥善处理违规商标注册网上申请有关问题的通知

（2009 年 5 月 7 日　商标综字〔2009〕第 126 号）

7. 含“中国”及首字为“国”字商标的审查审理标准

（2010 年 7 月 28 日）

8. 国家工商行政管理总局商标局关于不得擅自更改商标申请书式的通知

（2010 年 8 月 27 日　商标综字〔2010〕第 241 号）

9. 台湾地区商标注册申请人要求优先权有关事项的规定

（2010 年 11 月 18 日发布　工商标字〔2010〕220 号）

10. 国家工商行政管理总局商标局关于简化部分商标申请材料和手续的通知

（2016 年 12 月 29 日）

11. 商标审查及审理标准

（国家工商总局商标局、商标评审委员会 2005 年 12 月 31 日发布　2017 年 1 月 4 日修订）

12. 规范商标申请注册行为若干规定

（2019 年 10 月 11 日发布　2019 年 12 月 1 日实施）

◇ 商标许可使用与转让

1. 商标使用许可合同备案办法
（1997 年 8 月 1 日　商标〔1997〕39 号）
2. 国家工商行政管理总局商标局关于申请转让商标有关问题的规定
（2009 年 8 月 6 日发布　2009 年 8 月 10 日实施）

◇ 驰名商标认定与保护

1. 驰名商标认定和保护规定
（2003 年 4 月 17 日发布　2014 年 7 月 3 日修订）
2. 国家工商行政管理总局商标局关于申请认定驰名商标若干问题的通知
（2000 年 4 月 28 日　商标〔2000〕19 号）

◇ 商标与相关标识

1. 特殊标志管理条例
（1996 年 7 月 13 日　国务院令第 202 号）
2. 中华人民共和国进出口货物原产地条例
（2004 年 9 月 3 日发布　2019 年 3 月 2 日修订）
3. 原产地标记管理规定
（2001 年 3 月 5 日发布　2001 年 4 月 1 日实施）
4. 原产地标记管理规定实施办法
（2001 年 3 月 5 日发布　2001 年 4 月 1 实施）
5. 地理标志产品保护规定
（2005 年 6 月 7 日发布　2005 年 7 月 15 日实施）

◇ 商标与企业名称

1. 企业名称登记管理规定
（1991 年 7 月 22 日发布　2012 年 11 月 9 日修订）
2. 企业名称登记管理实施办法
（1999 年 12 月 8 日发布　2004 年 6 月 14 日修订）

3. 国家工商行政管理总局关于对企业名称许可使用有关问题的答复

（2002 年 2 月 7 日　工商企字〔2002〕第 33 号）

◇ 商标违法行为监管

1. 工商行政管理机关查处商标违法案件监控规定

（1997 年 8 月 1 日）

2. 国家工商行政管理总局关于侵权商品有关问题的批复

（2003 年 8 月 8 日　工商标字〔2003〕第 99 号）

3. 国家工商行政管理总局商标局关于当事人协商解决后如何追究侵权人行政法律责任的批复

（2004 年 4 月 15 日　商标案字〔2004〕第 111 号）

4. 国家工商行政管理总局关于适用《商标法》第五十三条的批复

（2006 年 9 月 15 日　工商标字〔2006〕174 号）

◇ 商标诉讼司法解释

1. 最高人民法院知识产权审判庭关于烟台市京蓬农药厂诉潍坊市益农化工厂商标侵权纠纷案的答复

（2000 年 4 月 17 日〔1999〕知他字第 5 号）

2. 最高人民法院关于人民法院对注册商标权进行财产保全的解释

（2001 年 1 月 2 日发布　2020 年 12 月 29 日修正　法释〔2020〕19 号）

3. 最高人民法院关于对注册商标专用权进行财产保全和执行等问题的复函

（2002 年 1 月 9 日〔2001〕民三函字第 3 号）

4. 最高人民法院关于审理商标案件有关管辖和法律适用范围问题的解释

（2002 年 1 月 9 日发布　2020 年 12 月 29 日修正　法释〔2020〕19 号）

5. 最高人民法院关于商标侵权纠纷中注册商标排他使用权许可合同的被许可人是否有权单独提起诉讼问题的函

（2002 年 9 月 10 日〔2002〕民三他字第 3 号）

6. 最高人民法院关于审理商标民事纠纷案件适用法律若干问题的解释

（2002 年 10 月 16 日公布　2020 年 12 月 29 日修正　法释〔2020〕19 号）

7. 最高人民法院关于对 TCL 集团公司在产品促销活动中使用与汉都公司

注册商标相近的“千禧龙”文字是否构成商标侵权请示的批复

(2003 年 7 月 31 日 〔2003〕民三他字第 4 号)

8. 最高人民法院关于对杭州张小泉剪刀厂与上海张小泉刀剪总店、上海张小泉刀剪制造有限公司商标侵权及不正当竞争纠纷一案有关适用法律问题的函

(2003 年 11 月 4 日 〔2003〕民三他字第 1 号)

9. 最高人民法院对南京金兰湾房地产开发公司与南京利源物业发展有限公司侵犯商标专用权纠纷一案请示的答复（地名商标纠纷）

(2004 年 2 月 2 日 〔2003〕民三他字第 10 号)

10. 最高人民法院对《辽宁省高级人民法院关于大连金州酒业有限公司与大连市金州区白酒厂商标侵权纠纷一案的请示》的答复（地名商标纠纷）

(2005 年 8 月 10 日 〔2005〕民三他字第 6 号)

11. 最高人民法院关于建立驰名商标司法认定备案制度的通知

(2006 年 11 月 12 日　法（民三）明传〔2006〕8 号)

12. 最高人民法院关于审理注册商标、企业名称与在先权利冲突的民事纠纷案件若干问题的规定

(2008 年 2 月 18 日发布　2020 年 12 月 29 日修正　法释〔2020〕19 号)

13. 最高人民法院关于涉及驰名商标认定的民事纠纷案件管辖的问题的通知

(2009 年 1 月 5 日　法〔2009〕1 号)

14. 最高人民法院关于审理涉及驰名商标保护的民事纠纷案件应用法律若干问题的解释

(2009 年 5 月 1 日发布　2020 年 12 月 29 日修正　法释〔2020〕19 号)

15. 最高人民法院关于专利、商标等授权、确权类知识产权行政案件审理分工的规定

(2009 年 7 月 1 日　法发〔2009〕39 号)

16. 最高人民法院关于审理商标授权确权行政案件若干问题的意见

(2010 年 4 月 20 日　法发〔2010〕12 号)

17. 最高人民法院关于商标法修改决定施行后商标案件管辖和法律适用问题的解释

(2014 年 3 月 25 日发布　2020 年 12 月 29 日修正　法释〔2020〕19 号)

18. 最高人民法院关于审理商标授权确权行政案件若干问题的规定

(2017 年 1 月 10 日发布　2020 年 12 月 29 日修正　法释〔2020〕19 号)

（二）专利

◇ 综合

1. 中华人民共和国专利法

（1984 年 3 月 12 日发布　2020 年 10 月 17 日第四次修正）

2. 中华人民共和国专利法实施细则

（2001 年 6 月 15 日发布　2010 年 1 月 9 日第二次修订）

3. 国防专利条例

（2004 年 9 月 17 日公布　2004 年 11 月 1 日实施）

4. 施行修改后的专利法实施细则的过渡办法

（2010 年 1 月 21 日发布　2010 年 2 月 1 日实施）

5. 国家知识产权局专利局关于施行修改后专利法实施细则有关事项的通知

（2010 年 1 月 29 日发布　2010 年 2 月 1 日实施）

6. 专利权质押登记办法

（2010 年 8 月 26 日发布　2010 年 10 月 1 日实施）

7. 专利标识标注办法

（2012 年 3 月 8 日发布　2012 年 5 月 1 日实施）

8. 国家知识产权局行政复议规程

（2012 年 7 月 18 日发布　2012 年 9 月 1 日实施）

9. 国家知识产权局关于进一步加强职务发明人合法权益保护促进知识产权运用实施的若干意见

（2012 年 11 月 26 日　国知发法字〔2012〕122 号）

10. 国家标准涉及专利的管理规定（暂行）

（2013 年 12 月 19 日发布　2014 年 1 月 1 日实施）

11. 专利收费减缴办法

（2016 年 7 月 27 日发布　2016 年 9 月 1 日实施　财税〔2016〕78 号）

12. 国家知识产权局关于印发《关于严格专利保护的若干意见》的通知

（2016 年 11 月 29 日　国知发管字〔2016〕93 号）

◇ **专利代理**

1. 专利代理条例

（1991 年 3 月 4 日发布　2018 年 11 月 6 日修订）

2. 专利代理管理办法

（2019 年 4 月 4 日发布　2019 年 5 月 1 日实施）

3. 国家知识产权局印发《关于促进专利代理行业发展的若干意见》的通知

（2014 年 2 月 28 日　国知发法字〔2014〕12 号）

◇ **规范专利申请规定**

1. 关于规范专利申请行为的若干规定

（2007 年 8 月 27 日国家知识产权局令第 45 号发布　2017 年 2 月 28 日修订）

2. 关于专利电子申请的规定

（2010 年 8 月 26 日国家知识产权局令第 57 号发布　2010 年 10 月 1 日实施）

3. 关于台湾同胞专利申请的若干规定

（2010 年 11 月 15 日国家知识产权局令第 58 号发布　2010 年 11 月 22 日实施）

4. 农业部办公厅关于兽药产品专利有关问题的函

（2012 年 3 月 20 日　农办医函〔2012〕12 号）

5. 用于专利程序的生物材料保藏办法

（2015 年 1 月 16 日国家知识产权局令第 69 号发布　2015 年 3 月 1 日实施）

6. 专利优先审查管理办法

（2017 年 6 月 27 日国家知识产权局令第 76 号发布　2017 年 8 月 1 日实施）

◇ **专利许可**

1. 专利实施许可合同备案办法

（2011 年 6 月 27 日国家知识产权局令第 62 号公布　2011 年 8 月 1 日实

施）

2. 专利实施强制许可办法

（2012年3月15日国家知识产权局令第64号发布　2012年5月1日实施）

◇ 专利行政执法

1. 全国专利行政执法工作会议纪要

（2004年1月20日国家知识产权局发布　国知发管字〔2004〕9号）

2. 专利行政执法办法

（2010年12月29日国家知识产权局令第60号发布　2015年5月29日修正）

3. 国家知识产权局关于加强专利行政执法工作的决定

（2011年6月27日国家知识产权局发布　国知发管字〔2011〕74号）

4. 专利侵权行为认定指南（试行）

（2016年5月5日国家知识产权局发布　国知发管字〔2016〕31号）

5. 专利行政执法证据规则（试行）

（2016年5月5日国家知识产权局发布　国知发管字〔2016〕31号）

6. 专利纠纷行政调解指引（试行）

（2016年5月5日国家知识产权局发布　国知发管字〔2016〕31号）

7. 专利行政执法证件与执法标识管理办法

（2016年9月12日国家知识产权局发布　国知发管字〔2016〕70号）

◇ 审理专利纠纷等案件司法解释、司法文件

1. 最高人民法院关于在专利侵权诉讼中原双方被告均拥有实用新型专利权应如何处理的批复

（1993年8月16日〔1993〕经他字第20号）

2. 最高人民法院对国家知识产权局《关于如何协助执行法院财产保全裁定的函》的答复意见

（2000年1月28日〔2000〕法知字第3号函）

3. 最高人民法院关于审理专利纠纷案件适用法律问题的若干规定

（2001年6月19日通过　2020年12月29日第三次修正　法释〔2020〕19号）

4. 最高人民法院关于对诉前停止侵犯专利权行为适用法律问题的若干规定

（2001 年 6 月 7 日发布　2001 年 7 月 1 日实施　法释〔2001〕20 号）

5. 最高人民法院对国家知识产权局《关于征求对协助执行专利申请权财产保全裁定的意见的函》的答复意见

（2001 年 10 月 25 日 〔2001〕民三函字第 1 号）

6. 最高人民法院关于对出具检索报告是否为提起实用新型专利侵权诉讼的条件的请示的答复

（2001 年 11 月 13 日 〔2001〕民三函字第 2 号）

7. 最高人民法院关于对江苏省高级人民法院《关于当宣告专利权无效或者维持专利权的决定已被提起行政诉讼时相关的专利侵权案件是否应当中止审理问题的请示》的批复

（2003 年 4 月 15 日 〔2002〕民三他字第 8 号）

8. 最高人民法院对“处理专利侵权纠纷可否认定部分侵权”问题的答复

（2004 年 7 月 26 日 〔2004〕行他字第 8 号）

9. 最高人民法院关于在专利侵权诉讼中能否直接裁判涉案专利属于从属专利或者重复授权专利问题的函

（2004 年 12 月 6 日 〔2004〕民三他字第 9 号）

10. 最高人民法院关于昆明制药集团股份有限公司与昆明龙津药业有限公司专利侵权纠纷一案的答复

（2005 年 9 月 20 日 〔2005〕民三他字第 10 号）

11. 最高人民法院关于广东省高级人民法院请示阳江虹阳食品工业有限公司与叶冠东专利侵权纠纷案的答复

（2007 年 6 月 20 日 〔2006〕民三他字第 19 号）

12. 最高人民法院关于对当事人能否选择从属权利要求确定专利权保护范围的请示的答复

（2007 年 11 月 13 日 〔2007〕民三他字第 10 号）

13. 最高人民法院关于朝阳兴诺公司按照建设部颁发的行业标准《复合载体夯扩桩设计规程》设计、施工而实施标准中专利行为是否构成侵犯专利权问题的函

（2008 年 7 月 8 日 〔2008〕民三他字第 4 号）

14. 最高人民法院关于学习贯彻修改后的专利法的通知

（2009 年 9 月 27 日　法发〔2009〕49 号）

15. 最高人民法院关于审理侵犯专利权纠纷案件应用法律若干问题的解释

（2009 年 12 月 28 日发布　2010 年 1 月 1 日实施　法释〔2009〕21 号）

16. 最高人民法院关于审理侵犯专利权纠纷案件应用法律若干问题的解释（二）

（2016 年 3 月 21 日发布　2020 年 12 月 29 日修正　法释〔2020〕19 号）

17. 最高人民法院关于审理专利授权确权行政案件适用法律若干问题的规定（一）

（2020 年 9 月 10 日发布　2020 年 9 月 12 日实施　法释〔2020〕8 号）

（三）著作权法

◇ 综 合

1. 中华人民共和国著作权法

（1990 年 9 月 7 日发布　2020 年 11 月 11 日第三次修正）

2. 中华人民共和国著作权法实施条例

（2002 年 8 月 2 日发布　2013 年 1 月 30 日第二次修订）

3. 实施国际著作权条约的规定

（1992 年 9 月 25 日发布　2020 年 11 月 29 日修订）

4. 著作权资产评估指导意见

（2017 年 9 月 8 日发布　2017 年 10 月 1 日实施　中评协〔2017〕50 号）

◇ 著作权登记

1. 作品自愿登记试行办法

（1994 年 12 月 31 日发布　1995 年 1 月 1 日实施　国权〔1994〕78 号）

2. 著作权质权登记办法

（2010 年 11 月 25 日国家版权局令第 8 号发布　2011 年 1 月 1 日实施）

◇ 计算机软件著作权

1. 计算机软件保护条例

（2001 年 12 月 20 日国务院令第 339 号发布　2013 年 1 月 30 日第二次修订）

2. 计算机软件著作权登记办法
（2002年2月20日　国家版权局令第1号）
3. 计算机软件著作权登记档案查询办法
（2009年3月10日　中国版权保护中心公告第3号）

◇ 信息网络传播权与网络著作权

1. 信息网络传播权保护条例
（2006年5月18日国务院令第468号发布　2013年1月30日修订）
2. 互联网著作权行政保护办法
（2005年4月29日发布　2005年5月30日实施）
3. 国家版权局办公厅关于规范网络转载版权秩序的通知
（2015年4月17日　国版办发〔2015〕3号）
4. 国家版权局关于规范网盘服务版权秩序的通知
（2015年10月14日）
5. 国家版权局办公厅关于加强网络文学作品版权管理的通知
（2016年11月4日）

◇ 出版

1. 音像制品管理条例
（2001年12月25日国务院令第341号发布　2016年2月6日第三次修订）
2. 出版管理条例
（2001年12月25日国务院令第343号发布　2016年2月6日第四次修订）
3. 音像制品出版管理规定
（2004年6月17日新闻出版总署令第22号发布　2017年12月11日第二次修正）
4. 期刊出版管理规定
（2005年9月30日新闻出版总署令第31号发布　2017年12月11日修正）
5. 报纸出版管理规定
（2005年9月30日新闻出版总署令第32号发布　2005年12月1日实施）
6. 电子出版物出版管理规定
（2008年2月21日新闻出版总署令第34号发布　2015年8月28日修正）

7. 图书出版管理规定

(2008 年 2 月 21 日新闻出版总署令第 36 号发布　2015 年 8 月 28 日修正)

8. 复制管理办法

(2009 年 6 月 30 日新闻出版总署令第 42 号发布　2015 年 8 月 28 日修订)

9. 网络出版服务管理规定

(2016 年 2 月 4 日国家新闻出版广电总局、工业和信息化部令第 5 号公布　2016 年 3 月 10 日实施)

10. 出版物市场管理规定

(2016 年 5 月 31 日国家新闻出版广电总局、商务部令第 10 号公布　2016 年 6 月 1 日实施)

◇ 付酬与集体管理

1. 国家版权局关于报刊社声明对所发表的作品享有专有出版权的意见

(1991 年 8 月 9 日　〔91〕权字第 25 号)

2. 录音法定许可付酬标准暂行规定

(1993 年 8 月 1 日　国权〔1993〕41 号)

3. 国家版权局关于《录音法定许可付酬标准暂行规定》的补充通知

(1994 年 10 月 7 日　国权〔1994〕65 号)

4. 国家版权局关于复制发行境外录音制品向著作权人付酬有关问题的通知

(2000 年 9 月 13 日　国权〔2000〕38 号)

5. 著作权集体管理条例

(2004 年 12 月 28 日国务院令第 429 号发布　2013 年 12 月 7 日第二次修订)

6. 广播电台电视台播放录音制品支付报酬暂行办法

(2009 年 11 月 10 日国务院令第 566 号发布　2011 年 1 月 8 日修订)

7. 电影作品著作权集体管理使用费收取标准

(2010 年 9 月 14 日　国家版权局公告 2010 年第 1 号)

8. 电影作品著作权集体管理使用费转付办法

(2010 年 9 月 14 日　国家版权局公告 2010 年第 1 号)

9. 使用音乐作品进行表演的著作权许可使用费标准

(2011 年 10 月 27 日　国家版权局公告 2011 年第 3 号)

10. 教科书法定许可使用作品支付报酬办法

(2013 年 10 月 22 日发布　2013 年 12 月 1 日实施)

11. 使用文字作品支付报酬办法

(2014 年 9 月 23 日发布　2014 年 11 月 1 日实施)

◇ 著作权行政执法

1. 国家版权局关于市、县级（含县级市）著作权行政管理机关是否具有行政执法主体资格的请示的答复

(2000 年 11 月 28 日　国权〔2000〕47 号)

2. 国家版权局办公厅关于对查处涉嫌侵权 MP3 制品有关问题的意见

(2002 年 8 月 21 日　国权办〔2002〕12 号)

3. 国家版权局关于查处著作权侵权案件如何理解适用损害公共利益有关问题的复函

(2006 年 11 月 2 日　国权办〔2006〕43 号)

4. 举报、查处侵权盗版行为奖励暂行办法

(2007 年 9 月 20 日　国家版权局公告 2007 年第 2 号)

5. 著作权行政处罚实施办法

(2009 年 5 月 7 日发布　2009 年 6 月 15 日实施)

6. 国家版权局关于进一步做好著作权行政执法证据审查和认定工作的通知

(2020 年 11 月 15 日)

◇审理、办理著作权刑、民事案件司法解释、司法文件

1. 最高人民法院关于审理非法出版物刑事案件具体应用法律若干问题的解释

(1998 年 12 月 17 日发布　1998 年 12 月 23 日实施　法释〔1998〕30 号)

2. 最高人民法院关于审理著作权民事纠纷案件适用法律若干问题的解释

(2002 年 10 月 12 日发布　2020 年 12 月 29 日修正　法释〔2002〕19 号)

3. 最高人民法院　最高人民检察院关于办理侵犯著作权刑事案件中涉及录音录像制品有关问题的批复

（2005年10月13日发布　2005年10月18日实施　法释〔2005〕12号）

4. 最高人民法院关于做好涉及网吧著作权纠纷案件审判工作的通知

（2010年11月25日　法发〔2010〕50号）

5. 最高人民法院关于审理侵害信息网络传播权民事纠纷案件适用法律若干问题的规定

（2012年12月17日发布　2020年12月29日修正　法释〔2002〕19号）

6. 最高人民法院关于加强著作权和与著作权有关的权利保护的意见

（2020年11月16日　法发〔2020〕42号）

（四）其他知识产权

◇ 植物新品种

1. 中华人民共和国植物新品种保护条例

（1997年3月20日国务院令第213号发布　2014年7月29日第二次修订）

2. 中华人民共和国植物新品种保护条例实施细则（林业部分）

（1999年8月10日国家林业局令第3号发布　2011年1月25日修订）

3. 中华人民共和国植物新品种保护条例实施细则（农业部分）

（2007年9月19日农业部令第5号发布　2014年4月25日第二次修订）

4. 农业植物新品种权侵权案件处理规定

（2002年12月30日农业部令第24号发布　2003年1月1日实施）

5. 植物新品种保护项目管理暂行办法

（2009年11月18日　农办科〔2009〕73号）

6. 关于台湾地区申请人在大陆申请植物新品种权的暂行规定

（2010年11月22日　农业部、国家林业局公告第1487号）

7. 最高人民法院关于审理植物新品种纠纷案件若干问题的解释

（2001年2月5日发布　2020年12月29日修正　法释〔2002〕19号）

8. 最高人民法院关于审理侵犯植物新品种权纠纷案件具体应用法律问题的若干规定

（2007年1月12日发布　2020年12月29日修正　法释〔2002〕19号）

◇集成电路布图设计保护

1. 集成电路布图设计保护条例

（2001 年 4 月 2 日国务院令第 300 号发布　2001 年 10 月 1 日实施）

2. 集成电路布图设计保护条例实施细则

（2001 年 9 月 18 日国家知识产权局局长令第 11 号发布　2001 年 10 月 1 日实施）

3. 集成电路布图设计行政执法办法

（2001 年 11 月 28 日　国家知识产权局局长令第 17 号）

4. 最高人民法院关于开展涉及集成电路布图设计案件审判工作的通知

（2001 年 11 月 16 日　法发〔2001〕24 号）

◇ 技术成果、技术秘密与技术合同

1. 中华人民共和国促进科技成果转化法（第四章 技术权益）

（1996 年 5 月 15 日发布　2015 年 8 月 29 日修正）

2. 科学技术保密规定

（2015 年 11 月 16 日科学技术部、国家保密局令第 16 号公布）

3. 中华人民共和国民法典（第三编第二十章 技术合同）

（2020 年 5 月 28 日发布　2021 年 1 月 1 日实施）

4. 技术合同认定登记管理办法

（2000 年 2 月 16 日科学技术部、财政部、国家税务总局发布 国科发政字〔2000〕063 号）

5. 技术合同认定规则

（2001 年 7 月 18 日　国科发政字〔2001〕253 号）

6. 最高人民法院关于审理技术合同纠纷案件适用法律若干问题的解释

（2004 年 12 月 16 日发布　2020 年 12 月 29 日修正　法释〔2002〕19 号）

◇ 域 名

1. 互联网域名管理办法

（2017 年 8 月 24 日工业和信息化部令第 43 号发布　2017 年 11 月 1 日实施）

2. 中国互联网络信息中心域名注册实施细则

（2012 年 5 月 28 日中国互联网络信息中心发布）

3. 中国互联网络信息中心国家顶级域名争议解决办法

（2014 年 9 月 1 日中国互联网络信息中心发布　自 2014 年 11 月 21 日起

施行）

4. 中国互联网络信息中心国家顶级域名争议解决程序规则

（2014 年 9 月 1 日中国互联网络信息中心发布　自 2014 年 11 月 21 日起施行）

5. 关于《中国互联网络信息中心域名争议解决办法》补充规则

（2014 年 11 月 21 日　中国国际经济贸易仲裁委员会）

6. 信息产业部关于调整中国互联网络域名体系的公告（2008）

（2008 年 3 月 19 日　信部电〔2008〕172 号）

7. 最高人民法院关于审理涉及计算机网络域名民事纠纷案件适用法律若干问题的解释

（2001 年 7 月 17 日发布　2001 年 7 月 24 日实施　法释〔2001〕24 号）

◇ 商业特许经营

1. 商业特许经营管理条例

（2007 年 2 月 6 日国务院令第 485 号发布　2007 年 5 月 1 日实施）

2. 商业特许经营备案管理办法

（2007 年 4 月 30 日发布　2011 年 12 月 12 日修订）

3. 商业特许经营信息披露管理办法

（2007 年 4 月 30 日发布　2012 年 2 月 23 日修订）

◇ 其他

1. 中药品种保护条例

（1992 年 10 月 14 日国务院令第 106 号发布　2018 年 9 月 18 日修订）

2. 药品行政保护条例

（1992 年 12 月 12 日国务院批准、国家医药管理局令第 12 号公布）

3. 农业化学物质产品行政保护条例

（1992 年 12 月 26 日化学工业部令第 7 号发布　2020 年 11 月 29 日修订）

4. 农业化学物质产品行政保护条例实施细则

（1992 年 12 月 26 日化工部令第 8 号发布）

5. 农药管理条例

（1997 年 5 月 8 日国务院令第 216 号发布　2017 年 3 月 16 日第二次修订）

6. 传统工艺美术保护条例

（1997 年 5 月 20 日国务院令第 217 号发布　2013 年 7 月 18 日修订）

7. 饲料和饲料添加剂管理条例（部分条款）

（1999 年 5 月 29 日国务院令第 266 号发布　2017 年 3 月 1 日第四次修订）

（五）知识产权反不正当竞争法保护

1. 中华人民共和国反不正当竞争法（第六条、第九条）

（1993 年 9 月 2 日发布　2019 年 4 月 23 日修正）

2. 国家工商行政管理局关于擅自制造、销售知名商品特有包装、装潢的行为如何定性处罚的答复

（1997 年 5 月 7 日　工商公字〔1997〕第 128 号）

3. 国家工商行政管理局关于在非相同非类似商品上擅自将他人知名商品特有的名称、包装、装潢作相同或者近似使用的定性问题的答复

（1998 年 11 月 20 日　工商公字〔1998〕第 267 号）

4. 国家工商行政管理局关于擅自使用知名商品特有包装行为定性处理问题的答复

（1999 年 10 月 20 日　工商公字〔1999〕第 274 号）

5. 国家工商行政管理局关于擅自将他人知名商品特有的包装、装潢作相同或者近似使用并取得外观专利的行为定性处理问题的答复

（2003 年 3 月 27 日　工商公字〔2003〕第 39 号）

6. 国家工商行政管理局关于擅自将他人知名餐饮服务特有的装饰、装修风格作相同或近似使用的行为定性处理问题的答复

（2003 年 6 月 25 日　工商公字〔2003〕第 85 号）

7. 最高人民法院关于审理不正当竞争民事案件应用法律若干问题的解释

（2007 年 1 月 12 日发布　2020 年 12 月 29 日修正　法释〔2020〕19 号）

8. 最高人民法院关于审理因垄断行为引发的民事纠纷案件应用法律若干问题的规定

（2012 年 5 月 3 日发布　2020 年 12 月 29 日修正　法释〔2020〕19 号）

9. 关于禁止滥用知识产权排除、限制竞争行为的规定

（2015 年 4 月 7 日国家工商总局令第 74 号发布　2020 年 10 月 23 日修订）

10. 最高人民法院关于审理侵犯商业秘密民事案件适用法律若干问题的

规定

（2020年9月10日发布　2020年9月12日实施　法释〔2020〕7号）

（六）保护知识产权的其他法律和司法解释、司法文件

◇ 法律法规规章

1. 中华人民共和国刑法（第二编，第三章，第七节 侵犯知识产权罪）

（1979年7月6日发布　2020年12月26日修正）

2. 中华人民共和国对外贸易法（第三章）

（1994年5月12日发布　2016年11月7日修正）

3. 中华人民共和国技术进出口管理条例

（2001年12月10日发布　2019年3月2日修正）

4. 中华人民共和国知识产权海关保护条例

（2003年12月2日发布　2018年3月19日第二次修订）

◇ 司法解释、司法文件

1. 最高人民法院　最高人民检察院关于办理侵犯知识产权刑事案件具体应用法律若干问题的解释

（2004年12月8日发布　2004年12月22日实施　法释〔2004〕19号）

2. 最高人民法院　最高人民检察院关于办理侵犯知识产权刑事案件具体应用法律若干问题的解释（二）

（2007年4月5日　法释〔2007〕6号）

3. 最高人民法院　最高人民检察院　公安部关于办理侵犯知识产权刑事案件适用法律若干问题的意见

（2011年1月10日　法发〔2011〕3号）

4. 最高人民法院关于北京、上海、广州知识产权法院案件管辖的规定

（2014年10月31日发布　2020年12月29日修正　法释〔2020〕19号）

5. 司法部　国家工商行政管理总局　国家版权局　国家知识产权局关于充分发挥公证职能作用加强公证服务知识产权保护工作的通知

（2017年7月　司发〔2017〕7号）

6. 最高人民法院关于技术调查官参与知识产权案件诉讼活动的若干规定

（2019 年 1 月 28 日　法释〔2019〕2 号）

7. 最高人民法院关于涉网络知识产权侵权纠纷几个法律适用问题的批复

（2020 年 9 月 12 日发布　2020 年 9 月 14 日实施　法释〔2020〕9 号）

8. 最高人民法院　最高人民检察院关于办理侵犯知识产权刑事案件具体应用法律若干问题的解释（三）

（2020 年 9 月 12 日发布　2020 年 9 月 14 日实施　法释〔2020〕10 号）

9. 最高人民法院印发《关于审理涉电子商务平台知识产权民事案件的指导意见》的通知

（2020 年 9 月 10 日　法发〔2020〕32 号）

10. 最高人民法院关于依法加大知识产权侵权行为惩治力度的意见

（2020 年 9 月 14 日　法发〔2020〕33 号）

11. 最高人民法院关于知识产权民事诉讼证据的若干规定

（2020 年 11 月 16 日　法释〔2020〕12 号）

附：2020 年 11 月 16 日最高人民法院民三庭负责人就《最高人民法院关于知识产权民事诉讼证据的若干规定》答记者问

（七）中国签订、加入的有关知识产权的重要国际条约

1. 与贸易有关的知识产权协定（TRIPs）

（1994 年 4 月 15 日于马拉喀什签订　自 2001 年 12 月 11 日起对中国生效）

2. 修改《与贸易有关的知识产权协定（TRIPs）》议定书

（2005 年 12 月 6 日世界贸易组织总理事会通过　2007 年 10 月 28 日批准）

3. 伯尔尼保护文学和艺术作品公约（1971 年巴黎文本）

（1886 年 9 月 9 日于伯尔尼签订　1979 年 10 月 2 日更改　1992 年 7 月 1 日中华人民共和国第七届全国人大常委会第二十六次会议决定中华人民共和国加入并同时声明根据公约附件第一条的规定享有附件第二条和第三条规定的权利）

4. 世界版权公约（1971 年巴黎修订本）

（1952 年 9 月 6 日于日内瓦签订　1971 年 7 月 24 日修订　1992 年 7 月 1 日中华人民共和国第七届全国人大常委会第二十六次会议决定中华人民共和国加入并同时声明根据公约第五条之二的规定享有公约第五条之三、之四的

权利　自 1992 年 10 月 30 日起对中国生效)

5. 保护工业产权巴黎公约（1967 年斯德哥尔摩文本）

(1883 年 3 月 20 日于巴黎签订　1967 年 7 月 14 日修订　1984 年 11 月 14 日中华人民共和国第六届全国人大常委会第八次会议决定中华人民共和国加入并同时声明对公约第二十八条第一款予以保留不受该款约束　自 1985 年 3 月 19 日起对中国生效)

6. 商标国际注册马德里协定

(1891 年 4 月 14 日于马德里签订　1979 年 10 月 2 日修订　自 1989 年 10 月 4 日对中国生效)

四、合同

（一）法律法规

◇ 总 类

1. 中华人民共和国民法典（第三编 合同）

(2020 年 5 月 28 日发布　2021 年 1 月 1 日实施)

2. 中华人民共和国拍卖法

(1996 年 7 月 5 日发布　2015 年 4 月 24 日第二次修正)

3. 中华人民共和国招标投标法

(1999 年 8 月 30 日发布　2017 年 12 月 27 日修正)

4. 中华人民共和国招投标法实施条例

(1999 年 8 月 30 日发布　2019 年 3 月 2 日第三次修订)

5. 中华人民共和国电子商务法

(2018 年 8 月 31 日发布　2019 年 1 月 1 日实施)

◇ 运输合同

1. 中华人民共和国民用航空法（第九章　公共航空运输）

(1995 年 10 月 30 日发布　2018 年 12 月 29 日第五次修正)

2. 铁路货物运输合同实施细则

(1986 年 12 月 1 日发布　2011 年 1 月 8 日修订)

3. 水路货物运输合同实施细则

(1986 年 12 月 1 日发布　2011 年 1 月 8 日修正)

(二) 司法解释、司法文件

1. 最高人民法院关于货物运输合同连带责任问题的复函

(1992 年 7 月 25 日　法函〔1992〕103 号)

2. 最高人民法院关于印发《关于审理铁路运输损害赔偿案件若干问题的解释》的通知

(1994 年 10 月 27 日印发　2020 年 12 月 29 日修正　法释〔2020〕17 号)

3. 最高人民法院关于审理涉及人民调解协议的民事案件的若干规定

(2002 年 11 月 1 日　法释〔2002〕29 号)

4. 最高人民法院关于审理商品房买卖合同纠纷案件适用法律若干问题的解释

(2003 年 4 月 28 日发布　2020 年 12 月 29 日修正　法释〔2020〕17 号)

5. 最高人民法院关于审理技术合同纠纷案件适用法律若干问题的解释

(2004 年 12 月 16 日发布　2005 年 1 月 1 日实施　法释〔2004〕20 号)

6. 最高人民法院印发《关于当前形势下审理民商事合同纠纷案件若干问题的指导意见》的通知

(2009 年 7 月 7 日　法发〔2009〕40 号)

7. 最高人民法院关于审理城镇房屋租赁合同纠纷案件具体应用法律若干问题的解释

(2009 年 7 月 30 日发布　2020 年 12 月 29 日修正　法释〔2020〕17 号)

8. 最高人民法院关于适用《中华人民共和国保险法》若干问题的解释(一)

(2009 年 10 月 1 日　法释〔2009〕12 号)

9. 最高人民法院关于审理买卖合同纠纷案件适用法律问题的解释

(2012 年 5 月 10 日发布　2020 年 12 月 29 日修正　法释〔2020〕17 号)

10. 最高人民法院关于适用《中华人民共和国保险法》若干问题的解释(二)

(2013 年 5 月 31 日发布　2020 年 12 月 29 日修正　法释〔2020〕18 号)

11. 最高人民法院关于审理融资租赁合同纠纷案件适用法律问题的解释

(2014 年 2 月 24 日发布　2020 年 12 月 29 日修正　法释〔2020〕17 号)

12. 最高人民法院关于审理民间借贷案件适用法律若干问题的规定

(2015 年 8 月 6 日发布 2020 年 12 月 29 日修正 法释〔2020〕17 号)

13. 最高人民法院关于适用《中华人民共和国保险法》若干问题的解释（四)

(2018 年 7 月 31 日发布 2020 年 12 月 29 日修正 法释〔2020〕18 号)

14. 最高人民法院关于适用《中华人民共和国外商投资法》若干问题的解释

(2019 年 12 月 26 日发布 2020 年 1 月 1 日实施 法释〔2019〕20 号)

15. 最高人民法院关于审理建设工程施工合同纠纷案件适用法律问题的解释（一)

(2020 年 12 月 29 日 法释〔2020〕25 号)

五、担保

（一）一般规定

1. 中华人民共和国民法典〔第二编，第四分编 担保物权；第三编，第八章 违约责任：第 586 条至 588 条（定金条款)，第三编，第二分编，第十三章 保证合同〕

(2020 年 5 月 28 日发布 2021 年 1 月 1 日实施)

2. 最高人民法院关于适用《中华人民共和国民法典》有关担保制度的解释

(2020 年 12 月 31 日 法释〔2020〕28 号)

（二）保 证

1. 最高人民法院关于处理担保法生效前发生的保证行为的保证期间问题的通知

(2002 年 8 月 1 日 法〔2002〕144 号)

2. 最高人民法院关于在保证期间内保证人在债权转让协议上签字并承诺履行原保证义务能否视为债权人向担保人主张过债权及认定保证合同的诉讼时效如何起算等问题请示的答复

(2003 年 9 月 8 日〔2003〕民二他字第 25 号)

3. 最高人民法院关于甘肃省高级人民法院在诉讼时效期间债权人依法将主债权转让给第三人保证人是否继续承担保证责任等问题请示的答复

(2003 年 10 月 20 日〔2003〕民二他字第 39 号)

4. 最高人民法院关于对云南省高级人民法院就如何适用《关于适用〈中

华人民共和国担保法〉若干问题的解释》第四十四条请示的答复

（2003 年 12 月 24 日 〔2003〕民二他字第 49 号）

5. 最高人民法院关于审理独立保函纠纷案件若干问题的规定

（2016 年 11 月 18 日公布　2020 年 12 月 29 日修正　法释〔2020〕18 号）

（三）抵押

1. 最高人民法院关于债务人有多个债权人将其全部财产抵押给其中一个债权人是否有效问题的批复

（1994 年 3 月 26 日　法复〔1994〕2 号）

2. 城市房地产抵押管理办法

（1997 年 5 月 9 日发布　2001 年 8 月 15 日修正）

3. 最高人民法院关于能否将国有土地使用权折价抵偿给抵押权人问题的批复

（1998 年 9 月 3 日发布　1998 年 9 月 9 日实施　法释〔1998〕25 号）

4. 住房置业担保管理试行办法

（2000 年 5 月 11 日　建住房〔2000〕108 号）

5. 最高人民法院研究室关于抵押权不受抵押登记机关规定的抵押期限影响问题的函

（2000 年 9 月 28 日　法（研）明传〔2000〕22 号）

6. 公证机构办理抵押登记办法

（2002 年 2 月 20 日　司法部令第 68 号）

7. 最高人民法院关于审理商品房买卖合同纠纷案件适用法律若干问题的解释（第八、九、二十三、二十四、二十五、二十六、二十七条）

（2003 年 4 月 28 日发布　2003 年 6 月 1 日实施　法释〔2003〕7 号）

8. 最高人民法院关于房地产管理机关能否撤销错误的注销抵押登记行为问题的批复

（2003 年 11 月 17 日发布　2003 年 11 月 20 日实施　法释〔2003〕17 号）

9. 最高人民法院关于人民法院执行设定抵押的房屋的规定

（2005 年 12 月 21 日　法释〔2005〕14 号　2008 年 12 月 16 日修订）

10. 最高人民法院关于转发国土资源部《关于国有划拨土地使用权抵押登记有关问题的通知》的通知

（2004 年 3 月 23 日　法发〔2004〕11 号）

11. 最高人民法院关于因登记部门的原因致使当事人无法办理抵押物登记的抵押效力认定问题的答复（原标题：最高人民法院关于担保法司法解释第五十九条中的“第三人”范围问题的答复）

（2006 年 5 月 18 日　法函〔2006〕51 号）

12. 市场监管总局办公厅关于全国市场监管动产抵押登记业务系统在部分地区先行上线运行的通知

（2018 年 7 月 25 日　市监市〔2018〕34 号）

13. 动产抵押登记办法

（2007 年 10 月 17 日发布　2019 年 3 月 18 日第二次修订 ）

（四）质押

1. 凭证式国债质押贷款办法

（1999 年 7 月 9 日　银发〔1999〕231 号）

2. 财政部关于上市公司国有股质押有关问题的通知

（2001 年 10 月 25 日　财企〔2001〕651 号）

3. 证券公司股票质押贷款管理办法

（2004 年 11 月 2 日　银发〔2004〕256 号）

4. 中国人民银行自动质押融资业务管理暂行办法

（2005 年 12 月 8 日　公告〔2005〕第 25 号）

5. 储蓄国债（电子式）质押管理暂行办法

（2006 年 8 月 18 日　银发〔2006〕291 号）

6. 单位定期存单质押贷款管理规定

（2007 年 7 月 3 日　银监会令 2007 第 9 号）

7. 应收账款质押登记办法

（2019 年 11 月 22 日发布　2020 年 1 月 1 日实施）

8. 工商行政管理机关股权出质登记办法

（2008 年 9 月 1 日发布　2016 年 4 月 29 日修订）

9. 专利权质押登记办法

（2010 年 8 月 26 日发布　2010 年 10 月 1 日实施）

10. 著作权质权登记办法

（2010 年 11 月 25 日发布　2011 年 1 月 1 日实施）

（五）留置

最高人民法院关于能否对连带责任保证人所有的船舶行使留置权的请示的复函

（2001 年 8 月 17 日〔2001〕民四他字第 5 号）

六、侵权责任

（一）法律

1. 中华人民共和国民法典（第七编　侵权责任）

（2020 年 5 月 28 日发布　2021 年 1 月 1 日实施）

2. 中华人民共和国反不正当竞争法

（1993 年 9 月 2 日发布　2019 年 4 月 23 日修正）

3. 中华人民共和国消费者权益保护法

（1993 年 10 月 31 日发布　2013 年 10 月 25 日第二次修正）

（二）司法解释

1. 最高人民法院关于城市街道办事处是否应当独立承担民事责任的批复

（1997 年 7 月 14 日发布　1997 年 8 月 2 日实施　法释〔1997〕1 号）

2. 最高人民法院关于确定民事侵权精神损害赔偿责任若干问题的解释

（2001 年 3 月 8 日发布　2020 年 12 月 29 日修正　法释〔2020〕17 号）

3. 最高人民法院关于审理人身损害赔偿案件适用法律若干问题的解释

（2003 年 12 月 16 日发布　2020 年 12 月 29 日修正　法释〔2020〕17 号）

4. 最高人民法院关于审理涉及会计师事务所在审计业务活动中民事侵权赔偿案件的若干规定

（2007 年 6 月 11 日发布　2007 年 6 月 15 日实施　法释〔2007〕12 号）

5. 最高人民法院关于审理铁路运输人身损害赔偿纠纷案件适用法律若干问题的解释

（2010 年 3 月 3 日发布　2010 年 3 月 16 日实施　法释〔2010〕5 号）

6. 最高人民法院关于审理因垄断行为引发的民事纠纷案件应用法律若干问题的规定

（2012 年 5 月 3 日发布　2012 年 6 月 1 日实施　法释〔2012〕5 号）

7. 最高人民法院关于审理道路交通事故损害赔偿案件适用法律若干问题的解释

（2012 年 11 月 27 日发布　2020 年 12 月 29 日修正　法释〔2020〕17 号）

8. 最高人民法院关于审理食品药品纠纷案件适用法律若干问题的规定

（2013 年 12 月 9 日发布　2020 年 12 月 29 日修正　法释〔2020〕17 号）

9. 最高人民法院关于审理涉及公证活动相关民事案件的若干规定

（2014 年 6 月 6 日公布　2020 年 12 月 29 日修正　法释〔2020〕20 号）

10. 最高人民法院关于审理利用信息网络侵害人身权益民事纠纷案件适用法律若干问题的规定

（2014 年 8 月 21 日发布　2020 年 12 月 29 日修正　法释〔2020〕17 号）

11. 最高人民法院关于审理环境民事公益诉讼案件适用法律若干问题的解释

（2015 年 1 月 6 日　法释〔2015〕1 号）

12. 最高人民法院关于审理环境侵权责任纠纷案件适用法律若干问题的解释

（2015 年 6 月 1 日发布　2015 年 6 月 3 日　法释〔2015〕12 号）

13. 最高人民法院关于审理矿业权纠纷案件适用法律若干问题的解释

（2017 年 7 月 27 日公布　2020 年 12 月 29 日修正　法释〔2020〕17 号）

14. 最高人民法院关于审理医疗损害责任纠纷案件适用法律若干问题的解释

（2017 年 12 月 13 日发布　2017 年 12 月 14 日实施　法释〔2017〕20 号）

15. 最高人民法院关于审理生态环境损害赔偿案件的若干规定（试行）

（2019 年 6 月 4 日公布　法释〔2019〕8 号）

附录 3　劳动者权益保护法律规范

一、劳动法、劳动合同法及相关规范文件

中共中央　国务院关于构建和谐劳动关系的意见

（2015 年 3 月 21 日 中发〔2015〕10 号）

（一）劳动法

◇ 劳动法及相关规范文件

1. 中华人民共和国劳动法
（1994年7月5日发布　2018年12月29日第二次修正）
2. 劳动部办公厅关于印发《关于〈劳动法〉若干条文的说明》的通知
（1994年9月5日　劳办发〔1994〕289号）
3. 铁道部　劳动部关于印发国家铁路实施《中华人民共和国劳动法》的若干规定的通知
（1994年12月27日发布　1995年1月1日实施　铁劳〔1994〕166号）
4. 关于贯彻执行《中华人民共和国劳动法》若干问题的意见
（1995年8月4日　劳部发〔1995〕309号）

◇ 禁止使用童工及女职工、未成年工保护

1. 禁止使用童工规定
（2002年10月1日　国务院令第364号）
2. 女职工劳动保护特别规定
（2012年4月28日　国务院令第619号）
3. 未成年工特殊保护规定
（1994年12月9日发布　1995年1月1日实施　劳部发〔1994〕498号）

◇ 劳动监察及行政争议听证、复议

1. 劳动保障监察条例
（2004年11月1日发布　2004年12月1日实施　国务院令第423号）
2. 企业劳动保障守法诚信等级评价办法
（2016年7月25日发布　2017年1月1日实施　人社部规〔2016〕1号）
3. 重大劳动保障违法行为社会公布办法
（2016年9月1日发布　2017年1月1日实施　人力资源和社会保障部令第29号）
4. 劳动行政处罚听证程序规定
（1996年9月27日发布　1996年10月1日实施　劳动部令第2号）

5. 人力资源社会保障行政复议办法

(2010 年 3 月 16 日　人力资源和社会保障部令第 6 号)

(二) 劳动合同法

◇ 总 类

1. 中华人民共和国劳动合同法

(2007 年 6 月 29 日发布　2012 年 12 月 28 日修正)

2. 中华人民共和国劳动合同法实施条例

(2008 年 9 月 18 日　国务院令第 535 号)

3. 集体合同规定

(2004 年 1 月 20 日发布　2004 年 5 月 1 日实施)

◇ 劳动合同法实施、劳动关系确认

1. 关于印发《企业经济性裁减人员规定》的通知

(1994 年 11 月 14 日发布　1995 年 1 月 1 日实施　劳部发〔1994〕447 号)

2. 国家铁路用人单位实行劳动合同制度办法

(1995 年 3 月 8 日　铁劳〔1995〕22 号)

3. 劳动部关于印发《实施〈劳动法〉中有关劳动合同问题的解答》的通知

(1995 年 4 月 27 日　劳部发〔1995〕202 号)

4. 劳动部印发《关于贯彻执行〈中华人民共和国劳动法〉若干问题的意见》的通知

(1995 年 8 月 4 日　劳部发〔1995〕309 号)

5. 劳动部办公厅对《关于如何理解无效劳动合同有关问题的请示》的复函

(1995 年 10 月 18 日　劳办发〔1995〕268 号)

6. 劳动部办公厅关于劳动者解除劳动合同有关问题的复函

(1995 年 12 月 19 日　劳办发〔1995〕324 号)

7. 劳动部办公厅关于固定工签订劳动合同有关问题的复函

(1996 年 4 月 26 日　劳办发〔1996〕71 号)

8. 农业部　劳动部关于乡镇企业实行劳动合同制度的通知

（1996 年 6 月 27 日　农企发〔1996〕5 号）

9. 劳动部办公厅对《关于职工被公安机关“收容教育”企业能否与之解除劳动合同的请示》的复函

（1996 年 9 月 27 日　劳办发〔1996〕209 号）

10. 关于实行劳动合同制度若干问题的通知

（1996 年 10 月 31 日　劳部发〔1996〕354 号）

11. 劳动部办公厅对《关于临时工等问题的请示》的复函

（1996 年 11 月 7 日　劳办发〔1996〕238 号）

12. 关于加强劳动合同管理完善劳动合同制度的通知

（1997 年 4 月 3 日　劳部发〔1997〕106 号）

13. 关于企业职工被错判宣告无罪释放后，是否应恢复与企业的劳动关系等有关问题的复函

（1997 年 4 月 29 日　劳办发〔1997〕40 号）

14. 关于发布《国家铁路劳动用工管理办法》的通知

（1997 年 5 月 26 日　铁劳〔1997〕94 号）

15. 劳动部办公厅关于职工应征入伍后与企业劳动关系的复函

（1997 年 5 月 30 日　劳办发〔1997〕50 号）

16. 劳动部办公厅对《关于实行劳动合同制若干问题的请示》的复函

（1997 年 9 月 15 日　劳办发〔1997〕88 号）

17. 劳动部关于企业实施股份制和股份合作制改造中履行劳动合同问题的通知

（1998 年 1 月 26 日　劳部发〔1998〕34 号）

18. 关于妥善处理劳动关系有关问题的通知（编注：因防治非典型肺炎或受非典型肺炎影响）

（2003 年 5 月 14 日　劳社厅函〔2003〕257 号）

19. 劳动和社会保障部关于非全日制用工若干问题的意见

（2003 年 5 月 30 日　劳社部发〔2003〕12 号）

20. 财政部　劳动社会保障部　国务院国资委关于国有大中型企业主辅分离辅业改制分流安置富余人员的劳动关系处理办法

（2003 年 7 月 31 日　劳社部发〔2003〕21 号）

21. 劳动和社会保障部办公厅关于职工被人民检察院作出不予起诉决定用人单位能否据此解除劳动合同问题的复函

（2003 年 7 月 31 日　劳社厅函〔2003〕367 号）

22. 劳动和社会保障部　建设部　全国总工会关于加强建设等行业农民工劳动合同管理的通知

（2005 年 4 月 18 日　劳社部发〔2005〕9 号）

23. 劳动和社会保障部关于确立劳动关系有关事项的通知

（2005 年 5 月 25 日　劳社部发〔2005〕12 号）

24. 劳动和社会保障部　中华全国总工会　中国企业联合会/中国企业家协会关于开展区域性行业性集体协商工作的意见

（2006 年 8 月 17 日　劳社部发〔2006〕32 号）

25. 劳动和社会保障部关于建立劳动用工备案制度的通知

（2006 年 12 月 22 日　劳社部发〔2006〕46 号）

26. 劳动和社会保障部关于印发《中华人民共和国劳动合同法》宣传提纲的通知

（2007 年 6 月 29 日　劳社部发〔2007〕25 号）

27. 人力资源和社会保障部关于做好《中华人民共和国劳动合同法实施条例》贯彻落实工作的通知

（2008 年 9 月 22 日　人社部发〔2008〕77 号）

28. 最高人民法院行政审判庭关于劳动行政部门在工伤认定程序中是否具有劳动关系确认权请示的答复

（2009 年 7 月 20 日〔2009〕行他字第 12 号）

29. 交通运输部　人力资源和社会保障部　全国总工会关于在出租汽车行业开展和谐劳动关系创建活动的通知

（2012 年 1 月 5 日　交运发〔2012〕13 号）

30. 人力资源和社会保障部　全国总工会　中国企业联合会　全国工商联关于推进实施集体合同制度攻坚计划的通知

（2014 年 4 月 14 日　人社部发〔2014〕30 号）

31. 人力资源和社会保障部 教育部 体育总局 中华全国总工会关于加强和改进职业足球俱乐部劳动保障管理的意见

（2016 年 7 月 27 日　人社部发〔2016〕69 号）

32. 人力资源和社会保障部关于发布劳动合同示范文本的说明

（2019 年 11 月 25 日）

附 1：劳动合同（通用）

附 2：劳动合同（劳务派遣）

33. 人力资源和社会保障部办公厅关于妥善处理新型冠状病毒感染的肺炎疫情防控期间劳动关系问题的通知

（2020 年 1 月 24 日　人社厅明电〔2020〕5 号）

34. 人力资源和社会保障部　全国总工会　中国企业联合会/中国企业家协会　全国工商联关于做好新型冠状病毒感染肺炎疫情防控期间稳定劳动关系支持企业复工复产的意见

（2020 年 2 月 7 日　人社部发〔2020〕8 号）

◇ 劳务派遣

1. 劳务派遣行政许可实施办法

（2013 年 6 月 20 日发布　2013 年 7 月 1 日实施　人力资源和社会保障部令第 19 号）

2. 人力资源和社会保障部办公厅关于做好劳务派遣行政许可工作的通知

（2013 年 6 月 20 日　人社厅发〔2013〕66 号）

3. 劳务派遣暂行规定

（2014 年 1 月 24 日发布　2014 年 3 月 1 日实施　人力资源和社会保障部令第 22 号）

◇ 工人退休、工龄计算及劳动合同关系终止、解除有关经济补偿、赔偿

1. 全国人民代表大会常务委员会关于批准《国务院关于工人退休、退职的暂行办法》的决议

（1978 年 5 月 24 日）

2. 违反《劳动法》有关劳动合同规定的赔偿办法

（1995 年 5 月 10 日　劳部发〔1995〕223 号）

3. 劳动和社会保障部办公厅关于用人单位违反劳动合同规定有关赔偿问题的复函

（2001 年 11 月 5 日　劳社厅函〔2001〕238 号）

4. 关于《国营企业实行劳动合同制度暂行规定》废止后有关终止劳动合

同支付生活补助费问题的复函

（2001 年 12 月 26 日　劳社厅函〔2001〕280 号）

5. 财政部　国家税务总局关于个人与用人单位解除劳动关系取得的一次性补偿收入征免个人所得税问题的通知

（2001 年 9 月 10 日　财税〔2001〕157 号）

6. 劳动和社会保障部办公厅关于劳动合同制职工工龄计算问题的复函

（2002 年 9 月 25 日　劳社厅函〔2002〕323 号）

（三）专业技术人员

1. 中共中央组织部　中共中央宣传部　中共中央统战部　人事部　劳动和社会保障部关于高技能人才享受国务院颁发政府特殊津贴的意见

（2008 年 3 月 10 日　国人部发〔2008〕24 号）

2. 人事部关于印发《留学人员创业园管理办法》的通知

（2001 年 1 月 15 日　人发〔2001〕7 号）

3. 留学人员科技活动项目择优资助经费申请与管理办法

（2001 年 4 月 6 日　人发〔2001〕33 号）

4. 专业技术人员继续教育规定

（2015 年 8 月 13 日发布　2015 年 10 月 1 日实施　人力资源和社会保障部令第 25 号）

5. 专业技术人员资格考试违纪违规处理规定

（2017 年 2 月 16 日发布　2017 年 4 月 1 日实施　人力资源和社会保障部令第 31 号公布）

6. 职称评审管理暂行规定

（2019 年 7 月 1 日发布　2019 年 9 月 1 日实施　人力资源和社会保障部令第 40 号公布）

（四）企业职工等档案管理

1. 劳动部　国家档案局关于颁发《企业职工档案管理工作规定》的通知

（1992 年 6 月 9 日　劳力字〔1992〕33 号）

2. 中共中央组织部　人力资源和社会保障部等五部门关于进一步加强流动人员人事档案管理服务工作的通知

（2014 年 12 月 10 日　人社部发〔2014〕90 号）

3. 人力资源和社会保障部办公厅关于简化优化流动人员人事档案管理服务的通知

（2016 年 5 月 25 日　人社厅发〔2016〕75 号）

（五）废止、修改有关规范文件的通知、决定

1. 劳动和社会保障部关于废止部分劳动和社会保障规范性文件的通知

（1999 年 8 月 3 日　劳社部发〔1999〕25 号）

2. 劳动和社会保障部关于废止部分劳动和社会保障规范性文件的通知（二）

（1999 年 8 月 3 日　劳社部发〔1999〕25 号）

3. 劳动和社会保障部关于废止部分劳动和社会保障规范性文件的通知（三）

（1999 年 8 月 3 日　劳社部发〔1999〕25 号）

4. 关于废止部分劳动和社会保障规章的决定

（2007 年 11 月 9 日　人力资源和社会保障部令第 29 号）

5. 关于废止和修改部分人力资源和社会保障规章的决定

（2010 年 11 月 12 日　人力资源和社会保障部令第 7 号）

附 1：废止的人力资源和社会保障规章目录

附 2：修改的人力资源和社会保障规章目录

6. 人力资源和社会保障部关于宣布失效和废止一批文件的通知

（2016 年 2 月 17 日　人社部发〔2016〕16 号）

7. 人力资源和社会保障部关于废止部分规章的决定

（2016 年 4 月 12 日　人力资源和社会保障部令第 28 号）

附件：人力资源和社会保障部决定废止的规章目录

8. 人力资源和社会保障部关于第二批宣布失效和废止文件的通知

（2016 年 4 月 13 日　人社部发〔2016〕34 号）

附 1：人力资源和社会保障部宣布失效的文件目录

附 2：人力资源和社会保障部宣布废止的文件目录

9. 人力资源和社会保障部关于第三批宣布失效和废止文件的通知

（2016 年 5 月 31 日　人社部发〔2016〕50 号）

附1：人力资源和社会保障部宣布失效的文件目录

附2：人力资源和社会保障部宣布废止的文件目录

10. 人力资源和社会保障部关于第四批宣布失效和废止文件的通知

（2016年10月21日　人社部发〔2016〕96号）

附1：人力资源和社会保障部宣布失效的文件目录

附2：人力资源和社会保障部宣布废止的文件目录

11. 人力资源和社会保障部关于第五批宣布失效和废止文件的通知

（2017年11月24日　人社部发〔2017〕87号）

附1：人力资源和社会保障部宣布失效的文件目录

附2：人力资源和社会保障部宣布废止的文件目录

（六）证明事项告知承诺制试点

人力资源和社会保障部办公厅关于印发《人力资源社会保障系统开展证明事项告知承诺制试点工作实施方案》的通知

（2019年5月31日　人社厅发〔2019〕71号）

附：证明事项告知承诺制试点范围

二、事业单位

1. 人事部关于印发《事业单位工作人员考核暂行规定》的通知

（1995年12月14日　人核培发〔1995〕153号）

2. 国务院办公厅转发人事部《关于在事业单位试行人员聘用制度的意见》的通知

（2002年7月6日　国办发〔2002〕35号）

3. 人事部关于印发《事业单位试行人员聘用制度有关问题的解释》的通知

（2003年12月10日　国人部发〔2003〕61号）

4. 事业单位公开招聘人员暂行规定

（2005年11月16日发布　2006年1月1日实施　人事部令第6号）

5. 人事部办公厅关于印发《事业单位聘用合同（范本）》的通知

（2005 年 12 月 20 日　国人厅发〔2005〕158 号）

6. 人事部关于加强机关事业单位人员工资管理防范虚报冒领工资问题的通知

（2006 年 3 月 22 日　国人部发〔2006〕26 号）

7. 人事部　财政部关于印发《关于机关事业单位离退休人员计发离退休费等问题的实施办法》的通知

（2006 年 6 月 20 日　国人部发〔2006〕60 号）

8. 事业单位岗位设置管理试行办法

（2006 年 7 月 4 日　国人部发〔2006〕70 号）

9. 事业单位工作人员处分暂行规定

（2012 年 8 月 22 日发布　2012 年 9 月 1 日实施）

10. 事业单位人事管理条例

（2014 年 4 月 25 日发布　2014 年 7 月 1 日实施）

11. 事业单位工作人员申诉规定

（2014 年 6 月 27 日　人社部发发布〔2014〕45 号）

12. 事业单位领导人员管理暂行规定

（2015 年 5 月 28 日　中办发〔2015〕34 号）

13. 人力资源和社会保障部关于贯彻执行《事业单位工作人员处分暂行规定》若干问题的意见

（2017 年 6 月 21 日　人社部规〔2017〕11 号）

14. 事业单位公开招聘违纪违规行为处理规定

（2017 年 10 月 9 日发布　2018 年 1 月 1 日实施）

15. 人力资源和社会保障部关于事业单位公开招聘岗位条件设置有关问题的通知

（2017 年 10 月 16 日　人社部规〔2017〕17 号）

16. 中共中央组织部　人力资源和社会保障部关于印发《事业单位工作人员奖励规定》的通知

（2018 年 12 月 18 日　人社部规〔2018〕4 号）

17. 中共中央组织部办公厅　人力资源和社会保障部办公厅关于印发《事业单位工作人员申诉案件办理规则》的通知

（2019 年 1 月 18 日　人社厅发〔2019〕17 号）

18. 中共中央组织部　人力资源和社会保障部关于印发《事业单位人事管理回避规定》的通知

（2019 年 9 月 18 日　人社部规〔2019〕1 号）

19. 人力资源和社会保障部办公厅关于切实做好新型冠状病毒感染的肺炎疫情防控期间事业单位人事管理工作有关问题的通知

（2020 年 1 月 30 日　人社厅发〔2020〕8 号）

三、工作时间、探亲待遇、年休假及患病或非因工负伤医疗期

（一）工作时间

1. 国务院关于职工工作时间的规定

（1994 年 2 月 3 日发布　1995 年 3 月 25 日修订）

2. 关于印发《关于企业实行不定时工作制和综合计算工时工作制的审批办法》的通知

（1994 年 12 月 14 日　劳部发〔1994〕503 号）

3. 劳动部贯彻《国务院关于职工工作时间的规定》的实施办法

（1995 年 3 月 26 日　劳部发〔1995〕143 号）

4. 人事部关于印发《国家机关、事业单位贯彻〈国务院关于职工工作时间的规定〉的实施办法》的通知

（1995 年 3 月 26 日　人薪发〔1995〕32 号发布　1995 年 5 月 1 日实施）

5. 劳动部关于印发《〈国务院关于职工工作时间的规定〉问题解答》的通知

（1995 年 4 月 22 日 劳部发〔1995〕187 号）

6. 劳动部关于职工工作时间有关问题的复函

（1997 年 9 月 10 日　劳部发〔1997〕271 号）

7. 人力资源和社会保障部　商务部关于服务外包企业实行特殊工时制度有关问题的通知

（2009 年 3 月 29 日　人社部发〔2009〕36 号）

（二）全国年节及纪念日放假

1. 全国年节及纪念日放假办法

（1949 年 12 月 23 日发布　2013 年 12 月 11 日第三次修订）

2. 劳动和社会保障部关于职工全年月平均工作时间和工资折算问题的通知

（2008 年 1 月 3 日　劳社部发〔2008〕3 号）

3. 关于部分公民放假有关工资问题的函

（2000 年 2 月 12 日　劳社厅函〔2000〕18 号）

（三）探亲待遇、年休假

◇ 探亲待遇

1. 国家劳动总局　财政部关于国营企业职工请婚丧假和路程假问题的通知

（1980 年 2 月 20 日〔80〕劳总薪字 29 号）

2. 国务院关于公布《国务院关于职工探亲待遇的规定》的通知

（1981 年 3 月 14 日　国发〔1981〕36 号）

附：国务院关于职工探亲待遇的规定

3. 国家劳动总局关于制定《国务院关于职工探亲待遇的规定》实施细则的若干问题的意见

（1981 年 3 月 26 日〔81〕劳总险字 12 号）

4. 铁道部关于贯彻执行《国务院关于职工探亲待遇的规定》的实施细则

（1981 年 8 月 27 日〔81〕铁人字 1386 号）

◇ 带薪年休假

1. 职工带薪年休假条例

（2007 年 12 月 14 日　国务院令第 514 号）

2. 机关事业单位工作人员带薪年休假实施办法

（2008 年 2 月 15 日　人事部令第 9 号）

3. 企业职工带薪年休假实施办法

（2008 年 9 月 28 日　人力资源和社会保障部令第 1 号）

4. 人力资源和社会保障部办公厅关于《企业职工带薪年休假实施办法》有关问题的复函

（2009 年 4 月 15 日　人社厅函〔2009〕149 号）

（四）患病或非因工负伤医疗期

企业职工患病或非因工负伤医疗期规定

（1994 年 12 月 1 日　劳部发〔1994〕479 号）

四、薪酬

（一）综合

1. 关于工资总额组成的规定

（1990 年 1 月 1 日　国家统计局令第 1 号）

2. 国家统计局关于认真贯彻执行《关于工资总额组成的规定》的通知

（1990 年 1 月 3 日　统制字〔1990〕1 号）

附 1：《关于工资总额组成的规定》若干具体范围的解释

附 2：对《关于工资总额组成的规定》的说明

3. 劳动部关于印发《工资支付暂行规定》的通知

（1994 年 12 月 6 日　劳部发〔1994〕489 号）

4. 劳动部关于印发《对〈工资支付暂行规定〉有关问题的补充规定》的通知

（1995 年 5 月 12 日　劳部发〔1995〕226 号）

5. 劳动和社会保障部办公厅关于部分公民放假有关工资问题的函

（2000 年 2 月 12 日　劳社厅函〔2000〕18 号）

6. 工资集体协商试行办法

（2000 年 11 月 8 日　劳动和社会保障部令第 9 号）

7. 劳动和社会保障部办公厅关于企业跨地区从事生产经营活动工资支付有关问题的函

（2004 年 11 月 8 日　劳社厅函〔2004〕382 号）

8. 劳动和社会保障部关于职工全年月平均工作时间和工资折算问题的通知

（2008 年 1 月 3 日　劳社部发〔2008〕3 号）

9. 财政部　国家税务总局关于高级专家延长离退休期间取得工资薪金所得有关个人所得税问题的通知

（2008 年 7 月 1 日　财税〔2008〕7 号）

（二）最低工资

1. 劳动和社会保障部办公厅关于最低工资问题的复函

（2001 年 11 月 5 日　劳社厅函〔2001〕241 号）

2. 最低工资规定

（2004 年 1 月 20 日　劳动和社会保障部令第 21 号）

附件：最低工资标准测算方法

3. 劳动和社会保障部关于进一步健全最低工资制度的通知

（2007 年 6 月 12 日　劳社部发〔2007〕20 号）

（三）国有企业工资

1. 劳动部　国家经济贸易委员会　国家经济体制改革委员会关于印发《全民所有制企业工资总额管理暂行规定》的通知

（1993 年 6 月 22 日　劳部发〔1993〕138 号）

2. 劳动部　财政部　国家计委　国家体改委　国家经贸委关于发布《国有企业工资总额同经济效益挂钩规定》的通知

（1993 年 7 月 9 日　劳部发〔1993〕161 号）

3. 劳动部　财政部　审计署关于颁发《国有企业工资内外收入监督检查实施办法》的通知

（1995 年 4 月 21 日　劳部发〔1995〕218 号）

4. 劳动部　国家计委关于对部分行业、企业实行工资控制线办法的通知

（1996 年 6 月 7 日　劳部发〔1996〕198 号）

5. 劳动和社会保障部　财政部关于进一步做好企业工资总额同经济效益挂钩工作的通知

（2003 年 11 月 24 日　劳社部发〔2003〕31 号）

6. 国务院关于改革国有企业工资决定机制的意见

（2018 年 5 月 13 日　国发〔2018〕16 号）

（四）农民工工资

1. 保障农民工工资支付条例

（2019 年 12 月 30 日发布　2020 年 5 月 1 日实施　国务院令第 724 号）

2. 建设领域农民工工资支付管理暂行办法

（2004 年 9 月 6 日　劳社部发〔2004〕22 号）

3. 国务院办公厅关于全面治理拖欠农民工工资问题的意见

（2016 年 1 月 17 日　国办发〔2016〕1 号）

4. 拖欠农民工工资“黑名单”管理暂行办法

（2017 年 9 月 25 日　人社部规〔2017〕16 号）

5. 保障农民工工资支付工作考核办法

（2017 年 12 月 6 日　国办发〔2017〕96 号）

6. 住房城乡建设部办公厅关于启用全国建筑工人管理服务信息平台的通知

（2018 年 10 月 26 日　建办市函〔2018〕603 号）

附 1：全国建筑工人管理服务信息平台数据标准（试行）

附 2：全国建筑工人管理服务信息平台数据接口标准（试行）

7. 住房和城乡建设部　人力资源和社会保障部关于印发建筑工人实名制管理办法（试行）的通知

（2019 年 2 月 17 日　建市〔2019〕18 号）

8. 司法部关于充分发挥职能作用认真做好根治拖欠农民工工资有关工作的意见

（2019 年 4 月 1 日）

9. 国务院办公厅关于成立国务院根治拖欠农民工工资工作领导小组的通知

（2019 年 8 月 3 日　国办函〔2019〕79 号）

（五）有关司法解释

1. 最高人民法院赔偿委员会关于补发工资后仍需进行国家赔偿的批复

（2000 年 1 月 10 日　〔1999〕赔他字第 20 号）

2. 最高人民法院赔偿委员会关于国家赔偿不应扣除已补发工资的批复

（2000 年 1 月 10 日　〔1999〕赔他字第 23 号）

3. 最高人民法院关于限制人身自由期间的工资已由单位补发国家是否还应支付被限制人身自由的赔偿金的批复

（2000 年 1 月 26 日　〔1999〕赔他字第 21 号）

五、社会保险、住房公积金

（一）综合

◇ 社会保险法及其实施相关规定

1. 中华人民共和国社会保险法

（2010 年 10 月 28 日发布　2018 年 12 月 29 日修正）

2. 实施《中华人民共和国社会保险法》若干规定

（2011 年 6 月 29 日发布　2011 年 7 月 1 日实施）

3. 社会保险个人权益记录管理办法

（2011 年 6 月 29 日发布　2011 年 7 月 1 日实施）

4. 社会保险基金先行支付暂行办法

（2011 年 6 月 29 日发布　2018 年 12 月 14 日修订）

5. 在中国境内就业的外国人参加社会保险暂行办法

（2011 年 9 月 6 日发布　2011 年 10 月 15 日实施）

6. 社会保险费申报缴纳管理规定

（2013 年 9 月 26 日发布　2013 年 11 月 1 日实施）

7. 劳动和社会保障部办公厅关于进一步做好城镇从业人员参加社会保险工作有关问题的通知

（2003 年 7 月 3 日　劳社厅发〔2003〕16 号）

8. 劳动和社会保障部　国土资源部关于切实做好被征地农民社会保障工作有关问题的通知

（2007 年 4 月 28 日　劳社部发〔2007〕14 号）

◇ 社会保险行政争议处理、欺诈案件管理

1. 社会保险行政争议处理办法

（2001 年 5 月 27 日　劳动和社会保障部令第 13 号）

2. 人力资源和社会保障部办公厅关于印发社会保险欺诈案件管理办法的通知

（2016 年 4 月 28 日　人社厅发〔2016〕61 号）

◇ 有关立法解释、司法文件

1. 全国人民代表大会常务委员会关于《中华人民共和国刑法》第二百六十六条的解释（“以欺诈、伪造证明材料或者其他手段骗取养老、医疗、工伤、失业、生育等社会保险金或者其他社会保障待遇的，属于刑法第二百六十六条规定的诈骗公私财物的行为。”）

（2014 年 4 月 24 日）

2. 最高人民法院行政审判庭关于拖欠社会保险基金纠纷是否由法院主管

的答复

（1998 年 3 月 25 日）

3. 最高人民法院关于在审理和执行民事、经济纠纷案件时不得查封、冻结和扣划社会保险基金的通知

（2000 年 2 月 18 日　法〔2000〕19 号）

4. 最高人民检察院关于挪用失业保险基金和下岗职工基本生活保障资金的行为适用法律问题的批复

（2003 年 1 月 28 日发布　2003 年 1 月 30 日实施）

5. 最高人民检察院关于贪污养老、医疗等社会保险基金能否适用《最高人民法院最高人民检察院关于办理贪污贿赂刑事案件适用法律若干问题的解释》第一条第二款第一项规定的批复

（2017 年 7 月 26 日发布　2017 年 8 月 7 日实施）

（二）养老保险

◇ **综合**

1. 国务院关于完善企业职工基本养老保险制度的决定

（2005 年 12 月 3 日　国发〔2005〕38 号）

2. 国务院关于建立统一的城乡居民基本养老保险制度的意见

（2014 年 2 月 21 日　国发〔2014〕8 号）

3. 国务院关于机关事业单位工作人员养老保险制度改革的决定

（2015 年 1 月 3 日发布　2014 年 10 月 1 日实施　国发〔2015〕2 号）

4. 国务院关于建立企业职工基本养老保险基金中央调剂制度的通知

（2018 年 5 月 30 日　国发〔2018〕18 号）

5. 劳动和社会保障部关于完善城镇职工基本养老保险政策有关问题的通知

（2001 年 12 月 22 日　劳社部发〔2001〕20 号）

6. 劳动和社会保障部　民政部　审计署关于做好农村社会养老保险和被征地农民社会保障工作有关问题的通知

（2007 年 8 月 17 日　劳社部发〔2007〕31 号）

7. 城乡养老保险制度衔接暂行办法

（2014 年 2 月 24 日发布　2014 年 7 月 1 日实施　人社部发〔2014〕17 号）

8. 城乡养老保险制度衔接经办规程（试行）

（2014 年 2 月 24 日发布　2014 年 7 月 1 日实施　人社厅发〔2014〕25 号）

9. 人力资源和社会保障部　财政部关于进一步完善企业职工基本养老保险省级统筹制度的通知

（2017 年 9 月 14 日　人社部发〔2017〕72 号）

◇ 基本养老保险关系转移接续

1. 国务院办公厅关于转发人力资源和社会保障部、财政部城镇企业职工基本养老保险关系转移接续暂行办法的通知

（2009 年 12 月 28 日　国办发〔2009〕66 号）

2. 人力资源和社会保障部关于城镇企业职工基本养老保险关系转移接续若干问题的通知

（2016 年 11 月 28 日　人社部规〔2016〕5 号）

3. 人力资源和社会保障部办公厅关于养老保险关系跨省转移视同缴费年限计算地有关问题的复函

（2017 年 6 月 26 日　人社厅函〔2017〕151 号）

◇ 年金

1. 人力资源和社会保障部办公厅关于印发扩大企业年金基金投资范围和企业年金养老金产品有关问题政策释义的通知

（2014 年 3 月 13 日　人社厅发〔2014〕35 号）

2. 人力资源和社会保障部办公厅关于进一步做好企业年金方案备案工作的意见

（2014 年 5 月 16 日　人社厅发〔2014〕60 号）

3. 国务院办公厅关于印发机关事业单位职业年金办法的通知

（2015 年 3 月 27 日　国办发〔2015〕18 号）

4. 企业年金办法

（2017 年 12 月 18 日　人力资源和社会保障部、财政部令第 36 号）

◇基本养老保险基金、职业年金基金管理

1. 基本养老保险基金投资管理办法

(2015 年 8 月 17 日　国发〔2015〕48 号)

2. 职业年金基金管理暂行办法

(2016 年 9 月 28 日　人社部发〔2016〕92 号)

(三) 医疗保险

1. 国务院关于整合城乡居民基本医疗保险制度的意见

(2016 年 1 月 3 日　国发〔2016〕3 号)

2. 国务院办公厅转发卫生部等部门关于建立新型农村合作医疗制度意见的通知

(2003 年 1 月 16 日　国办发〔2003〕3 号)

3. 劳动和社会保障部办公厅关于城镇灵活就业人员参加基本医疗保险的指导意见

(2003 年 5 月 26 日　劳社厅发〔2003〕10 号)

4. 劳动和社会保障部关于促进医疗保险参保人员充分利用社区卫生服务的指导意见

(2006 年 6 月 22 日　劳社部发〔2006〕23 号)

5. 教育部等五部门关于将在内地（大陆）就读的港澳台大学生纳入城镇居民基本医疗保险范围的通知

(2013 年 10 月 10 日　教港澳台〔2013〕69 号)

6. 人力资源和社会保障部关于进一步加强基本医疗保险医疗服务监管的意见

(2014 年 8 月 18 日　人社部发〔2014〕54 号)

7. 人力资源和社会保障部　财政部　国家卫生和计划生育委员会关于进一步做好基本医疗保险异地就医医疗费用结算工作的指导意见

(2014 年 11 月 18 日　人社部发〔2014〕93 号)

8. 国务院办公厅关于全面实施城乡居民大病保险的意见

(2015 年 7 月 28 日　国办发〔2015〕57 号)

9. 人力资源和社会保障部等四部门关于做好进城落户农民参加基本医疗保险和关系转移接续工作的办法

（2015年8月27日　人社部发〔2015〕80号）

10. 人力资源和社会保障部办公厅关于印发流动就业人员基本医疗保险关系转移接续业务经办规程的通知

（2016年6月22日　人社厅发〔2016〕94号）

11. 人力资源和社会保障部　财政部关于做好基本医疗保险跨省异地就医住院医疗费用直接结算工作的通知

（2016年12月8日　人社部发〔2016〕120号）

12. 国务院办公厅关于印发生育保险和职工基本医疗保险合并实施试点方案的通知

（2017年1月19日　国办发〔2017〕6号）

13. 国务院办公厅关于进一步深化基本医疗保险支付方式改革的指导意见

（2017年6月20日　国办发〔2017〕55号）

（四）工伤保险

◇ 综合

1. 工伤保险条例

（2003年4月27日发布　2010年12月20日修订）

2. 伤残抚恤管理办法

（2007年7月31日发布　2019年12月16日修订）

◇ 工伤保险条例适用

1. 中华人民共和国职业病防治法

（2001年10月27日发布　2018年12月29日第四次修正）

2. 因工死亡职工供养亲属范围规定

（2003年9月23日发布　2004年1月1日实施）

3. 劳动和社会保障部关于农民工参加工伤保险有关问题的通知

（2004年6月1日　劳社部发〔2004〕18号）

4. 国务院法制办公室对《关于职工上下班途中因违章受到机动车事故伤害能否认定为工伤的请示》的复函

（2004年12月28日　国法秘函〔2004〕373号）

5. 非法用工单位伤亡人员一次性赔偿办法

（2010年12月31日发布　2011年1月1日实施　人力资源和社会保障部令第9号）

6. 部分行业企业工伤保险费缴纳办法

（2010年12月31日发布　2011年1月1日实施　人力资源和社会保障部令第10号）

7. 人力资源和社会保障部关于执行《工伤保险条例》若干问题的意见

（2013年4月25日　人社部发〔2013〕34号）

8. 人力资源和社会保障部关于执行《工伤保险条例》若干问题的意见（二）

（2016年3月28日　人社部发〔2016〕29号）

9. 人力资源和社会保障部　住房和城乡建设部　国家安全生产监督管理委员会 全国总工会关于进一步做好建筑业工伤保险工作的意见

（2014年12月29日　人社部发〔2014〕103号）

10. 人力资源和社会保障部　财政部关于调整工伤保险费率政策的通知

（2015年7月22日　人社部发〔2015〕71号）

附：工伤保险行业风险分类表

11. 最高人民法院关于审理工伤保险行政案件若干问题的规定

（2014年6月18日发布　2014年9月1日实施）

12. 工伤保险辅助器具配置管理办法

（2016年2月16日发布　2018年12月14日修订）

13. 人力资源和社会保障部关于工伤保险待遇调整和确定机制的指导意见

（2017年7月28日　人社部发〔2017〕58号）

附1：一级至四级工伤职工伤残津贴调整公式

附2：供养亲属抚恤金调整公式

14. 工伤预防费使用管理暂行办法

（2017年8月17日　人社部规〔2017〕13号）

◇ 工伤认定与劳动能力鉴定

1. 劳动和社会保障部关于新旧劳动能力鉴定标准衔接有关问题处理意见的通知

（2007年3月6日 劳社部发〔2007〕8号）

2. 工伤认定办法

（2003 年 9 月 23 日发布　2010 年 12 月 31 日修订）

3. 工伤职工劳动能力鉴定管理办法

（2014 年 2 月 20 日发布　2018 年 12 月 14 日修订）

◇ 非因工伤残或因病丧失劳动能力程度鉴定标准

职工非因工伤残或因病丧失劳动能力程度鉴定标准（试行）

（2002 年 4 月 5 日　劳社部发〔2002〕8 号）

◇ 职业病诊断、鉴定及职业病危害因素定期检测管理

1. 卫生部关于对异地职业病诊断有关问题的批复

（2003 年 10 月 17 日　卫法监发〔2003〕298 号）

2. 卫生部关于职业病诊断有关问题的批复

（2005 年 4 月 4 日　卫监督发〔2005〕129 号）

3. 卫生部关于如何确定职业病诊断机构权限范围的批复

（2007 年 1 月 26 日　卫监督发〔2007〕36 号）

4. 职业病诊断与鉴定管理办法

（2013 年 2 月 19 日发布　2013 年 4 月 10 日实施）

5. 国家卫生和计划生育委员会　人力资源和社会保障部　国家安全生产监督管理总局　中华全国总工会关于印发《职业病分类和目录》的通知

（2013 年 12 月 23 日　国卫疾控发〔2013〕48 号）

6. 国家安全监管总局办公厅关于印发用人单位职业病危害因素定期检测管理规范的通知

（2015 年 2 月 28 日　安监总厅安健〔2015〕16 号）

◇ 特别主体有关工伤、职业病鉴定

劳动和社会保障部办公厅关于资源枯竭矿山企业有工伤（职业病）史且已办理离退休手续人员能否进行工残等级鉴定问题的复函

（2000 年 11 月 22 日　劳社厅函〔2000〕137 号）

◇ 职工工伤与职业病致残等级认定国家标准

劳动能力鉴定　职工工伤与职业病致残等级（GB/T 16180-2014）

（2014 年 9 月 3 日国家质量监督检验检疫总局、国家标准委员会发布 2015 年 1 月 1 日实施）

（五）失业保险

1. 失业保险条例

（1999 年 1 月 22 日　国务院令第 258 号）

2. 劳动和社会保障部办公厅关于对刑满释放或者解除劳动教养人员能否享受失业保险待遇问题的复函

（2000 年 9 月 7 日　劳社厅函〔2000〕108 号）

3. 失业保险金申领发放办法

（2000 年 10 月 26 日发布　2019 年 12 月 9 日第二次修订）

4. 劳动和社会保障部办公厅关于破产企业职工自谋职业领取一次性安置费后能否享受失业保险待遇问题的复函

（2001 年 5 月 23 日　劳社厅函〔2001〕133 号）

5. 人力资源和社会保障部　财政部　总参谋部　总政治部　总后勤部关于退役军人失业保险有关问题的通知

（2013 年 7 月 30 日发布　人社部发〔2013〕53 号　2013 年 8 月 1 日实施）

附：军人服现役年限视同失业保险缴费年限证明

6. 人力资源和社会保障部　财政部　国家发展和改革委员会　工业和信息化部关于失业保险支持企业稳定岗位有关问题的通知

（2014 年 11 月 6 日　人社部发〔2014〕76 号）

7. 人力资源和社会保障部　财政部关于调整失业保险费率有关问题的通知

（2015 年 2 月 27 日发布　2015 年 3 月 1 日实施　人社部发〔2015〕24 号）

8. 人力资源和社会保障部　财政部关于调整失业保险金标准的指导意见

（2017 年 9 月 20 日　人社部发〔2017〕71 号）

9. 人力资源和社会保障部　财政部关于阶段性降低社会保险费率的通知

（2016 年 4 月 14 日发布　2016 年 5 月 1 日实施　人社部发〔2016〕36 号）

10. 人力资源和社会保障部　财政部关于阶段性降低失业保险费率有关问

题的通知

（2017 年 2 月 16 日　人社部发〔2017〕14 号）

（六）生育保险

1. 中华人民共和国人口与计划生育法

（2001 年 12 月 29 日发布　2015 年 12 月 27 日修正）

2. 女职工劳动保护特别规定

（2012 年 4 月 28 日　国务院令第 619 号）

3. 企业职工生育保险试行办法

（1994 年 12 月 14 日发布　1995 年 1 月 1 日实施　劳部发〔1994〕504 号）

4. 人事部关于国家机关、事业单位女职工产假期间工资计发问题的通知

（1994 年 2 月 24 日　人薪发〔1994〕7 号）

5. 人力资源和社会保障部 财政部关于适当降低生育保险费率的通知

（2015 年 7 月 27 日　人社部发〔2015〕70 号）

6. 国务院办公厅关于印发生育保险和职工基本医疗保险合并实施试点方案的通知

（2017 年 1 月 19 日　国办发〔2017〕6 号）

7. 国务院办公厅关于全面推进生育保险和职工基本医疗保险合并实施的意见

（2019 年 3 月 6 日　国办发〔2019〕10 号）

（七）住房公积金

1. 住房公积金管理条例

（1999 年 4 月 3 日发布　2019 年 3 月 24 日第二次修订）

2. 建设部　财政部　中国人民银行　中国银行业监督管理委员会关于印发《住房公积金行政监督办法》的通知

（2004 年 3 月 2 日　建金管〔2004〕34 号）

3. 建设部　财政部　中国人民银行关于住房公积金管理若干具体问题的指导意见

（2005 年 1 月 10 日　建金管〔2005〕5 号）

4. 建设部关于进一步规范住房公积金管理信息公开工作的意见

（2007 年 9 月 10 日　建金管〔2007〕222 号）

5. 住房和城乡建设部办公厅关于抗震救灾中做好住房公积金工作的紧急通知

（2008 年 5 月 22 日　建办保〔2008〕33 号）

6. 住房和城乡建设部　财政部　中国人民银行　中国银行业监督管理委员会关于规范住房公积金个人住房贷款政策有关问题的通知

（2010 年 11 月 2 日　建金〔2010〕179 号）

7. 住房和城乡建设部　财政部　中国人民银行　中国银行业监督管理委员会关于加强和改进住房公积金服务工作的通知

（2011 年 1 月 19 日　建金〔2011〕9 号）

8. 住房和城乡建设部关于进一步加强住房公积金监管工作的通知

（2012 年 2 月 6 日　建金〔2012〕10 号）

9. 住房和城乡建设部　财政部　中国人民银行关于发展住房公积金个人住房贷款业务的通知

（2014 年 10 月 9 日　建金〔2014〕148 号）

10. 住房和城乡建设部办公厅关于贯彻落实住房公积金基础数据标准的通知

（2014 年 12 月 9 日　建办金〔2014〕51 号）

11. 住房和城乡建设部　财政部　人民银行关于放宽提取住房公积金支付房租条件的通知

（2015 年 1 月 20 日　建金〔2015〕19 号）

12. 中国人民银行　住房和城乡建设部　中国银行业监督管理委员会关于个人住房贷款政策有关问题的通知

（2015 年 3 月 30 日　银发〔2015〕98 号）

13. 住房和城乡建设部　财政部　中国人民银行关于调整住房公积金个人住房贷款购房最低首付款比例的通知

（2015 年 8 月 27 日　建金〔2015〕128 号）

14. 住房和城乡建设部关于住房公积金异地个人住房贷款有关操作问题的通知

（2015 年 9 月 15 日　建金〔2015〕135 号）

15. 住房和城乡建设部　财政部　中国人民银行关于切实提高住房公积金使用效率的通知

（2015 年 9 月 29 日　建金〔2015〕150 号）

16. 住房和城乡建设部　财政部　中国人民银行　国务院港澳事务办公室　国务院台湾事务办公室关于在内地（大陆）就业的港澳台同胞享有住房公积金待遇有关问题的意见

（2017 年 11 月 28 日　建金〔2017〕237 号）

17. 住房和城乡建设部　财政部　中国人民银行　国土资源部关于维护住房公积金缴存职工购房贷款权益的通知

（2017 年 12 月 13 日　建金〔2017〕246 号）

18. 住房城乡建设部　财政部　人民银行关于改进住房公积金缴存机制进一步降低企业成本的通知

（2018 年 4 月 28 日　建金〔2018〕45 号）

19. 住房城乡建设部　财政部　人民银行　公安部关于开展治理违规提取住房公积金工作的通知

（2018 年 5 月 2 日　建金〔2018〕46 号）

20. 住房和城乡建设部　财政部　人民银行关于妥善应对新冠肺炎疫情实施住房公积金阶段性支持政策的通知

（2020 年 2 月 21 日　建金〔2020〕23 号）

六、劳动人事争议纠纷处理

（一）法律及规章

1. 中华人民共和国劳动争议调解仲裁法

（2007 年 12 月 29 日发布　2008 年 5 月 1 日实施）

2. 中华人民共和国民事诉讼法（第三编 执行程序）

（1991 年 4 月 9 日发布　2017 年 6 月 27 日第三次修正）

3. 企业劳动争议协商调解规定

（2011 年 11 月 30 日　2012 年 1 月 1 日实施）

4. 劳动人事争议仲裁办案规则（2017）

（2017 年 5 月 8 日发布　2017 年 7 月 1 日实施）

5. 劳动人事争议仲裁组织规则（2017）

（2017 年 5 月 8 日发布　2017 年 7 月 1 日实施）

（二）行政规范文件

1. 劳动和社会保障部办公厅关于劳动争议案件中涉及商业秘密侵权问题的函

（1999 年 7 月 7 日　劳社厅函〔1999〕69 号）

2. 劳动和社会保障部办公厅关于劳动争议仲裁委员会作出仲裁裁决后不

再变更被执行主体的复函

（2003 年 5 月 16 日　劳社厅函〔2003〕260 号）

3. 人力资源和社会保障部办公厅关于印发基层劳动人事争议调解工作规范的通知

（2014 年 3 月 5 日　人社厅发〔2014〕30 号）

附 1：基层劳动人事争议调解组织名称规范

附 2：劳动人事争议调解工作程序

附 3：基层劳动人事争议调解组织工作职责（试行）

附 4：劳动人事争议调解员行为规范（试行）

附 5：劳动人事争议调解员证书制作管理规范

附 4：人力资源和社会保障部、中央综治办关于加强专业性劳动争议调解工作的意见（2015 年 6 月 3 日　人社部发〔2015〕53 号）

5. 人力资源和社会保障部　最高人民法院关于加强劳动人事争议仲裁与诉讼衔接机制建设的意见

（2017 年 11 月 8 日　人社部发〔2017〕70 号）

（三）司法解释、司法文件

◇ 劳动争议

1. 最高人民法院关于人民法院对经劳动争议仲裁裁决的纠纷准予撤诉或驳回起诉后劳动争议仲裁裁决从何时起生效的解释

（2000 年 7 月 10 日　法释〔2000〕18 号）

2. 最高人民法院关于审理拒不支付劳动报酬刑事案件适用法律若干问题的解释

（2013 年 1 月 16 日发布　2013 年 1 月 23 日实施　法释〔2013〕3 号）

3. 第八次全国法院民事商事审判工作会议（民事部分）纪要（相关部分）

（2016 年 11 月 21 日　法〔2016〕399 号）

4. 最高人民法院关于审理劳动争议案件适用法律问题的解释（一）

（2020 年 12 月 29 日　法释〔2020〕26 号）

◇ 人事争议

1. 最高人民法院关于审理事业单位人事争议案件若干问题的规定

(2003 年 8 月 27 日发布　2003 年 9 月 5 日实施　法释〔2003〕13 号)

2. 最高人民法院关于事业单位人事争议案件适用法律等问题的答复

(2004 年 4 月 30 日　法函〔2004〕30 号)

3. 最高人民法院关于人事争议申请仲裁时效期间如何计算的批复

(2013 年 9 月 12 日发布　2013 年 9 月 22 日实施　法释〔2013〕23 号)

◇ 船员保护

最高人民法院关于审理涉船员纠纷案件若干问题的规定

(2020 年 6 月 8 日　法释〔2020〕11 号)

七、企业改制重组关闭破产过程中的工会工作、民主管理、职工安置及促进就业

(见第三章第四节第二、三部分)

附录 4　有关服务、中介机构业务规范

第一节　律师业务规范

一、法律规范

中华人民共和国律师法

(1996 年 5 月 15 日发布　2017 年 9 月 1 日第三次修正)

二、中华全国律师协会制定律师业务操作指引

(一) 2009 年 8 月：中华全国律师协会律师业务操作指引①

1. 中华全国律师协会律师办理国有企业改制与相关公司治理业务操作指引

2. 中华全国律师协会律师办理有限责任公司收购业务操作指引

3. 中华全国律师协会律师办理风险投资与股权激励业务操作指引

4. 中华全国律师协会律师担任破产管理人业务操作指引

5. 中华全国律师协会律师办理农民专业合作社设立及相关治理业务操作指引

6. 中华全国律师协会律师办理合同审查业务操作指引

7. 中华全国律师协会律师办理土地法律业务操作指引

8. 中华全国律师协会律师办理拆迁法律业务操作指引

9. 中华全国律师协会律师办理建设工程法律业务操作指引

10. 中华全国律师协会律师为买受人提供商品房买卖合同法律服务操作指引

11. 中华全国律师协会律师为开发商提供商品房买卖合同法律服务操作指引

12. 中华全国律师协会律师办理二手房买卖合同业务操作指引

13. 中华全国律师协会律师办理物业管理法律业务操作指引

14. 中华全国律师协会律师办理基础设施特许经营法律业务操作指引

15. 中华全国律师协会律师办理婚姻家庭法律业务操作指引

附1：中华全国律师协会关于律师办理群体性案件指导意见

附2：中华全国律师协会关于为应对国际金融危机、保持经济平稳较快发展提供优质法律服务的指导意见

附3：中华全国律师协会关于律师为“三农”提供优质法律服务、促进农村经济、社会和谐发展的指导意见

（二）2013年6月：中华全国律师协会律师业务操作指引②

1. 中华全国律师协会律师从事劳动法律服务业务操作指引

2. 中华全国律师协会律师承办公司治理业务操作指引

3. 中华全国律师协会律师办理公司诉讼业务操作指引

4. 中华全国律师协会律师参与未成年人法律援助工作指引

5. 中华全国律师协会律师办理未成年人刑事案件辩护工作指引

6. 中华全国律师协会律师办理电子数据证据业务操作指引

7. 中华全国律师协会律师参与工资集体协商业务指引

8. 中华全国律师协会律师办理专利侵权业务操作指引

9. 中华全国律师协会律师承办环境行政案件业务操作指引

10. 中华全国律师协会律师办理建筑物区分所有权法律业务操作指引

11. 中华全国律师协会律师办理企业法律风险管理业务操作指引

12. 中华全国律师协会律师承办继承法律业务操作指引

13. 中华全国律师协会律师提供房屋租赁合同诉讼和仲裁法律服务操作指引

14. 中华全国律师协会律师提供房屋租赁合同非诉讼法律服务操作指引

15. 中华全国律师协会律师办理事业单位分类改革与相关法人治理业务操作指引

16. 中华全国律师协会律师办理保障性住房为主的房地产投融资非诉讼法律业务操作指引

17. 中华全国律师协会律师办理城中村改造法律业务操作指引

18. 中华全国律师协会律师承办食品安全法律风险管理业务操作指引

19. 中华全国律师协会律师参与矿业并购业务操作指引

20. 中华全国律师协会律师参与石油勘探、开发业务操作指引

（三）2016年2月：中华全国律师协会律师业务操作指引③

1. 律师承办企业法律顾问业务操作指引

2. 律师从事税法服务业务操作指引

3. 律师从事证券法律业务尽职调查操作指引

4. 律师代理商标注册申请业务操作指引

5. 律师办理技术合同非诉讼法律业务操作指引

6. 律师办理高新技术业务领域法律尽职调查业务操作指引

7. 律师承办公司关联交易业务操作指引

8. 律师办理新三板挂牌业务操作指引

9. 律师办理反垄断调查业务操作指引

10. 律师办理经营者集中申报业务操作指引

11. 律师为政府投资项目提供法律风险管理法律服务操作指引

12. 律师为政府投资项目立项、规划审批阶段提供法律服务操作指引

13. 律师为政府投资项目招标投标阶段提供法律服务操作指引

14. 律师为政府投资项目建设阶段提供法律服务操作指引

15. 律师为政府投资项目建设工程争议评审阶段提供法律服务操作指引

16. 律师办理买卖合同法律事务操作指引
17. 律师办理道路交通事故损害赔偿法律事务操作指引
18. 律师承办海商海事案件业务操作指引（修订版）
19. 律师办理商业秘密法律业务操作指引（修订版）

◇ 2017 年 11 月：

1. 律师办理证券虚假陈述民事赔偿诉讼业务操作指引
(2017 年 4 月中华全国律师协会发布)
2. 知识产权尽职调查操作指引
(2017 年中华全国律师协会发布)

三、中华全国律师协会制定及中国证券监督管理委员会、司法部发布有关业务规范

1. 律师参与仲裁工作规则
(2003 年 3 月 26 日　全国律协四届六次常务理事会)
2. 律师从事证券法律业务规范（试行）
(2003 年 4 月 22 日 〔2003〕律发字第 18 号)
3. 律师事务所证券法律业务执业规则（试行）
(2010 年 10 月 20 日发布　2011 年 1 月 1 日实施)
4. 律师办理刑事案件规范
(2017 年 9 月 20 日)
5. 中华全国律师协会关于律师办理黑恶势力犯罪案件辩护代理工作若干意见
(2018 年 3 月 6 日　律发通〔2018〕9 号)

四、2013 年 8 月中华全国律师协会发布律师业务指导目录

第一篇　刑事业务
第二篇　行政法业务
第三篇　民事业务
一、合同业务

二、企业业务
三、侵权业务
四、其他类民事业务

第四篇　金融证券保险业务

一、银行类业务
二、证券公司类业务
三、期货业务
四、保险业务
五、私募及基金业务

第五篇　房地产与能源资源业务

一、国有土地业务
二、集体土地业务
三、建设工程业务
四、房地产业务
五、能源资源环境业务

第六篇　婚姻、继承和劳动保障业务

一、婚姻家庭关系类业务
二、继承业务
三、劳动与社会保障业务

第七篇　知识产权业务

一、专利业务
二、商标权业务
三、版权业务
四、非专利技术服务业务
五、其他知识产权业务

第八篇　海商海事业务

一、船舶及登记
二、海上运输
三、海损救助
四、海商海事纠纷
五、其他海商海事业务

第九篇　国际业务

一、反补贴业务

二、反倾销业务

三、反垄断业务

四、其他国际业务

第十篇　公益服务

一、法律援助服务

二、参与社会管理服务

第二节　会计业务规范

一、法律规范

1. 中华人民共和国会计师法

(1985年1月21日通过　1999年10月31日修订　2017年11月4日第二次修正)

2. 中华人民共和国注册会计师法

(1993年10月31日发布　2014年8月31日修正)

二、综合业务规范

(一) 法规及其实施细则

1. 总会计师条例

(1990年12月31日发布　2011年1月8日修订)

2. 中华人民共和国发票管理办法

(1993年12月23日发布　2019年3月2日第二次修订)

3. 中华人民共和国发票管理办法实施细则

(2011年2月14日发布　2019年7月24日第三次修正)

4. 现金管理暂行条例

(1988年9月8日发布　2011年1月8日修订)

5. 现金管理暂行条例实施细则

(1988年9月23日发布　1988年10月1日实施　银发〔1988〕288号)

6. 企业财务会计报告条例

(2000 年 6 月 21 日发布　2001 年 1 月 1 日实施)

(二) 行政规章、规范文件等

1. 会计基础工作规范

(1996 年 6 月 17 日发布　2019 年 3 月 14 日修改)

2. 人民币银行结算账户管理办法

(2003 年 4 月 10 日发布　2003 年 9 月 1 日实施)

3. 人民币银行结算账户管理办法实施细则

(2005 年 1 月 19 日发布　2005 年 1 月 31 日实施　银发〔2005〕16 号)

4. 金融企业财务规则

(2006 年 12 月 7 日发布　2007 年 1 月 1 日实施)

5. 企业财务通则

(2007 年 1 月 26 日财政部第 41 号令发布)

6. 财政部门实施会计监督办法

(2001 年 2 月 20 日　财政部令第 10 号)

7. 电子商业汇票业务管理办法

(2009 年 10 月 16 日　中国人民银行令〔2009〕第 2 号)

8. 财政部关于发布 2015 版企业会计准则通用分类标准的通知 (2015 修订)

(2015 年 3 月 24 日修订　财会〔2015〕6 号)

附 1：企业会计准则通用分类标准

附 2：企业会计准则通用分类标准指南

附 3：企业会计准则通用分类标准元素清单

附 4：企业会计准则通用分类标准版本报告

附 5：企业会计准则通用分类标准编报规则

9. 事业单位财务规则

(1996 年 10 月 22 日发布　2017 年 12 月 4 日修正)

10. 行政单位财务规则

(2012 年 12 月 6 日发布　2013 年 1 月 1 日实施)

11. 企业会计信息化工作规范

(2013 年 12 月 6 日发布　2014 年 1 月 6 日实施　财会〔2013〕20 号)

12. 会计档案管理办法

（2015 年 12 月 11 日发布　2016 年 1 月 1 日实施）

13. 财政部办公厅关于印发《企业会计准则咨询委员会工作大纲》的通知

（2016 年 3 月 2 日　财办会〔2016〕6 号）

14. 基本建设财务规则

（2016 年 4 月 26 日发布　2017 年 12 月 4 日修正）

15. 金融企业绩效评价办法

（2016 年 6 月 2 日　财金〔2016〕35 号）

16. 财政部关于发布《企业会计准则通用分类标准保险业和证券业扩展部分及公式链接库》的通知

（2016 年 9 月 29 日　财会〔2016〕18 号）

17. 财政部　国务院国有资产监督管理委员会关于发布 2017 版国资委财务监管报表 XBRL 扩展分类标准的通知

（2019 年 5 月 23 日　国资发财管〔2019〕57 号）

三、中央企业财务会计等有关管理办法

1. 中央企业财务决算报告管理办法

（2004 年 2 月 12 日　国务院国有资产监督管理委员会令第 5 号）

2. 中央企业总会计师工作职责管理暂行办法

（2006 年 4 月 14 日　国务院国有资产监督管理委员会令第 13 号发布　2006 年 5 月 14 日实施）

3. 中央企业财务预算管理暂行办法

（2007 年 5 月 25 日国务院国有资产监督管理委员会令第 18 号公布　2007 年 6 月 25 日实施）

4. 中央国有资本经营预算管理暂行办法

（2016 年 1 月 15 日　财预〔2016〕6 号）

5. 中央企业违规经营投资责任追究实施办法（试行）

（2018 年 7 月 13 日国务院国有资产监督管理委员会令第 37 号发布　2018 年 8 月 30 日实施）

6. 中央企业负责人经营业绩考核办法

（2019 年 3 月 1 日国务院国有资产监督管理委员会令第 40 号发布　2019

年 4 月 1 日实施)

四、财政部印发企业内控规范、企业会计准则

(一) 企业内控规范

1. 企业内部控制基本规范

(2009 年 7 月 1 日实施　财会〔2008〕7 号)

2. 小企业内部控制规范(试行)

(2018 年 1 月 1 日实施　财会〔2017〕21 号)

(二) 企业会计基本准则

企业会计准则——基本准则

(2006 年 2 月 15 日财政部令第 33 号公布　2014 年 7 月 23 日修改)

(三) 企业会计具体准则

1. 企业会计准则第 1 号——存货

(2006 年 2 月 15 日发布　财会〔2006〕3 号　2007 年 1 月 1 日实施)

2. 企业会计准则第 2 号——长期股权投资

(2006 年 2 月 15 日财会〔2006〕3 号印发　2014 年 3 月 13 日修订)

3. 企业会计准则第 3 号——投资性房地产

(2006 年 2 月 15 日发布　财会〔2006〕3 号　2007 年 1 月 1 日实施)

4. 企业会计准则第 4 号——固定资产

(2006 年 2 月 15 日发布　财会〔2006〕3 号　2007 年 1 月 1 日实施)

5. 企业会计准则第 5 号——生物资产

(2006 年 2 月 15 日发布　财会〔2006〕3 号　2007 年 1 月 1 日实施)

6. 企业会计准则第 6 号——无形资产

(2006 年 2 月 15 日发布　财会〔2006〕3 号　2007 年 1 月 1 日实施)

7. 企业会计准则第 7 号——非货币性资产交换

(2006 年 2 月 15 日　财会〔2006〕3 号印发　2019 年 5 月 9 日修订)

8. 企业会计准则第 8 号——资产减值

(2006 年 2 月 15 日发布　财会〔2006〕3 号　2007 年 1 月 1 日实施)

9. 企业会计准则第 9 号——职工薪酬

(2006 年 2 月 15 日　财会〔2006〕3 号印发　2014 年 1 月 27 日修订)

10. 企业会计准则第 10 号——企业年金基金

(2006 年 2 月 15 日发布　财会〔2006〕3 号　2007 年 1 月 1 日实施)

11. 企业会计准则第 11 号——股份支付

(2006 年 2 月 15 日发布　财会〔2006〕3 号　2007 年 1 月 1 日实施)

12. 企业会计准则第 12 号——债务重组

(2006 年 2 月 15 日　财会〔2006〕3 号印发　2019 年 5 月 16 日修订)

13. 企业会计准则第 13 号——或有事项

(2006 年 2 月 15 日发布　财会〔2006〕3 号　2007 年 1 月 1 日实施)

14. 企业会计准则第 14 号——收入

(2006 年 2 月 15 日　财会〔2006〕3 号印发　2017 年 7 月 5 日修订)

15. 企业会计准则第 15 号——建造合同

(2006 年 2 月 15 日发布　财会〔2006〕3 号　2007 年 1 月 1 日实施)

16. 企业会计准则第 16 号——政府补助

(2006 年 2 月 15 日　财会〔2006〕3 号印发　2017 年 5 月 10 日修订)

17. 企业会计准则第 17 号——借款费用

(2006 年 2 月 15 日发布　财会〔2006〕3 号　2007 年 1 月 1 日实施)

18. 企业会计准则第 18 号——所得税

(2006 年 2 月 15 日发布　财会〔2006〕3 号　2007 年 1 月 1 日实施)

19. 企业会计准则第 19 号——外币折算

(2006 年 2 月 15 日发布　财会〔2006〕3 号　2007 年 1 月 1 日实施)

20. 企业会计准则第 20 号——企业合并

(2006 年 2 月 15 日发布　财会〔2006〕3 号　2007 年 1 月 1 日实施)

21. 企业会计准则第 21 号——租赁

(2006 年 2 月 15 日　财会〔2006〕3 号印发　2018 年 12 月 7 日修订)

22. 企业会计准则第 22 号——金融工具确认和计量

(2006 年 2 月 15 日　财会〔2006〕3 号印发　2017 年 3 月 31 日修订)

23. 企业会计准则第 23 号——金融资产转移

(2006 年 2 月 15 日　财会〔2006〕3 号印发　2017 年 3 月 31 日修订)

24. 企业会计准则第 24 号——套期保值

(2006 年 2 月 15 日　财会〔2006〕3 号印发　2017 年 3 月 31 日修订)

25. 企业会计准则第 25 号——原保险合同

（2006 年 2 月 15 日发布　财会〔2006〕3 号　2007 年 1 月 1 日实施）
26. 企业会计准则第 26 号——再保险合同
（2006 年 2 月 15 日发布　财会〔2006〕3 号　2007 年 1 月 1 日实施）
27. 企业会计准则第 27 号——石油天然气开采
（2006 年 2 月 15 日发布　财会〔2006〕3 号　2007 年 1 月 1 日实施）
28. 企业会计准则第 28 号——会计政策、会计估计变更和差错更正
（2006 年 2 月 15 日发布　财会〔2006〕3 号　2007 年 1 月 1 日实施）
29. 企业会计准则第 29 号——资产负债表日后事项
（2006 年 2 月 15 日发布　财会〔2006〕3 号　2007 年 1 月 1 日实施）
30. 企业会计准则第 30 号——财务报表列报
（2006 年 2 月 15 日发布　财会〔2006〕3 号　2007 年 1 月 1 日实施）
31. 企业会计准则第 31 号——现金流量表
（2006 年 2 月 15 日发布　财会〔2006〕3 号　2007 年 1 月 1 日实施）
32. 企业会计准则第 32 号——中期财务报告
（2006 年 2 月 15 日发布　财会〔2006〕3 号　2007 年 1 月 1 日实施）
33. 企业会计准则第 33 号——合并财务报表
（2006 年 2 月 15 日财会〔2006〕3 号印发　2014 年 2 月 17 日修订）
34. 企业会计准则第 34 号——每股收益
（2006 年 2 月 15 日发布　财会〔2006〕3 号　2007 年 1 月 1 日实施）
35. 企业会计准则第 35 号——分部报告
（2006 年 2 月 15 日发布　财会〔2006〕3 号　2007 年 1 月 1 日实施）
36. 企业会计准则第 36 号——关联方披露
（2006 年 2 月 15 日发布　财会〔2006〕3 号　2007 年 1 月 1 日实施）
37. 企业会计准则第 37 号——金融工具列报
（2006 年 2 月 15 日　财会〔2006〕3 号印发　2017 年 5 月 2 日修订）
38. 企业会计准则第 38 号——首次执行企业会计准则
（2006 年 2 月 15 日发布　财会〔2006〕3 号　2007 年 1 月 1 日实施）
39. 企业会计准则第 39 号——公允价值计量
（2014 年 1 月 26 日发布　财会〔2014〕6 号　2014 年 7 月 1 日实施）
40. 企业会计准则第 40 号——合营安排
（2014 年 2 月 17 日发布　财会〔2014〕11 号　2014 年 7 月 1 日实施）

41. 企业会计准则第41号——在其他主体中权益的披露

(2014年3月14日发布　财会〔2014〕16号　2014年7月1日实施)

42. 企业会计准则第42号——持有待售的非流动资产、处置组和终止经营

(2017年4月28日发布　财会〔2017〕13号　2017年5月28日实施)

(四) 小企业会计准则及中小企业划型标准

1. 小企业会计准则

(2011年10月18日发布　财会〔2011〕17号　2013年1月1日实施)

2. 工业和信息化部　国家统计局　国家发展和改革委员会　财政部关于印发中小企业划型标准规定的通知

(2011年6月18日　工信部联企业〔2011〕300号)

五、会计准则的执行与特殊行业、特殊事项处理

1. 中国保险监督管理委员会印发《机动车交通事故责任强制保险业务单独核算管理暂行办法》的通知

(2006年6月30日　保监发〔2006〕74号)

2. 中国保险监督管理委员会印发《保险公司费用分摊指引》的通知

(2006年8月29日　保监发〔2006〕90号)

3. 中国证券监督管理委员会关于证券公司执行《企业会计准则》的通知

(2006年11月27日　中国证券监督管理委员会计字〔2006〕22号)

4. 中国证券监督管理委员会关于基金管理公司执行《企业会计准则》有关新旧衔接事宜的通知

(2007年1月17日　中国证券监督管理委员会计字〔2007〕3号)

5. 中国证券监督管理委员会关于证券公司执行《企业会计准则》有关新旧衔接事宜的通知

(2007年1月17日　中国证券监督管理委员会计字〔2007〕7号)

6. 中国证券监督管理委员会关于期货经纪公司执行《企业会计准则》有关新旧衔接事宜的通知

(2007年1月23日发布　中国证券监督管理委员会计字〔2007〕8号)

7. 上市公司执行新会计准则备忘录第1号

(2007年2月14日深圳证券交易所)

8. 中小企业板上市公司执行新会计准则备忘录第 1 号

(2007 年 2 月 14 日深圳证券交易所)

9. 关于发布《公开发行证券的公司信息披露规范问答第 7 号——新旧会计准则过渡期间比较财务会计信息的编制和披露》的通知

(2007 年 2 月 15 日　中国证券监督管理委员会计字〔2007〕10 号)

10. 上市公司执行新会计准则备忘录第 2 号

(2007 年 3 月 2 日　深圳证券交易所)

11. 中小企业板上市公司执行新会计准则备忘录第 2 号

(2007 年 3 月 2 日　深圳证券交易所)

12. 中小企业板上市公司执行新会计准则备忘录第 3 号

(2007 年 3 月 30 日　深圳证券交易所)

13. 上市公司执行新会计准则备忘录第 3 号

(2007 年 4 月 2 日　深圳证券交易所)

14. 中小企业板上市公司执行新会计准则备忘录第 4 号

(2007 年 4 月 9 日　深圳证券交易所)

15. 中小企业板上市公司执行新会计准则备忘录第 5 号

(2007 年 4 月 20 日　深圳证券交易所)

16. 中小企业板上市公司执行新会计准则备忘录第 6 号

(2007 年 5 月 9 日　深圳证券交易所)

17. 上市公司执行新会计准则备忘录第 4 号

(2007 年 5 月 15 日　深圳证券交易所)

18. 上市公司执行新会计准则备忘录第 5 号

(2007 年 5 月 15 日　深圳证券交易所)

19. 中国证券投资基金业协会关于发布《证券投资基金会计核算业务指引》的通知

(2012 年　中基协发〔2012〕9 号)

20. 中国银监会关于银行业金融机构全面执行《企业会计准则》的通知

(2007 年 9 月 29 日　银监通〔2007〕22 号)

21. 中国证监会关于证券公司执行《企业会计准则》有关核算问题的通知

(2007 年 12 月 18 日　中国证券监督管理委员会计字〔2007〕34 号)

22. 财政部关于印发《非上市银行业金融机构执行〈企业会计准则〉有

关衔接规定》的通知

（2007 年 12 月 29 日　财会〔2007〕16 号）

23. 证券公司年度报告内容与格式准则

（2008 年 1 月 14 日发布　2013 年 11 月 20 日修订）

24. 上市公司执行新会计准则备忘录第 6 号

（2008 年 1 月 29 日　深圳证券交易所）

25. 对年报准则有关条文的剖析（三）

（2008 年 1 月 30 日　上海证券交易所　2007 年年度报告工作备忘录第 4 号）

26. 中小企业板上市公司执行新会计准则备忘录第 7 号

（2008 年 2 月 13 日　深圳证券交易所）

27. 中国证券监督管理委员会对上海证券交易所上市公司部会计问题征询函的回复

（2008 年 3 月 12 日　会计部函〔2008〕50 号）

28. 中国证券监督管理委员会对上海证券交易所会计问题征询函——可供出售金融资产公允价值计量的回复

（2008 年 3 月 24 日　会计部函〔2008〕62 号）

29. 财政部关于印发保险资产管理公司财务报表列报要求的通知

（2008 年 4 月 10 日　财办会〔2008〕3 号）

30. 关于保险资产管理公司年度财务报告有关问题的通知

（2008 年 4 月 29 日　保监发〔2008〕31 号）

31. 财政部关于印发《农垦企业执行〈企业会计准则〉有关衔接规定》的通知

（2008 年 12 月 11 日　财会〔2008〕15 号）

32. 保监会关于修订分红保险专题财务报告编报规则的通知

（2009 年 1 月 8 日　保监发〔2009〕5 号）

33. 中国证券监督管理委员会对上海证券交易所公司管理部关于《会计问题征询函——煤炭企业维简费的会计处理》的复函

（2009 年 1 月 12 日）

34. 中国证券监督管理委员会关于印发《上市公司执行企业会计准则监管问题解答》〔2009 年第 1 期〕的通知

（2009 年 2 月 17 日　会计部函〔2009〕48 号）

35. 中国证券监督管理委员会关于印发《上市公司执行企业会计准则监管问题解答》〔2009年第2期〕的通知

（2009年2月23日　会计部函〔2009〕60号）

36. 中国证券监督管理委员会对山西证监局《会计问题征询函——关于山西漳泽电力股份有限公司衍生金融工具会计处理问题的请示》的复函

（2009年2月24日　会计部函〔2009〕64号）

37. 财政部对中国证券监督管理委员会会计部关于不丧失控制权情况下处置部分对子公司投资会计处理的复函

（2009年2月27日　财会便〔2009〕14号）

38. 中国证券监督管理委员会对河南证监局《会计问题征询函—减资得到的资金应计入什么科目》的复函

（2009年3月9日　会计部函〔2009〕81号）

39. 财政部会计司对有关会计师事务所关于非上市公司购买上市公司股权实现间接上市会计处理的复函

（2009年3月13日　财会便〔2009〕17号）

40. 中国证券监督管理委员会关于印发《上市公司执行企业会计准则监管问题解答》〔2009年第3期〕的通知

（2009年4月14日 会计部函〔2009〕116号）

41. 财政部关于印发《典当企业执行〈企业会计准则〉若干衔接规定》的通知

（2009年7月20日　财会〔2009〕11号）

42. 商务部关于典当企业执行《企业会计准则》有关事项的通知

（2009年7月31日　商建函〔2009〕28号）

43. 中国银监会办公厅关于信托业务会计核算执行《企业会计准则》有关问题的通知

（2009年12月14日　银监办发〔2009〕408号）

44. 财政部关于印发《保险合同相关会计处理规定》的通知

（2009年12月22日　财会〔2009〕15号）

45. 中国保险监督管理委员会关于印发《保险公司偿付能力报告编报规则——问题解答第9号：偿付能力报告编报规则与〈企业会计准则解释第2号〉的衔接》的通知

（2010 年 1 月 25 日　保监发〔2010〕7 号）

46. 中国证券监督管理委员会印发《上市公司执行企业会计准则监管问题解答〔2010 年第 1 期〕》

（2010 年 6 月 23 日）

47. 中国证券监督管理委员会印发《上市公司执行企业会计准则监管问题解答〔2011 年第 1 期〕》

（2011 年 1 月 4 日　会计部函〔2011〕9 号）

48. 关于印发《保险公司偿付能力报告编报规则——问题解答第 12 号：变额年金、农业保险、季度报告预测信息》的通知

（2011 年 8 月 22 日　保监财会〔2011〕1342 号）

49. 财政部　工业和信息化部　国家税务总局　工商总局　银监会关于贯彻实施《小企业会计准则》的指导意见

（2011 年 10 月 26 日　财会〔2011〕20 号）

50. 中国保险监督管理委员会关于印发《保险公司财会工作规范》的通知

（2012 年 1 月 12 日　保监发〔2012〕8 号）

51. 财政部办公厅对银监会法规部关于银行业金融机构同业代付业务会计处理的复函

（2012 年 5 月 25 日　财办会〔2012〕19 号）

52. 财政部关于印发《小企业执行〈小企业会计准则〉有关问题衔接规定》的通知

（2012 年 10 月 29 日　财会〔2012〕20 号）

53. 中国证券监督管理委员会关于印发《上市公司执行企业会计准则监管问题解答》〔2013 年第 1 期〕的通知

（2013 年 6 月 18 日　会计部函〔2013〕212 号）

54. 中国证券监督管理委员会公布《证券公司年度报告内容与格式准则〔2013 年修订〕》

（2013 年 11 月 20 日　中国证券监督管理委员会公告 2013 年第 41 号）

55. 国家粮食局关于印发《粮食企业执行会计准则有关粮油业务会计处理的规定》的通知

（2013 年 12 月 26 日　国粮财〔2013〕311 号）

56. 财政部关于印发《农业保险大灾风险准备金会计处理规定》的通知

（2014 年 2 月 28 日　财会〔2014〕12 号）

57. 中国证券投资基金协会关于发布《证券投资基金国债期货投资会计核算业务细则〔试行〕》的通知

（2014 年 3 月 13 日　中基协发〔2014〕9 号）

58. 财政部关于印发《金融负债与权益工具的区分及相关会计处理规定》的通知

（2014 年 3 月 17 日　财会〔2014〕13 号）

59. 财政部关于中央文化企业执行《企业会计准则》有关事项的通知

（2014 年 9 月 16 日　财文资〔2014〕17 号）

60. 关于发布《企业会计准则通用分类标准保险业和证券业扩展部分及公式链接库》的通知

（2016 年 9 月 29 日　财会〔2016〕18 号）

61. 财政部关于保险公司执行新金融工具相关会计准则有关过渡办法的通知

（2017 年 6 月 22 日　财会〔2017〕20 号）

62. 关于印发《碳排放权交易有关会计处理暂行规定》的通知

（2019 年 12 月 16 日　财会〔2019〕22 号）

六、财政部印发企业会计准则实施问题专家工作组意见

1. 企业会计准则实施问题专家工作组意见〔第一期〕

（2007 年 2 月 1 日）

2. 企业会计准则实施问题专家工作组意见〔第二期〕

（2007 年 4 月 30 日）

3. 企业会计准则实施问题专家工作组意见〔第三期〕

（2008 年 1 月 21 日）

七、财政部发布企业会计准则应用指南

1.《企业会计准则第 1 号——存货》应用指南

（2006 年 10 月 30 日　财会〔2006〕18 号）

2.《企业会计准则第 2 号——长期股权投资》应用指南

（2006 年 10 月 30 日　财会〔2006〕18 号 2014 修订）

3.《企业会计准则第 3 号——投资性房地产》应用指南

(2006 年 10 月 30 日　财会〔2006〕18 号)

4.《企业会计准则第 4 号——固定资产》应用指南

(2006 年 10 月 30 日　财会〔2006〕18 号)

5.《企业会计准则第 5 号——生物资产》应用指南

(2006 年 10 月 30 日　财会〔2006〕18 号)

6.《企业会计准则第 6 号——无形资产》应用指南

(2006 年 10 月 30 日　财会〔2006〕18 号)

7.《企业会计准则第 7 号——非货币性资产交换》应用指南

(2006 年 10 月 30 日　财会〔2006〕18 号)

8.《企业会计准则第 8 号——资产减值》应用指南

(2006 年 10 月 30 日　财会〔2006〕18 号)

9.《企业会计准则第 9 号——职工薪酬》应用指南

(2006 年 10 月 30 日　财会〔2006〕18 号 2014 修订)

10.《企业会计准则第 10 号——企业年金基金》应用指南

(2006 年 10 月 30 日　财会〔2006〕18 号)

11.《企业会计准则第 11 号——股份支付》应用指南

(2006 年 10 月 30 日　财会〔2006〕18 号)

12.《企业会计准则第 12 号——债务重组》应用指南

(2006 年 10 月 30 日　财会〔2006〕18 号)

13.《企业会计准则第 13 号——或有事项》应用指南

(2006 年 10 月 30 日　财会〔2006〕18 号)

14.《企业会计准则第 14 号——收入》应用指南

(2006 年 10 月 30 日　财会〔2006〕18 号 2018 修订)

15.《企业会计准则第 16 号——政府补助》应用指南

(2006 年 10 月 30 日　财会〔2006〕18 号 2018 修订)

16.《企业会计准则第 17 号——借款费用》应用指南

(2006 年 10 月 30 日　财会〔2006〕18 号)

17.《企业会计准则第 18 号——所得税》应用指南

(2006 年 10 月 30 日　财会〔2006〕18 号)

18.《企业会计准则第 19 号——外币折算》应用指南

(2006 年 10 月 30 日　财会〔2006〕18 号)

19.《企业会计准则第 20 号——企业合并》应用指南

（2006 年 10 月 30 日　财会〔2006〕18 号）

20.《企业会计准则第 21 号——租赁》应用指南

（2006 年 10 月 30 日　财会〔2006〕18 号 2019 修订）

21.《企业会计准则第 22 号——金融工具确认和计量》应用指南

（2006 年 10 月 30 日　财会〔2006〕18 号 2018 修订）

22.《企业会计准则第 23 号——金融资产转移》应用指南

（2006 年 10 月 30 日　财会〔2006〕18 号 2018 修订）

23.《企业会计准则第 24 号——套期保值》应用指南

（2006 年 10 月 30 日　财会〔2006〕18 号 2018 修订）

24.《企业会计准则第 27 号——石油天然气开采》应用指南

（2006 年 10 月 30 日　财会〔2006〕18 号）

25.《企业会计准则第 28 号——会计政策、会计估计变更和差错更正》应用指南

（2006 年 10 月 30 日　财会〔2006〕18 号）

26.《企业会计准则第 30 号——财务报表列报》应用指南

（2006 年 10 月 30 日　财会〔2006〕18 号 2014 修订）

27.《企业会计准则第 31 号——现金流量表》应用指南

（2006 年 10 月 30 日　财会〔2006〕18 号）

28.《企业会计准则第 33 号——合并财务报表》应用指南

（2006 年 10 月 30 日　财会〔2006〕18 号 2014 修订）

29.《企业会计准则第 34 号——每股收益》应用指南

（2006 年 10 月 30 日　财会〔2006〕18 号）

30.《企业会计准则第 35 号——分部报告》应用指南

（2006 年 10 月 30 日　财会〔2006〕18 号）

31.《企业会计准则第 37 号——金融工具列报》应用指南

（2006 年 10 月 30 日　财会〔2006〕18 号 2018 修订）

32.《企业会计准则第 38 号——首次执行企业会计准则》应用指南

（2006 年 10 月 30 日　财会〔2006〕18 号）

33. 附录：企业会计准则应用指南——会计科目和主要账务处理

（2006 年 10 月 30 日　财会〔2006〕18 号）

34.《企业会计准则第 39 号——公允价值计量》应用指南

（2014 发布）

35.《企业会计准则第 40 号——合营安排》应用指南

（2014 发布）

36.《企业会计准则第 41 号——在其他主体中权益的披露》应用指南

（2014 发布）

37.《企业会计准则第 42 号——持有待售的非流动资产、处置组和终止经营》应用指南

（2018 发布）

八、财政部印发企业会计准则解释及保险业有关执行问题的通知

（一）企业会计准则解释

1. 企业会计准则解释第 1 号

（2007 年 11 月 16 日　财会〔2008〕14 号）

基本内容：

一、企业在编制年报时，首次执行日有关资产、负债及所有者权益项目的金额是否要进一步复核？原同时按照国内及国际财务报告准则对外提供财务报告的 B 股、H 股等上市公司，首次执行日如何调整？

二、中国境内企业设在境外的子公司在境外发生的有关交易或事项，境内不存在且受相关法律法规等限制或交易不常见，企业会计准则未作规范的，如何进行处理？

三、经营租赁中出租人发生的初始直接费用以及融资租赁中承租人发生的融资费用应当如何处理？出租人对经营租赁提供激励措施的，如提供免租期或承担承租人的某些费用等，承租人和出租人应当如何处理？企业（建造承包商）为订立建造合同发生的相关费用如何处理？

四、企业发行的金融工具应当在满足何种条件时确认为权益工具？

五、嵌入保险合同或嵌入租赁合同中的衍生工具应当如何处理？

六、企业如有持有待售的固定资产和其他非流动资产，如何进行确认和计量？

七、企业在确认由联营企业及合营企业投资产生的投资收益时，对于与联营企业及合营企业发生的内部交易损益应当如何处理？首次执行日对联营

企业及合营企业投资存在股权投资借方差额的，计算投资损益时如何进行调整？企业在首次执行日前持有对子公司的长期股权投资，取得子公司分派现金股利或利润如何处理？

八、企业在股权分置改革过程中持有的限售股权如何进行处理？

九、企业在编制合并财务报表时，因抵销未实现内部销售损益在合并财务报表中产生的暂时性差异是否应当确认递延所得税？母公司对于纳入合并范围子公司的未确认投资损失，执行新会计准则后在合并财务报表中如何列报？

十、企业改制过程中的资产、负债，应当如何进行确认和计量？

2. 企业会计准则解释第2号

(2008年8月7日　财会〔2008〕11号)

基本内容：

一、同时发行A股和H股的上市公司，应当如何运用会计政策及会计估计？

二、企业购买子公司少数股东拥有对子公司的股权应当如何处理？企业或其子公司进行公司制改制的，相关资产、负债的账面价值应当如何调整？

三、企业对于合营企业是否应纳入合并财务报表的合并范围？

四、企业发行认股权和债券分离交易的可转换公司债券，其认股权应当如何进行会计处理？

五、企业采用建设经营移交方式（BOT）参与公共基础设施建设业务应当如何处理？

六、售后租回交易认定为经营租赁的，应当如何进行会计处理？

3. 企业会计准则解释第3号

(2009年6月11日发布　财会〔2009〕8号)

基本内容：

一、采用成本法核算的长期股权投资，投资企业取得被投资单位宣告发放的现金股利或利润，应当如何进行会计处理？

二、企业持有上市公司限售股权，对上市公司不具有控制、共同控制或重大影响的，应当如何进行会计处理？

三、高危行业企业提取的安全生产费，应当如何进行会计处理？

四、企业收到政府给予的搬迁补偿款应当如何进行会计处理？

五、在股份支付的确认和计量中，应当如何正确运用可行权条件和非可行权条件?

六、企业自行建造或通过分包商建造房地产，应当遵循哪项会计准则确认与房地产建造协议相关的收入?

七、利润表应当做哪些调整?

八、企业应当如何改进报告分部信息?

4. 企业会计准则解释第 4 号

(2010 年 7 月 14 日　财会〔2010〕15 号)

基本内容:

一、同一控制下的企业合并中，合并方发生的审计、法律服务、评估咨询等中介费用以及其他相关管理费用，应当于发生时计入当期损益。非同一控制下的企业合并中，购买方发生的上述费用，应当如何进行会计处理?

二、非同一控制下的企业合并中，购买方在购买日取得被购买方可辨认资产和负债，应当如何进行分类或指定?

三、企业通过多次交易分步实现非同一控制下企业合并的，对于购买日之前持有的被购买方的股权，应当如何进行会计处理?

四、企业因处置部分股权投资或其他原因丧失了对原有子公司控制权的，对于处置后的剩余股权应当如何进行会计处理?

五、在企业合并中，购买方对于因企业合并而产生的递延所得税资产，应当如何进行会计处理?

六、在合并财务报表中，子公司少数股东分担的当期亏损超过了少数股东在该子公司期初所有者权益中所享有的份额的，其余额应当如何进行会计处理?

七、企业集团内涉及不同企业的股份支付交易应当如何进行会计处理?

八、融资性担保公司应当执行何种会计标准?

九、企业发生的融资融券业务，应当执行何种会计标准?

十、企业根据《企业会计准则解释第 2 号》(财会〔2008〕11 号) 的规定，对认股权和债券分离交易的可转换公司债券中的认股权，单独确认了一项权益工具 (资本公积—其他资本公积)。认股权持有人没有行权的，原计入资本公积 (其他资本公积) 的部分，应当如何进行会计处理?

5. 企业会计准则解释第 5 号

(2012 年 11 月 5 日　财会〔2012〕19 号)

基本内容：

一、非同一控制下的企业合并中，购买方应如何确认取得的被购买方拥有的但在其财务报表中未确认的无形资产？

二、企业开展信用风险缓释工具相关业务，应当如何进行会计处理？

三、企业采用附追索权方式出售金融资产，或将持有的金融资产背书转让，是否应当终止确认该金融资产？

四、银行业金融机构开展同业代付业务，应当如何进行会计处理？

五、企业通过多次交易分步处置对子公司股权投资直至丧失控制权，应当如何进行会计处理？

六、企业接受非控股股东（或非控股股东的子公司）直接或间接代为偿债、债务豁免或捐赠的，应如何进行会计处理？

6. 企业会计准则解释第 6 号

（2014 年 1 月 17 日　财会〔2014〕1 号）

基本内容：

一、企业因固定资产弃置费用确认的预计负债发生变动的，应当如何进行会计处理？

二、根据《企业会计准则第 20 号——企业合并》，在同一控制下的企业合并中，合并方在企业合并中取得的资产和负债，应当按照合并日在被合并方的账面价值计量。在被合并方是最终控制方以前年度从第三方收购来的情况下，合并方在编制财务报表时，应如何确定被合并方资产、负债的账面价值？

7. 企业会计准则解释第 7 号

（2015 年 11 月 4 日　财会〔2015〕19 号）

基本内容：

一、投资方因其他投资方对其子公司增资而导致本投资方持股比例下降，从而丧失控制权但能实施共同控制或施加重大影响的，投资方应如何进行会计处理？

二、重新计量设定受益计划净负债或者净资产所产生的变动应计入其他综合收益，后续会计期间应如何进行会计处理？

三、子公司发行优先股等其他权益工具的，应如何计算母公司合并利润表中的“归属于母公司股东的净利润”？

四、母公司直接控股的全资子公司改为分公司的，该母公司应如何进行会计处理?

五、对于授予限制性股票的股权激励计划，企业应如何进行会计处理?等待期内企业应如何考虑限制性股票对每股收益计算的影响?

8. 企业会计准则解释第 8 号

（2015 年 12 月 16 日　财会〔2015〕23 号）

基本内容：

一、商业银行及其子公司（以下统称为“商业银行”）应当如何判断是否控制其按照银行业监督管理委员会相关规定发行的理财产品（以下称为“理财产品”）?

二、商业银行应当如何对其发行的理财产品进行会计处理?

9. 企业会计准则解释第 9 号——关于权益法下有关投资净损失的会计处理

（2017 年 6 月 12 日发布　财会〔2017〕16 号）

10. 企业会计准则解释第 10 号——关于以使用固定资产产生的收入为基础的折旧方法

（2017 年 6 月 12 日发布　财会〔2017〕17 号）

11. 企业会计准则解释第 11 号——关于以使用无形资产产生的收入为基础的摊销方法

（2017 年 6 月 12 日发布　财会〔2017〕18 号）

12. 企业会计准则解释第 12 号——关于关键管理人员服务的提供方与接受方是否为关联方

（2017 年 6 月 12 日发布　财会〔2017〕19 号）

13. 企业会计准则解释第 13 号

（2019 年 12 月 10 日发布　财会〔2019〕21 号）

基本内容：

一、关于企业与其所属企业集团其他成员企业等相关的关联方判断；

二、关于企业合并中取得的经营活动或资产的组合是否构成业务的判断。

（二）保险业实施会计准则解释第 2 号的有关通知

1. 关于保险业实施《企业会计准则解释第 2 号》有关事项的通知

（2009 年 1 月 5 日　保监发〔2009〕1 号）
2. 保监会关于保险业做好《企业会计准则解释第 2 号》实施工作的通知
（2010 年 1 月 25 日　保监发〔2010〕6 号）

九、企业产品成本核算制度

1. 企业产品成本核算制度（试行）
（2013 年 8 月 16 日财政部印发 财会〔2013〕17 号）
2. 企业产品成本核算制度——石油石化行业
（2014 年 12 月 24 日财政部印发 财会〔2014〕32 号）
3. 企业产品成本核算制度——钢铁行业
（2015 年 11 月 12 日财政部印发 财会〔2015〕20 号）
4. 企业产品成本核算制度——煤炭行业
（2016 年 9 月 30 日财政部印发 财会〔2016〕21 号）
5. 企业产品成本核算制度——电网经营行业
（2018 年 1 月 5 日财政部印发 财会〔2018〕2 号）

十、财政部有关会计处理规定、通知

1. 金融负债与权益工具的区分及相关会计处理规定
（2014 年 3 月 17 日　财会〔2014〕13 号）
2. 商品期货套期业务会计处理暂行规定
（2015 年 11 月 26 日　财会〔2015〕18 号）
3. 规范“三去一降一补”有关业务的会计处理规定
（2016 年 9 月 22 日财政部印发　财会〔2016〕17 号）
4. 财政部关于印发《增值税会计处理规定》的通知
（2016 年 12 月 3 日　财会〔2016〕22 号）
5. 企业破产清算有关会计处理规定
（2016 年 12 月 20 日财政部印发 财会〔2016〕23 号）
6. 关于印发《知识产权相关会计信息披露规定》的通知
（2018 年 11 月 5 日　财会〔2018〕30 号）
7. 关于修订印发 2018 年度金融企业财务报表格式的通知
（2018 年 12 月 26 日　财会〔2018〕36 号）

8. 关于印发《永续债相关会计处理的规定》的通知

（2019年1月28日　财会〔2019〕2号）

9. 财政部会计司关于《关于深化增值税改革有关政策的公告》适用《增值税会计处理规定》有关问题的解读

（2019年4月18日）

10. 关于修订印发2019年度一般企业财务报表格式的通知

（2019年4月30日　财会〔2019〕6号）

11. 关于修订印发合并财务报表格式（2019版）的通知

（2019年9月19日　财会〔2019〕16号）

12. 关于印发《碳排放权交易有关会计处理暂行规定》的通知

（2019年12月16日　财会〔2019〕22号）

第三节　审计工作规范

一、政府审计

（一）法律规范

1. 中华人民共和国审计法

（1994年8月31日发布　2006年2月28日修正）

2. 中华人民共和国审计法实施条例

（1997年10月21日发布　2010年2月2日修订）

（二）国家有关部门、中央企业和有关项目、事项审计规定

1. 审计署等6部门印发《建设项目审计处理暂行规定》

（1996年4月5日审计署、国家计委、财政部、国家经贸委、建设部、国家工商行政管理局印发　审投发〔1996〕105号）

2. 中央企业财务决算审计工作规则

（2004年2月5日　国资发评价〔2004〕173号）

3. 国资委直属单位领导干部任期经济责任审计办法（试行）

（2004年12月14日　国资厅发人事〔2004〕55号）

4. 审计署《国外贷援款项目公证审计工作管理办法（暂行）》

（2005年3月7日　审外资发〔2005〕13号）

5. 民政部领导干部任期经济责任审计办法

(2005年5月27日　民办发〔2005〕6号)

6. 水利部关于加强水利工程移民资金审计工作的通知

(2006年6月8日　水审计〔2006〕212号)

7. 国防科工委委属事业单位领导人员任期经济责任审计实施办法

(2005年6月17日　科工审〔2005〕646号)

9. 水利部直属预算单位政府采购审计办法

(2006年8月15日　水审计〔2006〕311号)

10. 关于进一步加强内部管理领导干部经济责任审计工作指导意见

(2007年1月16日经审办字〔2007〕2号)

11. 涉外企业联合税务审计工作规程

(2007年3月27日　国税发〔2007〕35号)

12. 新华社审计监察工作规定

(2007年4月17日　新发文件〔2007〕厅字15号)

13. 交通建设项目委托审计管理办法

(2007年4月11日发布　2015年6月24日修正)

14. 教育部关于进一步加强省属高校领导干部经济责任审计工作的意见

(2007年7月18日　教财〔2007〕13号)

15. 水利工程建设项目招标投标审计办法

(2007年12月29日发布　水审计〔2007〕560号)

16. 教育部关于加强和规范建设工程项目全过程审计的意见

(2007年12月29日　教财〔2007〕29号)

17. 农村集体经济组织审计规定

(2008年1月2日　农办经〔2008〕1号)

18. 国家测绘局内部审计工作管理（暂行）办法

(2008年2月13日　国测财字〔2008〕2号)

19. 关于向保监会派出机构报送保险公司分支机构内部审计报告有关事项的通知

(2008年7月8日　保监发〔2008〕56号)

20. 救捞系统建设项目委托审计管理办法（试行）

（2008 年 10 月 28 日发布　2009 年 1 月 1 日实施）

21. 中国保监会关于印发《保险公司董事及高级管理人员审计管理办法》的通知

（2010 年 9 月 2 日　保监发〔2010〕78 号）

22. 政府投资项目审计规定

（2010 年 12 月 31 日　审投发〔2010〕173 号）

23. 教育部关于做好教育系统经济责任审计工作的通知

（2011 年 2 月 17 日　教财〔2011〕2 号）

24. 基金行业人员离任审计及审查报告内容准则

（2011 年 7 月 7 日发布　2020 年 3 月 20 日修正）

25. 审计署印发《深化经济责任审计工作的指导意见》

（2011 年 7 月 15 日　审经责发〔2011〕122 号）

26. 卫生部办公厅关于印发《卫生部经济责任审计联席会议工作规则》和联席会议成员名单的通知

（2012 年 5 月 15 日　卫办规财发〔2012〕59 号）

27. 关于贯彻实施《保险公司董事及高级管理人员审计管理办法》有关事项的通知

（2012 年 11 月 2 日　保监发〔2012〕102 号）

28. 审计署关于印发商业银行审计指南的通知

（2013 年 11 月 19 日　审金发〔2013〕122 号）

附：关于《商业银行审计指南》的说明

29. 中央纪委机关　中央组织部　中央编办印发《党政主要领导干部和国有企业领导人员经济责任审计规定实施细则》

（2014 年 7 月 27 日　审经责发〔2014〕102 号）

30. 领导干部自然资源资产离任审计规定（试行）

（2017 年 11 月 28 日）

31. 中共中央办公厅　国务院办公厅印发《党政主要领导干部和国有企事业单位主要领导人员经济责任审计规定》

（2019 年 7 月 7 日）

（三）审计署等有关审计机关、审计工作规定

1. 审计署关于审计机关办理交办事项的暂行规定

(1996 年 8 月 29 日　审法发〔1996〕第 217 号)

2. 审计机关审计信息工作的规定

(1996 年 12 月 17 日发布　1997 年 1 月 1 日实施　审办发〔1996〕第 372 号)

3. 审计机关审计听证的规定

(2000 年 1 月 28 日　审计署令第 1 号)

4. 国务院办公厅关于利用计算机信息系统开展审计工作有关问题的通知

(2001 年 11 月 16 日　国办发〔2001〕88 号)

5. 审计署关于严禁通过社会审计组织获取非法收入的通知

(2001 年 12 月 13 日　审纪监发〔2001〕99 号)

6. 审计署办公厅关于国家机关事业单位隐匿销毁会计资料情节严重构成犯罪问题的批复

(2002 年 2 月 4 日　审办法发〔2002〕6 号)

附件：全国人民代表大会常务委员会法制工作委员会《关于对“隐匿、销毁会计凭证、会计账簿、财务会计报告构成犯罪的主体范围”问题的答复意见》(2002 年 1 月 14 日　法工委复字〔2002〕3 号)

7. 审计署审计报告审核审定暂行办法

(2005 年 7 月 21 日　审法发〔2005〕27 号)

8. 审计署关于进一步深化财政审计工作的意见

(2005 年 9 月 2 日　审财发〔2005〕33 号)

9. 审计署　公安部关于进一步加强协作配合的通知

(2006 年 2 月 17 日　审法发〔2006〕16 号)

10. 审计署审计结果公告办法

(2006 年 6 月 20 日　审法发〔2006〕37 号)

11. 审计署关于进一步规范审计移送工作的意见

(2006 年 12 月 1 日　审法发〔2006〕66 号)

12. 中华人民共和国国家审计准则

(2010 年 9 月 1 日　审计署令第 8 号)

13. 审计机关封存资料资产规定

(2010 年 12 月 28 日发布　2011 年 2 月 1 日实施)

14. 审计机关审计档案管理规定

（2012年11月28日发布 2013年1月1日实施）

15. 住房城乡建设部办公厅关于依法配合审计机关查询房屋权属登记信息的函

（2014年7月28日 建办房函〔2014〕430号）

16. 审计署审计现场管理办法

（2015年10月28日 审办法发〔2015〕144号）

17. 审计署关于内部审计工作的规定

（2018年1月12日发布 2018年3月1日实施）

18. 审计署管辖范围内审计事项授权地方审计机关审计的管理办法

（2009年1月16日 审办发〔2009〕11号）

（四）审计与司法等规范文件

1. 审计署 公安部关于建立案件移送制度和加强工作协作配合的通知

（2000年4月27日 审法发〔2000〕42号）

2. 最高人民法院关于建设工程承包合同案件中双方当事人已确认的工程决算价款与审计部门审计的工程决算价款不一致时如何适用法律问题的电话答复意见

（2001年4月2日 〔2001〕民一他字第2号）

3. 最高人民法院关于对《审计署关于咨询虚开增值税专用发票罪问题的函》的复函

（2001年10月17日 法函〔2001〕66号）

4. 国务院法制办公室关于审计机关是否有权要求国有商业银行提供存款电子数据的意见

（2003年4月22日 国法函〔2003〕42号）

5. 审计署 中国人民银行 中国银行业监督管理委员会 中国证券监督管理委员会关于审计机关查询被审计单位在金融机构账户和存款有关问题的通知

（2006年11月22日 审法发〔2006〕67号）

6. 审计署关于内蒙古自治区审计厅明确有关法律法规是否可以作为审计机关处理（处罚）依据请示的批复

（2014 年 1 月 2 日　审法发〔2014〕3 号）

二、内部审计

（一）有关行业内部审计指引及实施意见、解答

1. 中国出口信用保险公司《内部审计工作暂行规定》

（2003 年 3 月 14 日）

2. 中国出口信用保险公司《内部审计工作规范的暂行规定》

（2003 年 3 月 14 日）

3. 教育系统内部审计工作规定

（2020 年 3 月 20 日发布　2020 年 5 月 1 日实施）

4. 民政部内部审计工作规定

（2005 年 5 月 27 日　民办发〔2005〕7 号）

5. 国防科工委委属事业单位内部审计工作规定

（2005 年 6 月 17 日　科工审〔2005〕646 号）

6. 财政部　中国证券监督管理委员会　审计署　银监会　保监会印发企业内部控制配套指引之《企业内部控制审计指引》

（2010 年 4 月 15 日　财会〔2010〕11 号）

7. 中国注册会计师协会印发《企业内部控制审计指引实施意见》

（2011 年 10 月 11 日　会协〔2011〕66 号）

8. 中国保险监督管理委员会关于实施《保险稽查审计指引》有关事项的通知

（2012 年 4 月 1 日　保监稽查〔2012〕370 号）

9. 中国注册会计师协会印发《企业内部控制审计问题解答》

（2015 年 2 月 5 日　会协〔2015〕7 号）

10. 保险公司内部审计工作规范

（2015 年 12 月 7 日　保监发〔2015〕113 号）

11. 中国银监会印发《商业银行内部审计指引》

（2016 年 4 月 16 日　银监发〔2016〕12 号）

（二）内部审计实务指南

1. 内部审计实务指南第 1 号——建设项目内部审计

（2005年中国内部审计协会印发）

2. 内部审计实务指南第2号——物资采购审计

（2005年中国内部审计协会印发）

3. 内部审计实务指南第3号——审计报告

（2005年中国内部审计协会印发）

4. 内部审计实务指南第4号——高校内部审计

（2005年中国内部审计协会印发）

5. 内部审计实务指南第5号——企业内部经济责任审计指南

（2005年中国内部审计协会印发）

6.《第3101号内部审计实务指南——审计报告》

（2019年12月26日中国内部审计协会印发）

（三）内部审计具体准则

1. 第2101号内部审计具体准则——审计计划

（2013年8月20日中国内部审计协会印发）

2. 第2102号内部审计具体准则——审计通知书

（2013年8月20日中国内部审计协会印发）

3. 第2103号内部审计具体准则——审计证据

（2013年8月20日中国内部审计协会印发）

4. 第2104号内部审计具体准则——审计工作底稿

（2013年8月20日中国内部审计协会印发）

5. 第1101号——内部审计基本准则

（2013年8月20日中国内部审计协会印发）

6. 第1201号——内部审计人员职业道德规范

（2013年8月20日中国内部审计协会印发）

7. 第2105号内部审计具体准则——结果沟通

（2013年8月20日中国内部审计协会印发）

8. 第2106号内部审计具体准则——审计报告

（2013年8月20日中国内部审计协会印发）

9. 第2107号内部审计具体准则——后续审计

（2013年8月20日中国内部审计协会印发）

10. 第 2108 号内部审计具体准则——审计抽样
(2013 年 8 月 20 日中国内部审计协会印发)
11. 第 2109 号内部审计具体准则——分析程序
(2013 年 8 月 20 日中国内部审计协会印发)
12. 第 2201 号内部审计具体准则——内部控制审计
(2013 年 8 月 20 日中国内部审计协会印发)
13. 第 2202 号内部审计具体准则——绩效审计
(2013 年 8 月 20 日中国内部审计协会印发)
14. 第 2203 号内部审计具体准则——信息系统审计
(2013 年 8 月 20 日中国内部审计协会印发)
15. 第 2204 号内部审计具体准则——对舞弊行为进行检查和报告
(2013 年 8 月 20 日中国内部审计协会印发)
16. 第 2301 号内部审计具体准则——内部审计机构的管理
(2013 年 8 月 20 日中国内部审计协会印发)
17. 第 2302 号内部审计具体准则——与董事会或者最高管理层的关系
(2013 年 8 月 20 日中国内部审计协会印发)
18. 第 2303 号内部审计具体准则——内部审计与外部审计的协调
(2013 年 8 月 20 日中国内部审计协会印发)
19. 第 2304 号内部审计具体准则——利用外部专家服务
(2013 年 8 月 20 日中国内部审计协会印发)
20. 第 2305 号内部审计具体准则——人际关系
(2013 年 8 月 20 日中国内部审计协会印发)
21. 第 2306 号内部审计具体准则——内部审计质量控制
(2013 年 8 月 20 日中国内部审计协会印发)
22. 第 2307 号内部审计具体准则——评价外部审计工作质量
(2013 年 8 月 20 日中国内部审计协会印发)
23. 第 2205 号内部审计具体准则——经济责任审计
(2016 年 1 月 18 日中国内部审计协会印发)
24. 第 2308 号内部审计具体准则——审计档案工作
(2016 年 1 月 18 日中国内部审计协会印发)
25. 中国内部审计协会关于印发《第 2309 号内部审计具体准则——内部

审计业务外包管理》的通知

(2019 年 5 月 6 日发布)

(四) 内部审计质量评估

1. 内部审计质量评估机构管理暂行办法

(2012 年 10 月 10 日中国内部审计协会印发)

2. 内部审计质量评估办法

(2014 年 8 月 14 日中国内部审计协会印发)

三、社会审计——外部审计

(一) 法律规范

中华人民共和国注册会计师法

(1993 年 10 月 31 日发布 2014 年 8 月 31 日修正)

(二) 注册会计师审计指引

1. 中国注册会计师协会印发《高新技术企业认定专项审计指引》

(2008 年 11 月 12 日 会协〔2008〕83 号)

2. 中国注册会计师协会印发《高等学校财务报表审计指引》

(2014 年 12 月 9 日 会协〔2014〕71 号)

3. 中国注册会计师协会印发《商业银行审计指引》

(2014 年 12 月 31 日 会协〔2014〕77 号)

4. 中国注册会计师协会印发《会计师事务所财政支出绩效评价业务指引》

(2016 年 4 月 6 日 会协〔2016〕10 号)

5. 中国注册会计师协会印发《中央财政科技计划项目(课题)结题审计指引》

(2018 年 12 月 17 日发布)

(三) 财政部印发注册会计师鉴证业务基本准则及审计准则

1. 中国注册会计师鉴证业务基本准则

(2006 年 2 月 15 日发布 财会〔2006〕4 号)

2. 中国注册会计师审计准则第 1101 号——注册会计师的总体目标和审计工作的基本要求

（2019 年 2 月 20 日修订　财会〔2019〕5 号）

3. 中国注册会计师审计准则第 1152 号——向治理层和管理层通报内部控制缺陷

（2010 年 11 月 1 日修订　财会〔2010〕21 号）

4. 中国注册会计师审计准则第 1153 号——前任注册会计师和后任注册会计师的沟通

（2010 年 11 月 1 日新增　财会〔2010〕21 号）

5. 中国注册会计师审计准则第 1201 号——计划审计工作

（2010 年 11 月 1 日修订　财会〔2010〕21 号）

6. 中国注册会计师审计准则第 1241 号——对被审计单位使用服务机构的考虑

（2010 年 11 月 1 日新增　财会〔2010〕21 号）

7. 中国注册会计师审计准则第 1312 号——函证

（2010 年 11 月 1 日修订　财会〔2010〕21 号）

8. 中国注册会计师审计准则第 1313 号——分析程序

（2010 年 11 月 1 日修订　财会〔2010〕21 号）

9. 中国注册会计师审计准则第 1314 号——审计抽样

（2010 年 11 月 1 日修订　财会〔2010〕21 号）

10. 中国注册会计师审计准则第 1321 号——审计会计估计（包括公允价值会计估计）和相关披露

（2010 年 11 月 1 日修订　财会〔2010〕21 号）

11. 中国注册会计师审计准则第 1504 号——在审计报告中沟通关键审计事项

（2016 年 12 月 23 日新增　财会〔2016〕24 号）

12. 中国注册会计师审计准则第 1521 号——注册会计师对其他信息的责任

（2016 年 12 月 23 日修订　财会〔2016〕24 号）

13. 中国注册会计师审计准则第 1601 号——对按照特殊目的编制基础编制的财务报表审计的特殊考虑

（2010 年 11 月 1 日修订　财会〔2010〕21 号）

14. 中国注册会计师审计准则第 1602 号——验资

（2006 年 2 月 15 日发布　财会〔2006〕4 号）

15. 中国注册会计师审计准则第 1603 号——对单一财务报表和财务报表特定要素审计的特殊考虑

（2010 年 11 月 1 日新增　财会〔2010〕21 号）

16. 中国注册会计师审计准则第 1604 号——对简要财务报表出具报告的业务

（2010 年 11 月 1 日新增　财会〔2010〕21 号）

17. 中国注册会计师审计准则第 1611 号——商业银行财务报表审计

（2006 年 2 月 15 日发布　财会〔2006〕4 号）

18. 中国注册会计师审计准则第 1612 号——银行间函证程序

（2006 年 2 月 15 日发布　财会〔2006〕4 号）

19. 中国注册会计师审计准则第 1613 号——与银行监管机构的关系

（2006 年 2 月 15 日发布　财会〔2006〕4 号）

20. 中国注册会计师审计准则第 1631 号——财务报表审计中对环境事项的考虑

（2006 年 2 月 15 日发布　财会〔2006〕4 号）

21. 中国注册会计师审计准则第 1632 号——衍生金融工具的审计

（2006 年 2 月 15 日发布　财会〔2006〕4 号）

22. 中国注册会计师审计准则第 1633 号——电子商务对财务报表审计的影响

（2006 年 2 月 15 日发布　财会〔2006〕4 号）

23. 中国注册会计师审阅准则第 2101 号——财务报表审阅

（2006 年 2 月 15 日发布　财会〔2006〕4 号）

24. 中国注册会计师其他鉴证业务准则第 3101 号——历史财务信息审计或审阅以外的鉴证业务

（2006 年 2 月 15 日发布　财会〔2006〕4 号）

25. 中国注册会计师其他鉴证业务准则第 3111 号——预测性财务信息的审核

（2006 年 2 月 15 日发布　财会〔2006〕4 号）

26. 中国注册会计师相关服务准则第 4101 号——对财务信息执行商定程序

（2006 年 2 月 15 日发布　财会〔2006〕4 号）

27. 中国注册会计师相关服务准则第 4111 号——代编财务信息

（2006 年 2 月 15 日发布　财会〔2006〕4 号）

（四）中国注册会计师协会印发注册会计师鉴证业务基本准则及审计准则应用指南

1.《中国注册会计师鉴证业务基本准则》指南

（2007年11月29日　会协〔2007〕89号）

2.《中国注册会计师审计准则第1101号——注册会计师的总体目标和审计工作的基本要求》应用指南

（2019年2月20日）

3.《中国注册会计师审计准则第1111号——就审计业务约定条款达成一致意见》应用指南

（2019年3月29日）

4.《中国注册会计师审计准则第1121号——对财务报表审计实施的质量控制》应用指南

（2019年3月29日）

5.《中国注册会计师审计准则第1131号——审计工作底稿》应用指南

（2017年3月28日　会协〔2017〕11号）

6.《中国注册会计师审计准则第1141号——财务报表审计中与舞弊相关的责任》应用指南

（2019年3月29日）

7.《中国注册会计师审计准则第1142号——财务报表审计中对法律法规的考虑》应用指南

（2019年3月29日）

8.《中国注册会计师审计准则第1151号——与治理层的沟通》应用指南

（2019年3月29日）

9.《中国注册会计师审计准则第1152号——向治理层和管理层通报内部控制缺陷》应用指南

（2010年11月1日　会协〔2010〕21号）

10.《中国注册会计师审计准则第1153号——前任注册会计师和后任注册会计师的沟通》应用指南

（2010年11月1日　财会〔2010〕21号）

11.《中国注册会计师审计准则第1201号——计划审计工作》应用指南

(2010年11月1日 财会〔2010〕21号)

12.《中国注册会计师审计准则第1211号——通过了解被审计单位及其环境识别和评估重大错报风险》应用指南

(2019年3月29日)

13.《中国注册会计师审计准则第1212号——对被审计单位使用服务机构的考虑》指南

(2007年11月29日会协〔2007〕89号印发 2010年11月1日会协〔2010〕94号废止)

14.《中国注册会计师审计准则第1221号——计划和执行审计工作时的重要性》应用指南

(2019年3月29日)

15.《中国注册会计师审计准则第1231号——针对评估的重大错报风险采取的应对措施》应用指南

(2019年3月29日)

16.《中国注册会计师审计准则第1241号——对被审计单位使用服务机构的考虑》应用指南

(2010年11月1日发布 会协〔2010〕21号)

17.《中国注册会计师审计准则第1251号——评价审计过程中识别出的错报》应用指南

(2019年3月29日)

18.《中国注册会计师审计准则第1301号——审计证据》应用指南

(2019年3月29日)

19.《中国注册会计师审计准则第1311号——对存货、诉讼和索赔、分部信息等特定项目获取审计证据的具体考虑》应用指南

(2019年3月29日)

20.《中国注册会计师审计准则第1312号——函证》应用指南

(2010年11月1日 会协〔2010〕21号)

21.《中国注册会计师审计准则第1313号——分析程序》应用指南

(2010年11月1日 会协〔2010〕21号)

22.《中国注册会计师审计准则第1314号——审计抽样》应用指南

(2010年11月1日 会协〔2010〕21号)

23.《中国注册会计师审计准则第 1321 号——审计会计估计（包括公允价值会计估计）和相关披露》应用指南

（2019 年 3 月 29 日）

24.《中国注册会计师审计准则第 1322 号——公允价值计量和披露的审计》指南

（2007 年 11 月 29 日会协〔2007〕89 号印发　2010 年 11 月 1 日会协〔2010〕94 号废止）

25.《中国注册会计师审计准则第 1323 号——关联方》应用指南

（2019 年 3 月 29 日）

26.《中国注册会计师审计准则第 1324 号——持续经营》应用指南

（2017 年 3 月 28 日　会协〔2017〕11 号）

27.《中国注册会计师审计准则第 1331 号——首次审计业务涉及的期初余额》应用指南

（2017 年 3 月 28 日　会协〔2017〕11 号）

28.《中国注册会计师审计准则第 1332 号——期后事项》应用指南

（2017 年 3 月 28 日　会协〔2017〕11 号）

29.《中国注册会计师审计准则第 1341 号——书面声明》应用指南

（2019 年 3 月 29 日）

30.《中国注册会计师审计准则第 1401 号——对集团财务报表审计的特殊考虑》应用指南

（2019 年 3 月 29 日）

31.《中国注册会计师审计准则第 1411 号——利用内部审计人员的工作》应用指南

（2019 年 3 月 29 日）

32.《中国注册会计师审计准则第 1421 号——利用专家的工作》应用指南

（2010 年 11 月 1 日　会协〔2010〕21 号）

33.《中国注册会计师审计准则第 1501 号——对财务报表形成审计意见和出具审计报告》应用指南

（2019 年 3 月 29 日）

34.《中国注册会计师审计准则第 1502 号——在审计报告中发表非无保留意见》应用指南

（2019 年 3 月 29 日）

35.《中国注册会计师审计准则第 1503 号——在审计报告中增加强调事项段和其他事项段》应用指南

（2019 年 3 月 29 日）

36.《中国注册会计师审计准则第 1504 号——在审计报告中沟通关键审计事项》应用指南

（2019 年 3 月 29 日）

37.《中国注册会计师审计准则第 1511 号——比较信息：对应数据和比较财务报表》应用指南

（2017 年 3 月 28 日修订　会协〔2017〕11 号）

38.《中国注册会计师审计准则第 1521 号——注册会计师对其他信息的责任》应用指南

（2017 年 3 月 28 日修订　会协〔2017〕11 号）

39.《中国注册会计师审计准则第 1601 号——对按照特殊目的编制基础编制的财务报表审计的特殊考虑》应用指南

（2010 年 11 月 1 日　会协〔2010〕94 号）

40.《中国注册会计师审计准则第 1602 号——验资》应用指南

（2007 年 11 月 29 日　会协〔2007〕89 号）

41.《中国注册会计师审计准则第 1603 号——对单一财务报表和财务报表特定要素审计的特殊考虑》应用指南

（2010 年 11 月 1 日　会协〔2010〕94 号）

42.《中国注册会计师审计准则第 1604 号——对简要财务报表出具报告的业务》应用指南

（2010 年 11 月 1 日　会协〔2010〕94 号）

43.《中国注册会计师审计准则第 1611 号——商业银行财务报表审计》应用指南

（2007 年 11 月 29 日　会协〔2007〕89 号）

44.《中国注册会计师审计准则第 1612 号——银行间函证程序》应用指南

（2007 年 11 月 29 日　会协〔2007〕89 号）

45.《中国注册会计师审计准则第 1613 号——与银行监管机构的关系》应用指南

（2007 年 11 月 29 日 会协〔2007〕89 号）

46.《中国注册会计师审计准则第 1621 号——对小型被审计单位审计的特殊考虑》指南

（2007 年 11 月 29 日会协〔2007〕89 号印发 2010 年 11 月 1 日会协〔2010〕94 号废止）

47.《中国注册会计师审计准则第 1631 号——财务报表审计中对环境事项的考虑

（2007 年 11 月 29 日 会协〔2007〕89 号）

48.《中国注册会计师审计准则第 1632 号——衍生金融工具的审计》应用指南

（2007 年 11 月 29 日 会协〔2007〕89 号）

49.《中国注册会计师审计准则第 1633 号——电子商务对财务报表审计的影响》应用指南

（2007 年 11 月 29 日 会协〔2007〕89 号）

50.《中国注册会计师审阅准则第 2101 号——财务报表审阅》应用指南

（2007 年 11 月 29 日 会协〔2007〕89 号）

51.《中国注册会计师审计准则第 3101 号——历史财务信息审计或审阅以外的鉴证业务》应用指南

（2007 年 11 月 29 日 会协〔2007〕89 号）

52.《中国注册会计师审计准则第 3111 号——预测性财务信息的审核》应用指南

（2007 年 11 月 29 日 会协〔2007〕89 号）

53.《中国注册会计师审计准则第 4101 号——对财务信息执行商定程序》应用指南

（2007 年 11 月 29 日 会协〔2007〕89 号）

54.《中国注册会计师审计准则第 4111 号——代编财务信息》应用指南

（2007 年 11 月 29 日 会协〔2007〕89 号）

55.《质量控制准则第 5101 号——会计师事务所对执行财务报表审计和审阅、其他鉴证和相关服务业务实施的质量控制》应用指南

（2019 年 3 月 29 日）

（五）中国注册会计师协会印发注册会计师审计准则问题解答

1. 中国注册会计师审计准则问题解答第 1 号——职业怀疑

（2013 年 10 月 31 日会协〔2013〕77 号印发　2019 年 12 月 31 日修订）

2. 中国注册会计师审计准则问题解答第 2 号——函证

（2013 年 10 月 31 日会协〔2013〕77 号印发　2019 年 12 月 31 日修订）

3. 中国注册会计师审计准则问题解答第 3 号——存货监盘

（2013 年 10 月 31 日　会协〔2013〕77 号）

4. 中国注册会计师审计准则问题解答第 4 号——收入确认

（2013 年 10 月 31 日　会协〔2013〕77 号印发　2019 年 12 月 31 日修订）

5. 中国注册会计师审计准则问题解答第 5 号——重大非常规交易

（2013 年 10 月 31 日　会协〔2013〕77 号）

6. 中国注册会计师审计准则问题解答第 6 号——关联方

（2013 年 10 月 31 日　会协〔2013〕77 号印发　2019 年 12 月 31 日修订）

7. 中国注册会计师审计准则问题解答第 7 号——会计分录测试

（2014 年 12 月 31 日　会协〔2014〕76 号）

8. 中国注册会计师审计准则问题解答第 8 号——重要性及评价错报

（2014 年 12 月 31 日　会协〔2014〕76 号）

9. 中国注册会计师审计准则问题解答第 9 号——项目质量控制复核

（2014 年 12 月 31 日　会协〔2014〕76 号）

10. 中国注册会计师审计准则问题解答第 10 号——集团财务报表审计

（2014 年 12 月 31 日　会协〔2014〕76 号）

11. 中国注册会计师审计准则问题解答第 11 号——会计估计

（2014 年 12 月 31 日　会协〔2014〕76 号）

12. 中国注册会计师审计准则问题解答第 12 号——货币资金审计

（2014 年 12 月 31 日　会协〔2014〕76 号印发 2019 年 12 月 31 日修订）

13. 中国注册会计师审计准则问题解答第 13 号——持续经营

（2014 年 12 月 31 日　会协〔2014〕76 号）

14. 中国注册会计师审计准则问题解答第 14 号——关键审计事项

（2018 年 4 月 15 日）

15. 中国注册会计师审计准则问题解答第 15 号——其他信息

（2018 年 4 月 15 日）

（六）其他规范文件

1. 财政部会计师事务所从事基本建设工程预算结算决算审核暂行办法

（1999 年 8 月 5 日　财协字〔1999〕103 号）

2. 财政部关于改进和加强企业年度会计报表审计工作管理的若干规定

（2004 年 1 月 17 日　财企〔2004〕第 5 号）

3. 中国保险监督管理委员会关于进一步做好保险专业中介机构外部审计工作的通知

（2007 年 8 月 13 日　保监发〔2007〕73 号）

3. 中国证券监督管理委员会关于发行境内上市外资股的公司不再实施境外审计有关问题的通知

（2007 年 9 月 12 日　中国证券监督管理委员会计字〔2007〕30 号）

4. 中国注册会计师协会上市公司年报审计监管工作规程

（2011 年 8 月 31 日　会协〔2011〕52 号）

5. 中国注册会计师协会外商投资企业外方权益确认表审核指导意见

（2012 年 4 月 30 日　会协〔2012〕121 号）

6. 财政部、银监会关于进一步规范银行函证及回函工作的通知

（2016 年 7 月 12 日　财会〔2016〕13 号）

第四节　司法鉴定及相关鉴定规范

一、司法鉴定基本规范

（一）总类

1. 全国人民代表大会常务委员会关于司法鉴定管理问题的决定

（2005 年 2 月 28 日发布　2015 年 4 月 24 日修正）

2. 全国人大法工委关于对法医类鉴定与医疗事故技术鉴定关系问题的意见

（2005 年 9 月 22 日　法工委复字〔2005〕29 号）

3. 司法鉴定执业分类规定（试行）

（2000 年 11 月 29 日发布　2000 年 1 月 1 日实施　司发通〔2000〕159 号）

4. 司法鉴定程序通则

（2016 年 3 月 2 日发布　2016 年 5 月 1 日实施）

（二）人民法院司法鉴定管理规范

1. 最高人民法院技术咨询、技术审核工作管理规定

（2007 年 8 月 23 日发布　2007 年 9 月 1 日实施　法办发〔2007〕5 号）

2. 最高人民法院对外委托鉴定、评估、拍卖等工作管理规定

（2007 年 8 月 23 日发布　2007 年 9 月 1 日实施　法办发〔2007〕5 号）

二、司法鉴定项目鉴定规范

（一）人体损伤程度司法鉴定

1. 最高人民法院　最高人民检察院　公安部　国家安全部　司法部关于发布《人体损伤程度鉴定标准》的公告

（2013 年 8 月 30 日）

2. 司法部关于认真做好贯彻落实《人体损伤程度鉴定标准》工作的通知

（2013 年 10 月 9 日　司发通〔2013〕146 号）

3. 司法部司法鉴定管理局关于适用《人体损伤程度鉴定标准》有关问题的通知

（2014 年 1 月 6 日　〔2014〕司鉴 1 号）

4. 最高人民法院　最高人民检察院　公安部　国家安全部　司法部关于发布《人体损伤致残程度分级》的公告

（2016 年 4 月 18 日）

（二）精神障碍司法鉴定

1. 中华人民共和国精神卫生法（第三章）

（2012 年 10 月 26 日发布　2018 年 4 月 27 日修正）

2. 司法部关于法医精神病鉴定业务范围问题的复函

（2008 年 7 月 2 日　司办函〔2008〕130 号）

3. 司法部关于认真贯彻落实精神卫生法做好精神障碍医学鉴定工作的通知

（2013 年 6 月 6 日　司发通〔2013〕104 号）

（三）环境损害司法鉴定

1. 司法部　生态环境部印发《环境损害司法鉴定机构登记评审细则》

（2018 年 6 月 14 日　司发通〔2018〕54 号）

2. 司法部　生态环境部关于印发《环境损害司法鉴定执业分类规定》的

通知

（2019年5月6日　司发通〔2019〕56号）

三、其他鉴定规范

（一）建设工程造价鉴定

住房城乡建设部《建设工程造价鉴定规范》（GB/T 51262-2017）

（2017年8月31日　住房和城乡建设部第1667号公告）

（二）医疗事故鉴定

1. 医疗事故处理条例（第三章）

（2002年4月4日　国务院令第351号）

2. 医疗事故技术鉴定暂行办法

（2002年7月31日　卫生部第30号令）

3. 医疗事故分级标准（试行）

（2002年7月31日　卫生部令第32号）

四、部分鉴定技术规范国家标准

（一）国家标准

1. 印章印文鉴定技术规范（GB/T 37231-2018）

（2018年12月28日国家市场监督管理总局、国家标准化管理委员会2018年第17号公告发布　2019年4月1日实施）

2. 印刷文件鉴定技术规范（GB/T 37232-2018）

（2018年12月28日国家市场监督管理总局、国家标准化管理委员会2018年第17号公告发布　2019年4月1日实施）

3. 文件制作时间鉴定技术规范（GB/T 37233-2018）

（2018年12月28日国家市场监督管理总局、国家标准化管理委员会2018年第17号公告发布　2019年4月1日实施）

4. 文件鉴定通用规范（GB/T 37234-2018）

（2018年12月28日国家市场监督管理总局、国家标准化管理委员会2018年第17号公告发布　2019年4月1日实施）

5. 文件材料鉴定技术规范（GB/T 37235-2018）

（2018年12月28日国家市场监督管理总局、国家标准化管理委员会

2018 年第 17 号公告发布　2019 年 4 月 1 日实施）

6. 特种文件鉴定技术规范（GB/T 37236-2018）

（2018 年 12 月 28 日国家市场监督管理总局、国家标准化管理委员会 2018 年第 17 号公告发布　2019 年 4 月 1 日实施）

7. 篡改（污损）文件鉴定技术规范（GB/T 37238-2018）

（2018 年 12 月 28 日国家市场监督管理总局、国家标准化管理委员会 2018 年第 17 号公告发布　2019 年 4 月 1 日实施）

8. 笔迹鉴定技术规范（GB/T 37239-2018）

（2018 年 12 月 28 日国家市场监督管理总局、国家标准化管理委员会 2018 年第 17 号公告发布　2019 年 4 月 1 日实施）

9. 亲权鉴定技术规范（GB/T 37223-2018）

（2018 年 12 月 28 日国家市场监督管理总局、国家标准化管理委员会 2018 年第 17 号公告发布　2019 年 4 月 1 日实施）

10. 男性性功能障碍法医学鉴定（GB/T 37237-2018）

（2018 年 12 月 28 日国家市场监督管理总局、国家标准化管理委员会 2018 年第 17 号公告发布　2019 年 4 月 1 日实施）

11. 尿液中 $\triangle^{9}$—四氢大麻酸的测定　液相色谱—串联质谱法（GB/T 37272-2018）

（2018 年 12 月 28 日国家市场监督管理总局、国家标准化管理委员会 2018 年第 17 号公告发布　2019 年 4 月 1 日实施）

（二）司法部部颁标准

司法部颁司法鉴定技术规范一览表

（2019 年 8 月 16 日司法部）

第五节　资产评估业务规范

一、法律规范

中华人民共和国资产评估法

（2016 年 7 月 2 日发布　2016 年 12 月 1 日实施）

二、国有资产评估管理

（见第一章第二节“三、国务院部委规章”相关部分）

三、资产评估基本准则及其他具体准则

（一）财政部印发资产评估基本准则

资产评估基本准则

（2017年8月23日　财资〔2017〕43号）

（二）中国资产评估协会印发资产评估职业道德准则

1. 资产评估职业道德准则——独立性

（2012年12月28日　中评协〔2012〕248号）

2. 资产评估职业道德准则

（2017年9月8日　中评协〔2017〕30号）

（三）中国资产评估协会印发资产评估程序性准则

1. 资产评估执业准则——资产评估委托合同

（2017年9月8日　中评协〔2017〕33号）

2. 资产评估执业准则——资产评估报告

（2018年10月29日修订　中评协〔2018〕35号）

3. 资产评估执业准则——资产评估程序

（2018年10月29日修订　中评协〔2018〕36号）

4. 资产评估执业准则——资产评估档案

（2018年10月29日修订　中评协〔2018〕37号）

（四）中国资产评估协会印发资产评估方法准则

1. 资产评估执业准则——利用专家工作及相关报告

（2017年9月8日　中评协〔2017〕35号）

2. 资产评估执业准则——资产评估方法

（2019年12月4日　中评协〔2019〕35号）

（五）中国资产评估协会印发有关具体资产评估准则

1. 资产评估执业准则——无形资产

（2017年9月8日　中评协〔2017〕37号）

2. 资产评估执业准则——不动产

（2017 年 9 月 8 日　中评协〔2017〕38 号）

3. 资产评估执业准则——机器设备

（2017 年 9 月 8 日　中评协〔2017〕39 号）

4. 资产评估执业准则——珠宝首饰

（2017 年 9 月 8 日　中评协〔2017〕40 号）

5. 资产评估执业准则——森林资源资产

（2017 年 9 月 8 日　中评协〔2017〕41 号）

6. 资产评估执业准则——企业价值

（2018 年 10 月 29 日修订　中评协〔2018〕38 号）

四、中国资产评估协会印发有关资产评估指南

1. 企业国有资产评估报告指南

（2017 年 9 月 8 日　中评协〔2017〕42 号）

2. 金融企业国有资产评估报告指南

（2017 年 9 月 8 日　中评协〔2017〕43 号）

3. 知识产权资产评估指南

（2017 年 9 月 8 日　中评协〔2017〕44 号）

4. 以财务报告为目的的评估指南

（2017 年 9 月 8 日　中评协〔2017〕45 号）

5. 资产评估机构业务质量控制指南

（2017 年 9 月 8 日　中评协〔2017〕46 号）

五、有关资产评估指导意见

（一）中国资产评估协会印发有关资产评估指导意见

1. 文化企业无形资产评估指导意见

（2016 年 3 月 30 日　中评协〔2016〕14 号）

2. 资产评估价值类型指导意见

（2017 年 9 月 8 日　中评协〔2017〕47 号）

3. 资产评估对象法律权属指导意见

（2017 年 9 月 8 日　中评协〔2017〕48 号）

4. 专利资产评估指导意见
（2017年9月8日　中评协〔2017〕49号）
5. 著作权资产评估指导意见
（2017年9月8日　中评协〔2017〕50号）
6. 商标资产评估指导意见
（2017年9月8日　中评协〔2017〕51号）
7. 金融不良资产评估指导意见
（2017年9月8日　中评协〔2017〕52号）
8. 投资性房地产评估指导意见
（2017年9月8日　中评协〔2017〕53号）
9. 实物期权评估指导意见
（2017年9月8日　中评协〔2017〕54号）
10. 人民法院委托司法执行财产处置资产评估指导意见
（2019年5月6日　中评协〔2019〕14号）
11. 珠宝首饰评估程序指导意见
（2019年5月15日　中评协〔2019〕36号）

（二）自然资源部办公厅印发有关评估指导意见

划拨国有建设用地使用权地价评估指导意见（试行）
（2019年5月31日　自然资办函〔2019〕922号）

六、中国资产评估协会印发有关操作指引、专家指引

（一）操作指引

1. 财政支出（项目支出）绩效评价操作指引（试行）
（2014年4月30日　中评协〔2014〕70号）
2. PPP项目资产评估及相关咨询业务操作指引
（2016年10月13日　中评协〔2016〕38号）
3. 道路运输物流企业授信额度评估咨询操作指引（试行）
（2019年12月6日　中评协〔2019〕37号）

（二）资产评估专家指引

1. 资产评估专家指引第1号——金融企业评估中应关注的金融监管指标

（2015 年 7 月 22 日　中评协〔2015〕62 号）

2. 资产评估专家指引第 2 号——金融企业首次公开发行上市资产评估方法选用

（2015 年 7 月 22 日　中评协〔2015〕63 号）

3. 资产评估专家指引第 3 号——金融企业收益法评估模型与参数确定

（2015 年 7 月 22 日　中评协〔2015〕64 号）

4. 资产评估专家指引第 4 号——金融企业市场法评估模型与参数确定

（2015 年 7 月 22 日　中评协〔2015〕65 号）

5. 资产评估专家指引第 5 号——寿险公司内部精算报告及价值评估中的利用

（2015 年 7 月 22 日　中评协〔2015〕66 号）

6. 资产评估专家指引第 6 号——上市公司重大资产重组评估报告披露

（2015 年 7 月 22 日　中评协〔2015〕67 号）

7. 资产评估专家指引第 7 号——中小评估机构业务质量控制

（2015 年 7 月 22 日　中评协〔2015〕68 号）

8. 资产评估专家指引第 8 号——资产评估中的核查验证

（2019 年 12 月 31 日　中评协〔2019〕39 号）

9. 资产评估专家指引第 9 号——数据资产评估

（2019 年 12 月 31 日　中评协〔2019〕40 号）

七、有关评估、估价办法、规范标准等

1. 国家计划委员会　最高人民法院　最高人民检察院　公安部关于印发《扣押、追缴、没收物品估价管理办法》的通知

（1997 年 4 月 22 日　计办〔1997〕808 号）

附：扣押、追缴、没收物品估价管理办法

2. 国家发展和改革委员会 司法部关于涉案财物价格鉴定工作有关问题的通知

（2005 年 7 月 19 日　发改价格〔2005〕1318 号）

3. 国家发展和改革委员会　最高人民法院　最高人民检察院　公安部　财政部关于扣押追缴没收及收缴财物价格鉴定管理的补充通知

（2008 年 6 月 4 日　发改厅〔2008〕1392 号）

4. 国有土地上房屋征收评估办法

（2011 年 6 月 3 日　建房〔2011〕77 号）

5.《二手车鉴定评估技术规范》（GB/T 30323-2013）

（2013 年 12 月 31 日国家质量监督检验检疫局、国家标准管理委员会发布）

6. GB/T 30323-2013《二手车鉴定评估技术规范》实施指南

（2014 年 9 月 1 日中国质检出版社、中国标准出版社出版、中国汽车流通协会组织编写）

7. 城镇土地分等定级规程（GB/T 18507-2014）

（2015 年 3 月 18 日　国土资厅发〔2015〕12 号）

8. 城镇土地估价规程（GB/T 18508-2014）

（2015 年 3 月 18 日　国土资厅发〔2015〕12 号）

9. 房地产估价规范（GB/T 50291-2015）

（2015 年 4 月 8 日　住房和城乡建设部公告第 797 号）

10. 人民法院委托评估工作规范

（2018 年 12 月 10 日最高人民法院办公厅、中国资产评估协会、中国土地估价师与土地登记代理人协会、中国房地产估价师与房地产经纪人学会、中国矿业权评估师协会、中国珠宝玉石首饰行业协会联合印发　法办〔2018〕273 号）

八、工程造价咨询

1. 工程造价咨询企业管理办法

（2006 年 3 月 22 日　建设部令第 149 号　2020 年 2 月 19 日修正）

2. 注册造价工程师管理办法

（2006 年 12 月 25 日　建设部令第 150 号　2020 年 2 月 19 日修正）

3. 建设工程造价咨询规范（GB/T 51095-2015）

（2015 年 3 月 8 日住房和城乡建设部、国家质检总局发布）

第六节　税务服务业务规范

一、法律规范

1. 中华人民共和国税收征收管理法

（1992年9月4日通过　2015年4月24日第三次修正）

2. 注册税务师管理暂行办法

（1996年11月22日人事部、国家税务总局发布　人发〔1996〕116号）

（注：根据国务院2014年7月22日印发《关于取消和调整一批行政审批项目等事项的决定》（国发〔2014〕27号）取消11项职业资格许可和认定事项，其中包括注册税务师。）

3. 中华人民共和国税收征收管理法实施细则

（2002年9月7日发布　2016年2月6日第三次修订）

二、税务师事务所业务

1. 中华人民共和国税收征收管理法（第89条）

（1992年9月4日发布　2015年4月24日第三次修正）

2. 注册税务师管理暂行办法（第四章　业务范围及规则）

（2005年12月30日　国家税务总局令第14号）

3. 国家税务总局关于停止执行《注册税务师管理暂行办法》第二十三条有关规定的通知

（2016年8月14日　税总函〔2016〕407号）

4. 国家税务总局关于房地产开发企业土地增值税清算管理有关问题的通知（第6条）

（2006年12月28日　国税发〔2006〕187号）

5. 关于通过公益性群众团体的公益性捐赠税前扣除有关问题的通知〔第6条第（四）项〕

（2009年12月8日发布　财税〔2009〕124号）

6. 关于个人转让上市公司限售股所得征收个人所得税有关问题的补充通知（第5条）

（2010年11月10日　财税〔2010〕70号）

7. 财政部　国家税务总局关于证券机构技术和制度准备完成后个人转让上市公司限售股有关个人所得税问题的通知（第1条）

（2011年12月30日　财税〔2011〕108号）

8. 关于下发《注册税务师行业业务指导目录（2013年）》的通知

《注册税务师行业业务指导目录（2013年）》更新说明

（2013年2月4日　中税协发〔2013〕014号）

附：《注册税务师行业业务指导目录（2013年）》条目

第一部分　涉税鉴证业务（51项）

一、纳税申报类鉴证（16项）

（一）企业所得税年度纳税申报鉴证（5项）

1. 年终汇算

2. 年度亏损额鉴证

3. 企业税前弥补亏损的鉴证

4. 企业清算所得税申报鉴证

5. 企业所得税核定征收年度申报鉴证

（二）个人所得税纳税申报鉴证（5项）

6. 个人独资企业

7. 合伙企业

8. 个体工商户

9. 自然人股东股权转让

10. 个人转让上市公司限售股

（三）土地增值税申报鉴证（2项）

11. 土地增值税清算鉴证

12. 房地产开发企业自行清算土地增值税的申报

（四）其他纳税申报鉴证（4项）

13. 营业税差额征税项目的鉴证

14. 上年度免征增值税或退税款在5万元以上的营改增试点纳税人

15. 上一年度应税服务扣除项目实际扣除金额累计超过100万元的营改增试点纳税人

16. 出口退税申报鉴证

二、涉税审批（备案）类鉴证（29项）

（一）企业所得税税前扣除的鉴证（2项）

17. 企业资产损失企业所得税税前扣除的鉴证

18. 公益性捐赠税前扣除鉴证

（二）企业所得税加计扣除的鉴证（2项）

19. 开发新技术、新产品、新工艺发生的研究开发费用（备案类）

20. 安置残疾人员所支付的工资（备案类）

（三）企业所得税专项资格认定的鉴证（1项）

21. 国家需要重点扶持的高新技术企业（备案类）

（四）企业所得税税收优惠的鉴证（21项）

22. 符合条件的非营利组织的收入（备案类）

23. 新办软件生产企业、集成电路设计企业（备案类）

24. 国家规划布局内的重点软件生产企业（备案类）

25. 经认定的技术先进型服务企业（备案类）

26. 生产线宽小于0.8微米（含）集成电路产品的生产企业（备案类）

27. 投资额超过80亿元人民币或集成电路线宽小于0.25um的集成电路生产企业（备案类）

28. 动漫企业（备案类）

29. 小型微利企业（备案类）

30. 企业综合利用资源，生产符合国家产业政策规定的产品所取得的收入（备案类）

31. 从事农、林、牧、渔业项目的所得（备案类）

32. 从事国家重点扶持的公共基础设施项目投资经营的所得（备案类）

33. 从事符合条件的环境保护、节能节水项目的所得（备案类）

34. 符合条件的技术转让所得（备案类）

35. 创业投资企业抵扣的应纳税所得额（备案类）

36. 企业购置用于环境保护、节能节水、安全生产等专用设备的投资额抵免的税额（备案类）

37. 清洁发展机制项目所得（备案类）

38. 国债利息收入（备案类）

39. 符合条件的居民企业之间的股息、红利等权益性投资收益（备案类）

40. 政策性搬迁所得（备案类）

41. 企业取得的专项用途财政性资金（备案类）

42. 选择特殊性税务处理的企业重组（备案类）

（五）企业所得税加速折旧或摊销的鉴证（3项）

43. 加速折旧（备案类）

44. 企事业单位外购软件缩短折旧或摊销年限（备案类）

45. 集成电路生产企业生产性设备缩短折旧年限

三、其他涉税鉴证（6项）

46. 社保审计

47. 涉税司法鉴定

48. 企业变更税务登记、注销税务登记税款清算鉴证

49. 纳税异常税负偏低企业特定税种纳税情况鉴证

50. 房地产开发企业完工产品销售收入的实际毛利额与预计毛利额差异调整鉴证

51. 增值税一般纳税人辅导期增值税纳税情况鉴证

第二部分　涉税服务业务（28项）

一、税务咨询类服务（6项）

52. 开展税务咨询

53. 常年税务顾问

54. 税收筹划

55. 协助企业进行税务风险评估

56. 对企业税务风险管理有效性进行评估

57. 受聘开展大企业税收管理相关项目研究

二、申报准备类服务（3项）

58. 特别纳税调整服务

59. 企业重组服务

60. 出口退税单证审核

三、涉税代理类服务（16项）

61. 代办税务登记

62. 代办纳税申报

63. 代办扣缴企业所得税申报

64. 代办减、免、退税申报

65. 代办建账记账

66. 代办增值税一般纳税人资格认定申请

67. 代理增值税（抵扣联）发票网上认证

68. 利用主机共享服务系统为增值税一般纳税人开具增值税专用发票

69. 代开货物运输发票

70. 代开普通发票
71. 代办制作涉税文书
72. 代售印花税票
73. 代办个人所得税自行纳税申报
74. 受托进行涉税争议前置处理
75. 代办税务行政复议
76. 代办税务行政诉讼
四、其他涉税服务（3 项）
77. 涉税培训
78. 受托开展资本市场相关信息披露业务
79. 营业税改征增值税试点行业税务情况分析
第三部分　涉税拓展业务（12 项）
一、企业自主委托方式（8 项）
80. 为开具纳税证明出具纳税审核报告
81. 为上市公司提供涉税专业服务
82. 关联申报审核服务
83. 同期资料准备
84. 大企业税务风险管理
85. 开展税源专业化管理
86. 对部分重点税源企业开展专项分析检查
87. 代理税务行政处罚听证
二、政府集中购买方式（4 项）
88. 大企业税务风险管理
89. 开展税源专业化管理
90. 对部分重点税源企业开展专项分析检查
91. 特别纳税调整业务

9. 关于研究开发费用税前加计扣除有关政策问题的通知（第二条）
（2013 年 9 月 29 日　财税〔2013〕70 号）

10. 国家税务总局关于贯彻落实小型微利企业所得税优惠政策的通知
（2014 年 4 月 22 日　税总发〔2014〕58 号）

11. 国务院关于促进市场公平竞争维护市场正常秩序的若干意见〔七、

(二十六)]

(2014年6月4日 国发〔2014〕20号)

12. 企业信息公示暂行条例(第十四条第二款)

(2014年8月7日 国务院令第654号公告)

13. 关于拓展企业信息公示相关业务的通知

(2015年1月8日 中税协秘发〔2015〕003号)

14. 关于转发现行税收相关法律法规及规范性文件中有关涉税鉴证相关规定的通知

(2015年8月11日 中税协发〔2015〕040号)

15. 关于进一步做好营改增服务工作的通知

(2016年4月19日 中税协发〔2016〕029号)

16. 国家税务总局关于发挥涉税专业服务作用 助力个人所得税改革有关事项的通知

(2018年12月29日 税总函〔2018〕687号)

17. 税务师行业服务个人所得税改革工作方案

(2019年1月18日 中税协发〔2019〕3号)

三、税务师行业涉税专业服务准则

(根据中国注册税务师协会2019年9月19日《税务师行业涉税专业服务规范编码及编码数字解释》注释“保留过渡”“废止”)

(一)涉税鉴证业务准则、指南

1. 注册税务师涉税鉴证业务基本准则

(2009年12月2日 国税发〔2009〕149号)

2. 企业财产损失所得税税前扣除鉴证业务准则(试行)

(2007年2月2日 国税发〔2007〕9号)

《企业财产损失所得税税前扣除鉴证业务准则(试行)》指南

(2007年12月26日 中税协发〔2007〕026号)

3. 企业所得税汇算清缴纳税申报鉴证业务准则(试行)

(2007年2月2日 国税发〔2007〕10号)

《企业所得税汇算清缴纳税申报鉴证业务准则(试行)》指南

（2007年12月26日 中税协发〔2007〕026号）

4. 土地增值税清算鉴证业务准则（试行）

（2007年12月29日 国税发〔2007〕132号）

《土地增值税清算鉴证业务准则》指南

（2008年6月2日 中税协发〔2008〕16号）

5. 企业资产损失所得税税前扣除鉴证业务指导意见（试行）

（2011年12月14日 中税协发〔2011〕109号）

6. 企业所得税年度纳税申报鉴证业务规则（试行）

（2015年8月5日 中税协发〔2015〕036号 2019年9月19日保留过渡）

7. 企业注销税务登记鉴证业务规则（试行）

企业注销税务登记鉴证报告范本

（2015年8月5日 中税协发〔2015〕036号 2019年9月19日保留过渡）

8. 研究开发费用企业所得税税前加计扣除鉴证业务规则（试行）

（2016年4月8日 中税协发〔2016〕020号 2019年9月19日保留过渡）

9. 高新技术企业认定专项鉴证业务规则（试行）

（2017年1月25日 中税协发〔2017〕004号 2019年9月19日保留过渡）

（二）涉税服务业务准则

1. 注册税务师涉税服务业务基本准则

（2009年12月2日 国税发〔2009〕149号）

2. 纳税争议代理服务业务规则

（2015年8月5日 中税协发〔2015〕36号 2019年9月19日保留过渡）

附：纳税争议代理服务业务工作底稿

3. 税务咨询业务规则（试行）

（2016年4月8日 中税协发〔2016〕020号 2019年9月19日保留过渡）

4. 税务顾问业务规则（试行）

（2016年4月8日　中税协发〔2016〕020号　2019年9月19日废止）

5. 纳税风险评估业务规则（试行）

（2016年4月8日　中税协发〔2016〕020号　2019年9月19日保留过渡）

6. 纳税申报准备业务规则（试行）

（2016年4月8日　中税协发〔2016〕020号　2019年9月19日废止）

7. 企业所得税年度纳税申报代理业务规则（试行）

（2016年10月31日　中税协发〔2016〕056号　2019年9月19日废止）

8. 企业所得税年度纳税申报准备咨询业务规则（试行）

（2016年10月31日　〔2016〕056号　2019年9月19日废止）

9. 海关委托协助稽查业务规则（试行）

（2016年10月31日　中税协发〔2016〕056号　2019年9月19日保留过渡）

10. 税收优惠申报代理业务规则（试行）

（2017年1月25日　中税协发〔2017〕004号　2019年9月19日废止）

11. 税收筹划业务规则（试行）

（2017年1月25日　中税协发〔2017〕004号　2019年9月19日废止）

12. 资本市场涉税服务业务规则——特殊税务处理合规性审核（试行）

（2017年1月25日　中税协发〔2017〕004号　2019年9月19日保留过渡）

（三）中国注册税务师协会颁发税务师事务所业务程序规则

1. 关于涉税鉴证、涉税服务业务约定书指导意见（试行）

（2012年11月12日　中税协发〔2012〕062号）

2. 涉税业务约定规则（试行）

（2013年7月24日　中税协发〔2013〕063号　2019年9月19日废止）

3. 业务承接规则

（2015年8月5日　中税协发〔2015〕36号　2019年9月19日废止）

4. 业务计划规则

（2015年8月5日　中税协发〔2015〕36号　2019年9月19日废止）

5. 工作底稿规则

（2015 年 8 月 5 日　中税协发〔2015〕36 号　2019 年 9 月 19 日保留过渡）

6. 业务报告规则

（2015 年 8 月 5 日　中税协发〔2015〕36 号　2019 年 9 月 19 日废止）

7. 税务师纳税审核技术规则（试行）

（2016 年 4 月 8 日　中税协发〔2016〕020 号　2019 年 9 月 19 日废止）

四、中国注册税务师协会制定专业服务规范指引

（根据中国注册税务师协会 2019 年 9 月 19 日《税务师行业涉税专业服务规范编码及编码数字解释》基本格式确定排序、注释“计划项目”）

（一）基本指引

税务师行业涉税专业服务规范第 1.0 号——基本指引（试行）

（2019 年 8 月 2 日　中税协发〔2019〕40 号）

（二）专业服务规范职业道德、质量控制、程序指引

1. 税务师行业涉税专业服务规范第 1.1 号——税务师行业职业道德指引（试行）

（2019 年 8 月 2 日　中税协发〔2019〕40 号）

2. 税务师行业涉税专业服务规范第 1.2 号——税务师行业质量控制指引（试行）

（2019 年 8 月 2 日　中税协发〔2019〕40 号）

3. 税务师行业涉税专业服务规范第 1.3 号——税务师行业涉税专业服务程序指引（试行）

（2019 年 8 月 2 日　中税协发〔2019〕40 号）

（三）一般业务指引

1. 税务师行业涉税专业服务规范第 2.1 号——纳税申报代理业务指引（试行）

（2019 年 1 月 9 日　中税协发〔2019〕002 号）

2. 税务师行业涉税专业服务规范第 2.2 号——一般税务咨询业务指引（计划项目）

3. 税务师行业涉税专业服务规范第 2.3 号——专业税务顾问业务指引（试行）

（2019年1月9日　中税协发〔2019〕002号）

4. 税务师行业涉税专业服务规范第2.4号——税收策划业务指引（试行）

（2019年1月9日　中税协发〔2019〕002号）

5. 税务师行业涉税专业服务规范第2.5号——涉税鉴证业务指引（试行）

（2019年1月9日　中税协发〔2019〕002号）

6. 税务师行业涉税专业服务规范第2.6号——纳税情况审查业务指引（试行）

（2019年1月9日　中税协发〔2019〕002号）

7. 税务师行业涉税专业服务规范第2.7号——其他税务事项代理业务指引（试行）

（2019年1月9日　中税协发〔2019〕002号）

8. 税务师行业涉税专业服务规范第2.8号——其他涉税服务业务指引（计划项目）

（四）具体业务指引

◇ 纳税申报代理业务

1. 税务师行业涉税专业服务规范第3.1.1号——增值税纳税申报代理业务指引（试行）

（2019年1月9日　中税协发〔2019〕002号　2019年8月2日中税协发〔2019〕40号修订）

2. 税务师行业涉税专业服务规范第3.1.1.1号——建筑业增值税纳税申报代理业务指引（试行）

（2019年8月2日　中税协发〔2019〕40号）

3. 税务师行业涉税专业服务规范第3.1.1.2号——房地产业增值税纳税申报代理业务指引（试行）

（2019年8月2日　中税协发〔2019〕40号）

4. 税务师行业涉税专业服务规范第3.1.1.3号——银行业增值税纳税申报代理业务指引（试行）

（2019年8月2日　中税协发〔2019〕40号）

5. 税务师行业涉税专业服务规范第3.1.1.4号——保险业增值税纳税申报代理业务指引（试行）

（2019 年 8 月 2 日　中税协发〔2019〕40 号）

6. 税务师行业涉税专业服务规范第 3.1.2 号——出口退（免）税申报代理业务指引（试行）

（2019 年 8 月 2 日　中税协发〔2019〕40 号）

7. 税务师行业涉税专业服务规范第 3.1.3 号——企业所得税年度纳税申报代理业务指引（试行）

（2019 年 8 月 2 日　中税协发〔2019〕40 号）

8. 税务师行业涉税专业服务规范第 3.1.3.1 号——非居民企业所得税年度纳税申报代理业务指引（试行）

（2019 年 8 月 2 日　中税协发〔2019〕40 号）

9. 税务师行业涉税专业服务规范第 3.1.3.2 号——小微企业纳税代理业务指引（试行）

（2019 年 8 月 2 日　中税协发〔2019〕40 号）

10. 税务师行业涉税专业服务规范第 3.1.4 号——个人所得税纳税申报代理业务指引（试行）

（2019 年 8 月 2 日　中税协发〔2019〕40 号）

11. 税务师行业涉税专业服务规范第 3.1.5 号——土地增值税纳税申报代理业务指引（试行）

（2019 年 8 月 2 日　中税协发〔2019〕40 号）

◇ 一般税务咨询业务

1. 税务师行业涉税专业服务规范第 3.2.1 号——企业所得税年度纳税申报准备咨询业务指引（试行）

（2019 年 1 月 9 日　中税协发〔2019〕002 号）

2. 税务师行业涉税专业服务规范第 3.2.1.1 号——非居民企业所得税纳税申报准备咨询业务指引

（计划项目）

3. 税务师行业涉税专业服务规范第 3.2.2 号——税务信息提供指引

（计划项目）

4. 税务师行业涉税专业服务规范第 3.2.3 号——税务政策解答指引

（计划项目）

5. 税务师行业涉税专业服务规范第 3.2.4 号——税务事项办理辅导指引

（计划项目）

◇ 专业税务顾问业务

1. 税务师行业涉税专业服务规范第 3.3.1 号——特别纳税调整——同期资料准备业务指引（试行）

（2019 年 1 月 9 日　中税协发〔2019〕002 号）

2. 税务师行业涉税专业服务规范第 3.3.2 号——纳税风险评估业务指引

（计划项目）

3. 税务师行业涉税专业服务指引第 3.3.2.1 号——房地产业纳税风险评估业务指引

（计划项目）

4. 税务师行业涉税专业服务规范第 3.3.3 号——资本市场特殊税务处理合规性审核业务指引

（计划项目）

5. 税务师行业涉税专业服务规范第 3.3.4. 号——涉税尽职谨慎性调查业务指引

（计划项目）

◇ 税收策划业务

1. 税务师行业涉税专业服务规范第 3.4.1 号——上市公司税务风险内控业务指引（试行）

（2019 年 1 月 9 日　中税协发〔2019〕002 号）

2. 税务师行业涉税专业服务规范第 3.4.2 号——境外投资税务风险内控管理业务指引

（计划项目）

3. 税务师行业涉税专业服务规范第 3.4.3 号——企业并购重组税务服务业务指引

（计划项目）

◇ 涉税鉴证业务

1. 税务师行业涉税专业服务规范第 3.5.1 号——税务司法鉴定业务指引

（试行）

（2019年8月2日　中税协发〔2019〕40号）

2. 税务师行业涉税专业服务规范第3.5.2号——土地增值税清算鉴证业务指引

（计划项目）

3. 税务师行业涉税专业服务规范第3.5.3号——企业资产损失税前扣除鉴证业务指引

（计划项目）

4. 税务师行业涉税专业服务规范第3.5.4号——研发费用税前加计扣除鉴证业务指引

（计划项目）

5. 税务师行业涉税专业服务规范第3.5.5号——高新技术企业专项认定鉴证业务指引

（计划项目）

6. 税务师行业涉税专业服务规范第3.5.6号——企业清税注销鉴证业务指引

（计划项目）

◇ 纳税情况审查业务

1. 税务师行业涉税专业服务规范第3.6.1号——海关委托保税核查业务指引（试行）

（2019年1月9日　中税协发〔2019〕002号）

2. 税务师行业涉税专业服务规范第3.6.2号——海关委托协助稽查业务指引

（计划项目）

3. 税务师行业涉税专业服务规范第3.6.3号——市场监管部门委托纳税情况审查业务指引

（计划项目）

4. 税务师行业涉税专业服务规范第3.6.4号——税务机关委托纳税情况审查业务指引

（计划项目）

5. 税务师行业涉税专业服务规范第3.6.5号——司法机关委托纳税情况

审查业务指引

（计划项目）

◇ 其他税务事项代理业务

1. 税务师行业涉税专业服务规范第 3.7.1 号——涉税信息事项代理业务指引（试行）

（2019 年 8 月 2 日 中税协发〔2019〕40 号）

2. 税务师行业涉税专业服务规范第 3.7.2 号——发票相关代理业务指引（试行）

（2019 年 8 月 2 日 中税协发〔2019〕40 号）

3. 税务师行业涉税专业服务规范第 3.7.3 号——税收优惠代理业务指引（试行）

（2019 年 1 月 9 日 中税协发〔2019〕002 号）

4. 税务师行业涉税专业服务规范第 3.7.4 号——清税注销代理业务指引（试行）

（2019 年 8 月 2 日 中税协发〔2019〕40 号）

5. 税务师行业涉税专业服务规范第 3.7.5 号——涉税证明代理业务指引（试行）

（2019 年 8 月 2 日 中税协发〔2019〕40 号）

6. 税务师行业涉税专业服务规范第 3.7.6 号——涉税争议代理业务指引（计划项目）

◇ 其他涉税服务业务

1. 税务师行业涉税专业服务规范第 3.8.1 号——涉说培训业务指引

（计划项目）

2. 税务师行业涉税专业服务规范第 3.8.2 号——互联网税务信息服务业务指引

（计划项目）

（五）指引释义（计划项目）

1. 税务师行业涉税专业服务规范第 4.1 号

2. 税务师行业涉税专业服务规范第4.2号

（六）税务师事务所质量控制

税务师事务所质量控制规则（试行）

（2013年7月22日 中税协发〔2013〕062号）

附：税务师事务所质量控制操作指南

五、税收法律法规及规范性文件（类别目录）

（参见：立信会计出版社《中华人民共和国现行税收法规及优惠政策解读》2020年版）

◇ 税收征管法

中华人民共和国税收征管法

◇ 所得税法

一、中华人民共和国个人所得税

二、中华人民共和国企业所得税

◇ 货物与劳务税法

一、中华人民共和国增值税法

二、中华人民共和国营业税法

三、中华人民共和国消费税法

四、中华人民共和国关税法

五、中华人民共和国城市维护建设税法

六、中华人民共和国烟叶税法

◇ 财产税法

一、中华人民共和国资源税法

二、中华人民共和国车辆购置税法

三、中华人民共和国车船税法

四、中华人民共和国土地增值税法

五、中华人民共和国土地使用税法
六、中华人民共和国耕地占用税法
七、中华人民共和国房地产税法
八、中华人民共和国契税法

◇ 行为税法

中华人民共和国印花税法

第七节　拍卖业务规范

一、法律规范

中华人民共和国拍卖法
（1996 年 7 月 5 日发布　2015 年 4 月 24 日第二次修正）

二、拍卖企业等级评估管理

1. 拍卖企业的等级评估与等级划分（GB/T 27968-2011）
（2017 年 3 月 9 日发布　2017 年 4 月 1 日实施）
2. 中国文物艺术品拍卖标准化达标/示范企业评定管理办法（2014 年修订）
（2014 年 9 月 1 日　中拍协〔2014〕45 号）
3. 拍卖企业等级评估管理暂行办法
（2016 年 12 月 8 日　中拍协〔2016〕55 号）
4. GB/T 27968-2011《拍卖企业的等级评估与等级划分》国家标准第一号修改单
（2017 年 3 月 9 日　2017 年第 8 号公告）
5. 拍卖企业等级评估工作程序与规则（修订稿）
（2018 年 3 月 30 日　中拍协〔2018〕9 号）
6. 中国文物艺术品拍卖标准化达标企业评价指标（2019 年版）
（2019 年 10 月 10 日　中拍协〔2019〕61 号）

三、一般特定标的拍卖规范

（一）公物、国有资产拍卖

1. 国务院办公厅关于公物处理实行公开拍卖的通知

（1992 年 8 月 30 日　国办发〔1992〕48 号）

2. 招标拍卖挂牌出让国有建设用地使用权规定

（2002 年 4 月 3 日发布　2007 年 9 月 28 日修订）

3. 金融企业国有资产转让管理办法

（2009 年 3 月 17 日　财政部令第 54 号）

4. 企业国有产权交易操作规则

（2009 年 6 月 15 日　国资发产权〔2009〕120 号）

（二）文物艺术品拍卖

1. 中国文物艺术品拍卖企业自律公约

（2011 年 6 月 15 日　中拍协〔2011〕40 号）

2. 文物拍卖标的审核办法

（2016 年 3 月 9 日　文物博发〔2016〕4 号）

3. 文物拍卖管理规定

（2016 年 10 月 20 日　文物博发〔2016〕20 号）

4. 关于加强艺术品拍卖标的内容审核的指导意见

（2018 年 11 月 1 日　中拍协〔2018〕53 号）

5. 文物艺术品拍卖标的信息说明指导规范

（2019 年 4 月 17 日　中拍协〔2019〕24 号）

（三）机动车拍卖

1. 二手车流通管理办法（有关拍卖规定）

（2005 年 8 月 29 日发布　2017 年 9 月 14 日修订）

2. 二手车交易规范（第四章　拍卖）

（2006 年 3 月 24 日　商务部公告 2006 年第 22 号）

3. 中国机动车拍卖企业自律公约

（2014 年 8 月 25 日　中拍协〔2014〕43 号）

（四）抵税财物拍卖

抵税财物拍卖、变卖试行办法

（2005 年 5 月 24 日国家税务总局令第 12 号发布　2005 年 7 月 1 日实施）

四、司法拍卖

1. 最高人民法院关于冻结、拍卖上市公司国有股和社会法人股若干问题的规定

（2001 年 9 月 21 日发布　2001 年 9 月 30 日实施　法释〔2001〕28 号）

2. 财政部关于上市公司国有股被人民法院冻结、拍卖有关问题的通知

（2001 年 11 月 2 日　财企〔2001〕656 号）

3. 最高人民法院关于人民法院民事执行中拍卖、变卖财产的规定

（2004 年 11 月 15 日发布　2005 年 1 月 1 日实施　法释〔2004〕16 号）

4. 最高人民法院对外委托鉴定、评估、拍卖等工作管理规定

（2007 年 8 月 23 日发布　2007 年 9 月 1 日实施　法办发〔2007〕5 号）

5. 最高人民法院关于人民法院委托评估、拍卖和变卖工作的若干规定

（2009 年 11 月 12 日发布　2009 年 11 月 20 日实施　法释〔2009〕16 号）

6. 最高人民法院关于人民法院委托评估、拍卖工作的若干规定

（2011 年 9 月 7 日发布　2012 年 1 月 1 日实施　法释〔2011〕21 号）

7. 最高人民法院关于实施《最高人民法院关于人民法院委托评估、拍卖工作的若干规定》有关问题的通知

（2012 年 2 月 6 日　法〔2012〕30 号）

8. 最高人民法院关于加强和规范人民法院网络司法拍卖工作的意见

（2015 年 12 月 24 日发布　2012 年 1 月 1 日实施　法〔2015〕384 号）

9. 最高人民法院关于人民法院网络司法拍卖若干问题的规定

（2016 年 8 月 2 日发布　2017 年 1 月 1 日实施　法释〔2016〕18 号）

五、拍卖涉税问题

1. 国家税务总局关于加强和规范个人取得拍卖收入征收个人所得税有关问题的通知

（2007 年 4 月 4 日发布　2007 年 5 月 1 日实施　国税发〔2007〕38 号）

2. 国家税务总局关于个人取得房屋拍卖收入征收个人所得税问题的批复

（2007 年 11 月 20 日　国税函〔2007〕1145 号）

六、有关拍卖规程、规范标准

1. 拍卖师操作规范（SB/T 10692-2012）

（2012 年 3 月 15 日商务部发布　2012 年 6 月 1 日实施）

2. 不动产拍卖规程（SB/T 10690-2012）

（2012 年 3 月 15 日商务部发布　2012 年 6 月 1 日实施）

3. 机动车拍卖规程（SB/T 10691-2012）

（2012 年 3 月 15 日商务部发布　2012 年 6 月 1 日实施）

4. 网络拍卖规程（GB/T 32674-2016）

（2016 年 4 月 25 日国家质量监督检验检疫总局、国家标准化管理委员会发布　2016 年 11 月 1 日实施）

5. 文物艺术品拍卖规程（SBT 10538-2017）

（2017 年 1 月 13 日商务部发布　2017 年 10 月 1 日实施）

6. 拍卖术语（SB/T 10641-2018）

（2018 年 6 月 20 日　商务部 2018 年第 56 号公告发布）

七、价格管理

1. 中华人民共和国价格法

（1997 年 12 月 29 日发布　1998 年 5 月 1 日实施）

2. 政府制定价格成本监审办法

（2017 年 10 月 30 日发布　2018 年 1 月 1 日实施　国家发改委令第 8 号）

第八节　招标投标规范

一、法律规范

1. 中华人民共和国招标投标法

（1999 年 8 月 30 日发布　2017 年 12 月 27 日修正）

2. 中华人民共和国招标投标法实施条例

（2011年12月20日国务院令第613号公布　2019年3月2日第三次修订）

3. 招标公告和公示信息发布管理办法

（2017年11月23日发布　2018年1月1日实施　国家发改委令第10号）

4. 评标委员会和评标方法暂行规定

（2001年7月5日国家发展计划委员会、国家经济贸易委员会、建设部、铁道部、交通部、信息产业部、水利部令第12号发布　2013年3月11日修正）

5. 关于废止和修改部分招标投标规章和规范性文件的决定

（2013年3月11日　国家发展和改革委员会、工业和信息化部、财政部、住房和城乡建设部、交通运输部、铁道部、水利部、国家广播电影电视总局、中国民用航空局令2013年第23号发布　2013年5月1日实施）

二、工程建设项目招标投标

（一）一般规定

1. 工程建设项目自行招标试行办法

（2000年7月1日国家发展计划委员会令第5号发布　2013年3月11日修正）

2. 工程建设项目施工招标投标办法

（2003年3月8日国家发展计划委员会、建设部、铁道部、交通部、信息产业部、水利部、中国民用航空局令第12号发布　2013年3月11日修订）

3. 工程建设项目勘察设计招标投标办法

（2003年6月12日国家发展改革委员会、建设部、铁道部、交通部、信息产业部、水利部、中国民用航空局、国家广播电影电视总局令第2号发布　2013年3月11日修订）

4. 工程建设项目货物招标投标办法

（2005年1月18日国家发展和改革委员会、建设部、铁道部、交通部、信息产业部、水利部、中国民用航空局令第27号发布　2013年3月11日修订）

5. 关于印发简明标准施工招标文件和标准设计施工总承包招标文件的通知

（2011年12月20日国家发展改革委、工业和信息化部、财政部、住房和城乡建设部、交通运输部、铁道部、水利部、广电总局、中国民用航空局发

政法规〔2011〕3018号　2015年5月1日实施）

附：

《中华人民共和国简明标准施工招标文件》（2012年版）

《中华人民共和国标准设计施工总承包招标文件》（2012年版）

6. 建筑工程设计招标投标管理办法

（2017年1月24日住房和城乡建设部令33号发布　2017年5月1日实施）

7. 必须招标的工程项目规定

（2018年3月27日　国家发展和改革委员会令第16号）

（二）中央投资建设项目、国家重大建设项目

1. 国家重大建设项目招标投标监督暂行办法

（2002年1月10日国家发展计划委员会令第18号发布　2013年3月11日修订）

2. 中央投资项目招标代理资格管理办法

（2012年3月2日国家发展改革委员会令第13号发布　取消行政许可）

三、政府采购项目招标投标

政府采购货物和服务招标投标管理办法

（2017年7月11日财政部令第87号发布　2017年10月1日实施）

第九节　公证业务规范

一、法律规范

中华人民共和国公证法

（2005年8月28日发布　2017年9月1日第二次修正）

二、有关公证细则、规范

1. 司法部关于印发《企业租赁经营合同公证程序细则》的通知

（1991年9月20日　司发〔1991〕077号）

2. 司法部关于印发《企业承包经营合同公证程序细则》的通知

（1991 年 9 月 20 日　司发〔1991〕078 号）

3. 司法部关于印发《赠与公证细则》的通知

（1992 年 1 月 14 日　司发通〔1992〕008 号）

4. 司法部关于印发《城市房屋拆迁补偿、安置协议公证细则》的通知

（1992 年 10 月 9 日　司发通〔1992〕098 号）

5. 司法部关于印发《招标投标公证程序细则》的通知

（1992 年 10 月 19 日　司法通〔1992〕101 号）

6. 司法部关于印发《抵押贷款合同公证程序细则》的通知

（1992 年 12 月 31 日　司发〔1992〕015 号）

7. 司法部办公厅关于认真贯彻执行《提存公证规则》的通知

（1995 年 6 月 19 日 司办字〔1995〕19 号）

8. 司法部关于办理民间借贷合同公证的意见

（1992 年 8 月 12 日　司发通〔1992〕074 号）

9. 司法部关于贯彻执行《公司法》为企业向公司制改造提供公证服务的若干意见

（1994 年 6 月 30 日　司发〔1994〕008 号）

10. 司法部　中国人民建设银行关于建设银行借款合同办理公证有关事宜的通知

（1996 年 1 月 26 日　司发通〔1996〕018 号）

11. 司法部办公厅　国家发展计划委员会办公厅关于认真做好依法必须进行招标项目招标投标公证有关问题的通知

（2000 年 12 月 15 日　司办字〔2000〕89 号）

12. 公证机构办理抵押登记办法

（2002 年 2 月 20 日　司法部令第 68 号印发）

13. 司法部办公厅关于进一步规范保全证据公证业务有关问题的通知

（2005 年 7 月 7 日　司办通〔2005〕49 号）

14. 司法部关于进一步做好依法赋予债权文书强制执行效力公证工作的通知

（2009 年 3 月 3 日　司法通〔2009〕13 号）

三、公证应用及其业务拓展

1. 最高人民法院　司法部关于公证机关赋予强制执行效力的债权文书执行有关问题的联合通知

（2000 年 9 月 1 日　司发通〔2000〕107 号）

2. 司法部关于经公证的具有强制执行效力的合同的债权依法转让后受让人能否持原公证书向公证机构申请出具执行证书问题的批复

（2006 年 8 月 15 日　司复〔2006〕13 号）

3. 最高人民法院关于审理涉及公证活动相关民事案件的若干规定

（2014 年 5 月 16 日发布　2020 年 12 月 29 日修正　法释〔2020〕20 号）

4. 司法部　国家工商行政管理总局国家版权局，国家知识产权局关于充分发挥公证职能作用加强公证服务知识产权保护工作的通知

（2017 年 7 月　司发〔2017〕7 号）

5. 最高人民法院　司法部关于开展公证参与人民法院司法辅助事务试点工作的通知

（2017 年 6 月 29 日　司发通〔2017〕68 号）

6. 最高人民法院　司法部　中国银监会关于充分发挥公证书的强制执行效力服务银行金融债权风险防控的通知

（2017 年 7 月 13 日　司发通〔2017〕76 号）

7. 司法部 自然资源部关于印发《关于推进公证与不动产登记领域信息查询共享机制建设的意见》的通知

（2018 年 12 月 18 日　司发通〔2018〕132 号）

8. 最高人民法院　司法部关于扩大公证参与人民法院司法辅助事务试点工作的通知

（2019 年 6 月 25 日）

四、公证程序、格式及公证卷宗丢失能否撤销公证书问题

1. 公证程序规则

（2006 年 6 月 18 日司法部令第 103 号发布　2020 年 10 月 20 日修订）

2. 司法部关于保全证据等三类公证书试行要素式格式的通知

（2000 年 3 月 11 日　司发通〔2000〕035 号）

3. 司法部关于推行继承类、强制执行类要素式公证书和法律意见书格式的通知

(2008年12月30日　司发通〔2008〕177号)

4. 司法部关于因公证机构原因导致公证卷宗丢失能否适用《公证程序规则》第五十七条第一款第(四)项规定撤销公证书等问题的复函

(2005年11月29日　司复〔2005〕20号)

第二编

地方法规、规范性文件和行业规范

第一章

地方法规及司法、行政规范文件

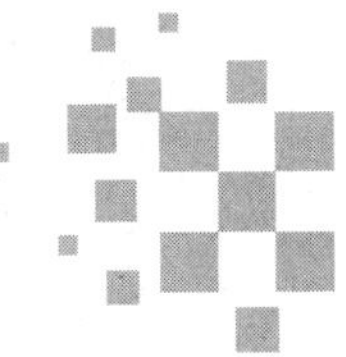

第一节　北京市

一、北京市人大常委会、北京市政府办公厅

1. 北京市优化营商环境条例（第72条至第80条）

（2020年3月27日北京市第十五届人民代表大会常务委员会第二十次会议通过　自2020年4月28日起施行）

2. 北京市人民政府办公厅印发《北京市新一轮深化“放管服”改革优化营商环境重点任务》（二、主要任务（七）加强营商环境法治保障）

（2019年11月6日北京市人民政府办公厅印发　京政办发〔2019〕19号）

二、北京市高级人民法院

1. 北京市高级人民法院关于审理公司强制清算案件操作规范（试行）

（2009年11月9日　京高法发〔2009〕473号）

2. 北京市高级人民法院企业破产案件审理规程

（2013年7月22日　京高法发〔2013〕242号）

3. 北京市高级人民法院关于调整中级人民法院公司强制清算与企业破产案件管辖的若干规定

（2016年10月11日北京市高级人民法院审判委员会讨论通过）

4. 北京市高级人民法院关于加快破产案件审理的意见

（2018年4月4日　京高法发〔2018〕156号）

5. 北京市高级人民法院关于破产程序中财产网络拍卖的实施办法（试行）

（2019年4月23日）

6. 北京市高级人民法院关于充分发挥审判职能 为优化首都营商环境提供司法保障的实施意见（五、加强破产审判工作，服务供给侧结构性改革）

（2019 年 5 月 13 日）

7. 北京市高级人民法院关于调整公司强制清算案件及企业破产案件管辖的通知

（2019 年 10 月 28 日）

8. 北京市高级人民法院关于提高执行工作质效 为优化首都营商环境提供司法保障的意见（第 10 条、第 13 条）

（2020 年 3 月 11 日　京高法发〔2020〕101 号）

9. 北京市高级人民法院破产费用援助资金使用办法（试行）

（2020 年 4 月 5 日　京高法发〔2020〕137 号）

10. 北京市高级人民法院关于加强破产审判与执行工作协调运行的通知

（2020 年 4 月 28 日　京高法发〔2020〕206 号）

11. 北京市高级人民法院关于公开破产案件管理人相关信息的意见（试行）

（2020 年 9 月 22 日）

三、北京市高级人民法院与/或有关行政机关

1. 北京市高级人民法院等 13 部门关于建立企业破产工作府院联动统一协调机制的实施意见

（2019 年 10 月 28 日北京市高级人民法院、北京市民政局、北京市财政局、北京市人力资源和社会保障局、北京市规划和自然资源委员会、北京市住房和城乡建设委员会、北京市市场监督管理局、北京市人民政府国有资产监督管理委员会、北京市地方金融监督管理局、国家税务总局北京市税务局、中国人民银行营业管理部（北京）、中国银行保险监督管理委员会北京监管局、北京市工商业联合会　京高法发〔2019〕698 号）

2. 北京市政务服务管理局　北京市市场监督管理局关于增设政务服务事项的通知

（2020 年 3 月 2 日　京政服发〔2020〕13 号）

附件：管理人（清算组）信息查询申请表

3. 北京市政务服务管理局　北京住房公积金管理中心关于增设政务服务

事项的通知

（2020年3月6日　京政服发〔2020〕14号）

附件：管理人（清算组）信息查询申请表

4. 北京市政务服务管理局 北京市医疗保障局关于增设政务服务事项的通知

（2020年3月10日　京政服发〔2020〕17号）

附件：

1. 北京市破产（强制清算）医保信息查询情况表

2. 北京市破产（强制清算）医保信息查询欠费明细表

3. 北京市破产（强制清算）医保信息查询人员情况表

5. 北京市政务服务管理局 北京市人力资源和社会保障局关于增设政务服务事项的通知

（2020年3月10日　京政服发〔2020〕18号）

附件：破产（强制清算）社保信息查询申请表

6. 北京市政务服务管理局 北京市规划和自然资源委员会关于增设政务服务事项的通知

（2020年3月13日　京政服发〔2020〕20号）

附件：管理人（清算组）不动产登记资料查询申请表

7. 北京市政务服务管理局 北京市公安局关于增设政务服务事项的通知

（2020年3月17日　京政服发〔2020〕21号）

附件：管理人（清算组）信息查询申请表

8. 北京市政务服务管理局 北京市住房和城乡建设委员会关于增设政务服务事项的通知

（2020年3月30日　京政服发〔2020〕23号）

附件：管理人（清算组）信息查询申请表

9. 国家税务总局北京市税务局关于进一步推进破产便利化优化营商环境的公告

（2020年4月3日　2020年第4号）

附：《国家税务总局北京市税务局关于进一步推进破产便利化优化营商环

境的公告》的解读

10. 北京市高级人民法院　中国人民银行营业管理部　中国银行保险监督管理委员会北京监管局关于破产管理人办理人民币银行结算账户及征信相关业务的联合通知

(2020 年 4 月 7 日)

11. 北京市高级人民法院　中国人民银行营业管理部　中国银行保险监督管理委员会北京监管局关于清算组办理人民币银行结算账户相关业务的联合通知

(2020 年 4 月 29 日　京高法发〔2020〕213 号)

四、北京破产法庭（北京市第一中级人民法院）

1. 北京破产法庭破产重整案件办理规范（试行）

(2019 年 12 月 30 日北京市第一中级人民法院印发　京一中法发〔2019〕437 号)

2. 北京破产法庭破产案件管理人工作指引（试行）

(2020 年 4 月 22 日)

第二节　天津市

一、天津市人大常委会

天津市优化营商环境条例（第四十七条）

(2019 年 7 月 31 日天津市第十七届人民代表大会常务委员会第十二次会议通过　2019 年 7 月 31 日公布　2019 年 9 月 1 日实施)

二、天津市高级人民法院

1. 天津市高级人民法院关于印发《天津市高级人民法院关于破产案件受理和审判工作若干问题的审判委员会纪要》的通知

(2017 年 2 月 7 日　津高法〔2017〕19 号)

2. 天津市高级人民法院关于印发《天津法院破产管理人名册编制办法》的通知

（2017 年 9 月 23 日　津高法〔2017〕187 号）

3. 天津市高级人民法院关于天津破产法庭集中管辖部分破产案件的通知

（2019 年 12 月 18 日　津高法〔2019〕320 号）

4. 天津市高级人民法院指定破产管理人工作办法

（2019 年 12 月 27 日　津高法发〔2019〕30 号）

5. 天津市高级人民法院破产管理人分级管理办法

（2019 年 12 月 30 日　津高法发〔2019〕31 号）

第三节　上海市

一、上海市人大常委会

上海市优化营商环境条例（第 70 条至第 72 条）

（2020 年 4 月 10 日　上海市人大常委会公告第 35 号）

二、上海市高级人民法院

1. 上海市高级人民法院关于本市破产案件受理审批的通知

（2006 年 2 月 21 日　沪高法〔2006〕57 号）

2. 上海市高级人民法院关于审理企业法人破产案件若干问题的解答

（2006 年 6 月 23 日　沪高法民二〔2006〕14 号）

3. 上海市高级人民法院关于公司强制清算案件指定清算组中介机构适用企业破产案件管理人指定办法

（2010 年 8 月 27 日　沪高法〔2010〕285 号）

4. 上海市高级人民法院关于调整本市企业破产案件受理审批工作的规定

（2010 年 10 月 20 日　沪高法〔2010〕379）

5. 上海市高级人民法院关于审理公司强制清算案件及相关纠纷若干问题的解答

（2011 年 6 月 27 日）

6. 上海市高级人民法院关于在企业破产案件审理中严格执行《上海法院涉国有资产司法委托拍卖操作规则（试行）》的通知

（2013 年 4 月 23 日　沪高法〔2013〕127 号）

7. 上海法院企业破产案件管理人工作职责指引

(2014年8月25日　沪高法（审）〔2014〕号)

8. 上海市高级人民法院企业破产案件管理人名册评审办法

(2014年9月19日　沪高法（审）〔2014〕6号)

9. 上海市高级人民法院指定企业破产案件管理人办法

(2014年9月19日　沪高法（审）〔2014〕7号)

10. 上海市高级人民法院企业破产案件管理人管理办法

(2014年9月19日　沪高法（审）〔2014〕8号)

11. 上海市高级人民法院民二庭、立案庭关于企业破产案件集中管辖若干具体问题的通知

(2017年4月11日　沪高法民二〔2017〕1号)

12. 上海市高级人民法院关于简化程序加快推进破产案件审理的办案指引

(2018年6月1日　沪高法〔2018〕167号)

13. 上海市高级人民法院关于当前破产审判实务若干问题的解答（一）

(2018年6月27日)

14. 上海市高级人民法院企业破产工作经费管理办法（试行）

(2018年8月29日　沪高法〔2018〕300号)

15. 上海市高级人民法院破产审判工作规范指引（试行）

(2018年8月31日　沪高法民二〔2018〕9号)

16. 上海市高级人民法院关于上海铁路运输法院集中管辖本市国有企业破产案件的通知

(2018年10月11日　沪高法〔2018〕330号)

17. 上海市高级人民法院《上海法院企业破产案件管理人信息披露规则（试行）》

(自2018年11月15日起试行)

18. 上海市高级人民法院关于印发《上海破产法庭、上海铁路运输法院破产案件管辖实施细则》的通知

(2019年6月4日)

19. 上海市高级人民法院关于上海法院受理涉劳动争议破产衍生诉讼指定管辖的通知

(2020年12月7日　沪高法〔2020〕578号)

三、上海市高级人民法院与有关行政机关

1. 上海市高级人民法院　上海市市场监督管理局关于印发《上海市高级人民法院 上海市市场监督管理局关于企业注销若干问题的会商纪要》的通知

（2019 年 6 月 14 日　沪市监注册〔2019〕193 号）

2. 上海市高级人民法院　上海市人力资源和社会保障局印发《关于企业破产欠薪保障金垫付和追偿的会商纪要》的通知

（2019 年 12 月 5 日　沪高法〔2019〕764 号）

3. 上海市高级人民法院　中国人民银行上海分行印发《关于合作推进企业重整 优化营商环境的会商纪要》的通知

（2020 年 4 月 14 日）

4. 上海市高级人民法院　国家税务总局印发《关于优化企业破产程序中涉税事项办理的实施意见》的通知

（2020 年 4 月 24 日　沪高法〔2020〕222 号）

四、上海破产法庭、上海破产管理人协会

1. 上海破产法庭　上海市破产管理人协会关于协力提升“办理破产”成效服务法治化营商环境行动指引

（2020 年 1 月 14 日）

2. 上海破产法庭《推进破产重整、和解保障企业持续经营服务优化营商环境工作重点》

（2020 年 5 月）

第四节　重庆市

一、重庆市高级人民法院

1. 重庆市高级人民法院关于执行程序中移送破产审查若干问题的解答

（2016 年 4 月 25 日　渝高法〔2016〕58 号）

2. 重庆市高级人民法院企业破产案件社会中介机构管理人名册编制办法

（2016 年 10 月 18 日　渝高法〔2016〕239 号）

3. 重庆市高级人民法院企业破产案件社会中介机构管理人评估管理办法

（2016 年 10 月 18 日　渝高法〔2016〕240 号）

4. 重庆市高级人民法院企业破产案件社会中介机构管理人指定办法

（2016 年 10 月 18 日　渝高法〔2016〕241 号）

5. 重庆市高级人民法院关于审理破产案件法律适用问题的解答

（2017 年 8 月 1 日　渝高法〔2017〕207 号）

6. 重庆市高级人民法院关于印发《破产重整申请审查工作指引（暂行）》的通知

（2018 年 9 月 26 日　渝高法〔2018〕190 号）

附：重庆市高级人民法院破产重整申请审查工作指引（暂行）起草说明

7. 重庆市高级人民法院印发《关于"执转破"案件简化审理的工作规范》的通知

（2018 年 12 月 14 日　渝高法〔2018〕230 号）

8. 重庆市高级人民法院关于贯彻落实《关于进一步做好"僵尸企业"及去产能企业债务处置工作的通知》的意见

（2019 年 2 月 1 日　渝高法〔2019〕11 号）

9. 重庆市高级人民法院转发《最高人民法院关于同意重庆市第五中级人民法院内设专门审判机构并集中管辖部分破产案件的批复》的通知

（2019 年 12 月 31 日　渝高法〔2019〕205 号）

附：最高人民法院关于同意重庆市第五中级人民法院内设专门审判机构并集中管辖部分破产案件的批复（2019 年 12 月 18 日　法〔2019〕285 号）

10. 重庆市高级人民法院关于破产程序中财产网络拍卖的实施办法（试行）

（2019 年 12 月 30 日　渝高法〔2019〕206 号）

11. 重庆市高级人民法院关于破产案件简化审理的工作规范

（2019 年 12 月 31 日　渝高法〔2019〕208 号）

12. 重庆市高级人民法院企业破产费用援助资金使用办法

（2020 年 2 月 12 日　渝高法〔2020〕20 号）

13. 重庆市高级人民法院关于明确公司（企业）强制清算和破产案件管辖问题的通知

（2020 年 5 月 18 日　渝高法〔2020〕65 号）

二、重庆市高级人民法院与有关行政机关、部门

1. 重庆市高级人民法院　中国人民银行重庆营业管理部关于支持破产重整企业重塑诚信主体的会商纪要

（2019 年 12 月 31 日　渝高法〔2019〕207 号）

2. 重庆市高级人民法院　重庆市市场监督管理局印发《关于企业注销有关问题的会商纪要》的通知

（2019 年 12 月 31 日　渝高法〔2019〕209 号）

3. 重庆市高级人民法院　国家税务总局重庆市税务局关于企业破产程序涉税问题处理的实施意见

（2020 年 2 月 25 日　渝高法〔2020〕24 号）

三、重庆市人民政府办公厅

重庆市人民政府办公厅关于印发重庆市 2020 年对标国际先进优化营商环境实施方案的通知〔二、主要任务（十）优化办理破产服务（办理破产专项小组负责）〕

（2020 年 9 月 14 日　渝府办发〔2020〕112 号）

四、重庆市第五中级人民法院

1. 重庆市第五中级人民法院企业破产案件社会中介机构管理人指定办法

（2017 年 5 月 25 日通过　2019 年 2 月 14 日修订）

附：以竞争方式选任破产管理人评分细则

2. 重庆市第五中级人民法院管理人执行职务费用的管理办法（试行）

（2019 年 2 月 14 日通过）

3. 重庆市第五中级人民法院关于指定破产案件管理人及公司强制清算案件清算组有关问题的通知

（2019 年 12 月 31 日）

4. 重庆破产法庭企业破产案件审理指南（试行）

（2020 年 4 月 2 日经重庆市第五中级人民法院审判委员会讨论通过）

5. 重庆破产法庭　重庆市破产管理人协会破产案件管理人工作指引（试行）

（2020年7月27日）

6. 重庆市第五中级人民法院关于印发《企业破产费用援助资金使用细则（修订）》的通知

（2020年11月19日）

7. 重庆市第五中级人民法院关于破产原因识别审查的意见

（2020年12月29日）

第五节　广东省

一、广东省人民政府有关部门

1. 广东省市场监督管理局等九部门关于印发广东省深化市场主体退出制度改革实施方案的通知

（2020年4月8日广东省市场监督管理局、广东省发展和改革委员会、广东省高级人民法院、广东省司法厅、广东省人力资源和社会保障厅、广东省人民政府国有资产监督管理委员会、广东省政务服务数据管理局、国家税务总局广东省税务局、中国人民银行广州分行发布　粤市监规字〔2020〕4号）

2. 企业破产涉税事项办理一本通

（国家税务总局广东省税务局编写　2020年10月28日公布）

附：

一、破产企业税收优惠政策指引

二、破产企业涉税事项办理操作指南

二、广东省高级人民法院

1. 广东省高级人民法院关于审理破产案件若干问题的指导意见

（2003年9月25日　粤法高〔2003〕200号）

2. 广东省高级人民法院关于不宜在大部分债权人未同意的情况下准许申请人撤回对被申请人破产清算申请的复函

（2011年1月13日〔2011〕粤高法民二复字第1号）

3. 广东省高级人民法院关于破产衍生诉讼案件归口由破产审判业务庭审

理的通知

（2012 年 5 月 30 日　粤高法明传〔2012〕172 号）

4. 广东省高级人民法院关于印发《全省部分法院破产审判业务座谈会纪要》的通知

（2012 年 7 月 2 日　粤高法〔2012〕255 号）

5. 广东省高级人民法院关于同意上浮管理人报酬比例限制范围的批复

（2013 年 9 月 23 日〔2013〕粤高法民二函字第 10 号）

6. 广东省高级人民法院关于将与破产企业相关的劳动争议类案件（含职工破产债权确认纠纷）交由基层人民法院管辖的批复

（2016 年 3 月 8 日〔2015〕粤高法立复字第 123 号）

7. 广东省高级人民法院关于执行案件移送破产审查的若干意见

（2016 年 11 月 17 日　粤高法〔2016〕202 号）

8. 广东省高级人民法院关于加强企业破产案件立案受理工作若干问题的意见

（2017 年 5 月 10 日　粤高法〔2017〕85 号）

9. 广东省高级人民法院印发《关于推进企业破产清算案件快速审理的若干意见》的通知

（2017 年 11 月 17 日　粤高法〔2017〕239 号）

10. 广东省高级人民法院关于印发《关于规范企业破产案件管理人选任与监督工作的若干意见》的通知

（2017 年 12 月 12 日　粤高法〔2017〕283 号）

11. 广东省高级人民法院关于印发《关于“僵尸企业”司法处置工作指引》的通知

（2019 年 5 月 20 日　粤高法发〔2019〕5 号）

12. 广东省高级人民法院关于审理企业破产案件若干问题的指引

（2019 年 11 月 29 日　粤高法发〔2019〕6 号）

三、广州市

（一）广州市中级人民法院及其与有关国家机关

1. 广州市中级人民法院破产管理人工作报告规定（暂行）

（2016 年 11 月 29 日）

2. 广州市中级人民法院关于设置国有“僵尸企业”破产审判绿色通道的若干意见

（2018 年 5 月 14 日　穗中法〔2018〕155 号）

3. 广州市中级人民法院关于执行案件移送破产审查的实施意见（试行）

（2018 年 6 月 21 日　穗中法〔2018〕213 号）

4. 广州市中级人民法院　广州市市场监督管理局印发《关于推进破产企业退出市场工作的实施意见》的通知

（2020 年 5 月 26 日　穗中法〔2020〕88 号）

（二）广州市黄埔区

1. 广州市黄埔区人民法院等 14 部门印发广州市黄埔区、广州开发区企业破产府院联动工作机制方案

（2019 年 12 月 25 日广州市黄埔区人民法院、广州市黄埔区工业和信息化局、广州开发区经济和信息化局、广州市公安局黄埔区分局、广州市黄埔区司法局、广州市黄埔区财政局、广州开发区财政局、广州市黄埔区人力资源社会保障局、广州开发区国有资产监督管理局、广州市黄埔区市场监督管理局、广州开发区市场监督管理局、广州市黄埔区信访局、国家税务总局广州市黄埔区税务局 国家税务总局广州黄埔区税务局　埔法发〔2019〕15 号）

2. 广州市黄埔区人民法院　国家税务总局广州市黄埔区税务局（国家税务总局广州开发区税务局）关于破产程序中有关税务问题处理的会议纪要

（2020 年 1 月 16 日　埔法发〔2020〕2 号）

五、深圳市

（一）深圳市人大常委会

1. 深圳经济特区个人破产条例

（2020 年 8 月 31 日深圳市六届人大常委会公告第 208 号发布　2021 年 3 月 1 日实施）

附：《深圳经济特区个人破产条例》解读（2020 年 8 月 31 日 深圳市人大常委会法工委）

2. 深圳经济特区优化营商环境条例（第二十三条至第二十六条）

（2020 年 10 月 29 日深圳市第六届人民代表大会常务委员会第四十五次会

议通过 2020 年 11 月 5 日公布 自 2021 年 1 月 1 日起施行）

（二）深圳市中级人民法院

1. 深圳市中级人民法院破产案件机构管理人名册编制办法

（2012 年 9 月 27 日）

2. 深圳市中级人民法院破产案件管理人分级管理办法

（2013 年 5 月 16 日）

3. 深圳市中级人民法院破产案件管理人援助资金管理和使用办法

（2013 年 7 月 18 日发布　2015 年 3 月 12 日修订）

4. 深圳市中级人民法院破产案件管理人考核办法（试行）

（2013 年 7 月 25 日）

附 1：清算案件客观标准考核内容

附 2：重整案件客观标准考核内容

附 3：主观标准考核内容

5. 深圳市中级人民法院管理人报酬确定和支取管理办法（试行）

（2014 年 3 月 18 日）

6. 深圳市中级人民法院破产案件立案规程

（2015 年 2 月 5 日）

7. 深圳市中级人民法院破产案件审理规程

（2015 年 2 月 5 日）

8. 深圳市中级人民法院破产案件管理人工作规范

（2015 年 2 月 5 日）

9. 深圳市中级人民法院公司强制清算案件审理规程

（2015 年 3 月 19 日）

10. 广东省深圳市中级人民法院破产案件债权审核认定指引

（2017 年 8 月 17 日）

11. 深圳市中级人民法院关于执行案件移送破产审查的操作指引（试行）

（2018 年 4 月 19 日　深中法发〔2018〕4 号）

12. 深圳市中级人民法院关于执行移送破产案件管理人工作指引

（2018 年 4 月 12 日）

13. 深圳市中级人民法院审理企业重整案件的工作指引（试行）

（2019 年 3 月 25 日　深中法发〔2019〕3 号）

14. 深圳市中级人民法院关于印发《关于提升“办理破产”质效 优化营商环境的实施意见》的通知

（2019 年 4 月 30 日　深中法发〔2019〕6 号）

15. 深圳市中级人民法院关于破产程序中网络拍卖财产工作指引

（2020 年 7 月 21 日　深中法〔2020〕145 号）

16. 深圳市中级人民法院 深圳市市场监督管理局关于企业注销有关问题的会商纪要

（2020 年 7 月 29 日）

17. 深圳市中级人民法院关于优化破产办理机制推进破产案件高效审理的意见

（2020 年 9 月 25 日）

（三）国家税务总局深圳市税务局

国家税务总局深圳市税务局企业破产涉税事项办理指南

（2020 年 6 月 30 日）

六、佛山市中级人民法院

佛山市中级人民法院关于佛山市破产管理人处理税务及信用修复问题的工作指引（试行）

（2018 年 6 月 5 日）

七、东莞市第一人民法院

东莞市第一人民法院关于推进企业破产清算案件快速审理的工作指引

（2018 年 10 月 26 日）

第六节　浙江省

一、浙江省有关地方法规

浙江省地方金融条例

（2020 年 5 月 15 日浙江省第十三届人民代表大会常务委员会公告第 26 号发布　2020 年 8 月 1 日施行）

二、浙江省人民政府及其有关部门

1. 浙江省人民政府关于加快供给侧结构性改革的意见〔一、总体要求（三）目标要求；二、积极推进市场出清（一）积极稳妥处置“两链”特困企业、（二）继续淘汰落后产能和严重过剩产能、（三）加快整治“脏乱差”小作坊；四、积极推进企业去杠杆（一）“一企一策”处置资不抵债企业、（二）积极处置不良资产、（三）积极推进贷款结构优化、（四）加快企业股份制改造；九、加强组织保障（一）加强组织领导、（二）明确责任分工〕

（2016 年 3 月 25 日　浙政发〔2016〕11 号）

2. 浙江省促进企业兼并重组工作部门联席会议办公室等 13 部门关于处置“僵尸企业”的指导意见

（2016 年 6 月 22 日浙江省促进企业兼并重组工作部门联席会议办公室、浙江省高级人民法院、浙江省发展和改革委员会、浙江省经济和信息化委员会、浙江省司法厅、浙江省财政厅、浙江省人力资源和社会保障厅、浙江省国土资源厅、浙江省人民政府国有资产监督管理委员会、浙江省国家税务局、浙江省人民政府金融工作办公室、中国人民银行杭州中心支行、中国银行业监督管理委员会浙江监管局发布　浙并购办〔2016〕4 号）

3. 浙江省促进企业兼并重组工作部门联席会议办公室 浙江省高级人民法院 浙江省经济和信息化委员会关于成立省级“僵尸企业”处置府院联动机制的通知

（2016 年 10 月 31 日　浙并购办〔2016〕8 号）

4. 浙江省人民政府办公厅关于加快处置“僵尸企业”的若干意见

（2017 年 12 月 6 日　浙政办发〔2017〕136 号）

5. 国家税务总局浙江省税务局关于进一步促进民营经济高质量发展的实施意见〔五、进一步助力民营企业纾困解难（十八）助力民营企业破产重整〕

（2018 年 12 月 5 日　浙税发〔2018〕89 号）

6. 浙江省人民政府办公厅关于进一步推动企业兼并重组的实施意见

（2019 年 1 月 15 日　浙政办发〔2019〕2 号）

7. 浙江省委全面深化改革委员会办公室等 14 部门关于印发浙江省优化营商环境办理破产便利化行动方案的通知

（2019 年 8 月 30 日中共浙江省委全面深化改革委员会办公室、浙江省高级人民法院、浙江省发展和改革委员会、浙江省公安厅、浙江省财政厅、浙江省人力资源和社会保障厅、浙江省自然资源厅、浙江省住房和城乡建设厅、浙江省市场监督管理局、浙江省地方金融监督管理局、浙江省人民检察院、国家税务总局浙江省税务局、中国人民银行杭州中心支行、中国银行保险监督管理委员会浙江监管局发布　浙高法〔2019〕139号）

8. 国家税务总局浙江省税务局关于支持破产便利化行动有关措施的通知

（2019年9月30日　浙税发〔2019〕87号）

9. 浙江省发展和改革委员会2020年浙江省优化营商环境工作要点（8. 提升“办理破产”便利度）

（2020年4月7日）

三、浙江省高级人民法院

1. 浙江省高级人民法院关于规范企业破产案件管理人工作若干问题的意见

（2013年2月20日　浙高法〔2013〕38号）

2. 浙江省高级人民法院民事审判第二庭关于在审理企业破产案件中处理涉集资类犯罪刑民交叉若干问题的讨论纪要

（2013年7月）

3. 浙江省高级人民法院关于企业破产财产变价、分配若干问题的纪要

（2013年7月5日　浙高法〔2013〕154号）

4. 浙江省高级人民法院关于企业破产案件简易审若干问题的纪要

（2013年7月5日　浙高法〔2013〕153号）

5. 浙江省高级人民法院关于审理公司强制清算案件若干问题的纪要

（2013年12月31日　浙高法民二〔2013〕16号）

6. 浙江省高级人民法院关于强化司法职能推进企业兼并重组的意见

（2014年9月23日　浙高法〔2014〕140号）

7. 浙江省高级人民法院破产案件管理人指定工作规程（试行）

（2016年5月16日发布　2016年6月1日起施行　浙高法办〔2016〕40号）

8. 浙江省高级人民法院关于执行程序与破产程序衔接若干问题的纪要

（2016年5月16日　浙高法〔2016〕62号）

9. 浙江省高级人民法院关于邀请省外破产案件管理人社会中介机构备案

履职的通告

（2016 年 5 月 17 日　浙高法鉴〔2016〕2 号）

10. 浙江省高级人民法院关于印发《破产案件管理人指定工作规程》的通知

（2019 年 10 月 31 日）

11. 浙江省高级人民法院关于印发《深化执行与破产程序衔接推进破产清算案件简易审理若干问题的会议纪要（二）》的通知

（2020 年 1 月 9 日　浙高法〔2020〕12 号）

12. 浙江省高级人民法院民事审判第五庭关于主债务人破产后保证人是否停止计息问题的解答

（2020 年 1 月 10 日　浙高法民五〔2020〕1 号）

13. 浙江省高级人民法院关于统一破产债权确认纠纷案件受理费标准相关事宜的通知

（2020 年 5 月 29 日）

14. 浙江省高级人民法院印发《浙江省破产管理人动态管理办法（试行）》

（2020 年 7 月 30 日　浙高法〔2020〕95 号）

15. 浙江省高级人民法院关于印发《浙江法院个人债务集中清理（类个人破产）工作指引（试行）》的通知

（2020 年 12 月 2 日）

附：浙江法院个人债务集中清理（类个人破产）工作指引（试行）

四、浙江省人民检察院检察六部与浙江省破产管理人协会

浙江省人民检察院检察六部　浙江省破产管理人协会关于印发《关于建立破产债权申报中虚假诉讼线索移送处置工作机制的会议纪要》的通知

（2020 年 5 月 25 日　浙检六部〔2020〕8 号）

五、杭州市

1. 中国人民银行杭州中心支行　杭州市中级人民法院关于深化合作共同推进企业破产（重整）工作若干问题的纪要

（2019 年 12 月 3 日）

2. 杭州市中级人民法院关于失信被执行人信用修复的实施细则（试行）

（2020 年 3 月 31 日　杭中法〔2020〕31 号）

3. 杭州市富阳区人民检察院　杭州市富阳区人民法院关于对破产程序实施监督的若干意见

（2017 年 6 月 2 日　富检发民字〔2017〕2 号）

六、温州市

1. 温州市人民政府企业破产处置工作联席会议纪要

（2014 年 6 月　温州市中级人民法院）

2. 温州市中级人民法院关于在审理企业破产案件中防范和打击逃废债行为的会议纪要

（2014 年 11 月 4 日）

3. 温州市中级人民法院关于印发《关于通过网络司法拍卖平台处置企业破产财产的会议纪要》的通知

（2015 年 10 月 16 日　温中发〔2015〕75 号）

4. 温州市委、市政府企业破产处置工作联席会议纪要

（2016 年 3 月 30 日　温中法〔2016〕9 号）

5. 温州市人民政府办公室关于印发企业金融风险处置工作府院联席会议纪要的通知

（2017 年 9 月 15 日　温政办〔2017〕84 号）

6. 温州市中级人民法院 国家税务总局温州市税务局印发《关于建立人民法院与税务部门数据共享协作机制的会议纪要》的通知

（2018 年 11 月 19 日　温中法〔2018〕78 号）

7. 温州市人民政府办公室关于印发企业金融风险处置工作府院联席会议纪要的通知

（2018 年 12 月 28 日　温政办函〔2018〕41 号）

8. 温州市人民政府办公室关于印发企业金融风险处置工作府院联席会议纪要的通知

（2019 年 7 月 10 日）

9. 温州市中级人民法院关于印发《关于个人债务集中清理的实施意见

（试行）》的通知

（2019年8月13日　温中法〔2019〕45号）

10. 温州市中级人民法院等16部门关于印发温州市优化营商环境办理破产便利化行动方案的通知

［2019年12月2日市委改革办（市跑改办）市法院、市发展改革委、市金融办、市公安局、市司法局、市检察院、市财政局、市人力社保局、市自然资源和规划局、市住建局、市市场监管局、市税务局、人行温州市中心支行、温州银保监分局、市医疗保障局发布　温中法〔2019〕74号］

11. 温州市中级人民法院关于进一步做好优化法治化营商环境工作的意见

（2020年5月12日）

12. 温州市中级人民法院关于执行移送破产程序的会议纪要（三）

（2020年5月18日　温中法办〔2020〕17号）

附；对《关于执行移送破产程序的会议纪要（三）》的解读

13. 温州市人民政府办公室关于在个人债务集中清理工作中探索建立公职管理人制度的府院联席会议纪要

（2020年5月19日）

14. 温州市破产管理人破产案件档案管理办法（试行）

（2020年12月31日）

七、衢州市

1. 江山市关于“府院联动”加快处置“僵尸企业”助推经济转型升级的意见

（2016年3月25日　江政发〔2016〕30号）

2. 龙游县人民政府　龙游县人民法院关于建立企业破产处置府院联动机制的通知

（2018年12月30日　龙政发〔2018〕122号）

3. 江山市营商环境建设办公室等15部门（单位）关于印发江山市优化营商环境办理破产便利化行动方案的通知

（2020年9月25日江山市营商环境建设办公室、江山市人民法院 江山市发展和改革局、江山市公安局、江山市财政局、江山市人力资源和社会保障局、江山市自然资源和规划局、江山市住房和城乡建设局、江山市市场监督管理局、江山市经济和信息化局、江山市金融服务中心、江山市人民检察院国家税务总局江山市税务局、江山市人民政府经济技术协作中心、中国人民银行江山市支行印发 江营商办〔2020〕29号）

八、台州市

1. 中共台州市委全面深化改革委员会办公室关于印发《台州市优化营商环境办理破产便利化行动方案》的通知

（2019年12月19日 台改办发〔2019〕20号）

2. 台州市中级人民法院关于印发《执行程序转个人债务清理程序审理规程（暂行）》的通知

（2019年4月26日 台中法〔2019〕73号）

3. 仙居县人民法院 仙居县市场监督管理局关于企业破产相关登记操作指引（试行）

（2019年8月26日 仙法〔2019〕91号）

九、舟山市

舟山市中级人民法院关于破产企业管理人临时账户公开竞争开立的规定

（2020年7月8日）

十、宁波市

浙江省宁波市中级人民法院关于规范企业破产案件管理人选任与监督工作的若干办法（试行）

（2020年7月21日 甬中发〔2020〕49号）

第七节 江苏省

一、江苏省人民政府办公厅

江苏省人民政府办公厅关于建立企业破产处置协调联动机制的通知

（2019年6月2日 苏政传发〔2019〕115号）

二、江苏省高级人民法院

1. 江苏省高级人民法院审判委员会关于妥善审理破产案件、维护经济社会稳定若干问题的讨论纪要

（2009 年 2 月 3 日　苏高法审委〔2009〕2 号）

2. 江苏省高级人民法院关于规范执行案件移送破产的若干规定

（2016 年 7 月 4 日　审判委员会会议纪要〔2016〕5 号）

3. 江苏省高级人民法院民事审判第二庭关于印发〈破产案件审理指南（修订版）〉的通知

（2017 年 11 月 17 日　苏高法电〔2017〕794 号）

4. 江苏省高级人民法院关于“执转破”案件简化审理的指导意见

（2018 年 6 月 1 日　苏高法电〔2018〕392 号）

5. 江苏省高级人民法院关于规范执行案件移送破产的若干规定

（2018 年 6 月 12 日　苏高法审委〔2018〕2 号）

6. 江苏省高级人民法院民事审判第二庭关于加快破产案件审理的工作指引

（2019 年 12 月 10 日）

7. 江苏省高级人民法院关于正确理解和适用参与分配制度的指导意见

（2020 年 3 月 12 日）

8. 江苏省高级人民法院 国家税务总局江苏省税务局关于做好企业破产处置涉税事项 办理优化营商环境的实施意见

（2020 年 10 月 30 日　苏高法〔2020〕224 号）

三、南京市

1. 南京市人民政府办公厅关于建立企业破产处置协调联动机制的通知

（2019 年 8 月 1 日　宁政传〔2019〕66 号）

2. 南京市中级人民法院 国家税务总局南京市税务局《破产清算程序中税收债权申报与税收征收管理实施办法》

（2019 年 8 月 5 日　宁中法〔2019〕159 号）

3. 南京市中级人民法院关于规范重整程序适用提升企业挽救效能的审判指引

（2020 年 1 月 20 日　宁中法审委〔2020〕1 号）

4. 南京市中级人民法院关于破产企业对外股权投资处置的工作指引

（2020 年 5 月 29 日　宁中法审委〔2020〕9 号）

四、苏州市

1. 中共苏州市委 苏州市人民政府关于印发《苏州市优化营商环境创新行动 2020》的通知（一、7.）

（2020 年 3 月 27 日　苏委发〔2020〕12 号）

2. 苏州市中级人民法院关于审理企业破产案件指定管理人工作的若干意见（试行）

（2017 年 7 月 19 日）

3. 苏州法院破产案件管理人考核办法（试行）

（2017 年 12 月 29 日　苏中法〔2017〕256 号）

4. 苏州市吴中区人民法院关于审理预重整案件的实施意见（试行）

（2019 年 6 月 27 日　吴法〔2019〕43 号）

5. 苏州市吴江区人民法院关于个人债务清理的若干规定（试行）

（2019 年 10 月 21 日　吴法〔2019〕101 号）

6. 苏州市吴江区人民法院审理预重整案件的若干规定

（2020 年 2 月 19 日　吴法〔2020〕15 号）

7. 苏州市吴江区人民法院　苏州市吴江区人民检察院　苏州市吴江区公安局　苏州市吴江区司法局关于建立司法联动保障破产工作规范运行机制的意见

（2020 年 8 月 10 日　吴法〔2020〕56 号）

8. 苏州工业园区人民法院审理破产预重整案件的工作指引（试行）

（2020 年 4 月 20 日　苏园法〔2020〕032 号）

9. 苏州市中级人民法院　苏州市税务局破产涉税问题会议纪要

（2020 年 7 月 16 日）

五、镇江市

1. 江苏省镇江市中级人民法院　国家税务总局镇江市税务局关于企业破产处置涉税问题处理的实施意见

（2019 年 12 月 17 日　镇中法〔2019〕161 号）

2. 江苏省镇江市人民政府办公室关于创设“破产资产池”推动资源优化利用的实施意见

（2020 年 2 月　镇政办发〔2020〕12 号）

3. 镇江市中级人民法院关于优化营商环境助推产业强市的实施意见〔一、工作措施（四）完善破产审判机制，促进市场要素优化配置 21—28〕

（2020 年 6 月 30 日　镇中法〔2020〕81 号）

六、南通市

1. 江苏省南通市中级人民法院　国家税务总局南通市税务局 南通市破产管理人协会关于建立企业破产涉税协调联动工作机制的意见（试行）

（2017 年 7 月 4 日　通中法〔2019〕52 号）

2. 国家税务总局南通市税务局　江苏省南通市中级人民法院 南通市破产管理人协会印发《企业破产涉税问题处理办法（一）》

（2017 年 7 月 4 日　通税函〔2019〕86 号）

3. 江苏省南通市中级人民法院等 10 部门（协会）关于印发《关于支持企业破产管理人依法履行职责的意见（试行）》的通知

（2019 年 8 月 20 日江苏省南通市中级人民法院、中国人民银行南通市中心支行、中国银行保险监督管理委员会南通监管分局、南通市地方金融监督管理局、南通市公安局、南通市自然资源和规划局、南通市住房和城乡建设局、南通市市场监督管理局、南通市行政审批局 南通市破产管理人协会发布 通中法〔2019〕64 号）

4. 江苏省南通市中级人民法院　中国人民银行南通市中心支行　南通市破产管理人协会关于破产企业银行账户注销、管理人银行账户监管等有关问题的意见（试行）

（2019 年 9 月 23 日　通中法〔2019〕79 号）

5. 南通市人民政府办公室关于建立企业破产处置协调联动机制的通知

（2019 年 12 月 31 日　通政传发〔2019〕125 号）

6. 江苏省启东市人民法院管理人报酬确定与收取管理办法（试行）

（2019 年 4 月 2 日）

7. 南通市中级人民法院关于加强破产审判工作进一步优化区域法治营商

环境的意见

（2020 年 6 月 22 日　通中法〔2020〕63 号）

七、宿迁市

1. 宿迁市政府办公室关于构建协调联动机制稳妥推进企业破产处置工作的通知

（2019 年 8 月 15 日　宿政传发〔2019〕54 号）

2. 宿迁市中级人民法院关于审理预重整案件的规定（试行）

（2020 年 7 月 9 日　宿中法电〔2020〕172 号）

八、扬州市

扬州市中级人民法院　国家税务总局扬州市税务局关于企业破产处置涉税问题处理的实施意见

（2020 年 3 月 16 日　扬中法〔2020〕22 号）

九、盐城市

江苏省盐城市中级人民法院关于充分发挥审判职能服务全市优化营商环境和抓“六稳”促“六保”的实施意见〔三、服务举措（三）完善市场主体救治和退出机制 11—15〕

（2020 年 6 月 18 日　盐中法〔2020〕99 号）

第八节　四川省

一、四川省人民政府办公厅

四川省人民政府办公厅关于进一步推动省属企业结构调整和重组的实施意见

（2018 年 8 月 30 日 川办发〔2018〕66 号）

二、四川省高级人民法院

四川省高级人民法院关于印发《关于审理破产案件若干问题的解答》的

通知

（2019年3月20日 川高法〔2019〕90号）

三、成都市

（一）成都市中级人民法院

1. 成都市中级人民法院审理企业破产案件指定管理人实施办法

（2013年8月13日）

2. 成都市中级人民法院管理人报酬计取办法（试行）

（2018年3月19日）

3. 成都市中级人民法院破产案件管理人工作规范（试行）

（2018年3月19日）

4. 成都市中级人民法院破产案件管理人考核评价办法（试行）

（2019年2月13日）

5. 成都市中级人民法院关于印发《破产案件立案审查规程》等四个规范性文件的通知

（2019年9月4日　成中法发〔2019〕102号）

附件1 成都市中级人民法院破产案件立案审查规程

附件2 成都市中级人民法院执行案件移送破产审查立案审查规程

附件3 成都市中级人民法院强制清算案件立案审查规程

附件4 成都市中级人民法院破产案件受理审查规程

6. 成都市中级人民法院机构管理人、管理人负责人履职办法（试行）

（2019年11月7日）

7. 成都市中级人民法院破产案件预重整操作指引（试行）

（2020年8月24日）

（二）四川天府新区成都片区人民法院（四川自由贸易试验区人民法院）

1. 四川天府新区成都片区人民法院（四川自由贸易试验区人民法院）简单破产案件快速审理指引（试行）

（2020年5月26日　天成法发〔2020〕51号）

2. 四川天府新区成都片区人民法院（四川自由贸易试验区人民法院）预重整案件审理指引（试行）

（2020 年 5 月 22 日　天成法发〔2020〕52 号）

四、雅安市

雅安市人民政府　雅安市中级人民法院关于建立企业破产工作府院统一协调机制的意见

（2019 年 12 月 23 日　雅府发〔2019〕20 号）

五、乐山市

1. 乐山市中级人民法院企业破产案件管理人的考核管理规定（试行）

（2020 年 1 月 13 日通过）

附件：管理人履职考核意见表

2. 乐山市中级人民法院企业破产案件管理人财务管理办法（试行）

（2020 年 1 月 13 日通过）

六、资中市

资中市人民政府建立企业破产处置府院联动机制的实施方案

（2019 年 12 月 23 日　资中府发〔2019〕21 号）

七、自贡市

四川省自贡市中级人民法院　国家税务总局自贡市税务局　自贡市经济和信息化局　自贡市人力资源和社会保障局　自贡市政府国有资产监督管理委员会　自贡市市场监督管理局　自贡市医疗保障局　中国人民银行自贡市中心支行关于建立自贡市破产审判“1+N”协调联动机制的实施意见

（2020 年 7 月 28 日　自中法〔2020〕82 号）

八、泸州市

泸州市龙马潭区人民法院个人破产和解实施办法（试行）（征求意见稿）

（2020 年 6 月 14 日）

九、眉山市

眉山市中级人民法院关于印发《破产案件预重整操作指引（试行）》的

通知

（2020年9月18日 眉中法〔2020〕123号）

附：破产案件预重整操作指引（试行）

第九节　广西壮族自治区

一、广西壮族自治区高级人民法院

1. 广西壮族自治区高级人民法院关于编制企业破产案件管理人名册的公告

（2017年9月1日）

2. 广西壮族自治区高级人民法院关于执行案件移送破产审查的规范指引（试行）

（2018年5月31日）

3. 广西壮族自治区高级人民法院关于企业破产案件管理人指定办法

（2018年12月26日　桂高法〔2018〕215号）

4. 广西壮族自治区高级人民法院关于企业破产案件管理人工作评价办法

（2018年12月26日　桂高法〔2018〕216号）

5. 广西壮族自治区高级人民法院关于加强破产审判为营造良好营商环境提供高质量司法保障的意见

（2019年6月4日　桂高法发〔2019〕5号）

6. 广西壮族自治区高级人民法院关于更新企业破产案件管理人名册的公告

（2019年11月1日）

7. 广西壮族自治区高级人民法院民二庭关于办理破产案件若干问题的指导意见

（2020年4月26日）

8. 公司企业经营治理法律风险指南

（2020年11月26日 广西壮族自治区高级人民法院民二庭“关于加强民营企业产权司法保护的研究”课题组）

二、柳州市

1. 柳州市人民政府　柳州市中级人民法院关于破产程序中有关税务问题处理的指导意见

（2019 年 9 月 3 日　柳政发〔2019〕30 号）

2. 柳州市中级人民法院　柳州市自然资源和规划局关于破产程序中处置不动产办理登记事项若干问题的指导意见

（2020 年 8 月 26 日　柳市中法会〔2020〕1 号）

三、南宁市

南宁市中级人民法院　南宁市财政局关于印发《企业破产专项资金管理和使用办法（试行）》的通知

（2020 年 6 月 8 日　南中法〔2020〕55 号）

第十节　山东省

一、山东省高级人民法院

1. 山东省高级人民法院《企业破产案件管理人管理办法（试行）》

（2016 年 12 月 30 日　鲁高法办〔2016〕97 号）

2. 山东省高级人民法院关于破产案件中采取网络司法拍卖方式处置破产财产的通知

（2018 年 12 月 10 日）

3. 山东省高级人民法院关于建立全省重大破产案件报备制度及报送破产审判机构及人员名单的通知

（2019 年 2 月 21 日）

4. 山东省高级人民法院关于印发《企业破产案件审理规范指引（试行）》的通知

（2019 年 9 月 26 日　鲁高法〔2019〕50 号）

二、济南市

1. 济南市中级人民法院破产案件审判操作指引（试行）

（2017 年 3 月 25 日）

2. 济南市人民政府办公厅关于加快“僵尸企业”处置工作的意见

（2019 年 12 月 7 日　济政办发〔2019〕27 号）

3. 济南市中级人民法院关于破产案件简化审理程序的操作规程（试行）

（2020 年 4 月 24 日　济中法破〔2020〕1 号）

4. 济南市人民政府办公厅关于建立企业破产府院联动机制的通知

（2020 年 7 月 31 日　济政办字〔2020〕35 号）

5. 济南市中级人民法院　国家税务总局济南市税务局关于印发《关于办理企业破产涉税问题的相关意见》的通知

（2020 年 9 月 21 日　济中法〔2020〕35 号）

三、青岛市

1. 青岛市财政局　青岛市中级人民法院《市级破产案件援助资金管理使用办法》

（2019 年 10 月 28 日）

四、东营市

1. 东营市中级人民法院关于审理破产案件及衍生诉讼案件相关问题的规定（试行）

（2020 年 3 月 10 日　东中法〔2019〕63 号）

2. 山东省东营市中级人民法院关于个人债务清理的实施意见（试行）

（2020 年 12 月 1 日）

五、淄博市

1. 淄博市中级人民法院关于规范企业破产案件管理人选任工作的实施办法（试行）

（2020 年 3 月 2 日　淄中法〔2020〕12 号）

2. 高青县人民法院关于企业破产中对有关个人债务一并集中清理的意见（试行）

（2020 年 3 月 15 日　高法发〔2020〕8 号）

附：高青县人民法院关于企业破产中对有关个人债务一并集中清理的意见（试行）有关情况的说明

3. 淄博市人民政府办公室关于建立企业破产处置协调联动机制的意见

（2020年7月13日　淄政办字〔2020〕68号）

4. 淄博市中级人民法院关于审理预重整案件的工作指引（试行）

（2020年11月19日　淄中法〔2020〕61号）

第十一节　黑龙江省

一、黑龙江省人民政府办公厅

黑龙江省人民政府办公厅关于省属“僵尸企业”处置工作的指导意见

（2018年11月2日　黑政办规〔2018〕61号）

二、黑龙江省高级人民法院

1. 黑龙江省高级人民法院关于指定破产案件管理人工作程序规则（试行）

（2017年12月4日）

2. 黑龙江省高级人民法院关于重新审查编制破产案件管理人名册的公告

（2018年5月15日）

3. 黑龙江省高级人民法院关于重新审查编制破产案件管理人名册的补充公告

（2019年2月26日）

三、齐齐哈尔市中级人民法院

1. 齐齐哈尔市中级人民法院关于破产管理人处理税务及信用修复问题的工作指引（试行）

（2020年7月6日）

2. 齐齐哈尔市中级人民法院关于推进破产案件繁简分流实施意见（试行）

（2020年7月10日）

第十二节　吉林省

1. 吉林省高级人民法院省级企业破产案件管理人机构名册评选办法

（2016 年 6 月 27 日）

2. 吉林省高级人民法院关于编制省级企业破产案件管理人机构名册的公告

（2016 年 7 月 7 日）

3. 吉林省高级人民法院关于服务企业发展进一步优化营商法治环境的十项措施（八、充分发挥破产重整功能）

（2019 年 12 月 11 日）

第十三节　辽宁省

一、辽宁省高级人民法院

1. 辽宁省高级人民法院关于当前商事审判中适用法律若干问题的指导意见（五、破产法律问题）

（2005 年 1 月 26 日　辽高法〔2005〕29 号）

2. 辽宁省高级人民法院关于审理房地产开发企业破产案件有关问题的若干意见

（2017 年 8 月 9 日　辽高法〔2017〕65 号）

3. 辽宁省高级人民法院关于当前破产审判工作的若干意见

（2017 年 8 月 9 日　辽高法〔2017〕66 号）

二、大连市中级人民法院及其与有关行政机关

1. 大连市中级人民法院关于简化破产案件审理程序的工作指引

（2020 年 3 月 31 日）

2. 大连市中级人民法院破产案件管理人考核办法（试行）

（2020 年 6 月 2 日　大中法〔2020〕153 号）

3. 辽宁省大连市中级人民法院　国家税务总局大连市税务局印发《关于

优化企业破产处置过程中涉税事项办理的意见》的通知

（2020 年 7 月 2 日　大中法发〔2020〕7 号）

4. 辽宁省大连市中级人民法院　大连市市场监督管理局关于企业破产中办理公司登记事项若干问题的意见

（2020 年 8 月 3 日　大中法发〔2020〕9 号）

第十四节　云南省

一、云南省高级人民法院

1. 云南省高级人民法院关于规范执行案件移送破产审查工作的意见

（2018 年 6 月 29 日）

2. 云南省高级人民法院破产案件审判指引（试行）

（2019 年 5 月 20 日通过）

二、昆明市中级人民法院

昆明市中级人民法院关于规范全市法院房地产企业破产案件审理相关问题的指引（试行）

（2019 年 11 月 13 日公布）

第十五节　河北省

一、河北省高级人民法院

1. 河北省高级人民法院执行案件移送破产审查规程（试行）

（2019 年 9 月 11 日　冀高法〔2019〕94 号）

2. 河北省高级人民法院破产案件审理规程（试行）

（2019 年 9 月 11 日　冀高法〔2019〕95 号）

二、河北省廊坊市中级人民法院

1. 河北省廊坊市中级人民法院　河北省廊坊市人民检察院　河北省廊坊

市公安局　国家税务总局廊坊市税务局等10单位关于企业破产受理后保全措施及时解除的会议纪要

（2020年10月）

2. 河北省廊坊市中级人民法院　国家税务总局廊坊市税务局关于企业破产工作中涉税问题处理的会议纪要

（2020年10月）

3. 河北省廊坊市中级人民法院　河北省××资产管理公司关于建立“院企联动机制”为破产企业提供融资便利的会议纪要

（2020年10月）

第十六节　河南省

1. 河南省高级人民法院印发《关于规范企业破产案件管理人工作若干问题的意见》的通知

（2017年6月26日　豫高法〔2017〕246号）

2. 河南省高级人民法院探索繁简分流建立简单破产案件快速审理机制的指导意见

（2019年1月28日）

3. 河南省高级人民法院关于审理企业破产案中成本管理的指引

（2020年8月28日）

第十七节　福建省

一、福建省高级人民法院

1. 福建省高级人民法院关于进一步依法规范金融案件审理执行和企业破产案件审理的补充意见

（2015年8月25日　闽高法〔2015〕301号）

2. 福建省高级人民法院关于进一步推进法治化营商环境建设的意见（四、创新破产机制）

（2020年6月）

二、福建省经济和信息化委员会、福建省人民政府国有资产监督管理委员会

福建省经济和信息化委员会　福建省人民政府国有资产监督管理委员会关于印发做好“僵尸企业”处置工作的指导意见的通知

（2017年6月8日　闽经信产业〔2017〕147号）

三、厦门市中级人民法院

1. 厦门市中级人民法院关于对企业破产及相关案件实行集中管辖的通知

（2020年3月15日　厦中法发〔2020〕18号）

2. 厦门市中级人民法院关于进一步推动执行案件移送破产审查工作的实施办法

（2020年4月2日　厦中法发〔2020〕22号）

3. 厦门市中级人民法院关于依法快速审理简易破产案件的实施意见（试行）

（2020年6月15日　厦中法发〔2020〕36号）

四、莆田市中级人民法院

莆田市中级人民法院关于依法快速审理简易破产案件的实施意见（试行）

（2020年7月27日　莆中法〔2020〕86号）

五、福州市中级人民法院

福州市中级人民法院破产专项保障基金管理使用办法

（2020年5月　榕中法〔2020〕72号）

第十八节　陕西省

一、陕西省人民政府办公厅

陕西省人民政府办公厅关于建立企业破产联动工作机制的通知

（2018年12月13日　陕政办函〔2018〕337号）

二、陕西省高级人民法院

1. 陕西省高级人民法院关于印发《关于执行案件移送破产审查工作的实施意见（试行）》的通知

（2017 年 5 月 12 日）

2. 陕西省高级人民法院破产案件审理规程（试行）

（2020 年 12 月 30 日陕西省高级人民法院网站公告）

三、西安市中级人民法院

西安市中级人民法院司法技术室关于在办理破产案件中对指定管理人及委托鉴定、审计、评估、拍卖工作的暂行规定

（2009 年 6 月 26 日）

第十九节　青海省

1. 青海省高级人民法院关于印发《青海省高级人民法院关于规范审理企业破产案件的实施意见》的通知

（2003 年 8 月 21 日　青高法〔2003〕181 号）

2. 青海省高级人民法院关于贯彻《中华人民共和国企业破产法》及相关司法解释的实施意见

（2007 年 5 月 11 日　青高法〔2007〕88 号）

第二十节　安徽省

一、安徽省高级人民法院

安徽省高级人民法院关于审理企业破产案件若干问题的指导意见

（2004 年 7 月 27 日）

二、合肥市中级人民法院

合肥市中级人民法院审理公司强制清算案件的有关规定（试行）

（2009 年 7 月 29 日）

三、宣城市中级人民法院、国家税务总局宣城市税务局

宣城市中级人民法院　国家税务总局宣城市税务局关于优化企业破产程序中涉税事项办理的实施意见

（2020 年 7 月 15 日　宣中法〔2020〕77 号）

第二十一节　江西省

江西省高级人民法院关于印发执行案件移送破产审查工作实施意见（试行）的通知

（2017 年 7 月 17 日）

第二十二节　湖南省

一、湖南省高级人民法院

1. 湖南省高级人民法院关于实行破产案件收、结案审查备案制度的通知

（2005 年 5 月 11 日　湘高法〔2005〕53 号）

2. 湖南省高级人民法院关于办理企业重整申请案件的工作指引（试行）

（2020 年 5 月 22 日　湘高法〔2020〕69 号）

3. 湖南省高级人民法院关于用好司法政策切实保护企业发展的通知（三、依法合理采取民事执行措施和发挥破产拯救功能）

（2020 年 9 月 16 日　湘高法发〔2020〕21 号）

二、湖南省人民政府办公厅

湖南省人民政府办公厅关于建立企业破产处置府院协调机制的通知

（2020 年 12 月 日 湘政办函〔2020〕102 号）

第二十三节　贵州省

1. 贵州省发展改革委等十三部门关于印发《贵州省加快完善市场主体退出制度的工作计划》的通知

（2020年5月7日省发展和改革委员会、高级人民法院、工业和信息化厅民政厅、司法厅、财政厅、人力资源和社会保障厅、中国人民银行贵阳中心支行、省人民政府国有资产监督管理委员会、国家税务总局贵州省税务局、市场监督管理局、中国银行保险监督管理委员会贵州监管局、中国证券监督管理委员会贵州监管局发布　黔发改财金〔2020〕410号）

2. 贵州省高级人民法院关于印发《破产管理人管理制度》的通知

（2015年3月3日　黔高法〔2015〕23号）

第二十四节　宁夏回族自治区

1. 宁夏回族自治区高级人民法院选择专业机构程序规定（试行）

（2012年8月7日）

2. 中共银川市委办公室　银川市人民政府办公室关于印发《银川市优化营商环境实施细则（试行）》《银川市对标先进 深化改革 打造一流营商环境实施意见》的通知

（2020年5月18日　银党办〔2020〕32号）

第二十五节　内蒙古自治区

内蒙古自治区高级人民法院印发《关于审理破产案件指定管理人若干问题的实施意见（试行）》的通知

（2015年10月14日）

第二十六节　新疆维吾尔自治区

新疆维吾尔自治区高级人民法院关于审核破产案件社会中介机构管理人

第二章

行业规范文件

第一节　全国性行业协会

一、中华全国律师协会

1. 中华全国律师协会律师担任破产管理人业务操作指引

(2009 年 8 月中华全国律师协会/编，《中华全国律师协会律师业务操作指引》，2009 年 8 月第 1 版)

2. 中华全国律师协会律师办理有限责任公司收购业务操作指引

(2009 年 8 月中华全国律师协会/编，《中华全国律师协会律师业务操作指引》，2009 年 8 月第 1 版)

二、中国注册会计师协会

1. 中国注册会计师协会关于配合做好《企业破产法》及相关司法解释实施有关工作的通知

(2007 年 5 月 9 日　会协〔2007〕28 号)

2. 中国注册会计师协会关于发布《注册会计师承办企业破产案件相关业务指南（试行）》的通知

(2008 年 1 月 7 日　会协〔2008〕1 号)

第二节　地方行业协会

一、业务工作规范

(一) 深圳市律师协会

1. 深圳市律师协会律师从事公司自行清算业务指导标准

(2014 年 10 月 8 日)

2. 深圳市律师协会律师担任强制清算案件清算组业务指导标准

（2014 年 10 月 8 日）

3. 深圳市律师协会律师担任破产清算案件管理人业务指导标准

（2014 年 10 月 8 日）

4. 深圳市律师协会律师担任破产重整案件管理人业务指导标准

（2014 年 10 月 8 日）

5. 深圳市律师协会律师担任破产案件管理人债权申报及审查业务指导标准

（2014 年 10 月 8 日）

（二）江苏省律师协会

江苏省律师协会关于印发《江苏省律师协会律师担任破产管理人业务操作指引》的通知

（2015 年 1 月 27 日　苏律协发〔2015〕2 号）

（三）广州市破产管理人协会

广州市破产管理人工作规程（试行）

（广州市破产管理人协会制定　2017 年 10 月 1 日）

（四）河北省企业破产管理人协会

1. 河北省企业破产管理人协会管理人承办破产重整案件工作指引

（2019 年 9 月 23 日　冀管协〔2019〕05 号）

2. 河北省企业破产管理人协会财产调查与管理工作指引

（2019 年 9 月 23 日　冀管协〔2019〕05 号）

3. 河北省企业破产管理人协会破产债权申报登记与审查工作指引

（2019 年 9 月 23 日　冀管协〔2019〕05 号）

4. 河北省企业破产管理人协会债权人会议流程工作指引

（2019 年 9 月 23 日　冀管协〔2019〕05 号）

（五）北京注册会计师协会

北京注册会计师协会专业技术委员会专家提示——破产重整程序中共益债务识别及应对

（2019 年 11 月 13 日　〔2019〕第 6 号）

（六）浙江省注册会计师协会

浙江省注册会计师协会关于印发《财产状况报告编制指引（试行）（适用于非金融企业破产重整）》的通知

（2019年11月28日　浙注协〔2019〕90号）

（七）成都市破产管理人协会

成都市破产管理人协会破产案件债权审核认定指引（试行）

〔2020年5月6日　成管协字（2020）16号〕

（八）福州市破产管理人协会、福州市律师协会

福州市破产管理人协会、福州市律师协会关于执行移送破产案件管理人工作指引（试行）

（2020年8月）

（九）合肥市破产管理人协会

关于京东网破产财产处置流程的规定

（2020年11月18日）

附1：京东破产财产上拍流程

附2：推荐函

附3：拍辅机构收费标准

二、公益基金筹集与申请、审核管理规范

（一）广州市破产管理人协会

1. 广州市破产管理人协会破产（清算）公益基金筹集和支出管理暂行办法

（2016年4月6日）

2. “无启动经费”的破产或强制清算案件申请公益基金支持的条件及审批流程

（自2017年7月17日起施行）

（二）成都市破产管理人协会

成都市破产管理人协会破产清算公益基金管理办法

（2017年7月28日）

（三）福州市破产管理人协会

1. 福州市破产管理人协会缴纳破产基金流程指南

（2019年10月9日）

2. 福州市破产管理人协会破产基金申请流程

（2019年10月9日）

3. 福州市破产管理人协会基金援助、补助评审规则

（2019年10月9日）

（四）合肥市破产管理人协会

1. 合肥市破产管理人协会互助资金管理委员会工作规则

（2020年4月28日）

2. 合肥市破产管理人协会互助资金评审委员会工作规则

（2020年4月28日）

三、协会其他管理规范

（一）广州市破产管理人协会

1. 广州市破产管理人协会章程

（2014年5月29日）

2. 广州市破产管理人协会会员职业道德和执业行为规范（试行）

（2018年12月5日 〔2018〕穗破管协字第7号）

3. 广州市破产管理人协会会员执业负面清单（试行）

（2018年12月5日 〔2018〕穗破管协字第7号）

（二）河北省企业破产管理人协会

河北省企业破产管理人协会章程

（2015年8月15日）

（三）成都市破产管理人协会

1. 成都市破产管理人协会章程

（2017年7月28日）

2. 成都市破产管理人协会关于鼓励会员单位参加管理人执业责任保险的通知

（2020 年 12 月 6 日 蓉管协〔2020〕5 号）

附：1.《破产管理人执业责任保险建议书》

2.《破产管理人执业责任保险报价表》

（四）重庆市破产管理人协会

重庆市破产管理人协会章程

（2018 年 6 月 27 日）

（五）福州市破产管理人协会

1. 福州市破产管理人协会监事会工作规则

（2019 年 2 月 22 日）

2. 福州市破产管理人协会会员管理办法

（2019 年 7 月 17 日）

3. 福州市破产管理人协会会费使用管理细则

（2019 年 7 月 17 日）

4. 福州市破产管理人协会行业规则委员会工作规则

（2019 年 7 月 17 日）

5. 福州市破产管理人协会执业权益和保障委员会工作规则

（2019 年 7 月 17 日）

6. 福州市破产管理人协会惩戒委员会工作规则

（2019 年 9 月 4 日）

7. 福州市破产管理人协会专门（业）委员会工作规则

（2019 年 10 月 9 日）

（六）合肥市破产管理人协会

1. 合肥市破产管理人协会互助资金工作委员会年度考核奖惩方案

（2020 年 4 月 18 日）

2. 合肥市破产管理人协会理事会议事规则

（2020 年 4 月 28 日）

3. 合肥市破产管理人协会监事会议事规则

（2020 年 4 月 28 日）

4. 合肥市破产管理人协会关于印发《合肥市破产管理人协会会长、副会长 2020 年度考核内容及考核标准》等考核方案的通知

（2020 年 12 月 22 日）

附件：1.《合肥市破产管理人协会会长、副会长 2020 年度考核内容及考核标准》

2.《合肥市破产管理人协会秘书长、副秘书长 2020 年度考核内容及考核标准》

3.《合肥市破产管理人协会工作委员会主任、副主任 2020 年度考核内容及考核标准》

4.《合肥市破产管理人协会秘书处及工作委员会 2020 年度考核内容及考核标准》

第三章

2020年应对新冠肺炎疫情地方司法及行业规范文件

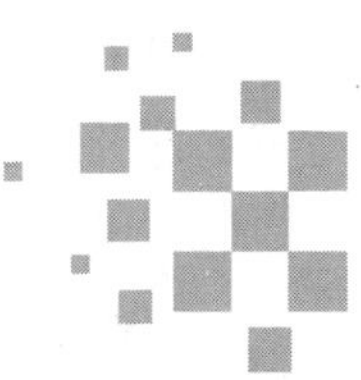

第一节　北京市

北京破产法庭关于加强疫情防控期间破产管理人工作的指导意见
(2020年2月11日　京一中法发〔2020〕32号)

第二节　上海市

1. 上海市高级人民法院关于充分发挥审判职能作用为依法防控疫情提供司法服务和保障的指导意见（六、健全完善企业救治和退出机制，积极缓解企业融资难题，有效防控金融风险）

(2020年2月8日)

2. 上海高级人民法院关于涉新冠肺炎疫情案件法律适用问题的系列问答（三）（一、涉及疫情防控破产纠纷相关问题）

(2020年2月19日　上海市高级人民法院课题组)

第三节　重庆市

1. 重庆市高级人民法院关于做好疫情防控期间破产审判工作的通知

(2020年2月12日)

2. 重庆市高级人民法院关于为依法防控疫情与经济社会平稳发展提供司法保障的意见（3.）

(2020年2月14日)

3. 重庆市高级人民法院依法防控疫情与保障经济社会发展十二条措施（05）

(2020年2月27日)

4. 重庆市第五中级人民法院关于疫情防控期间办理企业破产及公司强制清算案件的通告

（2020 年 2 月 9 日）

第四节　广东省

1. 广州破产法庭关于疫情防控期间破产审判工作的指引

（2020 年 2 月 17 日）

2. 广东省高级人民法院关于依法保障受疫情影响企业复工复产的意见（六、支持申请破产企业重整再生）

（2020 年 2 月 25 日）

3. 深圳破产法庭关于疫情防控期间破产管理人的履职指南

（2020 年 2 月 19 日）

4. 东莞市中级人民法院关于应对疫情服务保障企业发展的若干措施〔（八）审慎处置企业破产〕

（2020 年 2 月 10 日）

5. 东莞市第一人民法院关于疫情防控期间妥善开展破产案件相关工作的通知

（2020 年 2 月 12 日）

6. 湛江市中级人民法院关于疫情防控期间为企业发展提供司法保障的实施意见（6. 稳妥受理破产申请；7. 适时变更强制措施）

（2020 年 2 月 17 日）

7. 中山市中级人民法院关于依法防控疫情保障企业稳经营促发展的意见（9. 加强破产案件审判）

（2020 年 2 月 18 日）

第五节　江苏省

1. 江苏省高级人民法院关于为依法防控疫情和促进经济社会发展提供司法服务保障的指导意见（二、充分发挥审判职能作用，为依法防控疫情和促进经济社会发展提供有力司法服务保障 10. 依法妥善审理受疫情影响的企业

破产案件）

（2020 年 2 月 13 日）

2. 江苏省高级人民法院关于做好新冠肺炎疫情防控期间破产审判工作的实施意见

（2020 年 2 月 18 日）

3. 南京市中级人民法院关于做好当前疫情防控期间破产审判工作的指导意见

（2020 年 2 月 5 日）

4. 南京市中级人民法院关于为支持企业复工复产提供司法服务保障的意见（九、依法审慎处理困境企业挽救与有序退出）

（2020 年 2 月 24 日）

5. 南京市溧水区人民法院关于疫情防控期间为企业复工生产提供司法服务和保障的意见（一、依法妥善处理涉企诉讼 2. 依法妥善处理破产案件）

（2020 年 2 月 11 日　溧法〔2020〕7 号）

6. 镇江市中级人民法院关于为支持企业战疫情渡难关提供司法保障的指导意见（八、依法稳妥处理好破产案件）

（2020 年 2 月 7 日　镇中法〔2020〕12 号）

7. 江苏省盐城市中级人民法院印发《全市法院切实履行审判职能为依法防控疫情提供有力司法服务和保障的工作意见》（二、支持中小企业经营发展 9. 加强破产审判工作）

（2020 年 2 月 7 日　盐中法〔2020〕12 号）

8. 宜兴市人民法院关于疫情防控期间为企业发展提供司法保障的实施意见（一、依法妥善审理涉企诉讼案件，有效提振市场及企业信心 3. “差异化”处理企业破产案件）

（2020 年 2 月 7 日）

9. 淮安市中级人民法院关于为打赢新型冠状病毒感染肺炎疫情防控阻击战提供坚强司法保障的实施意见（6. 加大中小微企业司法保护力度）

（2020 年 2 月 8 日　淮中法〔2020〕9 号）

10. 宿迁市中级人民法院关于严惩妨碍抗疫十类犯罪和依法护企暖企十项措施的通告（二、依法护企暖企十项措施 10. 完善企业市场救治机制）

（2020 年 2 月 8 日　宿中法〔2020〕9 号）

11. 常州市中级人民法院关于依法防控疫情保障企业稳经营促发展的意见（5. 充分发挥破产审判对企业的保护及挽救功能）

（2020 年 2 月 9 日　常中法〔2020〕8 号）

12. 徐州市中级人民法院关于充分发挥审判职能作用依法服务保障疫情防控的工作意见（12. 依法助推中小微企业脱困发展）

（2020 年 2 月 10 日）

13. 连云港市中级人民法院关于为依法防控疫情提供有力司法服务和保障的意见（8. 妥善审理破产清算案件）

（2020 年 2 月 10 日　连中法〔2020〕17 号）

14. 江苏省南通市中级人民法院关于为坚决打赢疫情防控阻击战提供司法服务和司法保障的实施意见（14. 妥善办理破产案件）

（2020 年 2 月 11 日　通中法〔2020〕16 号）

15. 扬州市中级人民法院关于为依法防控疫情和促进经济社会发展提供司法服务和保障的十八条措施（二、依法审执涉企疫情防控案件，优化法治营商环境 8. 妥善审理企业破产案件）

（2020 年 2 月 14 日）

16. 扬州市江都区人民法院关于企业应对疫情法律实务简明指南（三、破产重整）

（2020 年 2 月 14 日）

17. 江苏省破产管理人协会关于疫情防控后期切实做好管理人工作的指导意见

（2020 年 4 月 29 日　苏管协发〔2020〕4 号）

第六节　浙江省

1. 浙江省高级人民法院民事审判第五庭关于疫情防控期间稳妥开展企业破产审判工作助力经济社会平稳运行的通知

（2020 年 2 月 9 日　浙高法民五〔2020〕2 号）

2. 杭州破产法庭关于做好疫情防控期间破产审判工作的通知

（2020 年 2 月 6 日）

3. 杭州市中级人民法院关于做好疫情防控期间企业复工复产司法保障工

作实施意见（10.）

（2020 年 2 月 13 日　杭中发〔2020〕8 号）

4. 湖州市中级人民法院关于应对疫情为企业健康发展提供司法保障的十条意见（六、八）

（2020 年 2 月 4 日　湖中法〔2020〕5 号）

5. 绍兴市中级人民法院关于发挥民商事审判职能支持中小微企业应对新型冠状病毒感染的肺炎疫情的意见（七、坚持“差异化”原则审查疫情防控期间针对中小微企业的破产申请）

（2020 年 2 月 4 日　绍中法〔2020〕9 号）

6. 宁波市宁海县人民法院关于疫情防控期间对破产管理人的工作提示

（2020 年 2 月 5 日）

7. 嘉兴市中级人民法院关于为企业战疫情稳经营促发展提供有力司法保障的意见（二、坚持公正高效审判，提振市场信心、优化营商环境 10. 依法妥善审查疫情防控期间的企业破产申请）

（2020 年 2 月 5 日）

8. 宁波市海曙区人民法院关于防疫期间破产管理工作的指引

（2020 年 2 月 6 日）

9. 浙江省破产管理人协会关于做好疫情防控特殊时期破产管理工作的倡议书

（2020 年 2 月 4 日）

第七节　四川省

1. 四川省高级人民法院关于充分发挥审判职能作用 为打赢疫情防控阻击战提供有力司法保障的指导意见（14. 积极挽救停产的防疫物资生产企业）

（2020 年 2 月 7 日）

2. 成都市中级人民法院关于充分发挥审判职能作用 为防控新型冠状病毒感染肺炎提供有力司法服务和司法保障的实施意见（依法妥善处理破产和强制清算程序中的相关问题）

（2020 年 2 月 7 日）

3. 雅安市中级人民法院关于进一步发挥民商事审判职能助力疫情防控工

作的通知（四、妥善审理与疫情有关的企业破产案件，支持企业复工复产）

（2020 年 2 月 7 日　雅中法〔2020〕7 号）

4. 凉山州中级人民法院关于充分发挥审判职能作用为依法防控疫情提供有力司法服务和保障的实施意见（16. 妥善审理与疫情有关的企业破产案件）

（2020 年 2 月 13 日）

第八节　江西省

江西省高级人民法院审理涉新型冠状病毒肺炎疫情破产案件有关问题解答

（2020 年 2 月 25 日江西省高级人民法院民二庭《商事审判答疑第 2 期》审理涉新型冠状病毒肺炎疫情破产案件专刊）

第九节　黑龙江省

1. 黑龙江省高级人民法院关于充分发挥司法职能支持企业应对疫情服务保障企业健康发展的意见（四、稳妥办理破产案件，促进企业生产要素的优化组合和企业转型升级）

（2020 年 2 月 8 日）

2. 齐齐哈尔市中级人民法院关于疫情防控期间妥善审理破产案件的通知

（2020 年 3 月 1 日）

第十节　广西壮族自治区

广西壮族自治区高级人民法院民二庭关于审理涉及新冠肺炎疫情民商事案件的指导意见（十、审理新冠肺炎疫情期间破产案件的相关问题）

（2020 年 2 月 20 日 桂高法民二〔2020〕3 号）

第十一节　山东省

1. 山东省高级人民法院关于为依法防控疫情和促进经济平稳运行提供司

法保障的意见（6. 依法处理企业破产案件）

（2020年2月17日　鲁高法〔2020〕7号）

2. 山东省高级人民法院民二庭妥善审理好疫情防控期间相关破产案件法官会议纪要（十条）

（2020年2月18日）

3. 济南市中级人民法院民二庭关于涉疫情相关商事案件法律适用裁判指引（24. 审慎受理破产案件，严格把握受理条件；25. 适当延长有关破产重整期限）

（2020年2月24日）

4. 济南市中级人民法院关于疫情防控期间妥善处理破产案件的相关意见

（2020年3月7日）

5. 德州市中级人民法院关于依法防控疫情保障企业稳经营促发展的十条意见（五、充分发挥破产审判保护挽救功能）

（2020年2月12日　德中法〔2020〕7号）

6. 山东省淄博市中级人民法院关于疫情防控期间审理企业破产案件若干问题的解答

（2020年2月21日）

第十二节　湖南省

湖南省高级人民法院关于涉新型冠状病毒感染肺炎疫情案件法律适用若干问题的解答（问题14：如何把握疫情防控期间破产案件的受理条件？问题15：在疫情防控期间，如何提高涉防疫抗疫物资破产企业的债务清偿率？问题16：疫情防控期间，如何召开债权人会议？确因疫情防控需要无法按期召开债权人会议的，如何处理？）

（2020年2月25日　湘高法〔2020〕16号）

第十三节　新疆维吾尔自治区

新疆维吾尔自治区高级人民法院关于应对疫情为企业健康发展提供司法保障的十二条意见（六、九）

（2020年2月14日）

第十四节　福建省

福建省高级人民法院关于充分发挥审判职能作用为坚决打赢疫情防控阻击战提供有力司法服务保障的指导意见（14. 妥善处理因疫情引发的破产案件）

（2020 年 2 月 11 日）

第十五节　贵州省

黔南州中级人民法院关于疫情防控期间破产管理人履职注意事项

（2020 年 2 月 23 日）

第十六节　河北省

邯郸市中级人民法院关于应对新冠肺炎疫情为企业健康发展提供司法保障的意见（8、9）

（2020 年 2 月 7 日）

第十七节　内蒙古自治区

内蒙古自治区高级人民法院关于审理涉新冠肺炎疫情民商事案件相关问题的指引（24.）

（2020 年 2 月 14 日）

第十八节　河南省

驻马店市中级人民法院关于发挥审判职能作用为企业应对疫情提供司法保障的意见（八）

（2020 年 2 月 11 日　驻中法〔2020〕3 号）

第十九节　湖北省

武汉市破产管理人协会关于积极参与新型冠状病毒肺炎疫情防控工作的倡议书

（2020年2月4日）

第二十节　陕西省

西安市律师协会关于新冠肺炎疫情引发的法律问题及专业意见指引（第三篇　新冠疫情引发的民商事法律问题及专业意见 第“86”至第“98”）

（2020年2月8日　新冠肺炎疫情防控法律研究组）

第二十一节　安徽省

安徽省律师协会破产与重组法律专业委员会关于破产企业重整及重整计划执行期间新冠肺炎疫情防控工作操作指引（实施方案）（节选并修订）

（2020年2月5日）

关于工程已经竣工的房地产类破产重整企业

关于工业类破产重整企业

第二十二节　长江三角洲区域律师及其与湖北省律师破产类业务合作

1. 长江三角洲区域律师破产类业务合作备忘录

（2020年2月29日上海市律师协会破产与不良资产业务研究会、浙江省律师协会企业破产管理专业委员会、江苏省律师协会破产清算与并购重组法律业务委员会、安徽省律师协会破产与重组专业委员会）

2. 长江三角洲区域与湖北省律师破产类业务合作备忘录

（2020年2月29日上海市律师协会破产与不良资产业务研究会、浙江省律师协会、企业破产管理专业委员会 江苏省律师协会破产清算与并购重组法律业务委员会、安徽省律师协会破产与重组专业委员会、湖北省律师协会民事法律专委会）

第三编

人民法院审判相关案件之典型案例

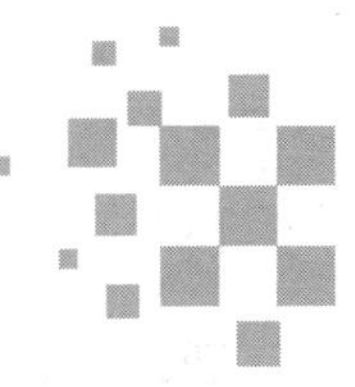

第一章
最高人民法院公布案例

第一节　企业、公司司法解散、清算案例

一、2012 年 4 月 9 日最高人民法院发布第二批指导性案例之公司解散案例

指导案例 8 号　林方清诉常熟市凯莱实业有限公司、戴小明公司解散纠纷案

【裁判要旨】公司的经营管理已发生严重困难；公司的内部运营机制早已失灵；股东持有公司全部表决权 10%以上股权，符合《公司法解释（二）》第一条规定的提起解散公司诉讼的条件。

附：指导案例 8 号《林方清诉常熟市凯莱实业有限公司、戴小明公司解散纠纷案》的理解与参照

（载《人民司法》2012 第 15 期）

二、《最高人民法院公报》公布案例

吉林荟冠投资有限公司及第三人东证融成资本管理有限公司与长春东北亚物流有限公司、第三人董占琴公司解散纠纷案

【裁判要旨】公司存续于小股东失去意义，解散公司是唯一的选择

（载《最高人民法院公报》2018 年第 7 期）

三、《人民司法》登载案例

山东省即墨市城市建设开发有限公司诉青岛德馨温泉度假村有限公司公司清算纠纷案

【裁判要旨】出资人出资不到位在清算程序中本应通过司法程序强制补足出资；本案根据当事人实际出资及资产大于对外债务，经与当事人沟通协调

各方当事人同意按照实际出资承担义务分享利益，法院予以准许，体现了尊重当事人意思自治原则。

（载《人民司法》2011 年第 18 期“案例”）

四、《人民法院案例选》登载案例

1. 债权人范有强申请对已歇业但未进行清算的债务人久灵公司指定清算组成员案

【关键词】公司清算　申请指定清算组

〔载《人民法院案例选》2002 年第 4 辑（总第 42 辑）〕

2. 凤凰公司诉郑郁青、陶修明设立的夫妻两人有限责任公司未清算即注销股东对公司债务应承担清偿责任案

【关键词】公司注销未经清算　股东债务清偿责任

〔载《人民法院案例选》2003 年第 1 辑（总第 43 辑）〕

3. 合伙人吕信铁在合伙企业解散后因未进行清算申请对合伙企业指定清算人案

【关键词】合伙企业　清算

〔载《人民法院案例选》2003 年第 3 辑（总第 45 辑）〕

4. 苏进诉四川惠松公司等要求确认股东权及解散公司案

【关键词】公司解散　股东权确认

〔载《人民法院案例选》2004 年商事、知识产权专辑（总第 49 辑）〕

5. 厦门特贸有限公司诉厦门中信房地产有限公司、泉州市土产畜产进出口公司股东不履行清算义务承担侵权赔偿责任案

【关键词】股东清算义务

〔载《人民法院案例选》2005 年第 3 辑（总第 53 辑）〕

6. 土畜产公司因原中外合作上海隆邦公司未经清算变更为内资公司，诉现有内资公司上海隆邦公司承担原公司债务，并出具承诺函的现有内资公司的股东承担连带责任清偿责任案

【关键词】公司变更登记　新股东责任

〔载《人民法院案例选》2006 年第 1 辑（总第 55 辑）〕

7. 孙建以公司陷入僵局起诉张前虎要求解散公司案

【问题提示】公司陷入僵局解散之诉的适用条件？

〔载《人民法院案例选》2007年第1辑（总第59辑）〕

8. 王会云等54人诉陕西千里税务师事务（所）有限责任公司公司解散及清算纠纷案

【问题提示】公司被吊销营业执照是否适用公司解散诉讼及隐名股东身份如何认定？

〔载《人民法院案例选》2007年第1辑（总第59辑）〕

9. 徐爱琴诉赵静巍、河南宏泰置业发展有限公司解散公司案

【问题提示】在解散公司诉讼中，如何确定公司和股东的法律地位？调解对于解散公司诉讼有何意义？

〔载《人民法院案例选》2007年第4辑（总第62辑）〕

10. 蔡迎迎诉泉州明恒纺织有限公司、何文安解散公司纠纷案

【问题提示】“持有公司全部股东表决权百分之十以上的股东”如何认定？

〔载《人民法院案例选》2009年第1辑（总第67辑）〕

11. 太仓港百利达投资管理有限公司诉杨仲春等股东不当清算赔偿纠纷案

【问题提示】以虚假的清算报告骗取公司登记机关办理法人注销登记的，债权人能否主张公司股东承担赔偿责任？

〔载《人民法院案例选》2009年第1辑（总第67辑）〕

12. 上海市教育科学研究院诉北京华电日生能源设备有限公司等股东请求解散公司案

【问题提示】公司解散纠纷案件中原告、被告如何确定？

〔载《人民法院案例选》2009年第2辑（总第68辑）〕

13. 陈章义诉许金钗、郭达平、第三人厦门恒利发实业发展有限公司财产清算纠纷案

【问题提示】公司解散后，股东是否可以申请法院指定清算组进行清算？

〔载《人民法院案例选》2009年第2辑（总第68辑）〕

14. 招有枝诉招锦泉等股东请求解散及清算公司纠纷案

【问题提示】公司设立时股东隐瞒香港人身份是否导致公司设立无效？

〔载《人民法院案例选》2009年第2辑（总第68辑）〕

15. 黄金南诉无为县姚沟建筑安装工程有限公司、无为县姚沟镇人民政府公司解散责任承担纠纷案

【问题提示】集体企业性质的公司解散后而未进行清算的情况下，债务如何承担？

〔载《人民法院案例选》2009 年第 3 辑（总第 69 辑）〕

16. 陈舜伟诉西安空间无线电技术研究院等未依照法定清算顺序支付社会保险费纠纷案

【问题提示】公司投资者违反公司清算顺序分配公司资产时应如何承担责任？

〔载《人民法院案例选》2009 年第 4 辑（总第 70 辑）〕

17. 厦门特贸有限公司诉苏山良公司清算纠纷案

【问题提示】清算义务人怠于履行清算义务的，应承担什么法律责任？

〔载《人民法院案例选》2009 年第 4 辑（总第 70 辑）〕

18. 刘丽萍诉潘小泽公司清算纠纷案

【裁判要旨】对《公司法》规定的“债权人”应当作扩大理解，确定股东等其他公司利害关系人也可以申请人民法院指定成立清算组清算公司。

〔载《人民法院案例选》2009 年第 4 辑（总第 70 辑）〕

19. 陈文章诉谢宗良等合伙协议纠纷案

【问题提示】合伙组织未经清算合伙人能否对内行使追偿权？

〔载《人民法院案例选》2010 第 1 辑（总第 71 辑）〕

20. 王祥桦诉鹤山市亚富奇摩科技有限公司解散公司纠纷案

【问题提示】股东大会已决议解散公司，股东可以再行诉诸司法程序强制解散吗？

〔载《人民法院案例选》2010 年第 1 辑（总第 71 辑）〕

21. 许承斌等诉广西香江资产经营管理有限公司解散公司案

【问题提示】如何准确认定公司解散之诉的实体条件？

〔载《人民法院案例选》2010 年第 2 辑（总第 72 辑）〕

22. 陈文胜等诉福建省连江发利林果开发有限公司等公司解散案

【问题提示】如何参考《公司法》有关规定把握公司解散实体条件？

〔载《人民法院案例选》2011 年第 2 辑（总第 76 辑）〕

23. 李智勇等四股东请求兴海有限责任公司强制清算案

【问题提示】如何界定强制清算程序的启动符合法律规定？

〔载《人民法院案例选》2011 年第 3 辑（总第 77 辑）〕

24. 向阳清等诉五峰源升水电发展有限公司公司解散案

【问题提示】提起公司解散诉讼应当具备哪些条件？在此类纠纷审理中，如何认定公司解散是否符合法定条件？

〔载《人民法院案例选》2012 年第 1 辑（总第 79 辑）〕

25. 励佩燕诉宁波市华盈投资有限公司、第三人沈宏辉、李宇凡公司解散纠纷案

【关键词】公司解散　经营管理严重困难　公司僵局

〔载《人民法院案例选》2013 年第 1 辑（总第 83 辑）〕

26. 马美华等诉无锡禾润泰有限公司公司解散案

【关键词】股东压迫　公司解散

〔载《人民法院案例选》2013 年第 2 辑（总第 84 辑）〕

27. 无锡市洋利特钢管有限公司诉李世岐等清算责任案

【问题提示】案件受理审查时如何正确认定"重复诉讼"？

〔载《人民法院案例选》2014 年第 2 辑（总第 88 辑）〕

28. 李秀针与青岛杰盛置业有限公司、薛晓明公司解散纠纷案

【裁判要旨】在股东个人利益与社会公众利益冲突时是否准予解散公司，应优先保护社会公众利益

〔载《人民法院案例选》2016 年第 3 辑（总第 97 辑）〕

29. 上海文盛投资管理有限公司诉中科实业集团（控股）有限公司等清算责任纠纷案

【裁判要旨】有限公司股东清算责任的认定及诉讼时效的起算

〔载《人民法院案例选》2016 年第 5 辑（总第 99 辑）〕

30. 陈锡联诉北京法博洋国际科技发展有限公司、张彤彤、刘宏颖公司解散纠纷案

【裁判要旨】公司司法解散条件的认定

〔载《人民法院案例选》2016 年第 5 辑（总第 99 辑）〕

31. 北京顺东混凝土有限公司诉北京市彩兴木器福利厂、袁立明股东损害公司债权人利益责任纠纷案

【裁判要旨】有限责任公司股东不能以未实际参与清算及未从清算中实际获利为由而免除清算责任

〔载《人民法院案例选》2016 年第 7 辑（总第 101 辑）〕

32. 王保平诉天津澳利矿产有限公司公司解散纠纷案

【裁判要旨】公司解散诉讼中“经营管理困难”的司法认定

〔载《人民法院案例选》2017 年第 3 辑（总第 109 辑）〕

33. 宁波贝来旅游用品有限公司诉唐梦俊、陈志明股东损害公司债权人利益责任纠纷案

【裁判要旨】股东未对公司进行清算承担责任的认定

〔载《人民法院案例选》2018 年第 3 辑（总第 121 辑）〕

第二节　企业破产案例

一、2016 年 6 月 16 日最高人民法院发布《人民法院关于依法审理破产案件　推进供给侧结构性改革典型案例》

1. 长航凤凰股份有限公司破产重整案

【裁判要旨】无外部重组方参与重整，通过亏损资产剥离、出资人权益调整、股票竞价处置提高普通债务清偿比例，促使债权人支持重整

2. 深圳中华自行车（集团）股份有限公司破产重整案

【裁判要旨】充分尊重当事人意思自治慎行强制批准权

3. 浙江安吉同泰皮革有限公司执行转破产清算案

【裁判要旨】及时“执转破”化解执行难

4. 中国第二重型机械集团公司与二重集团（德阳）重型装备股份有限公司破产重整案

【裁判要旨】“现金+留债+股票”，清偿全部计息金融负债

5. 浙江玻璃股份有限公司及其关联公司合并破产案

【裁判要旨】“托管经营”避免债务人资产贬值和增加费用，维护当事人各方利益

6. 山东海龙股份有限公司破产重整案

【裁判要旨】保留债务人有效经营性资产，实现多方共赢

7. 中核华原钛白股份有限公司破产重整案

【裁判要旨】托管、重整与重组、并购和业务整合衔接，持续经营与技术改造同步，避免清算退市

8. 北京利达海洋生物馆有限公司破产清算案

【裁判要旨】打包处置破产财产，拯救债务人经营事业

9. 上海超日太阳能科技股份有限公司破产重整案

【裁判要旨】选择同业重整方加快重整进程避免债务人破产清算

10. 无锡尚德太阳能电力有限公司破产重整案

【裁判要旨】“现金+应收款”清偿，有效化解金融风险

二、2018年3月6日最高人民法院发布《全国法院审理破产典型案例》

1. 浙江南方石化工业有限公司等三家公司破产清算案

【裁判要旨】对关联债务人破产采取联合管理人模式提高审理效率

2. 松晖实业（深圳）有限公司执行转破产清算案

【裁判要旨】“执转破”精准消化执行积案1384宗

3. 重庆钢铁股份有限公司破产重整案

【裁判要旨】引入产业结构调整基金，利用资本市场配合企业重组

4. 江苏省纺织工业（集团）进出口有限公司等六家公司破产重整案

【裁判要旨】现金清偿+以股抵债、重整+资产重组综合诊治

5. 云南煤化工集团有限公司等五家公司破产重整案

【裁判要旨】院受理分别重整　先下后上清偿债务　整体推进提升效率

6. 北京理工中兴科技股份有限公司破产重整案

【裁判要旨】对接预重整成果加快审理节奏，选任临时管理人前期介入弥补管理空白；网络投票实现降低程序成本

7. 庄吉集团有限公司等四家公司破产重整案

【裁判要旨】信用修复为重整企业营造良好后续经营环境

8. 福建安溪铁观音集团股份有限公司及其关联企业破产重整案

【裁判要旨】关联企业破产招募同一投资人整合双方资源提高重整价值

9. 中顺汽车控股有限公司破产重整案

【裁判要旨】利用府、院协调机制优势同步化解企业债务和经营困境

10. 桂林广维文华旅游文化产业有限公司破产重整案

【裁判要旨】业务自营收入不减反增；邀标确定重整投资方

三、2016 年 4 月 8 日最高人民法院发布《关于依法平等保护非公有制经济　促进非公有制经济健康发展民事商事典型案例》之破产案例

佛山市百业房地产开发有限公司破产重整案（原典型案例四）

——运用破产重整制度帮助困难民营企业走出困境，化解 1300 名员工失业风险

四、2016 年 12 月 28 日最高人民法院关于发布第 15 批指导性案例之破产案例

通州建总集团有限公司诉安徽天宇化工有限公司别除权纠纷案（原指导案例 73 号）

【关键词】民事/别除权/优先受偿权/行使期限/起算点

五、《最高人民法院公报》公布案例

1. 广东国际信托投资公司破产案

【裁判要旨】我国债权清偿率最高、首例非银行金融机构破产案

〔载《最高人民法院公报》2003 年第 3 期（总第 83 期）〕

附：70 年要案纵览：广东国投公司破产案

（载 2019 年 7 月 24 日最高人民法院微信公众号）

2. 青岛源宏祥纺织有限公司诉港润（聊城）印染有限公司取回权确认纠纷案

【裁判要旨】未就动产达成出让人占有改定协议不发生物权转移的效力

〔载《最高人民法院公报》2012 年第 4 期（总第 186 期）〕

3. 深圳市佩奇进出口贸易有限公司与湖北银行股份有限公司宜昌南湖支行、华诚投资管理有限公司破产债权确认纠纷案

【裁判要旨】股东补缴的出资只能用于向所有债权人公平清偿

〔载《最高人民法院公报》2012 年第 12 期（总第 194 期）〕

4. 闽发证券有限责任公司与北京辰达科技投资有限公司、上海元盛投资管理有限公司、上海全盛投资发展有限公司、深圳市天纪和源实业发展有限公司合并破产清算案

【裁判要旨】人格混同合并破产清算

〔载《最高人民法院公报》2013 年第 11 期（总第 205 期）〕

5. 江苏舜天船舶股份有限公司破产重整案

【裁判要旨】上市公司破产重整与重大资产重组同步实施；启动最高人民法院与中国证券监督管理委员会会商机制。

〔载《最高人民法院公报》2017 年第 12 期（总第 254 期）〕

六、《人民司法》登载案例

1. 拒不履行清算义务的清算义务人及其责任确定

【裁判要旨】拒不履行清算义务、移交义务，人民法院可以罚款并在破产程序终结裁定中告知债权人可以依法追究清算义务人相关责任

（载《人民司法·案例》2018 年第 26 期）

2. 浙江锅炉有限公司破产清算案

【裁判要旨】破产程序中对法人人格否认制度的适用

（载《人民司法》2019 年第 20 期）

七、《人民法院报》编辑部评选案例

渤海钢铁集团破产重整案

【裁判要旨】程序合并重整，世界 500 强获新生

（2020 年 1 月 18 日《人民法院报》编辑部评选公布《2019 年度人民法院十大商事案件》之 8）

八、《人民法院案例选》登载案例

1. 河南平顶山市新华区纺织品公司申请破产案

【裁判要旨】依据 1991 年《民事诉讼法》审理的集体企业破产案件

〔载《人民法院案例选》1992 年第 1 辑（总第 1 辑）〕

2. 盐城市针织服装厂申请破产还债资产整体招标出售案

【裁判要旨】依据 1991 年《民事诉讼法》、参照《企业破产法（试行）》审理的“大集体”企业破产案件

〔载《人民法院案例选》1994 年第 3 辑（总第 9 辑）〕

3. 北京市兴业农工商开发公司涉及职工经济犯罪致损申请破产部分债权人不同意破产被宣告破产案

【裁判要旨】依据1991年《民事诉讼法》审理的集体企业破产案件；职工经济犯罪致企业资不抵债企业可以申请宣告破产

〔载《人民法院案例选》1995年第4辑（总第14辑）〕

4. 尚志市一面坡葡萄酒厂申请破产连带其设立的不具备法人资格的分厂一并破产案

【裁判要旨】依据《企业破产法（试行）》审理的“全民所有制企业”“连带破产”案件；商标转让费作为破产财产使债权人在最大限度内得到受偿

〔载《人民法院案例选》1995年第4辑（总第14辑）〕

5. 宁夏无线电一厂申请破产收回投资和收益作为破产财产及抵押债权优先偿付案

【裁判要旨】申请破产企业的投资和收益应当收回作为破产财产

〔载《人民法院案例选》1995年第4辑（总第14辑）〕

6. 鞍山市全钢家具厂申请破产案

【裁判要旨】超过诉讼时效的债权不得作为合法破产债权

〔载《人民法院案例选》1997年第2辑（总第20辑）〕

7. 郴州黄麻纺织厂破产前无偿转让的资产被追回及无偿取得的土地使用权被政府收回破产案

【裁判要旨】“先立后破”资产应当依法追回纳入破产清算；政府划拨土地无偿收回

〔载《人民法院案例选》1999年第1辑（总第27辑）〕

8. 深圳新海工贸公司申请上海埔申公司破产有表决权的半数以上债权人不同意不予宣告破产案

【裁判要旨】审理破产案件中发现可能存在犯罪问题应建议当事人向公安、检察机关报案或将其线索提供给公安、检察机关；破产案件按法定审理程序处理

〔载《人民法院案例选》1999年第2辑（总第28辑）〕

9. 试点城市国有企业广州异形钢材厂申请破产案

【裁判要旨】广州市中级人民法院办结的首宗破产案；国务院确定“优化资本结构”试点城市的国有工业企业破产

〔载《人民法院案例选》1999年第2辑（总第28辑）〕

10. 杨德茂、陈漪华妨害清算罪

【裁判要旨】妨害清算罪的主体资格认定

〔载《人民法院案例选》2004 年第 1 辑（总第 47 辑）〕

11. 兰州生龙碳素有限公司对焦作耐火材料厂破产清算组申请执行青海民镁科技股份有限公司欠款异议纠纷案

【问题提示】破产期间扣押被执行人财产而引发的第三人执行异议法院如何审查？

〔载《人民法院案例选》2007 年第 2 辑（总第 60 辑）〕

12. 无锡尚德金属材料有限公司申请无锡长椿金属制品有限公司破产重整案

【问题提示】企业重整申请司法审查的重点有哪些？

〔载《人民法院案例选》2009 年第 2 辑（总第 68 辑）〕

13. 音乐学院诉大通证券股份有限公司天津大通解放南路证券营业部、大通证券公司借款合同案

【问题提示】如何处理破产企业非因自身原因遗漏的债权？

〔载《人民法院案例选》2010 年第 1 辑（总第 71 辑）〕

14. 上海美浩电器有限公司等三公司破产清算案

【问题提示】如何审理关联企业破产实体合并？

〔载《人民法院案例选》2011 年第 3 辑（总第 77 辑）〕

15. 包头市鸿德企业投资有限公司申请包头市聚德成实业集团有限公司破产案

【问题提示】如何审查债务人破产案件的受理程序以及破产与执行之间的关系？

〔载《人民法院案例选》2011 年第 4 辑（总第 78 辑）〕

16. 浙江德威会计师事务所有限公司诉宁波鼎德典当有限责任公司、位保宏破产撤销权纠纷案

【裁判要旨】破产企业为旧债设定的抵押应予撤销

〔载《人民法院案例选》2013 年第 1 辑（总第 83 辑）〕

17. 东莞宝源（陶氏）机械厂有限公司诉宝源（陶氏）机械厂有限公司、宝源（陶氏）企业有限公司撤销权纠纷案

【裁判要旨】普通撤销权在破产程序中的适用

〔载《人民法院案例选》2013 年第 2 辑（总第 84 辑）〕

18. 纵横集团“1+5”公司合并破产重整案

【裁判要旨】关联公司合并破产重整法律问题

〔载《人民法院案例选》2013年第4辑（总第86辑）之“企业破产重整专题”〕

19. 宁波市唐鹰服饰有限公司破产重整案

【裁判要旨】“经营转让”与“重整计划附条件”提高重整成功率

〔载《人民法院案例选》2013年第4辑（总第86辑）〕

20. 浙江溢佳香食品集团有限公司等四公司破产重整案

【裁判要旨】关联企业合并重整的司法探索

〔载《人民法院案例选》2013年第4辑（总第86辑）〕

21. 中国建设银行股份有限公司北京中关村分行诉北京海开房地产集团有限责任公司保证合同纠纷案

【裁判要旨】在债权人已申报破产债权的情况下，保证人保证范围的确定

〔载《人民法院案例选》2015年第1辑（总第91辑）〕

22. 安徽少安丝绸集团有限责任公司、安徽源海丝业有限责任公司等六家关联企业合并重整案

【裁判要旨】关联企业合并重整法律问题

〔载《人民法院案例选》2017年第1辑（总第107辑）〕

23. 王俊杰诉北京泰丰房地产开发有限公司破产债权确认纠纷案

【裁判要旨】民事惩罚性赔偿债权在破产程序中的清偿顺位

〔载《人民法院案例选》2017年第2辑（总第108辑）〕

24. 无锡西姆莱斯石油专用管制造有限公司破产重整案

【裁判要旨】预设重整计划的运用

〔载《人民法院案例选》2017年第9辑（总第115辑）〕

25. 重庆来去源商贸有限公司申请重庆钢铁股份有限公司破产重整案

【裁判要旨】上市公司破产重整的方式

〔载《人民法院案例选》2018年第7期（总第125辑）〕

26. 安徽永禾置业有限公司与安徽国信建设集团有限公司执行监督案

【裁判要旨】破产清算申请受理后，执行程序中已经执行到法院账户但未发放的款项应移交给受理破产案件的法院处置

〔载《中华人民共和国最高人民法院案例选》第1辑（2019年）〕

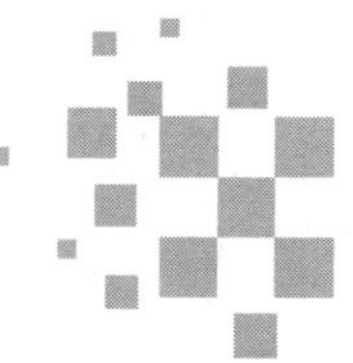

第二章 地方人民法院等公布案例

第一节　浙江省

一、2011 年 11 月 15 日浙江省高级人民法院发布《浙江企业司法重整十大典型案例（2007 年 6 月—2011 年 11 月）》

1. ST 浙江海纳科技股份有限公司司法重整案

——《企业破产法》实施后全国首例以债权人会议决议方式通过重整计划并实现成功重整的上市公司重整案

2. 金信信托投资股份有限公司司法重整案

——浙江省首例金融机构重整案

3. 南望集团司法重整案

——浙江省首例高科技民营企业重整案

4. 纵横集团及其关联企业司法重整案

——国内最大的民营企业重整案

5. 宁波华辰君临房地产开发管理有限公司司法重整案

——全省首例房地产公司重整

6. 浙江天听纸业有限公司司法重整案

——制造业企业重整

7. 萧山国际酒店有限公司司法重整案

——浙江省首例酒店重整

8. 浙江溢佳香食品集团有限公司及关联企业司法重整案

——浙江省省级农副产品加工龙头企业重整

9. 百联公司破产清算案

——外资企业破产清算程序中的实质重整案

10. 金利房地产公司司法和解案

——浙江省首例《企业破产法》规制下的司法和解案

二、2013年7月23日浙江省高级人民法院发布《2012年企业破产案件十大典型案例》

1. 宁波市强蛟区域11家企业破产系列案

【关键词】中小企业资金链担保链区域性风险处置　重整、清算等司法手段的综合运用　政府帮扶

2. 浙江信泰集团有限公司、信泰光学有限公司、温州兴泰光学有限公司、温州美通达进出口有限公司、温州市瓯海梧田眼镜厂5家企业合并重整案

【关键词】重整前准备　合并重整　债务人自行管理财产和营业　业务转型

3. 温州海鹤药业有限公司、温州市兴瓯医药有限公司破产重整案

【关键词】制药企业重整　破产程序中的刑民交叉问题　实际控制人个人资产与公司资产合并重整的探索　重整程序中的持续经营和职工利益的维护

4. 浙江宏昌制革有限公司破产清算案

【关键词】转型升级背景下的企业破产清算　破产财产变现　土地使用权和地上建筑物的司法网拍

5. 舟山市永吉船务有限公司破产重整案

【关键词】船务公司重整　特定债权人利益的协商维护　债权人接收

6. 安吉博时家具有限公司破产和解案

【关键词】湖州地区首例破产和解案　代偿债务的担保人提出债务人破产申请　债权人知情权保障　资产重组式和解　简易化审理

7. 宁波市唐鹰服饰有限公司破产重整案

【关键词】知名服装企业重整　银行债权人申请　政府对企业土地使用权的回购政策　附条件的重整计划

8. 建德市金太阳假日宾馆有限公司破产重整案

【关键词】执破衔接　简易审理　竞争方式引入投资者

9. 江山市纺织有限公司破产清算案

【关键词】劳动密集型企业破产清算　职工权益的保护　政府税收政策的

扶持　“分档累进递减”分配方案的制度创新

10. 直立汽配有限公司破产重整案

【关键词】银企利益平衡　高息民间借贷债权“挤水分”　重整期间经营维持　战略投资者引进

三、2014年1月13日浙江省高级人民法院发布《2013年浙江法院涉企案件审判十大典型案例》之公司解散清算及破产案例

1. 金某某、徐某某与嵊州市某塑胶有限公司股东损害债权人利益纠纷案

【裁判要旨】清算义务人以虚假清算报告骗取注销登记的，应当对公司债务承担相应的赔偿责任

2. 广利恒小额贷款股份有限公司解散纠纷案

【裁判要旨】浙江省首家解散的小额贷款公司；解散公司不失为控制风险、保护各股东的利益、解决问题的最佳途径

3. 建德市雪虹家纺有限公司破产重整案

【裁判要旨】对资不抵债企业进行“腾笼换鸟”，盘活存量资产，助推产业结构调整

4. 浙江虹桥控股集团有限公司破产重整案

【裁判要旨】公开招募投资者，通过债权人意思自治和会议表决机制成功盘活资产，实现了多方共赢

5. 浙江玻璃股份有限公司等五公司合并破产案

【裁判要旨】“托管经营”避免债务人资产贬值和增加费用，维护当事人各方利益

6. 江山市安泰房地产有限公司破产清算案

【裁判要旨】开发楼盘“不破”；通过招商成功确定接盘人

四、2014年1月13日浙江省温州市中级人民法院发布《2013年温州法院企业破产审判十大典型案例》

1. 温州海鹤药业有限公司、温州市兴瓯医药有限公司破产重整案

【关键词】药企重整　个人资产与公司资产合并重整　持续经营

2. 忠成数码科技有限公司、温州市杉亚贸易有限公司合并重整转清算案

【关键词】重整转清算　竞争方式产生管理人　限制出境

3. 温州市新丁香酒店管理有限公司破产清算案

【关键词】立案听证　债权人会议“前置”　预立案和解

4. 浙江腾泰鞋业有限公司破产清算案

【关键词】账册下落不明　无产可破　股东赔偿责任

5. 浙江信泰集团有限公司、信泰光学有限公司、温州兴泰光学有限公司、温州美通达进出口有限公司、温州市瓯海梧田眼镜厂等五家企业合并重整案

【关键词】重整前准备　自行管理财产 业务转型

6. 温州市鹿城新亚鞋业有限公司破产和解案

【关键词】执破结合　审执兼顾　破产和解

7. 瑞安市金光工贸有限公司破产清算案

【关键词】清算转和解　代偿和解　清偿率 100%

8. 温州中硅科技有限公司破产重整案

【关键词】光伏企业　投资方引入　重整

9. 永嘉县房地产综合开发公司破产清算案

【关键词】破产清算　出资义务履行　职工利益维护

10. 浙江欧健医用器材有限公司破产重整案

【关键词】医疗器械企业重整　持续经营　延长重整期限　债务重整+股权重整

五、2018 年 4 月 16 日浙江省高级人民法院发布《2017 年浙江法院破产审判十大典型案例》

1. 浙江南方石化工业有限公司等三家公司破产清算案

【关键词】清算式重整　联合管理人模式　程序合并

2. 湖州安立化工科技有限公司破产重整转清算案

【关键词】重整转清算　刑民协同进行债权认定　护卫绿水青山

3. 杭州新星实业有限公司执行转破产清算案

【关键词】执转破　资产处置　债权审核

4. 庄吉集团有限公司等四公司破产重整案

【关键词】实质合并重整　审慎适用强制批准权　信用修复

5. 江山三星铜材线缆有限公司等五公司破产重整案

【关键词】实质合并　核心资产重整　清算资产剥离

6. 浙江友谊特种钢有限公司破产重整案

【关键词】供给侧结构性改革背景下浙江省首例钢铁企业破产重整案　清算转重整　充分发掘破产企业“隐性”资源提升重整价值

7. 浙江长兴金陵医院破产清算转重整案

【关键词】民办非企业单位　执转破　清算转重整

8. 浙江衢州康保医疗器材有限公司破产重整案

【关键词】优选投资人　劳动债权人申请重整　府院联动　债委会充分参与决策　强制批准重整计划草案

9. 浙江春洲铝业有限公司等三公司破产重整案

【关键词】省外关联企业合并重整　个人资产合并处置　分阶段分类别清偿

10. 浙江三工汽车零部件有限公司破产和解案

【关键词】“府院联动式”预重整机制　失信修复为条件的破产和解或重整机制　个人管理人

六、2019年3月7日浙江省长兴县人民法院发布《2012—2018长兴法院审理十大破产典型案例》

1. 浙江虹桥控股集团有限公司破产重整案

【裁判要旨】公开招募投资者，通过债权人意思自治和会议表决机制成功盘活资产，实现了多方共赢

2. 浙江长泰电气设备有限公司破产和解案

【裁判要旨】资产重组破产和解

3. 长兴城南诚品混凝土制品有限公司破产重整案

【裁判要旨】考虑抵押资产的重整价格，对于优先债权按评估价值的50%清偿，未受偿部分按普通债权组清偿方案清偿

4. 浙江长兴市政工程有限公司破产清算转重整案

【裁判要旨】“分离式处置，清算式重整”，实现“无害化剥离资债、有效性利用资源、最大化保护权益”

5. 浙江金指科技有限公司破产清算案

【裁判要旨】出售式重整（“重整式清算”），“破产不破业”“换壳新生”

6. 浙江长兴金陵医院破产清算转重整案

【裁判要旨】民办非企业单位“执转破”重整成功

7. 浙江大唐生态农业开发有限公司破产清算案

【裁判要旨】土地流转盘活释放附属设施价值；协商确定承包经营权抵押价值

8. 长兴雀立新型建材有限公司破产清算转重整案

【裁判要旨】清算转重整盘活资产实现多方共赢

9. 浙江比奇厨卫设备有限公司破产清算案

【裁判要旨】资产体量大执行阶段拍卖难；破产处置以执行阶段最后一次流拍价作为整体资产处置起拍价，加快处置成功

10. 长兴县振宇房屋开发有限公司、长兴绿宇房地产开发有限公司破产清算案

【裁判要旨】府院联动；烂尾楼盘成功复建交付

七、2019年4月16日浙江省杭州市中级人民法院发布《破产审判保障营商环境建设十大典型案例》

1. 浙江远洋运输股份有限公司破产清算案

【裁判要旨】省内首例国有“僵尸企业”成功处置

【关键词】“僵尸企业”处置　职工安置　境外资产处置

2. 中江控股有限公司等30家企业合并破产重整转清算案

【裁判要旨】特别疑难重大关联企业合并破产

【关键词】合并破产　刑民交织　重整转清算

3. 中高柴油机重工有限公司破产重整案

【裁判要旨】外资商重整投资人成功引入

【关键词】引入港资　重整　重工业企业

4. 桐庐新恒基旅游开发有限公司及其关联公司合并重整案

【裁判要旨】省内知名旅游项目涅槃重生

【关键词】破产不停产　合并重整　台资企业

5. 杭州宇田科技有限公司及其关联公司清算转重整案

【裁判要旨】从破产清算到高效重整

【关键词】执行转破产　清算转重整　程序创新

6. 杭州中旺实业有限公司破产重整案

【裁判要旨】快速高效重整的范本

【关键词】重整担保债务继续营业

7. 浙江新广发置业有限公司破产重整转和解案

【裁判要旨】执破衔接与破产和解制度的成功适用

【关键词】执行转破产　重整转和解

8. 浙江盛和居公司等13家企业破产清算案

【裁判要旨】保护老年人合法权益的范本

【关键词】老年人权益保护　居住权　合并破产

9. 杭州子鑫房地产开发有限公司破产清算案

【裁判要旨】债权人意思自治原则的有效运用

【关键词】府院联动　涉众涉稳　债权人委员会

10. 杭州申浙家禽有限公司及关联企业合并重整案

【裁判要旨】涉食品供应保障民生项目的成功挽救

【关键词】公共利益　无形资产　破产文化宣传

八、2020年3月18日浙江省高级人民法院发布《2019年浙江法院破产审判十大典型案例》

1. 浙江金盾控股集团有限公司等金盾系八公司合并破产重整案

【关键词】市场化法治化　地区金融风险化解　府院联动

2. 浙江省海运集团温州海运有限公司破产清算案

【关键词】国有企业　僵尸企业　破产清算　航运

3. 富阳钓鱼实业有限公司等二公司合并破产清算案

【关键词】拆执破衔接机制　自主清算　拆破结合

4. 浙江每日会农业开发有限公司破产清算案

【关键词】重整式清算　乡村振兴　风险防范

5. 舟山豪舟物资仓储有限公司等豪舟系十二公司合并破产重整案

【关键词】合并破产　资产混同　府院联动　网络债权人会议

6. 湖州汇泰置业有限公司破产清算案

【关键词】共益债务　建设工程价款优先权　多项优先权平衡保护

7. 浙江正宇机电有限公司破产清算案

【关键词】不动产处置　破产财产价值最大化

8. 诸暨市浩英纺织有限公司破产清算案

【关键词】简易审理　执行程序与破产程序衔接

9. 衢州凯士力鞋业有限公司破产清算案

【关键词】诉破衔接　政府垫资化解欠薪　土地分割处置

10. 浙江盛丰塑胶有限公司破产和解案

【关键词】预和解　庭外协议效力　表决规则　衔接机制

九、2020 年 8 月 25 日浙江省破产管理人协会发布 2019 年度十大优秀履职案例

1. 金盾系八公司合并破产重整案
2. 永正控股等 37 家公司合并破产清算案
3. 浙江大东南集团有限公司破产重整案
4. 豪舟系公司破产重整案
5. 天长纺织等三家公司合并破产清算案
6. 杭州京庐实业有限公司破产清算转重整案
7. 华丰建设股份有限公司破产重整案
8. 绍兴远东石化有限公司破产清算案
9. 湖州汇泰置业有限公司破产清算案
10. 李某个人债务集中清理案

十、2020 年 9 月 28 日浙江省余杭区人民法院发布企业破产审判典型案例

1. 杭州子鑫房地产开发有限公司破产清算案

【关键词】府院联动　涉众涉稳　债权人委员会

2. 杭州谛都置业有限公司破产清算案

【关键词】管理人考评　约谈　让渡和解

3. “中都系”19 家企业合并破产重整案

【关键词】清算转重整　公开招募　竞价选取

4. 浙江中意房地产开发有限公司破产清算案

【关键词】兜底条款　附条件网拍　整体处置

5. 杭州怡丰成房地产开发有限公司破产重整案

【关键词】预重整　市场化融资　复工续建

6. 杭州兴隆五金机械有限公司破产重整案

【关键词】快速重整　书面表决　无证厂房处置

7. 杭州雷泰家具有限公司破产清算案

【关键词】执破衔接　破产简易审

8. 浙江绿链科技有限公司破产清算案

【关键词】追缴出资　自行和解　代为清偿

9. 杭州索爱电动车有限公司破产清算案

【关键词】债务人监管方案　罚款

10. 浙江创玺投资管理有限公司破产清算案

【关键词】信息化　线上债权人会议

十一、2020年12月5日浙江省高级人民法院发布《2020年浙江法院个人债务集中清理典型案例》

1. 蔡某个人债务集中清理案

【关键词】破产企业股东连带责任　具备个人破产实质功能和相当程序

2. 李某成个人债务集中清理案

【关键词】双重多数决规则　金融债权

3. 金某义个人债务集中清理案

【关键词】第三人代偿

4. 钱某柱、杨某秋个人债务集中清理案

【关键词】夫妻债务联合清理　清偿率调节难度大　清理失败

5. 蔡某宝个人债务重整案

【关键词】市场化　引入第三方战略投资　恢复履行能力　切实解决执行难

6. 杨某清、潘某珠个人债务重整案

【关 键 词】夫妻共同债务　房产中介　盘活资产　执转破附带审转破

7. 黄某华个人债务集中清理案

【关键词】偏颇性清偿　未如实申报　恢复强制执行

8. 柯某文个人债务集中清理案

【关 键 词】经营失败　诚信债务人　终结执行程序　首例债务免除

十二、2020 年 12 月 25 日温州破产法庭发布《温州市十大破产审判典型案例（2018—2020 年）》

1. 浙江省海运集团温州海运有限公司破产清算案

【裁判要旨】大型国有“僵尸企业”，妥善处理各类职工的安置，充分考虑海运行业的特殊性

2. 温州吉尔达鞋业有限公司预重整案

【裁判要旨】探索推行庭外重组与庭内重整制度的衔接

3. 河田集团有限公司预重整案

【裁判要旨】发挥预重整制度优势，府院联动有效提升办理破产回收率指标

4. 温州市鹿城森狼鞋业有限公司重整案

【裁判要旨】及时移送逃废债线索打消债权人的顾虑，充分尊重债权人会议意思自治，合理延长表决时间保障债权人表决权利

5. 温州腾旭服饰有限公司破产清算案

【裁判要旨】淘汰落后产能，快速处置僵尸企业

6. 温州市中原建筑安装工程有限公司重整案

【裁判要旨】剥离式重整模式变现债务人资质价值，充分行使管理人合同解除权避免隐性债务风险

7. 洞头国际大酒店开发有限公司破产清算案

【裁判要旨】发挥主观能动性股权解冻走出新路子，平衡各方权益分配比例效果最大化

8. 温州市圣雅氏实业有限公司重整案

【裁判要旨】以意向投资人为“假马”最大化重整资产价值，招募创新型投资人，助力企业转型升级

9. 浙江盛丰塑胶有限公司和解案

【裁判要旨】完善庭外重组与庭内重整的衔接发挥“预重整（和解）”机制作用，降低制度性成本

10. 温州金阳光伏有限公司和解案

【裁判要旨】灵活转换程序化解破产清算僵局，压缩破产成本，大幅提升清偿率

十三、2020 年 12 月 25 日温州破产法庭发布《温州市个人债务集中清理典型案例（2019—2020 年）》

1. 蔡某个人债务集中清理案

【裁判要旨】参照企业破产引入破产管理人制度

2. 李某成个人债务集中清理案

【裁判要旨】基于金融机构债权人内部层级审批制度和核销政策限制做出表决规则创新，实现对金融债权豁免难题的突破

3. 钱某柱、杨某秋个人债务集中清理案

【裁判要旨】债务清理失败，清理程序终结

4. 金某义个人债务集中清理案

【裁判要旨】个人债务集中清理方案可以约定由第三人直接向债权人支付款项或者以第三人财产履行

5. 陈某楷个人债务清理案

【裁判要旨】为公职管理人参与个人债务集中清理工作积累实践经验

6. 吴某旭个人债务集中清理案

【裁判要旨】对被执行人为自然人的“执行不能”案件退出机制提供新思路、新途径

第二节　重庆市

一、2013 年 9 月 25 日重庆市万州区人民法院

崔明、王建华妨害清算罪

【裁判要旨】公司股份转让过程中的虚列负债行为不构成妨害清算罪

二、2018 年 2 月 7 日重庆市高级人民法院发布第十四批《重庆法院参考性案例》之破产案例

重庆金江印染有限公司与重庆川江针纺有限公司管理人申请实质合并破产清算案

【关键词】民事　破产清算　关联企业　实质合并

三、2018 年 8 月 2 日重庆市高级人民法院发布《重庆法院第二批民营经济保护典型案例》之破产案例

重庆新天泽实业（集团）有限公司、重庆新华立地产（集团）有限公司、重庆恒德远景实业有限公司整体破产重整案

【裁判要旨】创新“程序分立、整体重整”的破产重整模式盘活企业优质资产，实现资源优化配置，促进重整计划顺利通过

四、2018 年 12 月 7 日重庆市第五中级人民法院发布《重庆五中院民营经济司法保护十大典型案例》之破产案例

重庆英达实业有限公司等五企业破产重整案

【裁判要旨】债转股五家人格高度混同关联企业合并破产重整成功

五、2018 年 12 月 10 日重庆市高级人民法院发布《重庆法院民营经济司法保护典型案例（第三批）》之破产案例

重庆市巨航实业有限公司破产重整案

【裁判要旨】债转股等处置措施保障债务人继续经营获新生

六、2020 年 1 月 8 日重庆市高级人民法院印发《重庆法院民营经济司法保护典型案例（第四批）》之破产案例

重庆美每家置业开发有限公司破产重整案

【裁判要旨】“以房抵债”债务得以快速充分清偿，最大限度维持债务人

的运营价值

七、2020年1月17日重庆市九龙坡人民法院发布《2016—2019年破产审判十大典型案例》

1. 重庆美每家置业开发有限公司破产重整案

【关键词】以房抵债　项目投资债权劣后清偿

2. 重庆隆迪塑业有限责任公司、重庆诚联塑料工业有限公司、重庆联丰塑胶有限公司实质合并破产重整案

【关键词】实质合并　府院联动

3. 重庆市耀威经贸有限公司破产重整案

【关键词】实际控制人托底　关联企业债务重组

4. 重庆海港房地产开发有限公司破产清算案

【关键词】执转破第一案　解决执行难

5. 重庆元吉物流有限公司破产清算案

【关键词】简易审　独任制

6. 重庆鹅掌门餐饮管理有限公司破产清算案

【关键词】商标权拍卖　溢价700倍

7. 重庆市金鹿电动车有限公司破产清算案

【关键词】清理“僵尸”企业　担保债权全额受偿

8. 重庆建设销售有限责任公司破产清算案

【关键词】国企破产　衡平居次原则

9. 重庆巨癸实业有限公司破产清算案

【关键词】执转破　职工债权保护

10. 重庆高环科技有限公司破产和解案

【关键词】破产保护　挽救新兴企业

八、2020年7月23日重庆破产法庭发布破产审判典型案例（2020年1月—6月）

1. 重庆圣麦餐饮管理有限公司破产清算案

【裁判要旨】适用快速审理方式高效审结破产案件

2. 重庆鼎典物业发展有限公司申请破产清算案

【裁判要旨】不得限制剥夺当事人的破产申请权

3. 重庆市巴南区向南小额贷款有限公司破产清算案

【裁判要旨】护航管理人接管工作

4. 重庆天梦星建筑劳务有限公司破产清算案

【裁判要旨】破产宣告前第三人为债务人清偿全部到期债务的，应当终结破产程序

5. 重庆睿和鑫实业发展有限公司申请破产重整案

【裁判要旨】依法妥善审理涉新冠肺炎疫情破产案件，积极拯救危困企业

6. 李学才与重庆天纬渝盛建设（集团）有限公司破产债权确认纠纷案

【裁判要旨】正确区分劳务报酬与职工工资，依法公正保护债权人合法权益

第三节　四川省

一、2015 年 1 月 22 日四川省高级人民法院发布《2014 年度全省法院十大典型案例》之破产、公司清算赔偿案例

1. 国家级龙头企业自贡新星源公司因受经济下行资金断链影响陷入破产边缘又“涅槃重生”破产重整案

【裁判要旨】13 家关联公司合并重整顺利通过重整计划草案

2. 北京聚鸿基公司诉四川港宏公司股东陈红、陈忠全未经依法清算注销公司引起的清算责任纠纷案

【裁判要旨】公司股东违法清算对公司债务承担连带清偿责任

二、2016 年 1 月 20 日四川省高级人民法院发布《2015 年度全省法院十大典型案例》之破产案例

中国二重集团及二重重装成功破产重整案

【裁判要旨】探索重整期间封闭运营模式和司法重整的“二重模式”

三、2017 年 1 月 11 日四川省高级人民法院发布《2016 年度全省法院十大典型案例》之破产案例

川化股份破产重整成功转型案

【裁判要旨】“三去一降一补”供给侧结构改革“多兼并重组，少破产清算”的典型案例

四、2019 年 1 月 3 日四川省高级人民法院发布《2018 年度全省法院十大典型案例》之破产案例

引进战略投资与优化经营方案并重成功重整德阳民营企业案

【裁判要旨】“府院联动”；推动破产费用、信息共享、政策支持、社会稳定等破产案件共性问题的解决；坚持债权清偿与规划经营方案并重；国内少有的按 100%比例清偿债权的破产重整项目

五、2019 年 1 月 15 日四川省成都市中级人民法院发布《2018 年度成都法院十大典型案例》之破产案件

成都国利置业破产和解案

【裁判要旨】填补了成都市破产和解案件处理的空白；引入战略投资人实现债权分期 100%清偿

六、2019 年 3 月 6 日四川省高级人民法院发布《全省法院服务大局典型案例》之破产案例

综合运用市场化债转股等措施成功重整泸天化

【裁判要旨】债转股为核心，留债降息分期清偿为补充，配套实施企业改革脱困及转型升级，实现金融债权的 100%全额清偿

七、2019 年 3 月 20 日四川省成都市中级人民法院发布《2019 年度成都法院十大典型案例》之破产案例

成都某小企业高效破产清算案

【裁判要旨】破产简易程序，很大程度“工夫在诗外”

第四节　江苏省

一、2016年8月12日江苏省高级人民法院发布《2011—2015年企业破产审判十大案例》

1. 中国长江航运集团南京油运股份有限公司破产重整案

【裁判要旨】国内首例退市央企重整案；剥离亏损资产；运用出资人权益调整、资产变现、债转股、债务延期等方法全额清偿债务

2. 怡华系企业实质合并破产重整案

【裁判要旨】运用分别受理、实质合并破产规则，实现系列企业整体合并重整

3. 太仓市圣诺合金铸造有限公司破产清算案

【裁判要旨】司法解散、强制清算转破产，指定原清算组担任管理人

4. 江苏中达新材料集团股份有限公司破产重整案

【裁判要旨】江苏首例上市公司破产重整案；程序内重整带动关联企业程序外重整；实现年内清结近50亿元金融债权

5. 江苏霞客环保色纺股份有限公司破产重整案

【裁判要旨】设计重整投资人对企业未来业绩的承诺和对赌，切实保障债权人利益

6. 无锡尚德太阳能电力有限公司破产重整案

【裁判要旨】纽交所上市全球最大光伏组件生产商之一破产重整案

7. 南通志豪家纺有限公司、南通市通州区志惠服饰品有限公司破产清算案

【裁判要旨】债务人绝大部分账簿已灭失，破产程序终结时明确股东及实际控制人对破产企业剩余债务承担清偿责任

8. 江苏群发化工有限公司破产清算案

【裁判要旨】向破产案件管理人送达监督事项决定书，履行法院对管理人的监督义务

9. 江苏扬子江大酒店有限公司破产清算案

【裁判要旨】批准同意债务人继续经营，既解决原有职工的就业，又确保其至拍卖移交给新买受人的平稳过渡

10. 淮安市浦南外国语学校破产清算案

【裁判要旨】无法召开债权人会议进行表决；依法拍卖清偿债务

二、2017 年 1 月 12 日江苏省无锡市中级人民法院发布《无锡法院破产审判十大案例》

1. 无锡尚德太阳能电力有限公司破产重整案

【裁判要旨】外聘团队实现重整营运管理专业化；引入竞争实现投资人招募市场化

2. 江苏中达新材料集团股份有限公司破产重整案

【裁判要旨】选择重整对象，确保集团重整协同化；准确选择重整人，确保重整管理专业化

3. 江苏霞客环保色纺股份有限公司破产重整案

【裁判要旨】管理人主导重整；投资人承诺业绩；踩准股市步点力保壳资源价值

4. 无锡西姆莱斯石油专用管制造有限公司破产重整案

【裁判要旨】给足募资期，破解计划制定难；依托多手段，破解投资人招募难；预设修改条款，破解计划执行难

5. 江阴常攀机械制造有限公司破产清算案

【裁判要旨】运用“执转破”新规探索执行新路径；整合执、审资源形成审判合力；集中处置财产有效盘活生产要素

6. 无锡弘馆装饰工程有限公司破产清算案

【裁判要旨】成功处置破产财产拍卖成交后买受人违约责任

7. 无锡嘉宝置业有限公司破产重整案

【裁判要旨】创新房地产企业重整模式，由管理人组织楼盘续建和销售；创新重整收益归属模式，推动债权人利益最大化；创新管理人成员结构，保障重整效果最大化

8. 无锡市奥特钢管有限公司与无锡市沪通焊管有限公司合并破产清算案

【裁判要旨】准确界定关联企业“人格混同”，涤除关联企业债权债务实质合并重整

9. 安信达（无锡）金属制品有限公司破产清算案

【裁判要旨】财产变价与招商引资衔接，企业“换壳再生”

10. 江苏中金再生资源有限公司破产重整案

【裁判要旨】依法重整切断母公司不当控制，有效保护子公司债权人利益

三、2018 年 1 月 24 日江苏省高级人民法院公布《2017 年度江苏法院十大破产案例》

1. 江苏省纺织工业（集团）进出口有限公司等六企业合并重整案

【裁判要旨】“合并重整”“现金清偿+以股抵债”“破产重整+资产重组”等方式对危困企业进行“综合诊治”，化解 20 亿余元债务

2. 南通太平洋海洋工程有限公司重整案

【裁判要旨】“破产不停产”，“救治与生产”两不误

3. 无锡富隆成房地产开发有限公司重整案

【裁判要旨】“执行转破产+清算转重整”拯救危机房企，“市场化招募+出售式重整”吸引重整投资人完成楼盘续建和品牌升级

4. 常州永泰丰化工有限公司等三企业合并重整案

【裁判要旨】现金+债转股、延长偿债期，参考和解程序合并重整救治企业

5. 扬州嘉联置业发展有限公司重整案

【裁判要旨】公开竞价方式招募投资者，投资人参与重整计划草案制订

6. 金双喜实业发展有限公司等六企业合并和解案

【裁判要旨】清算转入和解，探索实质合并规则，构建合并和解程序

7. 江苏中原兴茂绒业有限公司和解案

【裁判要旨】“清算转和解”+“货币偿债叠加债转股”

8. 镇江哈特工具制造有限公司破产清算案

【裁判要旨】府院联动简化流程；合理减免税费提高偿债比例

9. 苏州宝德隆实业有限公司破产清算案

【裁判要旨】“执转破”简化审理；对“三无”破产人告知债权人可另行向股东及实际控制人主张权利

10. 江苏卓典建筑技术开发有限公司破产清算案

【裁判要旨】拒不提交、移交资料，对相关直接责任人员处以罚款，并在

终结裁定中告知债权人可依法追究义务人相关责任

四、2018年6月22日江苏省南通市中级人民法院发布《2012—2017年南通法院破产审判典型案例》

1. 南通太平洋海洋工程有限公司破产重整案

【裁判要旨】“破产不停产”，“救治与生产” 两不误

2. 南通明德重工有限公司破产重整转清算案

【裁判要旨】政府清算组与律师事务所组成联合管理人优势互补；“重整式清算”“腾笼换凤”

3. 南通耀荣玻璃股份有限公司破产清算案

【裁判要旨】合理进行资产评估及调整变现方式，最大限度上化解资产变现中的各种不利因素

4. 南通第三印染厂等相关国有企业破产清算案

【裁判要旨】强制清算或破产，解决历史遗留问题引导非持续经营企业合法有序退出市场

5. 南通华瑞置业有限公司破产清算案

【裁判要旨】多种优先权集于一案，依法根据权利位阶确定分配顺位

6. 南通盛唐置业有限公司破产重整案

【裁判要旨】“党委领导、法院审理、政府协同”，联动机制稳妥推进破产工作

7. 金双喜实业发展有限公司等六企业合并和解案

【裁判要旨】清算转入和解，探索实质合并规则，构建合并和解程序

8. 南通诚晖石油化工有限公司等关联公司合并重整案

【裁判要旨】案情复杂、债权金额大、安全要求高，全国遴选管理人

9. 南通鑫丝燕丝绸有限公司、南通苏豪恒鑫丝绸服饰有限公司合并破产清算案

【裁判要旨】以评估价为基础，参考拍卖的结果，请求政府托底收储，最大限度保护债权人权益

10. 南通志豪家纺有限公司、南通市通州区志惠服饰品有限公司破产清算案

【裁判要旨】债务人账簿绝大部分已灭失，明确要求股东、实际控制人等清算义务人对破产企业的债务承担清偿责任

五、2018 年 11 月 19 日江苏省扬州市中级人民法院发布《扬州市两级人民法院破产审判十大典型案例》

1. 扬州大洋造船有限公司破产重整案

【裁判要旨】“租赁经营”有效保存营运价值、重整基础；政府牵头成立清算组深度参与府院联动；主要债权人“受让债权+债转股”变为企业所有人，减少了一次性资金投入提高中小债权清偿率

2. 江苏群发化工有限公司破产清算案

【裁判要旨】向破产案件管理人送达监督事项决定书，履行法院对管理人的监督义务

3. 仪征卡麦尔照明电器有限公司破产清算案

【裁判要旨】攻坚克难解决遗留的危险化学品问题，职工安置、房地分别抵押多次抵押财产变现价款的分配问题，以及在清算工作中产生的税收难题

4. 扬州嘉联置业发展有限公司重整案

【裁判要旨】公开竞价方式招募投资者，投资人参与重整计划草案制订

5. 江苏新马机械制造有限公司破产和解案

【裁判要旨】“破产不停产”“救治与生产”；破产和解成功

6. 江苏振兴铝业公司破产清算案

【裁判要旨】招商引资，引进上市公司整体收购破产企业，实现资产变现率、利用率、债权人受偿比例最大化

7. 江苏明日汽车销售服务有限公司破产清算案

【裁判要旨】尽力查明企业财产状况和债务情况，突破资产负债清理难的瓶颈，最大限度保护债权人权益

8. 扬州美洋环境艺术工程有限公司破产重整案

【裁判要旨】妥善处理涉外资企业破产，将中外合资企业重整为个人独资的内资企业，化解外方股东与国内债权人矛盾体现良好的法治形象

9. 扬州华源彩虹针织有限公司破产清算案

【裁判要旨】“府院联动”处理政策性央企破产，依法妥善解决职工安置

问题

10. 高邮市苏尔昌橡塑材料有限公司破产清算案

【裁判要旨】“执转破”简易审；债务人人员下落不明、未提交账册等资料导致无法全面清算，告知债权人可另行提起要求股东及实际控制人承担清偿责任

六、2019年2月28日江苏省苏州市吴江区人民法院发布《2018年度破产审判十大典型案例》

1. 江苏鑫吴输电设备制造有限公司破产重整案

【裁判要旨】重整计划中设计重整投资人变更条款，通过更换重整投资人最大限度确保重整计划的执行

2. 苏州海阔业致精密五金有限公司破产重整案

【裁判要旨】“执转破”+“清算转重整”，撤销个别清偿行为、确认债务人行为无效等权利增加债务人财产

3. 苏州炜华置业发展有限公司破产清算案

【裁判要旨】商品房烂尾企业破产清算；清算组担任管理人；管理人筹资及招募投资人投资续建顺利完成破产清算

4. 巨诚系企业合并破产清算案

【裁判要旨】二十家企业实质合并破产清算；化解执行难题、打击逃废债行为、净化区域金融生态环境

5. ——方圆化纤有限公司破产清算案

【裁判要旨】破产清算及时出清化解巨额债务执行难

6. 吴江绵亿纺织有限公司破产清算案

【裁判要旨】管理人行使合同挑拣履行权提升债务人财产价值

7. 松日电梯有限公司破产清算案

【裁判要旨】“执转破”组建执行法官和破产法官的混合合议庭共同审理案件

8. 苏州纽维尔精密机械有限公司破产清算案

【裁判要旨】海关监管破产财产的变价及关税处理

9. 苏州艾克斯尔乐器有限公司破产清算案

【裁判要旨】“执转破”消除“终结本次执行程序”后又恢复执行的“抽

屈案件”；破产专项基金补偿管理人报酬

10. 苏州炜华典当有限公司破产清算案

【裁判要旨】指定的个人管理人，以权责集中统一激励管理人履职，提高工作效率

七、2019年3月6日江苏省高级人民法院发布《2018年度江苏法院审理企业破产案件十大典型案例》

1. 扬州大洋造船有限公司破产重整案

【裁判要旨】“租赁经营”有效保存营运价值、重整基础；政府牵头成立清算组深度参与府院联动；主要债权人“受让债权+债转股”变为企业所有人，减少了一次性资金投入提高中小债权清偿率

2. 吴江市巨诚喷织有限公司等二十家企业实质合并破产清算案

【裁判要旨】二十家企业实质合并破产清算；化解执行难题、打击逃废债行为、净化区域金融生态环境

3. 南通明德重工有限公司企业破产重整转清算案

【裁判要旨】政府清算组与律师事务所组成联合管理人优势互补；“重整式清算”“腾笼换凤”

4. 无锡华东可可食品股份有限公司等三家企业程序合并破产重整案

【裁判要旨】“关联企业程序合并重整”的典型

5. 恩杜罗生物技术（苏州工业园区）有限公司破产和解案

【裁判要旨】“清算转和解”的成功案例

6. 江苏宁企担保有限公司破产清算案

【裁判要旨】“以破产程序化解执行不能案件”的典型案例

7. 南京仙人湖度假村有限公司破产清算转重整案

【裁判要旨】覆盖强制清算、破产清算、破产重整全流程的典型案例

8. 镇江科比斯化工有限公司等两家企业破产清算案

【裁判要旨】通过个案司法建议推动企业破产“府院联动机制”建立的典型案例

9. 泗洪县容大房地产有限公司破产重整案

【裁判要旨】房地产开发企业破产典型案例

10. 宜兴市如日中天贸易有限公司破产清算案

【裁判要旨】有效运用破产撤销权制度的典型案例；上市公司股份限售期变现

八、2019年7月2日江苏省南京市中级人民法院发布《南京法院十大破产典型案例》

1. 中国长江航运集团南京油运股份有限公司破产重整案

【典型意义】首例央企退市重整案，A股史上退市后重新上市第一例

2. 江苏舜天船舶股份有限公司破产重整案

【典型意义】首例上市公司破产重整与重大资产重组同步实施案

3. 江苏省纺织工业（集团）进出口有限公司及其五家子公司1+5实质合并重整案

【典型意义】区域内首例国有企业实质合并重整案

4. 瑞桓系剥离式重整与实质合并清算案

【典型意义】剥离式重整与实质合并清算结合的典型案例

5. 南京仙人湖度假村有限公司破产清算转重整案

【典型意义】覆盖破产类案件全流程的典型案例

6. 南京王者之风建筑装饰股份有限公司破产重整案

【典型意义】区域内首例新三板企业破产重整案

7. 江苏宁企担保有限公司破产清算案

【典型意义】区域内首例“执转破”案

8. 江苏卓典建筑技术开发有限公司破产清算案

【典型意义】打击逃废债的典型案例

9. 南京通用塑胶厂等4家国有低效劣势企业破产清算案

【典型意义】集中清理国有低效劣势企业的典型案例

10. 江苏空港建设开发有限公司破产清算案

【典型意义】快速清理国有低效劣势企业的典型案例

九、2019 年 8 月 7 日江苏省无锡市中级人民法院发布《2017—2018 年无锡法院破产审判十大案例》

重整篇

1. 华东可可集团三企业程序合并重整案

【裁判要旨】创新异地关联企业程序合并重整模式

2. 无锡耀辉房地产开发有限公司重整案

【裁判要旨】烂尾楼成功招募投资人并以回购方式一并解决产权式商铺经营隐患

3. 无锡富隆成房地产开发有限公司重整案

【裁判要旨】“执行转破产+清算转重整”拯救危机房企，“市场化招募+出售式重整”吸引重整投资人完成楼盘续建和品牌升级

4. 江苏莱顿宝富塑化有限公司重整案

【裁判要旨】资产与债务分步处置；依法剥离处置破产企业债权债务

5. 华富系三企业实质合并重整案

【裁判要旨】保持重整企业经营的连续性；适用关联企业实质合并破产确保全体债权人公平清偿

和解篇

6. 无锡糖业烟酒有限责任公司和解案

【裁判要旨】兼顾债权人与债务人权利推动清算转和解；围绕债务人优质资产设计多样化清偿方案

7. 江阴市优果针织品有限公司和解案

【裁判要旨】实施破产“体检”，倒逼企业股东依法担责实现破产和解

破产清算篇

8. 无锡市宏达合成纤维厂等三企业实质合并破产清算案

【裁判要旨】法院主导审查人格混同情形，关联企业之间债权债务涤除，破产财产向所有债权人公平清偿

9. 宜兴市如日中天贸易有限公司破产清算案

【裁判要旨】运用破产撤销权制度多措并举，成功追收巨额破产财产实现了破产财产最大化

10. 无锡丽悦置业有限公司破产清算案

【裁判要旨】房地产开发企业“重整式清算”；捆绑拍卖资产并附随续建义务；说服购房业主承担合理续建费用

十、2020年2月27日江苏省高级人民法院发布《2019年江苏法院破产审判典型案例》

1. 南通恒亚房地产开发有限公司等企业实质合并重整案

【关键词】诉讼转破产　合并出售式重整

2. 无锡市天然纺织实业有限公司等企业程序合并重整案

【关键词】清算转重整　程序合并重整　网络债权人会议　衡平居次

3. 江苏苏醇酒业有限公司等企业实质合并重整案

【关键词】实质合并破产重整　投资人试生产与重整同步进行　服务疫情防控

4. 苏州鑫吴钢结构工程有限公司破产重整案

【关键词】破产清算中继续经营　清算程序中预重整　作出重整程序终结裁定

5. 扬州广利钢管制造有限公司破产重整案

【关键词】提前介入　外资企业　破产重整　府院联动

6. 江苏创世纪置业有限公司破产重整案

【关键词】房地产开发企业　破产重整　信用修复　重整计划执行监管

7. 江苏安华汽车股份有限公司破产重整案

【关键词】专用车生产资质　破产重整

8. 苏州电气集团有限公司破产和解案

【关键词】继续营业　清算转和解　预和解

9. 南京中兴房地产开发有限公司强制清算转破产清算案

【关键词】强制清算转破产清算　破产涉税　府院联动

10. 镇江金州水务有限公司破产清算案

【关键词】公用企业　财产变价　府院联动

11. 南京精之源油脂有限公司破产清算案

【关键词】民生保障　债权人众多　追回财产

12. 江苏爱科新能源科技有限公司破产清算案

【关键词】与税务部门协调联动　合理确定处置破产财产应税基数

十一、2020年4月江苏省苏州市吴江区人民法院发布《2016—2019破产审判十大典型案例》

1. 凹凸系企业合并破产重整案

【裁判要旨】"股权出售式重整"成功模式

2. 苏州鑫吴钢结构工程有限公司破产重整案

【裁判要旨】预重整工作的成功案例；首次作出终结重整程序的裁定，解决了债务人、债权人在重整计划执行完毕后办理相关事宜无直接司法文书依据的困难

3. 巨诚系企业合并破产清算案

【裁判要旨】二十家企业实质合并破产清算；化解执行难题、打击逃废债行为、净化区域金融生态环境

4. 苏州香格里拉食品有限公司、吴江市乐佳福食品厂合并破产重整案

【裁判要旨】先各自单独进入重整程序，后实质合并破产重整成功典型案例

5. 苏州海阔业致精密五金有限公司破产重整案

【裁判要旨】"执转破"+"清算转重整"，撤销个别清偿行为、确认债务人行为无效等权利增加债务人财产

6. 纺中纺（苏州）织造有限公司破产和解案

【裁判要旨】法院裁定认可债权债务处理协议的同时，撤销宣告破产的裁定并终结破产程序的自行和解典型案例

7. 苏州炜华置业发展有限公司破产清算案

【裁判要旨】商品房烂尾企业破产清算；清算组担任管理人；管理人筹资及招募投资人投资续建顺利完成破产清算

8. 方圆化纤有限公司破产清算案

【裁判要旨】破产清算及时出清化解巨额债务执行难

9. 苏州宝德隆实业有限公司破产清算案

【裁判要旨】“执转破”简化审理；对“三无”破产人告知债权人可另行向股东及实际控制人主张权利

10. 吴江绵亿纺织有限公司破产清算案

【裁判要旨】管理人行使合同挑拣履行权提升债务人财产价值

十二、2020年7月6日江苏省无锡市中级人民法院发布2019度破产典型案例

1. 无锡市天然纺织实业有限公司、无锡市天然绿色纤维科技有限公司、无锡市纳溪迩服饰有限公司系列重整案

【典型意义】提级管辖、程序转换，实现关联企业程序合并重整；认定关联企业不当交易形成债权为劣后债权

2. 无锡川村自行车有限公司破产清算案

【典型意义】转入破产程序维护职工权益；财产有限优先清偿职工债权中对职工影响较大的工资、社会保险费

3. 江苏泓海能源有限公司和解案

【典型意义】重整程序中适用自行和解程序，实现“复苏企业、留住职工、保障债权”的良好效果

4. 江阴银泰百货有限公司强制清算案

【典型意义】充分运用多元矛盾化解机制、府院联动机制，通过当事人意思自治与司法干预相结合，实现大小股东、职工等各方价值利益最大化

5. 宜兴禄漪园国际大酒店有限公司破产清算案

【典型意义】“边破产、边经营”，“边破产边盈利”，“边盈利边转型”，最大限度地保存和提升酒店整体资产价值，提高破产债权清除率

6. 江苏绿之韵农业科技有限公司重整案

【典型意义】资质证书稀缺，具有较高品牌价值和重整价值；整合零星债权，快速推进重整程序帮助小微企业纾难解困、涅槃新生

7. 无锡海源重工股份有限公司重整案

【典型意义】协助企业发现和实现重整价值，挽救冲击上市未果的企业

8. 无锡瑞城置业有限公司破产清算案

【典型意义】房地产开发企业依靠“府院联动”机制，指导、监督、保障管理人自行筹集资金，闭环运作，成功复活了烂尾楼盘，成功实现“重整式清算”

9. 无锡市通惠置业有限公司破产清算案

【典型意义】法院与政府各部门协调配合，稳妥解决企业破产处置中的社会矛盾和僵尸企业出清，化解金融风险、促进社会稳定

10. 无锡市道乐服饰有限公司破产清算案

【典型意义】“执转破”发挥执行部门先行执行环节财产查控优势，为全面接管债务人财产打下坚实基础，充分保障全体债权人的利益

第五节　湖南省

一、2016年9月28日湖南省高级人民法院发布《2001~2016年湖南省各级法院依法审理破产案件典型案例》

1. 湖南国光瓷业集团股份有限公司破产重整案

【裁判要旨】国有上市公司破产重整重新上市

2. 湖南省丰康生物科技股份有限公司、湖南崎丰生物科技有限公司破产重整转清算案

【裁判要旨】“破产清算式重整”；企业重生

3. 湖南益阳格林置业有限公司破产清算案

【裁判要旨】国有控股企业破产；府院联动实现破产财产顺利处置

4. 岳阳市军阳商贸有限公司破产清算案

【裁判要旨】规模企业职工债权人申请；破产财产买受人安置职工

5. 湖南映武黄花集团等关联公司破产清算案

【裁判要旨】关联企业合并破产清算

6. 衡阳春晖化工有限公司破产清算案

【裁判要旨】妥善安置职工维护社会稳定

二、2020 年 8 月长沙市中级人民法院发布《长沙市中级人民法院破产审判典型案例》

1. 长沙赛尔透平机械有限公司破产重整案

【裁判要旨】“先表决通过重整计划草案，后公开选定投资人”方式公开拍卖重整投资权益实现高效成功重整

2. 长沙汇丰置业有限公司破产重整案

【裁判要旨】破产重整盘活存量房产和土地，实现债务人企业涅槃重生

3. 湖南和一实业集团有限公司、湖南和一置业有限公司合并破产重整案

【裁判要旨】湖南省民营经济司法保护的典型案例：关联企业实质合并重整，实现企业集团整体脱困重生

4. 湖南湘联节能科技股份有限公司、湖南湘联科技有限公司协同破产重整案

【裁判要旨】“破产不停产”，一起新三板挂牌公司的破产重整成功案

5. 湖南有色重型机器有限责任公司、湖南有色重机工程机械有限公司协同破产清算案

【裁判要旨】湖南省首例由国务院督办的国有“僵尸企业”破产案件：以法治化、市场化方式实现国有“僵尸企业”快速出清

6. 湖南湘电长泵长一制泵有限公司破产清算案

【裁判要旨】提成激励机制成功追回百万账款，竞价方式处置部分债务人财产实现价值最大化，探索破产财产管理和处置新方式

7. 湖南航天卫星通信科技有限公司破产清算案

【裁判要旨】通过诉讼途径向原股东进行追收“不当红利”，充分保护债权人的合法权益

8. 长沙赛普尔自动化工程设备有限公司破产清算案

【裁判要旨】驳回债务人的破产清算申请，有效遏制债务人利用破产恶意逃债的企图

9. 湖南望岳建设工程有限公司破产清算案

【裁判要旨】破产清算转破产和解成功，探索最优程序以高效化解企业债务危机

10. 湖南明辰生化科技有限公司破产和解案

【裁判要旨】充分尊重当事人的和解意愿，妥善化解复杂债权债务纠纷，

适时引导当事人达成可行的债务清偿协议

三、2020年9月16日湖南省高级人民法院印发《关于用好司法政策切实保护企业发展的通知》（湘高法发〔2020〕21号）公布典型案例之破产案例

1. 湖南湘联节能科技股份有限公司、湖南湘联科技有限公司协同破产重整案

【裁判要旨】整合企业优势资源、创新经营模式、升级产业结构、推行股权激励等方式吸引多方合作主体，助力企业摆脱困境，重获新生

2. 岳阳市君兴汽车出租有限公司破产案

【裁判要旨】扎实服务工作安抚债务人和债权人情绪化解矛盾，维护了社会的稳定

第六节　广东省

一、2017年4月6日广东省深圳市中级人民法院发布《关于依法审理破产案件推进供给侧结构性改革的典型案例》

1. 深圳新都酒店股份有限公司破产重整案

【裁判要旨】提升效率、强化服务，发挥司法拯救作用

2. 深圳中浩（集团）股份有限公司破产重整案

【裁判要旨】中小企业上市公司；创新偿债模式；非关联企业优势互补重整新生

3. 深圳市福昌电子技术有限公司破产重整案

【裁判要旨】借鉴“预重整”制度，尊重债务人和债权人的意思自治，提高重整成功几率

4. 深圳新纪元实业股份有限公司破产重整案

【裁判要旨】破产转重整；实践政府通过破产程序清理国有僵尸企业和实现资产的优化配置；企业、职工、债权人、重组方和政府等实现共赢

5. 深圳大世界商城发展有限公司破产重整案

【裁判要旨】《企业破产法》生效前受理的破产清算案件；强制批准重整

计划适用重整制度获新生

6. 唯冠科技（深圳）有限公司破产清算案

【裁判要旨】依法清理债务人财产及甄别优先权债权，实现债权人利益最大化

7. 深圳市水指实业发展有限公司破产重整案

【裁判要旨】“执转破”；破产清算转重整

二、2017 年 12 月 8 日广东省广州市中级人民法院公布破产案例

1. 广州亚铜、广州亚钢重整案

【裁判要旨】境外上市公司破产，内地子公司借助破产重整程序“保护阀”走出困境

2. 广州汇集实业有限公司重整案

【裁判要旨】广州中院受理的首件退市公司重整案，从裁定受理至终结仅仅用了 46 天创造了广州中院受理的重整案件中审理周期最短的纪录

三、2018 年 1 月 8 日广东省广州市中级人民法院发布《2017 年司法处置“僵尸企业”七大典型案例》

1. 广州市地方税务局第三稽查局申请广州新船房地产开发有限公司破产清算案

【裁判要旨】全省国企出清重组“僵尸企业”；税收债权人启动破产程序是破产申请制度的有益补充，也成为清理“僵尸企业”的有效手段之一

2. 中国冶金进出口广州公司破产清算案

【裁判要旨】破产管理人同时担任债权人与债务人的破产管理人，属于“与本案有利害关系”应当回避的情形

3. 中国有色金属工业第十六冶金建设公司破产清算案

【裁判要旨】大型国有企业政策性破产案的典型；创设“三分法”：管理人分组，职工安置分类，资产处置分批

4. 广东证券股份有限公司破产清算案

【裁判要旨】广州中院受理的首家金融机构破产案；涉及 58 家营业部、13 家服务部、93 万资本金账户，债权金额 60 亿；历时 10 年

5. 广州凯迪自行车工业有限公司破产案

【裁判要旨】未受领破产财产分配额的公证提存；自最后分配公告之日起满二个月仍不领取依法向其余普通债权人进行分配

6. 广州三兴纤维板企业有限公司破产清算案

【裁判要旨】构建司法处置“僵尸企业”快速通道；个人管理人有效提升工作效率

7. 广东省股权托管中心有限公司申请广东省轻纺设备安装有限公司强制清算案

【裁判要旨】国有“僵尸企业”托管人申请非破产强制清算不受理，引导通过自行清算转破产清算途径处置

四、2018 年 1 月 23 日广东省高级人民法院发布《广东省高级人民法院关于依法审理破产案件推进供给侧结构性改革典型案例》

1. 深圳市福昌电子技术有限公司重整案

【裁判要旨】借鉴“预重整”制度，尊重债务人和债权人的意思自治，提高重整成功几率

2. 佛山市南海西樵高尔夫发展有限公司重整案

【裁判要旨】部分分组（重整计划方案税务债权组及出资人组）表决未通过，管理人提请法院裁定批准

3. 广州协华房产建设有限公司破产清算案

【裁判要旨】直接分配债务人对外债权，拓宽财产分配形式

4. 深圳中浩（集团）股份有限公司破产重整案

【裁判要旨】中小企业上市公司；创新偿债模式；非关联企业优势互补重整新生

5. 惠州市兴华实业有限公司等四公司合并重整案

【裁判要旨】实质合并重整；债权合并；债权清偿分期并采用“本息百分制或本金全额制”

6. 深圳市水指实业发展有限公司破产重整案

【裁判要旨】“执转破”；破产清算转重整

7. 联胜（中国）科技有限公司破产重整案

【裁判要旨】法院主导+政府协调+银团参与+管理人执行

8. 广东公明景业印务有限公司破产清算案

【裁判要旨】委托境外法律服务机构对债务人子公司进行清盘，在清理债权债务的基础上，回收债务人资产

9. 广州亚铜、广州亚钢破产重整案

【裁判要旨】境外上市公司破产，内地子公司借助破产重整程序“保护阀”走出困境

10. 化州市饮食服务公司破产案

【裁判要旨】借助政府灵活处置土地资产实现价值最大化实现债权清偿率100%

五、2019年4月25日广东省高级人民法院发布《加强民营经济司法保护十大典型案例》之破产案例

百铜业公司等六家关联企业破产重整案

【裁判要旨】支持企业“涅槃重生”

六、2019年5月21日广东省高级人民法院发布《服务保障民营企业健康发展典型案例》之破产案例

龙基公司破产重整案

【裁判要旨】促进民营企业涅槃重生

七、2019年6月23日广东省高级人民法院发布《服务保障民营企业健康发展典型案例（二）》之公司解散、破产案例

1. 潘某诉诺信公司公司解散纠纷案

【裁判要旨】引导公司治理规范化

2. 中岱公司破产和解案

【裁判要旨】盘活民营企业有效资源

八、2019年12月19日广东省高级人民法院发布《广东法院粤港澳大湾区跨境纠纷典型案例》之破产案例

1. 北京皮草厂公司申请港京裘革厂公司破产清算案

【裁判要旨】准许香港企业申请内地子公司破产

2. 鑫光公司诉中意公司破产撤销权纠纷案

【裁判要旨】内地企业破产管理人撤销与澳门企业执行和解协议效力的认定

九、2019年9月27日广东省广州市中级人民法院公布破产审判、强制清算典型案例

1. 广州华悦房地产开发有限公司破产清算案

【裁判要旨】府院联动、法院能动，及时通知税务机关申报债权，保护税收债权避免国有资产流失

2. 广州市丰谷粮食购销公司解放综合商场破产案

【裁判要旨】界定尚有未收回应收账款符合“资可抵债”法律要件与实质要件，驳回破产清算申请

3. 广州中稷阳光国际医药博览中心有限公司强制清算案

【裁判要旨】公司被人民法院以无法清算为由裁定终结强制清算程序后，其股东能否再次提起强制清算申请?

4. 广东国通新型建材有限公司破产案

【裁判要旨】破产财产实物资产“有价无市”，相关债权人折价接受实物拿出货币分配其他债权人，节约变现费用、时间成本避免破产财产进一步贬值

十、2019年12月30日广东省广州市中级人民法院发布《广州中院破产审判十大典型案例》

1. 广东中岱企业集团有限公司破产和解案

【裁判要旨】债务人持有股权涉及具有升值潜力烂尾楼，协调债务人及被持股企业和解、债务重组，“一举多得”救活两个企业

2. 广东泛诚经贸合作服务有限公司破产重整案

【裁判要旨】债务人主要财产具有升值潜质，破产清算转重整提高债权清偿率

3. 广州市天河伟天实业有限公司破产重整案

【裁判要旨】国有僵尸企业破产重整化解1.5亿债务、释放数万平方土地资源涅槃重生

4. 广州欣迪时尚科技股份有限公司破产和解案

【裁判要旨】新三板挂牌交易的民营企业仍存有经营价值或商业价值引导和解成功

5. 广东华厦建筑工程有限公司破产清算案

【裁判要旨】对法律关系复杂、需审计事项繁多破产案件，创新选任适用两家联合管理人模式

6. 广东证券股份有限公司破产清算案

【裁判要旨】广州中院受理的首家金融机构破产案；涉及58家营业部、13家服务部、93万资本金账户，债权金额60亿；历时10年

7. 中国有色金属工业第十六冶金建设公司破产清算案

【裁判要旨】大型国有企业政策性破产案的典型；创设“三分法”：管理人分组，职工安置分类，资产处置分批

8. 广东益民旅游休闲服务有限公司破产清算案

【裁判要旨】“执转破”破解“执行难”成功化解25 638件执行案，有效化解6.53亿元的债务

9. “小鸣单车”破产清算案

【裁判要旨】共享经济背景下发生的全国首例共享单车破产案；近12万债权人通过人民法院互联网线上应用模式申报债权、召开债权人会议进行表决提升工作效率，有效降低成本维护广大债权人权益

10. 广东省纺织工业总公司破产清算案

【裁判要旨】淘汰落后产能出清国有“僵尸企业”

第七节 上海市

一、2017年9月19日上海市高级人民法院发布《上海法院涉外、涉港澳台商事审判十大案例》之公司清算案例

华宝信托有限责任公司诉陈大宁等股东损害公司债权人利益责任纠纷案

【裁判要旨】明晰过错清算义务人赔偿责任，合理保护公司债权人利益

二、2019年3月7日上海市高级人民法院发布《上海法院充分发挥审判职能 依法保障民营企业健康发展十大典型案例》之破产案例

某金属材料公司申请某太阳能科技公司破产重整案

【裁判要旨】上海首例民营上市公司破产重整案，全国首例公司债违约上市公司破产重整案

三、2019年5月31日上海市第一中级人民法院、上海市浦东新区人民法院联合发布十个自贸区司法保障典型案例之公司解散案例

沈某诉K公司、唐某等公司解散纠纷案

【裁判要旨】妥善适用司法解散公司的相关规定，实现市场主体的良性更替

四、2019年6月24日上海市高级人民法院发布《上海法院服务保障长江经济带发展典型案例》之破产案例

展唐通讯科技（上海）股份有限公司破产重整案

【裁判要旨】制定重整计划平衡多方利益；促进潜力企业重获新生机会

五、2019年12月20日上海市普陀区人民法院发布《2019年十大典型案例》之破产案例

东来顺上海公司申请破产清算案

【裁判要旨】依法处置“僵尸企业”畅通市场主体退出机制

六、2020年1月13日上海市高级人民法院发布《上海法院2019年度“执行不能”五个典型案例》之“执转破”案例

张某申请执行某企业管理有限公司合同纠纷案

【裁判要旨】被执行人是企业法人的“执行不能”案件不属于“执行难”，经申请执行人同意移送破产审查

七、2020年3月3日上海海事法院发布《上海海事法院2019年十大典型案例》之涉破产案例

案外人异议之诉不因被执行人进入破产清算而中止

【裁判要旨】被执行人破产和执行程序中止不影响案外人执行异议之诉独立存在的价值

八、2020年3月31日上海破产法庭发布八大典型案例

1. 某医疗公司破产清算期间复工生产案

【裁判要旨】疫情防控期间适用“非现场会议表决规则”；“府院联动”实现服务疫情防控大局和各方利益共赢

2. 某建材公司破产清算转破产和解案

【裁判要旨】债务规模较小，项目具有较好前景，破产和解纾困挽救

3. 某珠宝公司破产清算转破产和解案

【裁判要旨】发挥和解制度的破产预防功能破产清算转和解，助力中小民营企业化解债务危机

4. 某实业公司破产清算转破产和解案

【裁判要旨】和解引入第三方资金分期偿还债权人全部欠债，助力化解执行“终本”积案

5. 某网络公司执行转破产清算案

【裁判要旨】“执转破”强化执行难源头治理，实现化解执行积案和清理僵尸企业双重效果

6. 某贸易公司破产清算案

【裁判要旨】“三无”案“简案快审”降低程序成本，指导管理人全面“尽调”全程留痕，加快市场出清

7. 某仓储服务公司破产清算案

【裁判要旨】保障债权人的知情权、调查权及参与权，有利于监督破产程序公开透明地进行

8. 某咨询中心申请某娱乐公司强制清算案

【裁判要旨】创新适用《民法总则》“利害关系人”有权申请强制清算规定，避免拖延清算给债权人利益保护以及相关利害关系人的不良影响

第八节　安徽省

2017年12月7日安徽省高级人民法院发布2007年—2017年安徽省各级人民法院破产审判十大典型案例

1. “大东方药业”破产重整案

【裁判要旨】无形资产难变现法院引导破产清算转重整，股权整体拍卖实现职工债权、一般债权及税务债权的全额清偿

2. “现代物流”合并重整案

【裁判要旨】关联企业实质合并重整；确保市场主体充分博弈后重整计划强制批准

3. 滁州“霞客系”破产重整案

【裁判要旨】关联企业职工1800余府院联动维稳，程序合并重整成功

4. “大唐万安”及关联企业合并重整案

【裁判要旨】特大房地产关联企业涉棚户区改造拆迁安置利益主体众多、诉求多元、法律关系复杂破产重整；政府成立国有公司续建，利润分配清偿债权人

5. “阳光半岛文化”破产重整案

【裁判要旨】房地产开发“存续性重整”；公开招募引进实力雄厚投资人重整成功

6. “商运房地产”破产和解案

【裁判要旨】延期偿还、减免债务与货币补偿、实物补偿相结合，裁定认可和解协议

7. “五千年文博园”及关联企业破产重整案

【裁判要旨】关联企业实质合并重整；政府清算组为管理人；营业托管、债权收购、债转股等，以市场化方式化解债务危机

8. “天晟久久”破产清算案

【裁判要旨】“执转破”；对债务人持有的银行股权根据债权金额按比例分配给各债权人

9. “铜商品市场”破产清算案

【裁判要旨】扣除破产费用和管理人报酬后无剩余财产可供分配，裁定终结破产清算程序

10. “少安丝绸”及关联企业合并重整案

【裁判要旨】出资人权益调整为0，新股东无偿让渡20%的股权给原始股东；部分抵押财产折价清偿有担保物权，有升值开发利用价值的抵押物债务人留用；不能清偿的抵押债权和普通债权“债转股”

第九节　山东省

一、2018年9月12日山东省青岛市中级人民法院发布《青岛法院加强产权保护、优化营商环境典型案例》之破产案例

某造船厂、某船舶制造公司破产重整案

【典型意义】被写入2019年全国两会最高人民法院工作报告；“府院联动”一体化：政府主导风险管控与事务协调、法院主导司法程序；通过原股东注资和原股东之间股权让渡实现重整，既确保了两公司造船资质和军品建造平台保留，又保障了近千名债权人和四百余名职工的合法权益

二、2019年12月25日山东省高级人民法院发布全省破产审判十大典型案例

1. 青岛造船厂有限公司、青岛扬帆船舶制造有限公司破产重整案

【典型意义】被写入2019年全国两会最高人民法院工作报告；“府院联动”一体化：政府主导风险管控与事务协调、法院主导司法程序；通过原股东注资和原股东之间股权让渡实现重整，既确保了两公司造船资质和军品建造平台保留，又保障了近千名债权人和四百余名职工的合法权益

2. 济南群康食品/实业有限公司合并破产和解案

【典型意义】破产清算转和解；“瘦身式和解”，剥离处置非主营资产，解决债务困境，并保留企业核心业务和价值

3. 山东大海集团有限公司等五十七家公司合并重整案

【典型意义】57家关联企业实质合并重整；通过打包转让、债转股、优质担保人部分代偿等方式熔断担保圈豁免保证责任，维护区域金融生态稳定

4. 洪业化工集团股份有限公司等二十九家企业合并重整案

【典型意义】金融债权在重整程序内受偿后，剩余债权批量转让资产公司重组担保债务及时斩断担保圈；部分公司主体存续、部分清算，有效实现了企业重整与“僵尸企业”出清

5. 山东常林机械集团股份有限公司等十九家公司合并重整、清算案

【典型意义】关联企业实质合并重整；联合管理人的模式避免了工作角度单一、方式固化；处置非核心资产恢复企业经营，保住核心技术、核心人才、核心产业，维护社会稳定

6. 淄博兰雁集团有限责任公司破产重整转清算案

【典型意义】实现破产宣告“既是企业宣告破产之日，也是新项目落地之日，同时还是职工上岗之日”；探索试行了特殊资质行政许可“平移”

7. 山东亿能光学仪器股份有限公司破产重整案

【典型意义】高新技术企业出售式重整

8. 莱州庚辰球墨铸铁有限公司破产重整案

【典型意义】破产清算转重整，转型升级、降能耗，社会资源优化配置企业获重生

9. 日照铸福实业公司有限公司、日照现代铸业有限公司合并破产重整案

【典型意义】“府院联动”，“僵尸企业”新旧动能转换获新生

10. 山东新泰联合化工有限公司破产清算案

【典型意义】“破产不停产”“重整式清算”；确认占债权总额的96%股东债权属劣后债权，劣后清偿

三、2020年1月14日山东省高级人民法院发布《山东法院优化营商环境、净化社会环境十大典型案例》之破产案例

山东大海集团有限公司等57家公司合并重整案

【典型意义】57家关联企业实质合并重整；通过打包转让、债转股、优质担保人部分代偿等方式熔断担保圈豁免保证责任，维护区域金融生态稳定

第十节　福建省

一、2019年3月1日福建省高级人民法院发布《福建法院优化营商环境服务保障民营企业发展典型案例》之破产案例

1. 厦门嘉利得置业有限公司“执转破”和解案

【裁判要旨】“预和解”；执行转破产、破产清算转破产和解

2. 福建鑫海冶金有限公司破产重整案

【裁判要旨】关联企业实质合并重整；资产整体转让；重整实现职工债权5098万，迭代升级保留钢铁产能200万吨

3. 福建亚通新材料科技股份有限公司破产重整案

【裁判要旨】以代加工模式经营、管理人财务监管、法院总协调的继续经营；联合投资人投资重整；“现金清偿+债转股”清偿债务

二、2019年7月30日福建省高级人民法院发布《2015—2018年福建法院破产审判典型案例》

1. 福建安溪铁观音集团股份有限公司、福建省安溪茶厂有限公司重整案

【裁判要旨】老茶厂陷经营困境，关联企业招募同一投资人整合双方资源

提高重整价值，创新模式助传统产业转型升级

2. 旗牌王（中国）纺织服饰有限公司及其关联企业合并破产重整案

【裁判要旨】“执转破”转“预重整”、重整；引进战略投资人；“债转股”、部分资产先行剥离，以及出资人权益调整

3. 福建坤源水利建设工程有限公司破产清算案

【裁判要旨】执行程序划扣至法院执行账户款项未支付申请执行人仍然属于债务人财产

4. 福建鑫海冶金有限公司破产重整案

【裁判要旨】关联企业实质合并重整；资产整体转让；重整实现职工债权5098万，迭代升级保留钢铁产能200万吨

5. 福建亚通新材料科技股份有限公司破产重整案

【裁判要旨】以代加工模式经营、管理人财务监管、法院总协调的继续经营；联合投资人投资重整；“现金清偿+债转股”清偿债务

6. 福建省金汇投资有限公司破产重整案

【裁判要旨】重整程序盘活房地产企业资产，引导破产企业自主开发建设，将普通债权清偿率由零预计提高至70%

7. 厦门市东林电子有限公司执行转破产清算转重整案

【裁判要旨】拥有多项专有技术产品具有较高重整价值；自行生产经营不具有可续性实行出售式重整

8. 厦门福也餐饮服务合伙企业（有限合伙）执行转破产清算案

【裁判要旨】“线上众筹”餐饮服务合伙企业（有限合伙）“执转破”；运用“三合并”审理原则40天完成宣告破产、终结及分配等程序

9. 厦门嘉利得置业有限公司“执转破”和解案

【裁判要旨】“预和解”；执行转破产、破产清算转破产和解

10. 厦门科莱益资产管理有限公司破产和解案

【裁判要旨】债权人人数少、债权结构单一的特点，引导和解；第三方融资分期清偿债务债权人利益得到最大限度保护

11. 厦门亲亲服装有限公司破产重整案

【裁判要旨】破产清算转“预重整”转重整；消解上百件“执行不能”积案，实现了3亿多债权公平受偿

12. 厦门泰成集团有限公司等12家企业破产重整案

【裁判要旨】采用“主要利益中心所在地”原则集中管辖、合并审理；采用联合管理人选定模式；首次于企业重整程序中一并解决企业实际控制人对企业的连带保证责任

三、2020年8月19日厦门市中级人民法院发布破产审判典型案例（2016—2020年）

1. 厦门泰成集团有限公司等12家企业破产重整案

【典型意义】福建省首例跨地区集团企业破产重整案

2. 厦门厦工机械股份有限公司破产重整案

【典型意义】福建省标的最大的国有制造业上市公司破产重整案

3. 厦门中盛粮油集团有限公司、厦门盛洲植物油有限公司破产重整案

【典型意义】福建省首例粮油加工企业集团破产重整案

4. 厦门市东林电子有限公司执行转破产重整案

【典型意义】福建省首例执行转破产重整案

5. 厦门亲亲服装有限公司执行转破产重整案

【典型意义】福建省首例运用“预重整”审判方法的执行转破产重整案

6. 厦门恩科电器有限公司执行转破产清算案

【典型意义】福建省首例执行转破产清算案

7. 厦门福也餐饮服务合伙企业（有限合伙）执行转破产清算案

【典型意义】福建省审理时限最短的执行转破产清算案

8. 厦门科莱益资产管理有限公司执行转破产和解案

【典型意义】福建省首例执行转破产和解案

9. 厦门嘉利得置业有限公司执行转破产和解案

【典型意义】福建省涉案标的最大的执行转破产和解案

10. 厦门驰鑫瑞商贸有限公司破产清算案

【典型意义】福建省首例第三人代为清偿债务的破产清算案

第十一节　黑龙江省

2019 年 3 月 18 日黑龙江省大庆市中级人民法院发布《十起优化营商环境典型案例》之破产案件

1. 联谊公司破产重整案

【典型意义】5 个多月时间完成重整；债权 100%清偿

2. 肇源合群物业“执破转”案

【典型意义】“执转破”推动“僵尸企业”出清，债权人利益得到有效保护；债务人占据的生产资源得以释放，有效促进产业整合升级

第十二节　广西壮族自治区

2019 年 6 月 3 日广西壮族自治区高级人民法院发布《广西法院首批 10+3 破产审判典型案例》

1. 桂林广维文华旅游文化产业有限公司破产重整案

【典型要旨】业务自营收入不减反增；邀标确定重整投资方；重整后相关产业通过《印象·刘三姐》项目实现大幅升级改造

2. 柳州正菱集团有限公司及 53 家关联公司合并重整案

【典型要旨】实质合并重整涉广西多个地市、县及江苏、福建等地涉案金额约 77 亿元破产案，债权人 3940 家/人；重整成功化解债务总额逾 340 亿、化解诉讼案件约 470 件，免除 188 名职工债务人连带保证责任

3. 广西华美纸业集团有限公司破产清算案

【典型要旨】多措并举增加债务人财产清偿债务

4. 广西阳鹿高速公路有限公司破产重整案

【典型要旨】政府牵头、法院主导、部门联动、属地管理；成功重整东南亚国家招商引资唯一采用 BOT 形式建设的高速公路项目

5. 南宁绿洲化工有限责任公司破产重整案

【典型要旨】确认、搁置上级上市公司关联企业劣后债权，充分清偿其他

债权重整成功

6. 广西柳州鹿寨金利水泥有限公司破产重整案

【典型要旨】“府院联动”建立危困企业救援扶助资金解决拖欠职工工资；“托管经营+债权股”“托管经营+重整投资人”解决重整难题

7. 广西柳州市昌业机械制造有限公司破产清算案

【典型要旨】召开职工会议沟通破产事宜保障职工权益化解维稳风险；简易程序快审快结破产清算

8. 柳州化工股份有限公司破产重整案

【典型要旨】与政府招商引资工作相结合，“保留盈利业务、剥离低效业务、装入优质业务”的重整；探索国有企业脱困与混改新路径

9. 宁明丰浩糖业科技有限公司破产清算案

【典型要旨】“将蔗农及运输工人的债权视为劳动债权，与债务人所欠的职工工资按同一顺序受偿”，有效地解决了3401户蔗农和司机共17 000余人的民生及社会稳定问题

10. 广西武宣金泰丰农业科技发展有限公司破产重整案

【典型要旨】“债转股”重整投资人和债权人共同参与重整经营盘活企业

11. 广西金河矿业股份有限公司破产重整案

【典型要旨】股权权益归零，全部股份质押、查封、冻结及其他权利受限制情形解除，人民法院裁定强制注销股权出质登记，促使重整计划执行

12. 灵川县金海房地产开发有限公司破产重整案

【典型要旨】房地产破产企业“清算式重整”；赋予消费性购房者选择权优先保护购房者利益；启动变更程序更换投资人继续执行重整计划

13. 广西平果氟化盐有限公司破产清算案

【典型要旨】特许经营有潜在价值，三次拍卖无法变现引进的相关企业整体资产收购，实现资产最大化变现

第十三节 天津市

2019 年 6 月 14 日天津市高级人民法院发布《天津法院服务保障民营企业发展典型案例》之公司解散案例、《天津法院服务保障京津冀协同发展典型案例》之破产案例

1. 霍某某、梁某与天津市某食品有限公司、第三人海航资产管理集团有限公司公司解散纠纷案

【典型意义】解散应为破解公司僵局的最后手段，应审慎适用；法院多次主持调解最终促成各方达成调解协议，并一揽子解决了当事人其他全部案件

2. 天津某油脂有限公司破产清算案

【典型意义】促成债务人开办单位、最大债权人收购其他债权及企业有形资产变现分配出清淘汰落后产能

第十四节 河南省

2019 年 8 月 16 日河南省濮阳市中级人民法院发布 2018 年以来破产审判典型案例

1. 濮阳市水冶水泥厂破产清算一案

【典型意义】国有“僵尸企业”出清；政府收储划拨土地，并按照相应评估价值回收债务人财产；破产财产不足以支付破产费用终结破产程序

2. 濮阳县洁濮环保电力有限公司破产清算一案

【典型意义】破产清算促使污染企业退出市场推进新旧动能转换

3. 河南丽氏置业有限公司破产重整一案

【典型意义】事关拆迁户、购房户及农民工等各类群体的合法权益；引进战略投资人房地产开发企业获重生

4. 清丰县工业品市场破产清算一案

【典型意义】以职工权益保障为出发点，依法优先支付职工债权，实现职工债权清偿率 100%

5. 河南金地宝生态肥业有限公司破产和解一案

【典型意义】“执转破”、破产清算转和解，化解 20 件执行案件“执行难”

第十五节　江西省

2019年9月6日江西省高级人民法院发布《破产审判工作十大典型案例》

1. 江西赛维LDK太阳能高科技有限公司、赛维LDK太阳能高科技（新余）有限公司破产重整案

【典型意义】尊重各方当事人的权利和意愿创新启动二次重整程序成功挽救企业

2. 赣州景荣集团有限公司破产重整案

【典型意义】“执转破”“预重整”、重整；经营权承包方式招募投资人、实行利率竞价方式确定管理人银行账户、投资人以联合体形式参与竞标

3. 新余泰耐克置业有限公司破产重整案

【典型意义】政府清算组担任管理人；充分运用市场机制和法治手段公平、合理地调整当事人权益

4. 三瑞科技（江西）有限公司重整案

【典型意义】收购式重整；重整期间筹措资金解决继续营业的流动资金缺口；利用政府招商平台提供优惠招商政策招募投资人

5. 丰城花园大酒店有限公司破产重整案

【典型意义】府院联动，政府支持，保证破产重整顺利开展

6. 万载县星火中学破产清算案

【典型意义】民办学校参照《企业破产法》清算；拍卖未果及时变价处置破产财产

7. 铅山县天江纸业有限公司破产清算案

【典型意义】“执转破”出清“僵尸企业”；抵押优先权人让渡部分利益清偿职工债权和普通债权

8. 江西嘉俊汽车空调有限公司破产清算案

【典型意义】“执转破”化解执行积案

9. 江西华夏电源有限公司破产重整案

【典型意义】破产清算转重整；引进投资人促使企业产品的升级换代

10. 江西第二机床厂破产清算案

【典型意义】“府院联动”破产清算国有“僵尸企业”；通过另行安排就

业、货币补偿、补缴社会保障费用等方式对3000余职工妥善安置；债务人附属学校、医院、社区等公益性资产、人员平移地方；无房困难职工获经济适用房政策支持

第十六节　北京市

2019年10月29日北京市第一中级人民法院（北京破产法庭）发布《北京市第一中级人民法院十大破产典型案例》

1. 北京理工中兴科技股份有限公司破产重整案

【典型意义】对接预重整成果加快审理节奏，选任临时管理人前期介入弥补管理空白；网络投票实现降低程序成本

2. 万瑞飞鸿（北京）医疗器材有限公司破产重整案

【典型意义】“外科手术式重整助力企业重生”

3. 国泰世行控股集团有限公司破产和解案

【典型意义】运用破产和解制度为困境民营中小企业振兴提供时间和机会

4. 兰博医信科技（北京）有限公司破产清算案

【典型意义】多种途径方式联系境外股东和已知债权人，同步推进境外债权公证认证程序和表决程序，对内外资企业投资权益予以平等保障

5. 北京弘天智达科技有限公司破产清算案

【典型意义】适用《破产网拍办法》以管理人名义独立发拍并成功拍卖处置破产财产，提高债务人财产清收率

6. 北京圣殿木业有限公司破产清算案

【典型意义】“执转破”；无利害关系人垫付破产费用，通过有财产案件管理人搭配无财产案件以交叉补贴保障案件及时启动和高效推进

7. 北京天润晟丰工程建设有限公司破产清算案

【典型意义】适用破产快审机制审结“三无”“僵尸企业”破产清算案

8. 北京佰能光电技术有限公司破产清算案

【典型意义】引入破产管理人执业责任保险，以市场化方式加强对管理人的履职保障，激发管理人履职的内生动力

9. 北京京西国利信机电设备有限公司破产清算案

【典型意义】法治化方式出清国有“僵尸企业”，助力国有企业“瘦身健体”提质增效

10. 北京顺兆圆商贸有限公司破产清算案

【典型意义】通过“执转破”案件会商机制实现执行程序与破产程序无缝对接及时出清“三无”“空壳企业”

第十七节　贵州省

2020 年 4 月 9 日贵州省高级人民法院发布全省执行《优化营商环境条例》“十大典型案例”之破产案例

1. 贵州国源矿业开发有限公司重整案

【典型意义】管理人“强强联合、责任连带”新模式；债权人会议、债权人委员会“双主席”制；原股东股权调减为零，融合债转股、小额债权一次清偿、自选不同清偿比例的留债或即时清偿模式顺利实现重整

2. 遵义市华玮房地产开发有限公司管理人诉胡小华等请求撤销个别清偿行为纠纷一案

【典型意义】管理人诉求撤销债务人在已出现破产原因时对个别债权人的清偿，依法保障全体债权人利益

3. 安顺市钢固达房地产开发有限公司破产重整案

【典型意义】重整计划在保证国有资产百分之百清偿；着重市场化判断运用有效资产继续“造血”，完成小额债权的清偿和三千多户房屋的交付

第十八节　湖北省

一、2020 年 9 月 19 日武汉市东西湖区人民法院发布破产审判白皮书（2016-2019 年度）所附典型案例 4 例

1. 家美天晟武汉置业发展有限公司破产重整案

【典型意义】坚持企业挽救　有效能动司法　恪守利益平衡

2. 武汉升阳置业发展有限公司破产重整案

【典型意义】府院联动化解社会群体矛盾　法治化、市场化的遴选重组程序实现企业脱困

3. 武汉市西郊汽车维修服务有限责任公司破产清算案

【典型意义】新冠肺炎封城期间指导管理人破产财产变价，有效激发和盘活破产财产价值保护众多中小债权人利益

4. 武汉吴家山市场物业管理有限责任公司等七家关联公司合并重整案

【典型意义】武汉市首例合并破产重整案，既依法保障全体债权人获得公平、有序、及时清偿，同时对地方经济发展，“优化营商环境，服务民生”具有较强的典型代表意义

二、2020年12月29日湖北省高级人民法院发布《全省法院开展涉企案件经济影响评估制度营造法治化营商环境典型案例》之破产案例

1. 七家关联企业合并重整　整体打造城市商业标杆——武汉吴家山市场物业管理有限责任公司等七家关联公司合并破产重整案

2. 上下端企业同步重整　产业链升级共铸新生——大冶市兴城铸造有限公司、大冶市航宇鑫宝管业有限公司申请破产清算、重整案

3. 全程发挥府院联动效能　10亿负债项目成功盘活——湖北福泰房地产开发有限公司、湖北中亿房地产开发有限公司破产清算案

4. 预重整进入破产程序　濒临破产企业焕发新生——十堰市恒久康华置业有限公司破产重整案

第三章

2020年应对新冠肺炎疫情处理有关破产案件典型案例

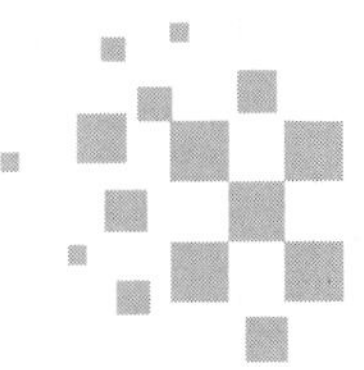

第一节　最高人民法院发布典型案例

一、2020年3月24日最高人民法院发布《全国法院服务保障疫情防控期间复工复产民商事典型案例（第一批）》之破产案例

龙游县宏泰食品有限公司恢复企业信用征信案

【典型意义】案结后延伸司法服务职能，为当事人纾难解困获得贷款资格，缓解企业复工复产融资困难

二、2020年3月31日最高人民法院发布《全国法院服务保障疫情防控期间复工复产民商事典型案例（第二批）》之“充分发挥司法拯救功能　促进困境企业重整再生”案例

1. 广东新港兴混凝土有限公司和解案

【典型意义】新冠疫情对和解协议执行造成不利影响，法院参照和解协议草案表决程序裁定认可变更后的和解协议执行方案确保和解协议顺利执行，避免企业因疫情影响面临破产清算

2. 江苏磐宇科技有限公司重整案

【典型意义】依法延长重整计划执行期，支持防疫物资生产，避免疫情影响企业重整

3. 浙江源生医药连锁有限公司重整案

【典型意义】重整程序托管维持企业持续运营，有效保障疫情期间防疫物资供应，促进债务人财产的保值增值保障相关当事人的合法权益

4. 安顺市顺成市场开发有限公司重整案

【典型意义】法院作出疫情防控期间破产管理人的工作提示，指导管理人制定疫情防控工作方案、疫情防护宣传手册，确保重整顺利推进与当地农产品稳定供应保障民生

5. 山东万鑫轮胎有限公司重整案

【典型意义】新冠疫情期间保障重整资金到位，依规稳定职工队伍，积极指导困境企业复产复工，确保重整计划顺利执行

6. 江苏苏醇酒业有限公司及关联公司合并重整案

【典型意义】重整计划执行监督期内法院根据疫情防控需要深入企业，为企业复工生产排忧解难，保证防疫物资驰援战“疫”一线

7. 四川西南医用设备有限公司执转破案

【典型意义】摒弃“一破了之”思想，指导企业生产自救，盘活企业优势资源，争取通过破产程序实现资源优化配置甚至企业“起死回生”

8. 银京医疗科技（上海）股份有限公司清算案

【典型意义】疫情防控期间适用“非现场会议表决规则”；“府院联动”实现服务疫情防控大局和各方利益共赢

第二节　地方人民法院、行业协会发布及媒体报道案例

一、2020 年 1 月 17 日山东省威海市经济技术开发区人民法院办理破产重整复产案例

威海鸿宇无纺布制品有限公司正式复工

【典型意义】疫情就是命令！法院紧急许可破产重整医疗企业恢复全线生产

二、2020 年 2 月 21 日《人民法院报》报道人民法院纾困破产重整企业抗疫案例

1. 北京朝阳法院及时纾困破产重整企业抗疫

【典型意义】支持重整企业加紧生产防控疫情物资，法院裁定批准延长重整计划草案提交时间

2. 深圳中院助重整企业复产民生物资

【典型意义】加速执行重整计划尽快恢复生产助力疫情防控

三、2020年2月28日四川省高级人民法院发布首批涉新冠肺炎疫情典型案例之破产案例

破产医用设备公司复产抗疫案

【典型意义】特事特办，府院联动恢复破产清算企业生产动能助力疫情防控

四、2020年3月10日湖南省高级人民法院发布涉疫情防控审判执行十大典型案例之破产案例

1. 湖南省娄底市凯泉房地产开发有限公司破产重整案

【典型意义】确保疫情防控安全复工复产执行重整计划，督促管理人做好基础准备工作保障后续重大协议签订

2. 益阳天业房地产投资开发有限公司破产清算案

【典型意义】破产财产分配阶段主动出击做好疫情防控，以保障后续工作顺利开展

五、2020年3月12日贵州省高级人民法院发布《贵州高院发布疫情防控十大典型案件》之破产案例

顺成公司破产重整案

【典型意义】疫情防控期间人民法院主动作为，助推管理人重整期间管理债务人营业事务顺利开展

六、2020年3月16日成都市中级人民法院发布《成都法院涉新冠肺炎疫情典型案例（第一批）》之破产案例

四川某医用设备有限公司“执转破”复工复产抗疫案

【典型意义】摒弃“一破了之”思想，指导企业生产自救，盘活企业优势资源，争取通过破产程序实现资源优化配置甚至企业“起死回生”

七、2020 年 3 月 31 日上海破产法庭发布八大典型案例之新冠肺炎防控期间处置企业事务破产案例

某医疗公司破产清算期间复工生产案

【典型意义】疫情防控期间适用“非现场会议表决规则”；“府院联动”实现服务疫情防控大局和各方利益共赢

八、2020 年 4 月 29 日福建省高级人民法院发布《福建法院服务保障疫情防控期间复工复产典型案例》之破产案例

福建某酒业有限公司破产重整案

【典型意义】司法保障“中华老字号”企业破产重整

九、2020 年 4 月 29 日江苏省破产管理人协会收集发布疫情防控期间管理人服务和管理破产企业的十个典型案例

1. 江苏磐宇科技有限公司（重整案）

【典型意义】灵活办案——依法延长重整计划执行日期、挽救企业的同时支持防疫物资生产。本案入选全国法院服务保障疫情防控期间复工复产民商事典型案例（第二批）

2. 江苏苏醇酒业有限公司及关联公司（合并重整案）

【典型意义】全方位协调——助推企业安全生产、合法经营和足量供应。本案入选全国法院服务保障疫情防控期间复工复产民商事典型案例（第二批）和 2019 年度江苏法院破产审判典型案例

3. 刚松防护科技股份有限公司（破产清算转重整案）

【典型意义】灵活变通——管理人聘请外部专业经营团队承包经营，复工复产确保防疫物资供应。管理人聘用专项法律顾问共同携手推进破产法律服务工作

4. 苏州瑞松金属材料有限公司（重整案）

【典型意义】裁定受理破产清算申请后企业坚持破产不停产，及时申请转入重整程序并顺利通过重整计划。疫情期间，危险化学品生产企业复工复产

要求高任务重难度大。本案系苏州市高新区第一例破产清算转重整案例

5. 中电电气集团有限公司（重整案）

【典型意义】疫情之下科技助力重整企业管理人工作，运用科技手段尝试网络债权申报和召开网络合并重整听证会。本案是南京市中级人民法院首例庭外重组转重整案例

6. 江苏华晟生物发电有限公司（破产清算转重整案）

【典型意义】裁定受理破产清算后，管理人申请破产不停产，聘请专业管理团队恢复生产经营。疫情之下努力完成设备大修和并网发电，为招募重整投资人推进重整程序打下良好基础

7. 江苏华明实业有限公司（重整案）

【典型意义】破产不停产，保障民生

8. 江阴锦澄钢铁有限公司、江阴市荣达经贸有限公司（程序合并重整）

【典型意义】疫情防范6S管理，实现年产能50万吨钢铁企业全员复工；灵活沟通方式，充分保护债权人知情权，确保重整计划草案表决通过；召开网络会议，依法延长重整计划草案提交期限

9. 南京久普混凝土有限公司（重整案）

【典型意义】府院联动大力促进民营企业间的良性互动，盘活破产企业资产，实现了实体经济优势资源的整合利用。法院创新司法手段，依法支持和保护民营企业，以个案实践兑现法院优化营商环境的司法承诺。在与政府相关部门的协调、联动下，多措并举引进重整投资人，仅用9个月完成重整

10. 宿迁市鼎鑫置业有限公司（破产清算案件）

【典型意义】借助府院联动机制，确保近5万平方米房地产项目工程顺利复工；切实采取疫情防控措施，确保疑似病例及时有效隔离；及时做好学区项目学生信息统计及汇报工作，确保学生顺利入学

十、2020年5月21日苏沪浙皖四地高院联合发布长三角地区人民法院第一批典型案例之个人债务集中清理及企业破产案例

1. 蔡某个人债务集中清理案

【典型意义】在现有法律框架内促成债务人取得债权人的谅解“重获新生”，为我国个人破产制度的建立探索实践经验

2. 某防护科技公司疫情期间破产清算重整案

【典型意义】灵活变通——管理人聘请外部专业经营团队承包经营，复工复产确保防疫物资供应。管理人聘用专项法律顾问共同携手推进破产法律服务工作

3. 龙游县某公司疫情期间恢复企业信用征信案

【典型意义】案结后延伸司法服务职能，为当事人纾难解困获得贷款资格，缓解企业复工复产融资困难

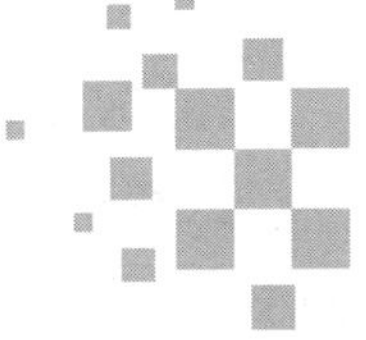

第四章 企业兼并重组、改制典型案例

〔最高人民法院民事审判第二庭：最高人民法院商事审判指导丛书《企业改制、破产与重整案件审判指导》（第一章 企业兼并与改制），法律出版社2018年1月第2版〕

1. 企业出售时，出卖方隐瞒和遗漏债务的清偿责任

2. 企业兼并产生的借款债务之确认以及政府解除兼并之后相关担保人的民事责任

【案例指导】中国东方资产管理公司武汉办事处为与冶钢集团有限公司、黄石市国有资产经营有限公司借款担保纠纷案

3. 吸收合并情形下，被兼并的债务企业未依法注销，兼并方与被兼并方应承担连带清偿责任

【案例指导】重庆索特（集团）有限责任公司与忠县农村信用合作社等借款合同纠纷案

4.《企业改制规定》第7条的适用与反向揭开公司面纱制度

【案例指导】中国工商银行股份有限公司抚顺分行与抚顺铝业有限公司等借款合同纠纷案

5. 企业将其财产作为出资与他人组建新公司，并取得相应股权，能否适用《企业改制规定》第7条的规定要求新设公司对原企业的债务承担责任？

6. 改制企业侵犯职工权益，可否据此主张改制无效及原告的主体资格问题

7. 企业改制前的债务由改制后的企业承担

【公报案例】东方公司南宁办事处诉舞阳神公司等借款担保合同纠纷案

8. 关于债务人借企业公司改制逃债的处理

9. 股东以其控股企业用以抵偿其债务的财产投入其所属的另一家公司中进行增资扩股不是企业改制行为

【案例指导】桦林轮胎股份有限公司与金杯汽车股份有限公司等买卖合同

纠纷案

10. 股权分置改革中股改方案的合法性判断及流通股股东利益保护的问题

【指导案例】兰州神骏物流有限公司与兰州民百（集团）股份有限公司侵权纠纷案

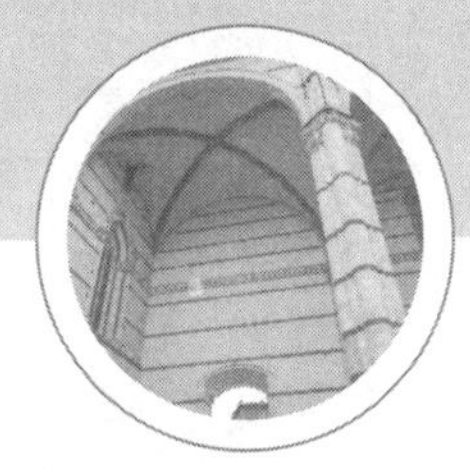

第四编

公司解散清算与企业破产常用法律文书样式

第一章

公司诉讼解散、司法清算法律文书参考样式

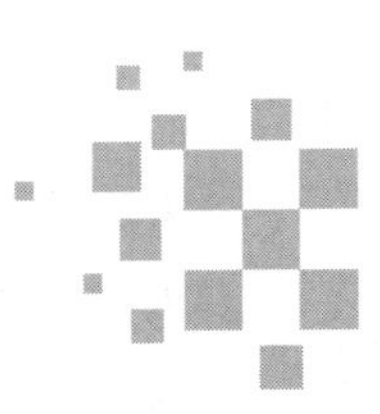

（本章附录全文）

第一节　当事人提起、参与解散公司诉讼的法律文书参考样式

参考样式 1　当事人请求解散公司的《民事起诉状》

参考样式 2　被告公司不同意解散公司的《民事答辩状》

参考样式 3　其他股东申请以共同原告或第三人身份参加诉讼的《参加诉讼申请书》

第二节　当事人申请、参与公司司法清算的法律文书参考样式

参考样式 4　债权人或者股东请求人民法院指定清算组对公司进行清算的《清算申请书》

参考样式 5　被申请人对清算申请书提出异议的《清算异议申请书》

第三节　公司诉讼解散、司法清算人民法院的法律文书参考样式

参考样式 6　对解散公司纠纷案的一审《判决书》

参考样式 7　申请公司清算案受理前举行听证致申请人的《听证通知书》

参考样式 8　申请公司清算案受理前举行听证致被申请人的《听证通知书》

参考样式 9　收到公司清算申请后未召开听证会通知被申请人的《通知书》

参考样式 10　受理债权人或者股东清算公司申请的《民事裁定书》

参考样式11　不予受理债权人或者股东的公司清算申请的《民事裁定书》

参考样式12　受理公司清算申请后指定清算组的《决定书》

参考样式13　确定清算组报酬方案的《通知书》

参考样式14　受理公司清算申请后经审查发现申请不符合法律规定驳回申请的《民事裁定书》

参考样式15　上级法院维持或撤销下级法院的不予受理清算申请的《民事裁定书》

参考样式16　上级法院维持或撤销下级法院的驳回清算申请的《民事裁定书》

参考样式17　受理公司清算申请前、后准许或者不准许申请人撤回申请的《民事裁定书》

参考样式18　公司清算受理申请后根据清算申请人或者清算组的申请作出的财产保全《民事裁定书》

参考样式19　依清算组申请或依人民法院职权更换清算组或者清算组成员的《决定书》

参考样式20　对清算组提交的清算方案予以确认或不予确认的《民事裁定书》

参考样式21　准予/不准予清算组申请延长清算期限的《决定书》

参考样式22　对清算组提交的清算终结报告予以确认或不予确认的《民事裁定书》

参考样式23　对清算组以无法全面清算、无法清算为由提请终结公司清算程序的《民事裁定书》

参考样式24　对协商债务清偿方案清算组申请认可的《民事裁定书》

参考样式25　对协商债务清偿结束清算组申请终结公司清算程序的《民事裁定书》

参考样式26　清算结束对清算组申请终结公司清算程序的《民事裁定书》

参考样式27　制裁妨碍清算行为的《拘留决定书》

参考样式28　制裁妨碍清算行为的《罚款决定书》

参考样式29　上级法院维持或撤销下级法院拘留、罚款决定书的《复议

第四节　公司司法清算中清算组的工作文书参考样式

第二章

当事人申请、参与破产程序法律文书参考样式

（本章附录全文）

第一节　当事人申请破产程序法律文书参考样式

参考样式 1　债权人对一般企业法人债务人提起破产程序的《破产重整/破产清算申请书》

参考样式 2　一般企业法人债务人自己提起破产程序的《破产重整/破产和解/破产清算申请书》

参考样式 3　清算责任人或清算组申请对未清算或者未清算完毕的企业法人提起破产程序的《破产清算申请书》

参考样式 4　债权人申请对债务人进行破产清算，破产宣告前债务人或债务人的出资人提起破产重整程序的《破产重整申请书》

参考样式 5　国有企业债务人自己提起破产程序的《破产重整/破产和解/破产清算申请书》

参考样式 6　债权人对上市公司提起破产程序的《破产重整/者破产清算申请书》

参考样式 7　上市公司自己提起破产程序的《破产重整/破产和解/破产清算申请书》

参考样式 8　国务院金融监督管理机构向人民法院对金融机构提起破产程序的《破产重整/破产清算申请书》

第二节　债权人申报债权相关法律文书参考样式

参考样式 9　《债权申报书》

参考样式10　《债权申报表》

参考样式11　《债权异议申请书》

参考样式12　债务人对债权人/债权人对自己、他人提起破产债权确认之诉的《民事起诉状》

第三节　债权人会议、债权人委员会、债权人有关异议、复议申请书参考样式

参考样式13　债权人会议、债权人委员会通过债权人会议决议要求更换管理人的《更换管理人申请书》

参考样式14　债权人会议对管理人报酬异议的《管理人报酬异议申请书》

参考样式15　债权人委员会请求人民法院就监督事项作出决定的《申请书》

参考样式16　债权人请求人民法院撤销债权人会议决议并责令其重新作出决议的《申请书》

参考样式17　债权人对人民法院强制裁定的债务人财产管理方案、破产财产变价方案或破产财产分配方案不服申请复议的《复议申请书》

参考样式18　单个债权人查阅有关资料管理人无正当理由不予提供债权人请求人民法院作出决定的《申请书》

第四节　企业破产程序衍生诉讼有关法律文书样式

参考样式19　债权人诉求确认自己债权成立的《民事起诉状》

参考样式20　取回权诉讼《民事起诉状》

参考样式21　破产抵消权诉讼《民事起诉状》

参考样式22　别除权诉讼《民事起诉状》

第三章

破产程序中人民法院法律文书样式

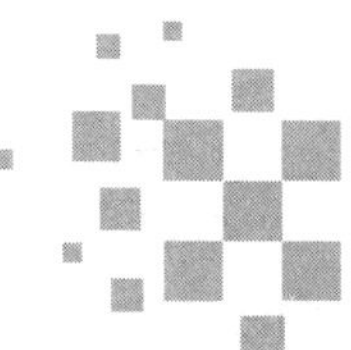

第一节 最高人民法院印发破产程序人民法院法律文书样式

一、2011 年 2 月 17 日人民法院报公布最高人民法院研究室审定《破产公告常用格式》

二、2011 年 10 月 13 日最高人民法院印发《人民法院破产程序法律文书样式（试行）》

最高人民法院关于印发《人民法院破产程序法律文书样式（试行）》的通知（法办发〔2011〕12 号）

一、破产程序通用文书样式

文书样式 1 指定管理人《决定书》
文书样式 2 告知债务人有关人员的相关义务《通知书》
文书样式 3 指定债权人会议主席《决定书》
文书样式 4 认可债权人委员会成员《决定书》
文书样式 5 确认债权表记载的无争议债权的《民事裁定书》
文书样式 6 临时确定债权额《决定书》
文书样式 7 撤销债权人会议决议/驳回债权人申请的《民事裁定书》
文书样式 8 针对监督事项作出的《决定书》
文书样式 9 许可管理人为某些行为的《复函》
文书样式 10 批准或驳回债权人会议、债权人委员会更换管理人的申请的《决定书》

文书样式 11　依职权更换管理人《决定书》

文书样式 12　许可或驳回管理人辞职申请《决定书》

文书样式 13　更换管理人《公告》

文书样式 14　确定管理人报酬方案《通知书》

文书样式 15　调整管理人报酬方案《通知书》

文书样式 16　认可或驳回债权人会议、债权人委员会关于管理人报酬异议的《决定书》

文书样式 17　确定管理人应收取的报酬数额的决定书

文书样式 18　《拘留决定书》

文书样式 19　《罚款决定书》

文书样式 20　维持或撤销下级法院拘留、罚款决定书的《复议决定书》

二、破产清算程序使用文书样式

文书样式 21　收到破产清算申请后通知债务人的《通知书》

文书样式 22　受理债权人的破产清算申请的《民事裁定书》

文书样式 23　受理债权人的破产清算申请后通知债务人提交材料的《通知书》

文书样式 24　受理债务人的破产清算申请的《民事裁定书》

文书样式 25　受理对已解散企业法人负有清算义务的人的破产清算申请的《民事裁定书》

文书样式 26　不予受理债权人的破产清算申请的《民事裁定书》

文书样式 27　不予受理债务人的破产清算申请的《民事裁定书》

文书样式 28　不予受理对已解散企业法人负有清算义务的人的破产清算申请的《民事裁定书》

文书样式 29　上级法院维持或撤销下级法院不予受理破产清算申请的《民事裁定书》

文书样式 30　驳回债权人的破产清算申请的《民事裁定书》

文书样式 31　驳回债务人的破产清算申请的《民事裁定书》

文书样式 32　驳回对已解散企业法人负有清算义务的人的破产清算申请的《民事裁定书》

文书样式 33　上级法院维持或撤销下级法院的驳回破产清算申请的《民

事裁定书》

文书样式 34　受理破产清算申请后通知已知债权人的《通知书》

文书样式 35　受理破产清算申请的《公告》

文书样式 36　宣告债务人破产《民事裁定书》

文书样式 37　债务人财产不足清偿破产费用时宣告债务人破产并终结破产程序的《民事裁定书》

文书样式 38　宣告债务人破产《公告》

文书样式 39　债务人财产不足清偿破产费用时宣告债务人破产并终结破产程序的《公告》

文书样式 40　经管理人申请对债权人会议表决未通过的债务人财产管理方案予以认可或不予认可的《民事裁定书》

文书样式 41　经管理人申请对债权人会议表决未通过的破产财产变价方案予以认可或不予认可的《民事裁定书》

文书样式 42　经管理人申请对债权人会议两次表决未通过的破产财产分配方案予以认可或不予认可的《民事裁定书》

文书样式 43　维持或撤销本院民事裁定书的《复议决定书》

文书样式 44　经管理人申请对债权人会议已经通过的破产财产分配方案予以认可或不予认可的《民事裁定书》

文书样式 45　终结破产程序《民事裁定书》

文书样式 46　终结破产程序《公告》

文书样式 47　管理人终止执行职务《决定书》

文书样式 48　追加分配破产财产《民事裁定书》

三、破产重整程序使用文书样式

文书样式 49　收到重整申请后通知债务人的《通知书》

文书样式 50　受理债权人直接提出的破产重整申请的《民事裁定书》

文书样式 51　受理债权人提出的破产重整申请后通知债务人提交材料的《通知书》

文书样式 52　受理债务人直接提出的破产重整申请的《民事裁定书》

文书样式 53　受理破产申请后宣告债务人破产前裁定债务人重整的《民事裁定书》

文书样式54　受理债权人或债务人直接提出的破产重整申请的《公告》

文书样式55　受理破产清算申请后宣告债务人破产前裁定债务人重整的《公告》

文书样式56　不予受理债权人直接提出的破产重整申请的《民事裁定书》

文书样式57　不予受理债务人直接提出的破产重整申请的《民事裁定书》

文书样式58　不予受理债务人或其出资人在人民法院受理破产申请后宣告债务人破产前提出的破产重整申请的《民事裁定书》

文书样式59　上级法院维持或撤销下级法院不予受理破产重整申请的《民事裁定书》

文书样式60　许可债务人自行管理财产和营业事务的《决定书》

文书样式61　受理债权人或债务人直接提出的破产重整申请后通知已知债权人的《通知书》

文书样式62　同意董事、监事、高级管理人员向第三人转让股权的《复函》

文书样式63　许可对债务人特定财产享有优先权的担保权人恢复行使担保权的《复函》

文书样式64　设立小额债权人组的《决定书》

文书样式65　根据管理人或利害关系人申请终止重整程序的《民事裁定书》

文书样式66　法院直接裁定终止重整程序的《民事裁定书》

文书样式67　根据管理人或利害关系人申请终止重整程序并宣告债务人破产的《公告》

文书样式68　法院直接裁定终止重整程序并宣告债务人破产的《公告》

文书样式69　延长重整计划草案提交期限的《民事裁定书》

文书样式70　批准重整计划的《民事裁定书》

文书样式71　批准重整计划草案的《民事裁定书》

文书样式72　不批准重整计划的《民事裁定书》

文书样式73　不批准重整计划草案的《民事裁定书》

文书样式74　批准重整计划或重整计划草案并终止重整程序的《公告》

文书样式75　不批准重整计划或重整计划草案并终止重整程序宣告债务人破产的《公告》

文书样式76　批准或不批准管理人延长重整计划执行的监督期限申请的《民事裁定书》

文书样式77　终止重整计划的执行宣告债务人破产的《民事裁定书》

文书样式78　批准或不批准债务人延长重整计划执行期限申请的《民事裁定书》

文书样式79　要求相关单位协助执行重整计划的《通知书》

四、和解程序使用文书样式

文书样式80　受理债务人直接提出的和解申请的《民事裁定书》

文书样式81　受理破产清算申请后根据债务人申请裁定债务人和解的《民事裁定书》

文书样式82　不予受理债务人直接提出的和解申请的《民事裁定书》

文书样式83　受理破产申请后裁定不予受理债务人提出的和解申请的《民事裁定书》

文书样式84　上级法院维持或撤销下级法院不予受理和解申请的《民事裁定书》

文书样式85　裁定受理债务人直接提出的和解申请的《公告》

文书样式86　受理破产申请后宣告债务人破产前裁定债务人和解的《公告》

文书样式87　裁定受理债务人直接提出的和解申请后通知已知债权人的《通知书》

文书样式88　认可或不认可和解协议的《民事裁定书》

文书样式89　和解协议草案未获通过时裁定终止和解程序的《民事裁定书》

文书样式90　确认和解协议无效的《民事裁定书》

文书样式91　终止和解协议的执行的《民事裁定书》

文书样式92　认可债务人与全体债权人自行达成的债权债务处理协议的《民事裁定书》

文书样式93　认可和解协议并终止和解程序的《公告》

文书样式94　终止和解程序并宣告债务人破产的《公告》

五、破产衍生诉讼使用文书样式

文书样式95　破产撤销权诉讼一审《民事判决书
文书样式96　破产抵消权诉讼一审《民事判决书》
文书样式97　破产债权确认诉讼一审《民事判决书》
文书样式98　取回权诉讼一审《民事判决书》
文书样式99　别除权诉讼一审《民事判决书》
文书样式100　确认债务人无效行为诉讼一审《民事判决书》
文书样式101　对外追收债权或财产诉讼一审《民事判决书》
文书样式102　追收出资诉讼一审《民事判决书》
文书样式103　追收非正常收入诉讼一审《民事判决书》
文书样式104　损害债务人利益赔偿诉讼一审《民事判决书》
文书样式105　管理人承担赔偿责任诉讼一审《民事判决书》

第二节　地方人民法院印发破产程序人民法院法律文书样式

一、2018年4月19日《深圳市中级人民法院关于执行案件移送破产审查的操作指引（试行）》附件法律文书样式

一、执行法院制作

文书样式1　人民法院告知、征询申请执行人、被执行人移送破产审查意见的《执行案件移送破产审查确认书》

文书样式2　申请执行人、被执行人申请移送破产审查的《执行案件移送破产审查申请书》

文书样式3　执行法院将执行案件移送破产审查的《决定书》

文书样式4　执行法院致破产法院的《执行案件移送破产审查的情况说明》

二、破产法院制作

文书样式5　破产法院受理执行申请人同意移送破产审查案件的《民事裁

定书》

文书样式6　破产法院受理被执行人同意移送破产审查案件的《民事裁定书》

文书样式7　破产法院通知未知债权人申报债权等事项的《公告》

文书样式8　人民法院指定管理人《决定书》

文书样式9　人民法院对执行移送破产案件适用简易程序的《决定书》

文书样式10　人民法院告知当事人审理破产案件合议庭组成人员的《通知书》

文书样式11　破产法院要求有关法院中止诉讼、执行程序的《通知书》

文书样式12　人民法院告知债务人及其有关人员承担有关义务事项的《通知书》

文书样式13　人民法院向已知债权人发出的申报债权等事项的《通知书》

文书样式14　人民法院致公安机关准予管理人刻制公章的《刻制公章函》

二、2018年5月31日《广西壮族自治区高级人民法院关于执行案件移送破产审查的规范指引（试行）》附件执行移送破产审查案件法律文书样式

一、执行法院制作

文书样式1　《执行案件移送破产审查确认书》

文书样式2　当事人《执行案件移送破产审查申请书》

文书样式3　执行法院移送破产审查《决定书》

文书样式4　执行法院致破产法院《执行案件移送破产审查的情况说明》

二、受移送法院制作

文书样式5　受理债权人申请破产程序的《民事裁定书》

文书样式6　受理债务人申请破产程序的《民事裁定书》

文书样式7　受理执行移送破产申请的《公告》

文书样式 8　指定管理人《决定书》
文书样式 9　告知申请人/被申请人合议庭组成人员《通知书》
文书样式 10　告知有关人民法院中止诉讼及执行的《通知书》
文书样式 11　告知债务人有关义务的《通知书》
文书样式 12　告知已知债权人申报债权的《通知书》
文书样式 13　致公安机关管理人刻制公章的《函》

三、2019 年 9 月 4 日《成都市中级人民法院破产案件立案审查规程》等四个规范性文件附件常用法律文书样式

一、《成都市中级人民法院破产案件立案审查规程》常用法律文书样式

常用法律文书样式 1　要求申请破产程序的债权人补充补正材料的《通知书》

常用法律文书样式 2　要求申请破产程序的债务人补充补正材料的《通知书》

常用法律文书样式 3　告知申请人向有管辖权的人民法院提出申请的《通知书》

常用法律文书样式 4　致有管辖权的基层法院对未处理破产申请依法处理的《函》

二、《成都市中级人民法院执行案件移送破产审查立案审查规程》常用法律文书样式

常用法律文书样式 1　致辖区内法院对移送案件补充补正材料的《函》
常用法律文书样式 2　对异地基层法院移送案件退回的《函》
常用法律文书样式 3　致异地中级人民法院对移送案件补充补正材料的《函》

三、《成都市中级人民法院强制清算案件立案审查规程》常用法律文书样式

常用法律文书样式1　告知申请人补充补正材料的《通知书》

常用法律文书样式2　通知申请人向有管辖权的人民法院提出申请的《告知书》

四、《成都市中级人民法院破产案件受理审查规程》常用法律文书样式

常用法律文书样式1　告知申请人立案、合议庭组成人员情况（以债权人申请债务人破产清算示例）的通知书

常用法律文书样式2　告知被申请人立案、合议庭组成人员情况及异议权利（以债权人申请债务人破产清算示例）的《通知书》

常用法律文书样式3　债务人及债务人人员下落不明告知被申请人立案、合议庭组成人员情况及异议权利（以债权人申请债务人破产清算示例）的《公告》

常用法律文书样式4　告知申请人参加听证（以债权人申请债务人破产清算示例）的《通知书》

常用法律文书样式5　告知被申请人参加听证（以债权人申请债务人破产清算示例）的《通知书》

四、2020年4月24日《济南市中级人民法院关于破产案件简化审理程序操作规程（试行）》附件有关法律文书样式

文书样式1　《决定书（债权人或清算义务人申请用）》（作出简化审理程序决定用）

文书样式2　《决定书（债务人申请用）》（作出简化审理程序决定用）

文书样式3　《决定书（债权人或清算义务人申请用）》（转换程序用）

文书样式4　《决定书（债务人申请用）》（转换程序用）

第四章

破产管理人工作文书样式

第一节 人民法院印发破产管理人工作文书样式

一、2011年10月13日最高人民法院印发破产管理人工作文书样式

最高人民法院关于印发《管理人破产程序工作文书样式（试行）》的通知（法办发〔2011〕13号）

一、破产程序通用文书样式

文书样式1 要求债务人的债务人清偿债务的《通知书》
文书样式2 要求债务人的财产持有人交付财产的《通知书》
文书样式3 解除双方均未履行完毕的合同的《通知书》
文书样式4 继续履行双方均未履行完毕的合同的《通知书》
文书样式5 继续履行合同提供担保的《通知书》
文书样式6 回复相对人催告继续履行合同的《通知书》
文书样式7 解除财产保全措施《告知函》
文书样式8 中止执行程序《告知函》
文书样式9 告知相关法院/仲裁机构中止法律程序的《告知函》
文书样式10 告知相关法院/仲裁机构可以恢复法律程序的《告知函》
文书样式11 《关于提请人民法院许可聘用工作人员的报告》
文书样式12 《关于提请人民法院许可继续/停止债务人营业的报告》
文书样式13 《关于拟实施处分债务人财产行为的报告》
文书样式14 《关于提请人民法院许可确定管理人报酬方案的报告》
文书样式15 《关于提请债权人会议审查管理人报酬方案的报告》

文书样式16 《关于提请人民法院调整管理人报酬方案的报告》
文书样式17 《关于提请债权人会议调整管理人报酬方案的报告》
文书样式18 《关于提请人民法院准予管理人收取报酬的报告》
文书样式19 向债务人财产不法占有人追回债务人财产的《通知书》
文书样式20 要求相对人撤销担保的《通知书》
文书样式21 要求债务人的出资人补缴出资的《通知书》
文书样式22 要求债务人的高管返还财产的《通知书》
文书样式23 要求取回担保物的《通知书》
文书样式24 决定是否同意权利人取回财产的《通知书》
文书样式25 要求出卖人交付在途标的物的《通知书》
文书样式26 是否同意抵消的《通知书》
文书样式27 《关于破产费用、共益债务清偿情况的报告》
文书样式28 《关于债务人财产不足以清偿破产费用提请人民法院终结破产程序的报告》
文书样式29 《关于×××（债务人名称）职工债权的公示》
文书样式30 回复职工对债权清单的异议的《通知书》
文书样式31 《关于提请债权人会议核查债权的报告》
文书样式32 《关于提请人民法院确认无异议债权的报告》
文书样式33 《管理人执行职务的工作报告》
文书样式34 《关于×××（债务人名称）财产状况的报告》
文书样式35 《关于×××（债务人名称）财产管理方案的报告》
文书样式36 通知债权人参加债权人会议《通知书》
文书样式37 《关于提议召开债权人会议的报告》
文书样式38 《关于提请人民法院裁定债权人会议表决未通过的××方案的报告》

二、破产清算程序使用文书样式

文书样式39 《关于提请债权人会议审议破产财产变价方案的报告》
文书样式40 《×××（破产人名称）破产财产变价方案》
文书样式41 《关于提请债权人会议审议破产财产分配方案的报告》
文书样式42 《×××（破产人名称）破产财产分配方案》

文书样式 43　《关于提请人民法院裁定认可破产财产分配方案的报告》

文书样式 44　破产财产中间分配的《公告》

文书样式 45　破产财产最后分配的《公告》

文书样式 46　《关于破产财产分配执行情况的报告》

文书样式 47　破产人无财产可供分配时《关于提请人民法院裁定终结破产程序的报告》

文书样式 48　破产财产最后分配完结时《关于提请人民法院裁定终结破产程序的报告》

文书样式 49　《关于管理人终止执行职务的报告》

三、重整程序使用文书样式

文书样式 50　重整期间决定是否同意权利人取回财产的《通知书》

文书样式 51　《关于提请人民法院终止重整程序的报告》

文书样式 52　《关于提请审议重整计划草案的报告》

文书样式 53　《关于申请延期提交重整计划草案的报告》

文书样式 54　《关于提请人民法院裁定批准已经债权人会议通过的重整计划的报告》

文书样式 55　《关于提请人民法院裁定批准债权人会议未通过的重整计划草案的报告》

文书样式 56　《关于重整计划执行情况的监督报告》

文书样式 57　《关于申请延长重整计划执行的监督期限的报告》

文书样式 58　《关于提请人民法院裁定终止重整计划执行的报告》

四、和解程序使用文书样式

文书样式 59　《关于管理人执行职务的工作报告》

二、2020 年 3 月上海市破产法庭制作推荐管理人工作系列文本参考样式

参考样式 1　《×××（债务人名称）破产清算/重整/和解案管理人执行职务的工作报告》

参考样式 2　《关于提请×××（债务人名称）债权人会议核查债权的报告》

参考样式 3 《×××（债务人名称）破产清算/重整/和解案采取非现场方式表决的方案》

参考样式 4 《×××（债务人名称）财产管理方案》

参考样式 5 《×××（债务人名称）财产变价方案》

参考样式 6 《×××（债务人名称）接管清单》

第二节 有关行业协会印发破产管理人工作文书样式

一、2014 年 10 月 8 日深圳市律师协会《律师担任破产案件管理人债权申报及审查业务指导标准》附件文书样式

文书样式 1 《债权申报表》

文书样式 2 《债权申报书》

文书样式 3 《债权申报人提交文件清单》

文书样式 4 《债权申报人信息确认表》

文书样式 5 《债权申报登记表》

文书样式 6 《债权初步审核函》

文书样式 7 《债权复核通知书》

文书样式 8 《有财产担保债权表》

文书样式 9 《普通债权表》

文书样式 10 《无表决权组债权表》

文书样式 11 《劳动债权表》

文书样式 12 《债权异议申请表》

文书样式 13 《债权申报须知》

二、2019 年 11 月 28 日浙江省注册会计师协会印发《财产状况报告编制指引（试行）（适用于非金融企业破产重整）》附件参考样式

关于×××（债务人名称）财产状况的报告（适用于非金融企业破产重整）

三、2020年5月6日成都市破产管理人协会印发《破产案件债权审核认定指引（试行）》附件文书样式

文书样式1　《债权申报材料清单》
文书样式2　《法定代表人（负责人）身份证明书》
文书样式3　《授权委托书》
文书样式4　《债权人送达信息确认书》
文书样式5　《债权申报表》
文书样式6　《债权申报书》
文书样式7　《债权申报回执》
文书样式8　《限期补充债权申报材料的通知》
文书样式9　《债权申报统计表》
文书样式10　《债权审查初步审查结论通知》
文书样式11　《债权复核结论通知》
文书样式12　《债权表》
文书样式13　《暂缓确认债权表》
文书样式14　《职工债权复核结论通知》

第三节　破产管理人其他工作文书参考样式

（本节附录全文）

参考样式1　《关于提请对管理人工作团队备案的报告》
参考样式2　《关于提请对管理人管理工作规章制度备案的报告》
参考样式3　《管理人工作规程》
参考样式4　《管理人会议议事规则》
参考样式5　《管理人财务收支管理制度》
参考样式6　《管理人证照印章管理制度》
参考样式7　《管理人文书档案管理制度》
参考样式8　《管理人工作保密制度》
参考样式9　《重大突发事件应急预案》
参考样式10　被指定担任管理人的中介机构申请本机构或人员回避的

《回避申请书》

参考样式 11　被指定担任管理人的个人申请回避的《回避申请书》

参考样式 12　《×××管理人关于债务人接管和债务人财产调查方案的报告》

参考样式 13　《债务人接管和债务人财产调查方案》

参考样式 14　第一次债权人会议召开前管理人致人民法院《×××管理人关于×××破产重整/破产和解/破产清算案债权申报登记和审查情况的报告》

参考样式 15　第一次债权人会议召开前管理人致人民法院《×××管理人关于推荐债权人会议主席人选的报告》

参考样式 16　第一次债权人会议召开前管理人致人民法院《×××管理人关于推荐债权人委员会成员候选人的报告》

参考样式 17　第一次债权人会议召开前管理人致人民法院《×××管理人关于提请临时确定个别债权人的债权额的报告》

参考样式 18　《债务人财产管理方案》

参考样式 19　《破产财产变价方案》

参考样式 20　《破产财产分配方案》

参考样式 21　《重整计划草案》

参考样式 22　《和解协议草案》

参考样式 23　《重整、和解期间债务人财产管理制度》

参考样式 24　《重整期间债务人合同管理制度》

参考样式 25　《债务人安全保卫管理制度》

参考样式 26　《留守管理制度》

附 录

法律文书样式原创部分全文*

* 法律文书样式原创部分为本书编者编写。

第一章

公司诉讼解散、司法清算法律文书参考样式

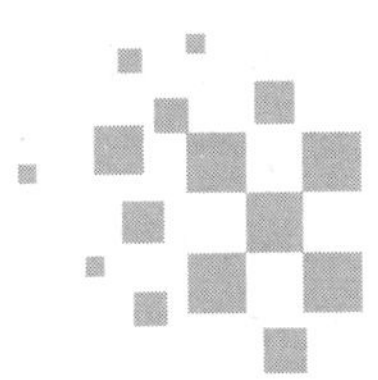

第一节　当事人提起、参与解散公司诉讼的法律文书样式

◇ 参考样式 1　当事人请求解散公司的《民事起诉状》

民事起诉状

原告：自然人股东的姓名、性别、年龄、民族、职业、工作单位、住所、联系方式，或者法人、其他组织股东的名称、住所和法定代表人或主要负责人的姓名、职务、联系方式。

被告：被请求解散公司的名称、住所和法定代表人的姓名、职务、联系方式。

第三人：其他股东。（是否列为第三人需要根据其他股东具体态度确定：其他股东同意解散公司并愿意诉讼解决的，可以加入列为原告；其他股东同意解散公司不愿意诉讼解决的，或者不同意解散公司的，可以列为第三人，或者由人民法院通知或其申请参加诉讼。）

请求事项：

1. 判决×××公司解散。
2. 决定本案诉讼费用由被告承担。

事实和理由：

1. 被告设立及原告成为被告公司股东情况。
2. 被告具有《中华人民共和国企业破产法》第一百八十二条规定情形，

包括（一）公司持续两年以上无法召开股东会或者股东大会，公司经营管理发生严重困难的；或/及（二）股东表决时无法达到法定或者公司章程规定的比例，持续两年以上不能做出有效的股东会或者股东大会决议，公司经营管理发生严重困难的；（三）公司董事长期冲突，且无法通过股东会或者股东大会解决，公司经营管理发生严重困难的；（四）经营管理发生其他严重困难，公司继续存续会使股东利益受到重大损失的情形。

原告提起解散公司诉讼已经告知其他股东×××、×××……，他们不同意解散公司；或者他们同意解散公司但不愿意通过诉讼程序解决；或者其中×××同意解散公司但不愿意参加起诉；×××不同意解散公司。

综上所述，被告公司经营管理发生严重困难，继续存续会使股东利益受到重大损失，通过协商等其他途径不能解决，原告为维护自身合法权益，特依据《中华人民共和国公司法》第一百八十二条规定，诉请对被告公司予以解散。

此致

×××人民法院

具状人：（签名/盖章）

××××年××月××日

附：

1. 本状副本×份；
2. 证明原告主体资格的居民身份证/营业执照等文件；
3. 证明被告公司主体资格的营业执照等文件；
4. 证明原告是被告公司股东的证据；
5. 证明被告公司存在可以诉讼解散的事实的证据；
6. 其他相关证据。

法律依据：

《中华人民共和国公司法》第一百八十二条　公司经营管理发生严重困难，继续存续会使股东利益受到重大损失，通过其他途径不能解决的，持有公司全部股东表决权百分之十以上的股东，可以请求人民法院解散公司。

《最高人民法院关于适用〈中华人民共和国公司法〉若干问题的规定

（二）》第一条　单独或者合计持有公司全部股东表决权百分之十以上的股东，以下列事由之一提起解散公司诉讼，并符合公司法第一百八十二条规定的，人民法院应予受理：

（一）公司持续两年以上无法召开股东会或者股东大会，公司经营管理发生严重困难的；

（二）股东表决时无法达到法定或者公司章程规定的比例，持续两年以上不能做出有效的股东会或者股东大会决议，公司经营管理发生严重困难的；

（三）公司董事长期冲突，且无法通过股东会或者股东大会解决，公司经营管理发生严重困难的；

（四）经营管理发生其他严重困难，公司继续存续会使股东利益受到重大损失的情形。

《最高人民法院关于适用〈中华人民共和国公司法〉若干问题的规定（二）》第四条　股东提起解散公司诉讼应当以公司为被告。

原告以其他股东为被告一并提起诉讼的，人民法院应当告知原告将其他股东变更为第三人；原告坚持不予变更的，人民法院应当驳回原告对其他股东的起诉。

原告提起解散公司诉讼应当告知其他股东，或者由人民法院通知其参加诉讼。其他股东或者有关利害关系人申请以共同原告或者第三人身份参加诉讼的，人民法院应予准许。

◇ 参考样式 2　被告公司不同意解散公司的《民事答辩状》

民事答辩状

答辩人（被告）：被请求解散公司的名称、住所和法定代表人的姓名、职务、联系方式。

被答辩人（原告）：请求解散公司的自然人股东姓名、性别、年龄、民族、职业、工作单位、住所、联系方式，或者法人、其他组织股东的名称、住所和法定代表人或主要负责人的姓名、职务、联系方式。

第三人：其他股东。（是否列第三人需要根据原告提起诉讼时是否列有，及人民法院是否已经通知或其已经申请以第三人身份参加诉讼确定。）

（事由） 因被答辩人诉答辩人公司解散纠纷一案，答辩人认为其不具备原告的主体资格或起诉资格，或者其诉求没有或者缺乏事实和法律依据，不能成立，答辩人特答辩如下：

答辩请求：

1. 判决驳回被答辩人×××解散答辩人公司的诉讼请求；
2. 决定本案诉讼费用由被答辩人承担。

事实和理由：

1. 答辩人公司设立及公司股东构成情况，被答辩人不属于答辩人公司股东或者其单独或者合计持有答辩人公司全部股东表决权不足百分之十的事实；

2. 答辩人公司设立及公司股东构成情况，答辩人公司经营管理历史及现状；答辩人不具有《中华人民共和国企业破产法》第一百八十二条规定情形，包括（一）公司持续两年以上无法召开股东会或者股东大会，公司经营管理发生严重困难的；或/及（二）股东表决时无法达到法定或者公司章程规定的比例，持续两年以上不能作出有效的股东会或者股东大会决议，公司经营管理发生严重困难的；（三）公司董事长期冲突，且无法通过股东会或者股东大会解决，公司经营管理发生严重困难的；（四）经营管理发生其他严重困难，公司继续存续会使股东利益受到重大损失的情形。及原告提起解散公司诉讼虽然已经告知其他股东×××、×××……，但他们不同意解散公司。

综上所述，被答辩人不是答辩人公司的合格股东，或其单独或者合计持有答辩人公司全部股东表决权不足百分之十，不具有提起解散答辩人公司的主体资格、起诉资格；或者答辩人公司经营管理并未发生严重困难，不存在继续存续会使股东利益受到重大损失，通过协商等其他途径不能解决的情形，为维护公司全体股东合法权益，答辩人特依据《中华人民共和国民事诉讼法》第一百一十九条第（一）项规定，或者《中华人民共和国公司法》第一百八十二条规定，请求人民法院驳回被答辩人的起诉/驳回被答辩人的诉讼请求。

此致

×××人民法院

具状人：（签名/盖章）
××××年××月××日

附：

1. 本状副本×份；
2. 证明答辩人主体资格的营业执照等文件，法定代表人身份证明书、法定代表人公民身份证；
3. 证明被答辩人不属于答辩人公司股东或者其单独或者合计持有答辩人公司全部股东表决权不足百分之十的证据；
4. 及/或证明答辩人公司不存在可以诉讼解散的事实的证据；
5. 其他相关证据。

法律依据：

《中华人民共和国民事诉讼法》第一百一十九条　起诉必须符合下列条件：

（一）原告是与本案有直接利害关系的公民、法人和其他组织；

（二）有明确的被告；

（三）有具体的诉讼请求和事实、理由；

（四）属于人民法院受理民事诉讼的范围和受诉人民法院管辖。

《中华人民共和国公司法》第一百八十二条（同参考样式1）。

《最高人民法院关于适用〈中华人民共和国公司法〉若干问题的规定（二）》第一条（同参考样式1）

◇ 参考样式3　其他股东申请以共同原告或第三人身份参加诉讼的《参加诉讼申请书》

参加诉讼申请书

申请人：被诉讼解散公司的股东的自然人姓名、性别、年龄、民族、职业、工作单位、住所、联系方式，或者法人、其他组织的名称、住所和法定代表人或主要负责人的姓名、职务、联系方式。

事由及申请参加诉讼的请求：因×××诉×××公司解散纠纷一案，你院于××××年××月××日已经以〔××××〕××××民初字第×××号受理通知书受理立案。因申请人系该被诉讼解散公司的股东，与本案具有法律上的利害关系，同时认为本案原告的诉讼请求及其理由成立/不成立，为此特依据《中华人民共和国民事诉讼法》第五十六条第二款、《最高人民法院关于适用〈中华人民共和国公司法〉若干问题的规定（二）》第四条第三款规定申请以共同原告/第三人身份参加诉讼，以支持/反驳原告的诉讼请求及参与调解、和解等诉讼活动，行使自己的合法权利，维护自己的合法权益。

特此申请，请准予。

此致

×××人民法院

具书人：（签名/盖章）

××××年××月××日

附：

1. 本申请书副本×份；

2. 证明申请人主体资格的公民身份证或者法人、其他组织营业执照、组织机构证明文件及其法定代表人身份证明书、法定代表人公民身份证；

3. 其他相关证据。

法律依据：

《中华人民共和国民事诉讼法》第五十六条　对当事人双方的诉讼标的，第三人认为有独立请求权的，有权提起诉讼。

对当事人双方的诉讼标的，第三人虽然没有独立请求权，但案件处理结果同他有法律上的利害关系的，可以申请参加诉讼，或者由人民法院通知他参加诉讼。

……

《中华人民共和国民事诉讼法》第一百一十九条（同参考样式2）

《最高人民法院关于适用〈中华人民共和国公司法〉若干问题的规定（二）》第四条（同参考样式1）

第二节　当事人申请、参与公司司法清算的法律文书

◇ 参考样式4　债权人或者股东请求人民法院指定清算组对公司进行清算的《清算申请书》

清算申请书

申请人：被请求清算公司的债权人或者股东的自然人姓名、性别、年龄、民族、职业、工作单位、住所、联系方式，或者法人、其他组织的名称、住所和法定代表人或主要负责人的姓名、职务、联系方式。

被申请人：被请求清算公司的名称、住所和法定代表人的姓名、职务、联系方式。

请求事项：

1. 对×××公司指定清算组清算。
2. 本案申请费从被申请人财产中优先拨付。

事实和理由：

1. 被申请人已经经营期限届满或股东大会决议解散/或者被吊销营业执照、被责令关闭或者被撤销，或者被人民法院判决解散法律文书已经生效的事实。

2. 申请人对被申请人享有合法债权或者股权的事实。

3. 被申请人在公司上述解散事由出现十五日内没有组织清算组进行清算；或者已经自行成立清算组进行清算，但清算组存在故意拖延清算，或者存在其他违法清算可能严重损害债权人或者股东利益的行为事实。

综上所述，被申请人无法定理由未在解散事由发生十五日内组织清算组进行清算，或者虽然成立清算组进行清算，但故意拖延清算，或者存在其他违法清算可能严重损害债权人或者股东利益的行为，为维护申请人的合法权益，申请人特依据《中华人民共和国公司法》第一百八十三条规定，请求人民法院受理申请人的申请并指定清算组对被申请人进行清算。

此致

×××人民法院

具书人：(签名/盖章)

××××年××月××日

附：

1. 本申请书副本1份；

2. 证明申请人主体资格的居民身份证/营业执照等文件；

4. 证明申请人是被申请人的合法债权人或者股东的证据；

3. 证明被申请人已经经营期限届满或股东大会决议解散或者被吊销营业执照、被责令关闭或者被撤销，或者被人民法院判决解散法律文书已经生效的证据；

5. 其他相关证据。

法律依据：

《中华人民共和国公司法》第一百八十三条　公司因本法第一百八十条第（一）项、第（二）项、第（四）项、第（五）项规定而解散的，应当在解散事由出现之日起十五日内成立清算组，开始清算。有限责任公司的清算组由股东组成，股份有限公司的清算组由董事或者股东大会确定的人员组成。逾期不成立清算组进行清算的，债权人可以申请人民法院指定有关人员组成清算组进行清算。人民法院应当受理该申请，并及时组织清算组进行清算。

《中华人民共和国公司法》第一百八十条　公司因下列原因解散：

（一）公司章程规定的营业期限届满或者公司章程规定的其他解散事由出现；

（二）股东会或者股东大会决议解散；

（三）因公司合并或者分立需要解散；

（四）依法被吊销营业执照、责令关闭或者被撤销；

（五）人民法院依照本法第一百八十二条的规定予以解散。

《最高人民法院关于适用〈中华人民共和国公司法〉若干问题的规定（二）》第七条　公司应当依照公司法第一百八十三条的规定，在解散事由出现之日起十五日内成立清算组，开始自行清算。

有下列情形之一，债权人申请人民法院指定清算组进行清算的，人民法院应予受理：

（一）公司解散逾期不成立清算组进行清算的；

（二）虽然成立清算组但故意拖延清算的；

（三）违法清算可能严重损害债权人或者股东利益的。

具有本条第二款所列情形，而债权人未提起清算申请，公司股东申请人民法院指定清算组对公司进行清算的，人民法院应予受理。

◇ 参考样式 5　被申请人对清算申请书提出异议的《清算异议申请书》

清算异议申请书

异议申请人：被请求清算公司的名称、住所和法定代表人的姓名、职务、联系方式。

被异议申请人：被请求清算公司的债权人或者股东的自然人姓名、性别、年龄、民族、职业、工作单位、住所、联系方式，或者法人、其他组织的名称、住所和法定代表人或主要负责人的姓名、职务、联系方式。

（事由）因被申请人申请人民法院对申请人公司指定清算组进行清算，异议申请人认为其不具备合法的主体资格，或者其申请的事实和理由不能成立，特依法提出异议。

异议申请请求：

1. 驳回被申请人清算申请。
2. 决定本案申请费由被申请人承担。

事实和理由：

1. 被异议申请人对异议申请人不享有合法债权或者股权的事实；或/及
2. 异议申请人未出现解散事由，包括：虽然经营期限届满但是已经通过修改公司章程而存续；或股东大会公司解散决议或者被吊销营业执照、被责令关闭或者被撤销的行政行为已经撤销失效，或者被人民法院判决解散法律文书尚未生效或者已经被撤销的事实；或：

3. 异议申请人在公司解散事由出现十五日内已经组织清算组进行清算；或者已经自行成立清算组进行清算，清算组不存在故意拖延清算，或者不存在其他违法清算可能严重损害债权人或者股东利益的行为事实。

综上所述，被异议申请人对异议申请人不享有合法债权或者股权；或者异议申请人未出现公司解散事由；或者在解散事由发生十五日内已经组织清算组进行清算，/或者清算组不存在故意拖延清算，或者不存在其他违法清算可能严重损害债权人或者股东利益的行为，为维护异议申请人的合法权益，异议申请人特依据《中华人民共和国公司法》第一百八十三条规定，请求人民法院驳回被异议申请人的清算申请。

此致

×××人民法院

具书人：（签名/盖章）

××××年××月××日

附：

1. 本异议申请书副本×份；

2. 证明异议申请人主体资格的证据；

4. 证明被异议申请人不是被申请人的合法债权人或者股东的证据；

3. 证明异议申请人虽然经营期限届满但是已经通过修改公司章程而存续；或股东大会公司解散决议/或者被吊销营业执照、被责令关闭或者被撤销的行政行为已经撤销失效，或者被人民法院判决解散法律文书尚未生效或者已经被撤销的事实的证据；

5. 其他相关证据。

法律依据：

最高人民法院《关于审理公司强制清算案件工作座谈会纪要》（法发〔2009〕52号）第11条　人民法院决定不召开听证会的，应当及时通知申请人和被申请人，并向被申请人送达有关申请材料，同时告知被申请人若对申请人的申请有异议，应当自收到人民法院通知之日起七日内向人民法院书面提出。

第三节　公司诉讼解散、司法清算人民法院的法律文书参考样式

◇ 参考样式 6　对解散公司纠纷案的一审《判决书》

×××人民法院

民事判决书

〔××××〕×××××民初××号

原告：自然人股东姓名、性别、年龄、民族、职业、工作单位、住所、联系方式，或者法人、其他组织股东的名称、住所和法定代表人或主要负责人的姓名、职务、联系方式。

委托诉讼代理人：×××，××××律师事务所律师。

被告：×××有限公司/股份有限公司，住所地××××。

法定代表人：××××，任公司×××（职务）。

委托诉讼代理人：×××，××××律师事务所律师。

第三人：人民法院通知或者申请参加诉讼的除原告外被请求解散公司的其他股东的自然人姓名、性别、年龄、民族、职业、工作单位、住所、联系方式，或者法人、其他组织的名称、住所和法定代表人或主要负责人的姓名、职务、联系方式。

委托诉讼代理人：×××，××××律师事务所律师。

…………

原告×××诉被告×××有限公司/股份有限公司、第三人×××公司解散纠纷一案，本院于××××年××月××日受理后，依法组成合议庭，于××××年××月××日公开开庭进行了审理。原告×××委托诉讼代理人×××，被告×××有限公司/股份有限公司委托诉讼代理人×××，第三人×××委托诉讼代理人×××到庭参加诉讼。本案现已审理终结。

原告×××诉称：……（按照原告宣读的起诉状及当庭补充记叙）。

被告×××有限公司/股份有限公司答辩：……（按照其答辩状及当庭补充记叙或者其口头答辩记叙）。

第三人×××称：（按照其书面意见及当庭补充记叙或者其口头意见记叙）。

原告为证明自己的主张成立，向法庭提交并当庭展示了如下证据：

…………

被告向法庭提交并当庭展示了如下证据：

…………

第三人向法庭提交并当庭展示了如下证据：

…………

被告对原告提交的证据质证认为：…………

第三人对原告提交的证据质证认为：…………

原告对被告提交的证据质证认为：…………

第三人对被告提交的证据质证认为…………

原告对第三人提交的证据质证认为：…………

被告对第三人提交的证据质证认为：…………

本院对原告提交证据的认定：…………

本院对被告提交证据的认定：…………

本院对第三人提交证据的认定：…………

经本院审理查明：（按照庭审查明的公司设立股东构成情况，公司经营管理情况，"僵局"形成及公司经营管理现状情况记叙）

以上事实，有（罗列证据名称）证据为证。

本院认为，被告×××有限公司/股份有限公司、第三人×××未能提供证据证明原告×××主张解散公司的法定事由不存在、不成立，原告×××诉请解散公司于法有据，本院予以支持。庭审中经本院主持调解，各方当事人未能协商同意由公司或者股东收购股份，或者以减资等方式使公司存续，为此本院依照《中华人民共和国公司法》第一百八十二条、《中华人民共和国民事诉讼法》第一百四十二条之规定，判决如下：

被告×××有限公司/股份有限公司解散。

本案受理费人民币××元，公告费人民币××元，两项合计人民币××元（原告预付），由被告×××有限公司/股份有限公司承担。

如不服本判决，可在判决书送达之日起十五日内，向本院递交上诉状，并按对方当事人的人数提出副本，上诉于×××中级人民法院/×××高级人民法院/最高人民法院。

或者：

本院认为，原告×××提供的证据不能证明其是被告×××公司的合法股东，其诉请解散被告×××公司于法无据，本院不予支持。庭审中经本院主持调解未果。依照《中华人民共和国民事诉讼法》第一百一十九条之规定，判决如下：

驳回原告×××的起诉。

本案受理费人民币××元，公告费人民币××元，两项合计人民币××元（原告预付），由原告×××承担。

如不服本判决，可在判决书送达之日起十五日内，向本院递交上诉状，并按对方当事人的人数提出副本，上诉于×××中级人民法院/×××高级人民法院/最高人民法院。

或者：

本院认为，原告×××提供证据证明不能其主张解散公司的法定事由存在、成立，其诉请解散公司于法无据，本院不予支持。庭审中经本院主持调解未果。依照《中华人民共和国公司法》第一百八十二条、《中华人民共和国民事诉讼法》第一百四十二条之规定，判决如下：

驳回原告×××的诉讼请求。

本案受理费人民币××元，公告费人民币××元，两项合计人民币××元（原告预付），由原告×××承担。

如不服本判决，可在判决书送达之日起十五日内，向本院递交上诉状，并按对方当事人的人数提出副本，上诉于×××中级人民法院/×××高级人民法院/最高人民法院。

审 判 长　×××

审 判 员　×××

审 判 员　×××

××××年××月××日

（院印）

法官助理　×××

本件与原本核对无异

书 记 员　×××

司法依据：

《中华人民共和国公司法》第一百八十二条（同参考样式1）

《最高人民法院关于适用〈中华人民共和国公司法〉若干问题的规定（二）》第一条（同参考样式1）

第五条 人民法院审理解散公司诉讼案件，应当注重调解。当事人协商同意由公司或者股东收购股份，或者以减资等方式使公司存续，且不违反法律、行政法规强制性规定的，人民法院应予支持。当事人不能协商一致使公司存续的，人民法院应当及时判决。

…………

《中华人民共和国民事诉讼法》第一百一十九条 （同参考样式2）

◇ 参考样式7 申请公司清算案受理前举行听证致申请人的《听证通知书》

×××人民法院

听证通知书

（适用申请人）

〔××××〕×××××清申第×号

×××（写明申请人的姓名或单位名称）：

你×××（申请人）于××××年××月××日向本院提出对×××公司指定清算组进行清算的申请，本院已于××××年××月××日立案。现决定对该案件举行听证，请你于××××年××月××日到本院第××审判庭参加听证。

若无正当理由不参加听证，视为撤回申请。

××××年××月××日

（院印）

书记员：×××

司法依据：

《最高人民法院关于审理公司强制清算案件工作座谈会纪要》（法发〔2009〕52号）第9条 审理强制清算案件的审判庭审查决定是否受理强制

清算申请时，一般应当召开听证会。对于事实清楚、法律关系明确、证据确实充分的案件，经书面通知被申请人，其对书面审查方式无异议的，也可决定不召开听证会，而采用书面方式进行审查。

第10条 人民法院决定召开听证会的，应当于听证会召开五日前通知申请人、被申请人，并送达相关申请材料。公司股东、实际控制人等利害关系人申请参加听证的，人民法院应予准许。听证会中，人民法院应当组织有关利害关系人对申请人是否具备申请资格、被申请人是否已经发生解散事由、强制清算申请是否符合法律规定等内容进行听证。因补充证据等原因需要再次召开听证会的，应在补充期限届满后十日内进行。

◇ 参考样式8 申请公司清算案受理前举行听证致被申请人的《听证通知书》

×××人民法院

听证通知书

（适用被申请人）

〔××××〕×××××清申第×号

×××（写明被申请人的名称）：

×××（申请人）于××××年××月××日向本院提出对你公司指定清算组进行清算的申请，本院已于××××年××××月××日立案。现决定对该案件举行听证，请你于××××年××月××日到本院第××审判庭参加听证。

若无正当理由不参加听证的，不影响听证进行。

××××年××月××日

（院印）

书记员：×××

司法依据：（同参考样式 7）

◇ **参考样式 9　收到公司清算申请后未召开听证会通知被申请人的《通知书》**

×××人民法院

通知书

〔××××〕×××××清申第×-×号

×××（被申请人名称）：

××××年××月××日，×××（申请人的姓名或名称）以……为由向本院申请对你指定清算组进行清算。依据最高人民法院《关于审理公司强制清算案件工作座谈会纪要》（法发〔2009〕52 号）第 11 条之规定现通知你单位。如你单位对申请如有异议，应在收到本通知之日起七日内向本院书面提出并附相关证据材料。

特此通知。

××××年××月××日

（院印）

司法依据：（同参考样式 5）

◇ **参考样式 10　受理债权人或者股东清算公司申请的《民事裁定书》**

×××人民法院

民事裁定书

〔××××〕×××××清审第×-×号

申请人：……（写明姓名或名称等基本情况）。

被申请人：……（写明名称等基本情况）。

××××年××月××日，×××（申请人姓名或名称）以……为由向本院申请对

×××（被申请人名称）指定清算组进行清算。本院于××××年××月××日通知了×××（被申请人名称）。×××（被申请人名称）在法定期限内就该申请向本院提出异议称，……（或者：×××在法定期限内未提出异议）。

本院查明：……（写明申请人对被申请人享有的债权情况或者申请人系被申请人股东，被申请人的住所地、工商登记注册情况及出现公司解散事由未依法清算等情况）。

本院认为：……（从本院是否具有管辖权、申请人对被申请人是否享有债权或者是否是被申请人的股东，被申请人是否属于出现解散事由，及有无法定理由未在公司解散事由发生十五日内组织清算组进行清算，/或者是否虽然成立清算组进行清算，但故意拖延清算，或者存在其他违法清算可能严重损害债权人或者股东利益的行为等方面写明受理申请的理由。被申请人有异议的，写明异议不成立的理由）。

综上所述，依照《中华人民共和国公司法》第一百八十三条之规定，裁定如下：

受理×××（申请人姓名或名称）对×××（被申请人名称）的清算申请。

本裁定自即日起生效。

审 判 长 ×××
审 判 员 ×××
审 判 员 ×××
××××年××月××日
（院印）

本件与原本核对无异

法官助理 ×××
书 记 员 ×××

司法依据：

《最高人民法院关于审理公司强制清算案件工作座谈会纪要》（法发〔2009〕52号）第12条　人民法院应当在听证会召开之日或者自异议期满之日起十日内，依法作出是否受理强制清算申请的裁定。

第13条　被申请人就申请人对其是否享有债权或者股权，或者对被申请人是否发生解散事由提出异议的，人民法院对申请人提出的强制清算申请应不予受理。申请人可就有关争议单独提起诉讼或者仲裁予以确认后，另行向人民法院提起强制清算申请。但对上述异议事项已有生效法律文书予以确认，以及发生被吊销企业法人营业执照、责令关闭或者被撤销等解散事由有明确、充分证据的除外。

第 14 条　申请人提供被申请人自行清算中故意拖延清算，或者存在其他违法清算可能严重损害债权人或者股东利益的相应证据材料后，被申请人未能举出相反证据的，人民法院对申请人提出的强制清算申请应予受理。债权人申请强制清算，被申请人的主要财产、账册、重要文件等灭失，或者被申请人人员下落不明，导致无法清算的，人民法院不得以此为由不予受理。

◇ 参考样式 11　不予受理债权人或者股东的公司清算申请的《民事裁定书》

×××人民法院
民事裁定书

〔××××〕×××××清申第×号

申请人：……（写明姓名或名称等基本情况）。

被申请人：……（写明名称等基本情况）。

××××年××月××日，×××（申请人姓名或名称）以……为由向本院申请对×××（被申请人名称）指定清算组进行清算。本院于××××年××月××日通知了×××（被申请人名称）。×××（被申请人名称）于××××年××月××日向本院提出异议称，……。

本院查明：……

本院认为：……（写明不受理的理由）。

综上所述，依照……（写明所依据的法律条款项）之规定，裁定如下：

对×××（申请人姓名或名称）的申请，不予受理。

如不服本裁定，可在裁定书送达之日起十日内，向本院递交上诉状，并提交副本×份，上诉于×××人民法院。

审 判 长 ×××
审 判 员 ×××
审 判 员 ×××
××××年××月××日
（院印）

本件与原本核对无异

法官助理 ×××
书 记 员 ×××

司法依据：

《最高人民法院关于审理公司强制清算案件工作座谈会纪要》（法发〔2009〕52号）第12条、第13条（同参考样式10）

第16条　人民法院裁定不予受理或者驳回受理申请，申请人不服的，可以向上一级人民法院提起上诉。

◇ 文书样式12　受理公司清算申请后指定清算组的《决定书》

×××人民法院
决定书

〔××××〕×××××清审第×–×号

××××年××月××日，本院根据×××（申请人姓名或名称）的申请，裁定受理×××（债务人名称）公司清算一案。经……（写明指定程序），依照……（写明所依据的法律条款项）之规定，指定×××（律师事务所、会计师事务所或者清算机构）担任×××（被申请人名称）清算组。[或者被申请人公司股东、董事、监事……×××作为清算组成员与×××（律师事务所、会计师事务所或者清算机构）共同担任清算组。]

清算组应当勤勉尽责，忠实执行职务，行使《中华人民共和国公司法》规定的清算组的各项职权，向人民法院报告工作，并接受申请人、被申请人公司股东会或者股东大会的监督。管理人职权如下：

（一）清理公司财产，分别编制资产负债表和财产清单；

（二）通知、公告债权人；

（三）处理与清算有关的公司未了结的业务；

（四）清缴所欠税款以及清算过程中产生的税款；

（五）清理债权、债务；

（六）处理公司清偿债务后的剩余财产；

（七）代表公司参与民事诉讼活动。

××××年××月××日

（院印）

司法依据：

《中华人民共和国公司法》第一百八十三条（同参考样式4）

第一百八十四条　清算组在清算期间行使下列职权：

（一）清理公司财产，分别编制资产负债表和财产清单；

（二）通知、公告债权人；

（三）处理与清算有关的公司未了结的业务；

（四）清缴所欠税款以及清算过程中产生的税款；

（五）清理债权、债务；

（六）处理公司清偿债务后的剩余财产；

（七）代表公司参与民事诉讼活动。

最高人民法院关于适用《中华人民共和国公司法》若干问题的规定（二）第八条　人民法院受理公司清算案件，应当及时指定有关人员组成清算组。

清算组成员可以从下列人员或者机构中产生：

（一）公司股东、董事、监事、高级管理人员；

（二）依法设立的律师事务所、会计师事务所、破产清算事务所等社会中介机构；

（三）依法设立的律师事务所、会计师事务所、破产清算事务所等社会中介机构中具备相关专业知识并取得执业资格的人员。

◇参考样式 13　确定清算组报酬方案的《通知书》

×××人民法院

通知书

〔××××〕×××××清审第×-×号

×××（担任清算组的社会中介机构的名称）：

参照《最高人民法院关于审理企业破产案件确定管理人报酬的规定》第二条、第四条之规定，本院初步确定你（或者你所、公司）担任×××（债务人名称）清算组/清算组成员应获取的报酬，根据×××（债务人名称）最终清算的财产价值总额，……（依次分段写明确定的比例），采取……（分期预收或最后一次性收取报酬）的方式收取。

特此通知。

××××年××月××日

（院印）

司法依据：

《最高人民法院关于审理公司强制清算案件工作座谈会纪要》（法发〔2009〕52号）第24条　公司股东、实际控制人或者股份有限公司的董事担任清算组成员的，不计付报酬。上述人员以外的有限责任公司的董事、监事、高级管理人员，股份有限公司的监事、高级管理人员担任清算组成员的，可以按照其上一年度的平均工资标准计付报酬。

第25条　中介机构或者个人担任清算组成员的，其报酬由中介机构或者个人与公司协商确定；协商不成的，由人民法院参照《最高人民法院关于审理企业破产案件确定管理人报酬的规定》确定。

◇ 参考样式14 受理公司清算申请后经审查发现申请不符合法律规定驳回申请的《民事裁定书》

×××人民法院

民事裁定书

〔××××〕×××××清审第×-×号

申请人：……（写明姓名或名称等基本情况）。

被申请人：……（写明名称等基本情况）。

××××年××月××日，×××（申请人姓名或名称）以……为由向本院申请对×××（被申请人名称）指定清算组进行清算。本院于××××年××月××日通知了×××（被申请人名称）。×××（被申请人名称）在法定期限内就该申请向本院提出异议称，……（或者：×××在法定期限内未提出异议）。本院于××××年××月××日作出（××××）×××××清审第×-×号予以受理。

经审查，现本院查明：……（写明被申请人基本情况；申请人对被申请人不享有的债权情况或者申请人不是被申请人股东；或者被申请人未出现公司解散事由或者已经正在依法清算等情况）。

本院认为：……（从本院是否具有管辖权、申请人对被申请人是否享有债权或者是否是被申请人的股东，被申请人是否出现解散事由，有无法定理由未在公司解散事由发生十五日内组织清算组进行清算，/或者是否虽然成立清算组进行清算，但故意拖延清算，或者存在其他违法清算可能严重损害债权人或者股东利益的行为等方面写明驳回申请的理由）

综上所述，依照《中华人民共和国公司法》第一百八十三条之规定，裁定如下：

驳回×××（申请人姓名或名称）对×××（被申请人名称）的清算申请。

如不服本裁定，可在裁定书送达之日起十日内，向本院递交上诉状，并提交副本×份，上诉于×××人民法院。

审 判 长 ×××
审 判 员 ×××
审 判 员 ×××
××××年××月××日
（院印）

本件与原本核对无异

法官助理 ×××
书 记 员 ×××

司法依据：

《最高人民法院关于审理公司强制清算案件工作座谈会纪要》（法发〔2009〕52号）第15条　人民法院受理强制清算申请后，经审查发现强制清算申请不符合法律规定的，可以裁定驳回强制清算申请。

第16条（同参考样式11）

◇ 参考样式15　上级法院维持或撤销下级法院的不予受理清算申请的《民事裁定书》

×××人民法院
民事裁定书

〔××××〕×××清终字第×号

上诉人（原审申请人）：×××（写明姓名或名称等基本情况）。

被上诉人（原审被申请人）：×××（写明名称等基本情况）。

上诉人×××不服××××人民法院（××××）×××××清申第×-×号民事裁定，向本院提起上诉。本院受理后依法组成合议庭审理了本案，现已审理终结。

原审查明……（写明一审认定的事实、裁定结果及理由）。

×××（上诉人姓名或名称）不服，向本院上诉称：……（写明上诉请求与理由）。

本院查明：……

本院认为：……（写明维持或者撤销原裁定的理由）。依照……（写明所依据的法律条款项）之规定，裁定如下：

驳回上诉，维持原裁定。

或者：

一、撤销××××人民法院（××××）×××××清申第×-×号民事裁定；

二、由××××人民法院裁定受理×××对×××的清算申请。

本裁定为终审裁定并自即日起生效。

审 判 长 ×××

审 判 员 ×××

审 判 员 ×××

××××年××月××日

（院印）

本件与原本核对无异

法官助理 ×××

书 记 员 ×××

司法依据：

《最高人民法院关于审理公司强制清算案件工作座谈会纪要》（法发〔2009〕52号）第16条（同参考样式11）。

◇ 参考样式16　上级法院维持或撤销下级法院的驳回清算申请的《民事裁定书》

×××人民法院
民事裁定书

〔××××〕×××清终第×号

上诉人（原审申请人）：×××（写明姓名或名称等基本情况）。

被上诉人（原审被申请人）：×××（写明名称等基本情况）。

上诉人×××不服××××人民法院（××××）××清审第×-×号民事裁定，向本院提起上诉。本院受理后依法组成合议庭审理了本案，现已审理终结。

……（写明一审认定的事实、裁定结果及理由）。

×××（上诉人姓名或名称）不服，向本院上诉称：……（写明上诉请求与理由）。

本院查明：……

本院认为：……（写明维持或者撤销原裁定的理由）。本院依照……（写明所依据的法律条款项）之规定，裁定如下：

驳回上诉，维持原裁定。

或者：

一、撤销×××人民法院（××××）×××××清审第×-×号民事裁定；

二、×××（被上诉人名称）清算程序继续进行。

本裁定为终审裁定并自即日起生效。

审 判 长 ×××

审 判 员 ×××

审 判 员 ×××

××××年××月××日

（院印）

本件与原本核对无异

法官助理 ×××

书 记 员 ×××

司法依据：（同参考样式 14）

◇ 参考样式 17　受理公司清算申请前、后准许或者不准许申请人撤回申请的《民事裁定书》

×××人民法院

民事裁定书

〔××××〕×××××清申第×-×号

或：〔××××〕×××××清审第×-×号

申请人：×××（写明姓名或名称等基本情况）。

被申请人：×××（写明名称等基本情况）。

××××年××月××日，×××（申请人姓名或名称）以……为由向本院申请对×××（被申请人名称）指定清算组进行清算。本院于××××年××月××日以（××××）×××××清申第×号登记立案。

××××年××月××日，×××（申请人姓名或名称）以……为由向本院申请撤回申请，经审查，申请人撤回清算申请符合法律规定，依据《中华人民共和国民事诉讼法》第十三条之裁定如下：

准予申请人×××撤回对×××（被申请人名称）的清算申请。

或：

××××年××月××日，×××（申请人姓名或名称）以……为由向本院申请对×××（被申请人名称）指定清算组进行清算。本院于××××年××月××日以（××××）×××××清申第×号登记立案，于××××年××月××日以（××××）×××××清审第×-×号裁定受理。××××年××月××日，×××（申请人姓名或名称）以……为由向本院申请撤回申请。

本院查明：……

本院认为：……（写明准许或者不准许申请人撤回清算申请的理由）。本院依照……（写明所依据的法律条款项）之规定，裁定如下：

准予/不准予申请人×××撤回对×××（被申请人名称）的清算申请。

审 判 长 ×××

审 判 员 ×××

审 判 员 ×××

××××年××月××日

（院印）

本件与原本核对无异

法官助理 ×××

书 记 员 ×××

司法依据：

《最高人民法院关于审理公司强制清算案件工作座谈会纪要》（法发〔2009〕52号）第17条　人民法院裁定受理公司强制清算申请前，申请人请求撤回其申请的，人民法院应予准许。

第 18 条　公司因公司章程规定的营业期限届满或者公司章程规定的其他解散事由出现，或者股东会、股东大会决议自愿解散的，人民法院受理强制清算申请后，清算组对股东进行剩余财产分配前，申请人以公司修改章程，或者股东会、股东大会决议公司继续存续为由，请求撤回强制清算申请的，人民法院应予准许。

第 19 条　公司因依法被吊销营业执照、责令关闭或者被撤销，或者被人民法院判决强制解散的，人民法院受理强制清算申请后，清算组对股东进行剩余财产分配前，申请人向人民法院申请撤回强制清算申请的，人民法院应不予准许。但申请人有证据证明相关行政决定被撤销，或者人民法院作出解散公司判决后当事人又达成公司存续和解协议的除外。

◇ 参考样式 18　公司清算受理申请后根据清算申请人或者清算组的申请作出的财产保全《民事裁定书》

×××人民法院

民事裁定书

〔××××〕×××××清审第×–×号

申请人：×××（写明申请人姓名或名称等基本情况或者清算组名称）。

被申请人：×××（写明被申请人名称等基本情况）。

××××年××月××日，×××（申请人姓名或名称）以……为由向本院申请对×××（被申请人名称）指定清算组进行清算。本院于××××年××月××日以（××××）××法×清（算）字第×号裁定受理，/于××××年××月××日以（××××）××法×清（算）字第×号决定指定清算组。

现申请人/清算组以被申请人公司财产存在被隐匿、转移、毁损等可能影响依法清算情形（可以具体按照申请财产保全申请人的描述记叙）向本院申请财产保全，请求对被申请人×××（写明申请采取财产保全措施的具体内容）。申请人×××/担保人×××以……（写明担保财产的名称、数量或者数额、所在地点等）提供担保。

本院经审查认为，……（写明采取财产保全措施的理由）。依照《中华人民共和国民事诉讼法》第一百条、第一百零二条、第一百零三条第一款规定，裁定如下：

查封/扣押/冻结被申请人×××的……（写明保全财产名称、数量或者数额、所在地点等），期限为××××年××月××日至××××年××月××日或申请人×××请求解除之日止。

案件申请费×××元作为清算费用由被申请人×××财产负担。

本裁定立即开始执行。

如不服本裁定，可以自收到裁定书之日起五日内向本院申请复议一次。复议期间不停止裁定的执行。

审 判 长 ×××
审 判 员 ×××
审 判 员 ×××
××××年××月××日
（院印）

本件与原本核对无异

法官助理 ×××
书 记 员 ×××

司法依据：

《最高人民法院关于审理公司强制清算案件工作座谈会纪要》（法发〔2009〕52号）第27条　人民法院受理强制清算申请后，公司财产存在被隐匿、转移、毁损等可能影响依法清算情形的，人民法院可依清算组或者申请人的申请，对公司财产采取相应的保全措施。

◇参考样式19　依清算组申请或依人民法院职权更换清算组或者清算组成员的《决定书》

×××人民法院
决定书

〔××××〕×××××清审第×-×号

××××年××月××日，本院作出〔××××〕×××××清审第×-×号决定书，指定×××（原清算组的名称或者清算组成员姓名）为×××（被申请人名称）清算组/清算组成员。××××年××月××日，……（写明清算组或者人民法院发现清算组/清算组成员不宜、不能担任清算组/清算组成员或者有严重损害公司或者债权人利益的行为情形。或/及清算组/清算组成员×××申请辞去职务）。

本院认为：……（写明审查意见及理由）。……（写明重新指定清算组/清算组成员的有关情况）。依照……（写明所依据的法律条款项）之规定，决定如下：

一、同意清算组/清算组成员×××辞职；

二、指定×××（新清算组的名称/新清算组成员姓名）为×××（债务人名称）清算组/清算组成员。

一、解除×××（原清算组的名称或清算组成员）的×××（债务人名称）清算组/清算组成员职务；

二、指定×××（新清算组的名称/新清算组成员姓名）为×××（债务人名称）清算组/清算组成员。

××××年××月××日
（院印）

司法依据：

《最高人民法院关于适用〈中华人民共和国公司法〉若干问题的规定（二）》第八条　人民法院受理公司清算案件，应当及时指定有关人员组成清算组。

清算组成员可以从下列人员或者机构中产生：

（一）公司股东、董事、监事、高级管理人员；

（二）依法设立的律师事务所、会计师事务所、破产清算事务所等社会中介机构；

（三）依法设立的律师事务所、会计师事务所、破产清算事务所等社会中介机构中具备相关专业知识并取得执业资格的人员。

第九条 人民法院指定的清算组成员有下列情形之一的，人民法院可以根据债权人、股东的申请，或者依职权更换清算组成员：

（一）有违反法律或者行政法规的行为；

（二）丧失执业能力或者民事行为能力；

（三）有严重损害公司或者债权人利益的行为。

◇ 参考样式20 对清算组提交的清算方案予以确认或不予确认的《民事裁定书》

×××人民法院

民事裁定书

〔××××〕×××××清审第×-×号

申请人：×××（被申请人名称）清算组。

××××年××月××日，×××（被申请人名称）清算组向本院提出申请，称其制作的《×××（被申请人名称）清算方案》已经股东会/股东大会通过/股东会/股东大会未通过，请求本院裁定确认。

本院认为：……（写明确认或不确认的理由）。依照……（写明所依据的法律条款项）之规定，裁定如下：

对《×××（被申请人名称）清算方案》，本院予以确认。

本裁定自即日起生效。

或者：

一、对《×××（被申请人名称）清算方案》本院不予确认；

二、由×××（被申请人名称）清算组重新制作。

审 判 长 ×××
审 判 员 ×××
审 判 员 ×××
××××年××月××日
（院印）

本件与原本核对无异

法官助理 ×××
书 记 员 ×××

附：《×××（被申请人名称）清算方案》

司法依据：

《最高人民法院关于审理公司强制清算案件工作座谈会纪要》（法发〔2009〕52号）第38条　审理强制清算的审判庭审理该类案件时，对于受理、不受理强制清算申请、驳回申请人的申请、允许或者驳回申请人撤回申请、采取保全措施、确认清算方案、确认清算终结报告、终结强制清算程序的，应当制作民事裁定书。对于指定或者变更清算组成员、确定清算组成员报酬、延长清算期限、制裁妨碍清算行为的，应当制作决定书。对于其他所涉有关法律文书的制作，可参照企业破产清算中人民法院的法律文书样式。

◇ 参考样式21　准予/不准予清算组申请延长清算期限的《决定书》

×××人民法院
决定书

〔××××〕×××××清审第×-×号

×××清算组：

××××年××月××日，本院裁定×××（被申请人名称）公司清算，并以（××××）×××××清审第×-×号决定书指定清算组开始清算工作。××××年××月××日，清算组向本院提出申请，称……（写明依据的事实及理由），请求本院批准延长清算期限至××××年××月××日。

本院查明：……

本院认为：……（写明批准或不批准的理由）。依照……（写明所依据的法律条款项）之规定，决定如下：

×××（被申请人名称）公司清算期限延长至××××年××月××日。

或者：

不予延长×××（被申请人名称）公司清算期限。

本裁定自即日起生效。

××××年××月××日

（院印）

司法依据：

最高人民法院关于适用《中华人民共和国公司法》若干问题的规定（二）第十六条 人民法院组织清算的，清算组应当自成立之日起六个月内清算完毕。

因特殊情况无法在六个月内完成清算的，清算组应当向人民法院申请延长。

◇ 参考样式22 对清算组提交的清算终结报告予以确认或不予确认的《民事裁定书》

×××人民法院
民事裁定书

〔××××〕×××××清审第×-×号

申请人：×××（被申请人名称）清算组。

××××年××月××日，×××（被申请人名称）清算组向本院提出申请，称其制作的《×××（被申请人名称）清算终结报告》已经股东会/股东大会通过/股东会/股东大会未通过，请求本院裁定确认。

本院认为：……（写明确认或不确认的理由）。依照……（写明所依据的法律条款项）之规定，裁定如下：

对《×××（被申请人名称）清算终结报告》，本院予以确认。

本裁定自即日起生效。

或者：

一、对《×××（被申请人名称）清算终结报告》本院不予确认；

二、由×××（被申请人名称）清算组重新制作。

审 判 长 ×××

审 判 员 ×××

审 判 员 ×××

××××年××月××日

（院印）

本件与原本核对无异

法官助理 ×××

书 记 员 ×××

附：《×××（被申请人名称）清算终结报告》

司法依据：（同参考样式20）

◇ 参考样式23 对清算组以无法全面清算、无法清算为由提请终结公司清算程序的《民事裁定书》

×××人民法院
民事裁定书

〔××××〕×××××清审第×-×号

申请人：×××（被申请人名称）清算组。

××××年××月××日，×××（被申请人名称）清算组向本院提出申请，称……（写明依据的事实和理由），请求本院终结×××（被申请人名称）公司清算程序。

本院认为：……（写明同意终结的理由：无法全面清算/无法清算）。依照……（写明所依据的法律条款项）之规定，裁定如下：

终结×××（被申请人名称）公司清算程序。

债权人可以另行依据最高人民法院关于适用《中华人民共和国公司法》若干问题的规定（二）第十八条的规定，要求被申请人的股东、董事、实际控制人等清算义务人对其债务承担偿还责任。/股东可以向控股股东等实际控制公司的主体主张有关权利。

本裁定自即日起生效。

审 判 长 ×××
审 判 员 ×××
审 判 员 ×××
××××年××月××日
（院印）

本件与原本核对无异

法官助理 ×××
书 记 员 ×××

附：《×××（被申请人名称）清算组提请终结×××（被申请人名称）公司清算程序的报告》

司法依据：

最高人民法院《关于审理公司强制清算案件工作座谈会纪要》（法发〔2009〕52号）第28条　对于被申请人主要财产、帐册、重要文件等灭失，或者被申请人人员下落不明的强制清算案件，经向被申请人的股东、董事等直接责任人员释明或采取罚款等民事制裁措施后，仍然无法清算或者无法全面清算，对于尚有部分财产，且依据现有帐册、重要文件等，可以进行部分清偿的，应当参照企业破产法的规定，对现有财产进行公平清偿后，以无法全面清算为由终结强制清算程序；对于没有任何财产、帐册、重要文件，被申请人人员下落不明的，应当以无法清算为由终结强制清算程序。

第29条　债权人申请强制清算，人民法院以无法清算或者无法全面清算为由裁定终结强制清算程序的，应当在终结裁定中载明，债权人可以另行依据公司法司法解释二第十八条的规定，要求被申请人的股东、董事、实际控制人等清算义务人对其债务承担偿还责任。股东申请强制清算，人民法院以无法清算或者无法全面清算为由作出终结强制清算程序的，应当在终结裁定中载明，股东可以向控股股东等实际控制公司的主体主张有关权利。

（余同文书样式22）

◇ 参考样式 24　对协商债务清偿方案清算组申请认可的《民事裁定书》

×××人民法院

民事裁定书

〔××××〕×××××清审第×-×号

申请人：×××（被申请人名称）清算组。

清算组在清理×××（被申请人名称）财产、编制资产负债表和财产清单时，发现其财产不足清偿债务，经与债权人协商制作了债务清偿方案并经债权人确认且认为不损害其他利害关系人利益，××××年××月××日申请本院裁定予以认可。

本院认为：……（写明认可的理由）。依照……（写明所依据的法律条款项）之规定，裁定如下：

认可×××（被申请人名称）债务清偿方案。

本裁定自即日起生效。

或者：

本院认为：……（写明不认可的理由）。依照……（写明所依据的法律条款项）之规定，裁定如下：

一、不予认可×××（被申请人名称）债务清偿方案。

二、清算组对×××（被申请人名称）应当依法向人民法院申请宣告破产。

本裁定自即日起生效。

审 判 长 ×××

审 判 员 ×××

审 判 员 ×××

××××年××月××日

（院印）

本件与原本核对无异

法官助理 ×××

书 记 员 ×××

附：《×××（被申请人名称）清算组关于×××（被申请人名称）的债务清偿方案》

司法依据：

《最高人民法院关于适用〈中华人民共和国公司法〉若干问题的规定（二）》第十七条　人民法院指定的清算组在清理公司财产、编制资产负债表和财产清单时，发现公司财产不足清偿债务的，可以与债权人协商制作有关债务清偿方案。

债务清偿方案经全体债权人确认且不损害其他利害关系人利益的，人民法院可依清算组的申请裁定予以认可。清算组依据该清偿方案清偿债务后，应当向人民法院申请裁定终结清算程序。

债权人对债务清偿方案不予确认或者人民法院不予认可的，清算组应当依法向人民法院申请宣告破产。

◇ 参考样式 25　对协商债务清偿结束清算组申请终结公司清算程序的《民事裁定书》

×××人民法院

民事裁定书

〔××××〕×××××清审第×-×号

申请人：×××（被申请人名称）清算组。

清算组在清理×××（被申请人名称）财产、编制资产负债表和财产清单时，发现其财产不足清偿债务，经与债权人协商制作债务清偿方案并经债权人确认且不损害其他利害关系人利益，本院依清算组的申请裁定予以认可。现清算组依据该清偿方案清偿债务结束向本院申请终结×××（被申请人名称）公司清算程序。

本院认为：……（写明同意终结的理由：公司依债务清偿方案清算结束）。依照……（写明所依据的法律条款项）之规定，裁定如下：

终结×××（被申请人名称）公司清算程序。

本裁定自即日起生效。

审 判 长 ×××
审 判 员 ×××
审 判 员 ×××
××××年××月××日
（院印）

本件与原本核对无异

法官助理 ×××
书 记 员 ×××

附：《×××（被申请人名称）清算组提请终结×××（被申请人名称）公司清算程序的报告》

司法依据：（同文书样式24）

◇ 参考样式26　清算结束对清算组申请终结公司清算程序的《民事裁定书》

×××人民法院
民事裁定书

〔××××〕×××××清审第×-×号

申请人：×××（被申请人名称）清算组。

××××年××月××日，×××（被申请人名称）清算组向本院提出申请，称……（写明依据的事实和理由：公司依法清算结束），请求本院终结×××（被申请人名称）公司清算程序。

本院认为：……（写明同意终结的理由：公司依法清算结束）。依照……（写明所依据的法律条款项）之规定，裁定如下：

终结×××（被申请人名称）公司清算程序。

本裁定自即日起生效。

审 判 长 ×××
审 判 员 ×××
审 判 员 ×××
××××年××月××日
（院印）

本件与原本核对无异

法官助理 ×××

书 记 员 ×××

附：《×××（被申请人名称）清算组提请终结×××（被申请人名称）公司清算程序的报告》

司法依据：

最高人民法院《关于审理公司强制清算案件工作座谈会纪要》（法发〔2009〕52号）第36条 公司依法清算结束，清算组制作清算报告并报人民法院确认后，人民法院应当裁定终结清算程序。公司登记机关依清算组的申请注销公司登记后，公司终止。

◇ 参考样式27 制裁妨碍清算行为的《拘留决定书》

×××人民法院

拘留决定书

〔××××〕×××××清审第×-×号

被拘留人：……（写明姓名、性别、出生年月日、民族、籍贯、职业或者工作单位和职务、住址）。

本院在审理×××（被申请人公司名称）公司清算一案中，查明……（写明被拘留人的行为）。本院认为，……（写明予以拘留的理由）。依照《中华人民共和国民事诉讼法》第一百一十一条/一百一十四条之规定，决定如下：

对×××拘留×日。

如不服本决定，可在收到决定书的次日起三日内，口头或者书面向××××人民法院（应为上一级人民法院）申请复议一次。复议期间，不停止决定的执行。

××××年××月××日

（院印）

司法依据：

《中华人民共和国民事诉讼法》第一百一十一条　诉讼参与人或者其他人有下列行为之一的，人民法院可以根据情节轻重予以罚款、拘留；构成犯罪的，依法追究刑事责任：

（一）伪造、毁灭重要证据，妨碍人民法院审理案件的；

（二）以暴力、威胁、贿买方法阻止证人作证或者指使、贿买、胁迫他人作伪证的；

（三）隐藏、转移、变卖、毁损已被查封、扣押的财产，或者已被清点并责令其保管的财产，转移已被冻结的财产的；

（四）对司法工作人员、诉讼参加人、证人、翻译人员、鉴定人、勘验人、协助执行的人，进行侮辱、诽谤、诬陷、殴打或者打击报复的；

（五）以暴力、威胁或者其他方法阻碍司法工作人员执行职务的；

（六）拒不履行人民法院已经发生法律效力的判决、裁定的。

人民法院对有前款规定的行为之一的单位，可以对其主要负责人或者直接责任人员予以罚款、拘留；构成犯罪的，依法追究刑事责任。

第一百一十四条　有义务协助调查、执行的单位有下列行为之一的，人民法院除责令其履行协助义务外，并可以予以罚款：

（一）有关单位拒绝或者妨碍人民法院调查取证的；

（二）有关单位接到人民法院协助执行通知书后，拒不协助查询、扣押、冻结、划拨、变价财产的；

（三）有关单位接到人民法院协助执行通知书后，拒不协助扣留被执行人的收入、办理有关财产权证照转移手续、转交有关票证、证照或者其他财产的；

（四）其他拒绝协助执行的。

人民法院对有前款规定的行为之一的单位，可以对其主要负责人或者直接责任人员予以罚款；对仍不履行协助义务的，可以予以拘留；并可以向监察机关或者有关机关提出予以纪律处分的司法建议。

《最高人民法院关于审理公司强制清算案件工作座谈会纪要》（法发〔2009〕52号）第38条（同参考样式20）

◇ 参考样式 28 制裁妨碍清算行为的《罚款决定书》

×××人民法院

罚款决定书

〔××××〕×××××清审第×-×号

被罚款人：……（写明姓名或名称等基本情况）。

本院在审理×××（被申请人公司名称）公司清算一案中，查明……（写明被罚款人的行为）。本院认为，……（写明予以罚款的理由）。依照《中华人民共和国民事诉讼法》第一百一十一条/一百一十四条之规定，决定如下：

对×××罚款×××元，限于××××年××月××日前向本院交纳。

如不服本决定，可在收到决定书的次日起三日内，口头或者书面向××××人民法院（应为上一级人民法院）申请复议一次。复议期间，不停止决定的执行。

××××年××月××日

（院印）

司法依据：（同文书样式27）

◇ 参考样式 29 上级法院维持或撤销下级法院拘留、罚款决定书的《复议决定书》

×××人民法院

复议决定书

〔××××〕×××××清终第×-×号

申请复议人……（写明姓名或名称等基本情况）。

申请复议人不服××××人民法院××××年××月××日作出的（××××）×××××清审第×-×号拘留/罚款决定书，向本院提出复议申请。申请复议人提出……（简要写明申请的理由和复议请求）。

本院认为：……（写明作出复议决定的理由）。依照……（写明所依据的法律条款项）之规定，决定如下：

驳回申请，维持原决定。

或者：

一、撤销××××人民法院（××××）×××××清审第×-×号拘留/罚款决定书；

二、……（写明变更的决定内容。不需作出变更决定的，此项不写）。

××××年××月××日

（院印）

司法依据：

《中华人民共和国民事诉讼法》第一百一十六条　拘传、罚款、拘留必须经院长批准。

拘传应当发拘传票。

罚款、拘留应当用决定书。对决定不服的，可以向上一级人民法院申请复议一次。复议期间不停止执行。

◇ 参考样式30　确定清算组应收取报酬数额《通知书》

×××人民法院

通知书

〔××××〕×××××清审第×-×号

×××（担任清算组的社会中介机构的名称或自然人的姓名）：

根据你（或者你所、公司）的申请，本院参照《最高人民法院关于审理企业破产案件确定管理人报酬的规定》第十一条之规定，确定你（或者你单位）应收取（或者本期应收取）的报酬金额为××元。

特此通知

××××年××月××日

（院印）

司法依据：(同参考样式13)

第四节　公司司法清算中清算组的工作文书参考样式

◇ 参考样式31　《×××（被申请人名称）清算方案》

×××（被申请人名称）清算组
关于×××（被申请人名称）清算方案

一、被申请人基本情况

二、清算组接管被申请人公司财产及其处置变价情况

(另附清单)

三、清算组公告、通知债权人及债权人申报债权情况

(另附清单)

四、被申请人公司可供清算的财产

五、除股东外应当支付、清偿有关费用、债务情况

简述参加被申请人公司财产分配的清算费用，所欠职工工资、社会保险费用、住房公积金和法定补偿金，所欠国家税费，所欠其他债务总额等基本情况。

六、清算顺序、金额、方式

1. 清算费用：×××

(另附清单)

2. 所欠职工工资、社会保险费用、住房公积金和法定补偿金：×××

(另附清单)

3. 税费：×××

(另附清单)

4. 债务：×××

(另附清单)

5. 剩余财产按股东出资比例分配：×××

（另附清单）

以上清算均以人民币资金通过转账清算支付。

附1：应付清算费用清单表

附2：应付所欠职工工资、社会保险费用、住房公积金和法定补偿金清单表

附3：应付所欠税费清单表

附4：应付所欠债务清单表

附5：剩余财产按股东出资比例分配清单表

法律依据：

《中华人民共和国公司法》第一百八十六条　清算组在清理公司财产、编制资产负债表和财产清单后，应当制定清算方案，并报股东会、股东大会或者人民法院确认。

公司财产在分别支付清算费用、职工的工资、社会保险费用和法定补偿金，缴纳所欠税款，清偿公司债务后的剩余财产，有限责任公司按照股东的出资比例分配，股份有限公司按照股东持有的股份比例分配。

清算期间，公司存续，但不得开展与清算无关的经营活动。公司财产在未依照前款规定清偿前，不得分配给股东。

◇ 参考样式32　清算组《关于提请确认×××（被申请人名称）清算方案的报告》

×××（被申请人名称）清算组
关于提请确认《×××（被申请人名称）
清算方案》的报告

〔××××〕××清算第×号

×××人民法院：

根据××××年××月××日×××人民法院（××××）×××××清审第×-×号决定书指定，清算组于××××年××月××日进驻被申请人×××公司，在法院的监督、指导下开展工作。清算组已经完成清理公司财产，分别编制资产负债表和财

产清单；通知、公告债权人；处理与清算有关的公司未了结的业务，并已完成对被申请人公司财产的变价工作。现根据《中华人民共和国公司法》第一百八十六条之规定，拟订《×××（被申请人名称）清算方案》，提请人民法院确认。

特此报告。

（清算组印章）

××××年××月××日

附：《关于×××（被申请人名称）的清算方案》

法律依据：（同参考样式30）

◇ 文书样式33　无法清算时清算组申请人民法院终结公司清算程序的报告

×××（被申请人名称）清算组
关于申请终结×××公司清算程序的报告

〔××××〕××清算第×号

×××人民法院：

根据××××年××月××日×××人民法院（××××）×××××清审第×-×号决定书指定，清算组于××××年××月××日进驻被申请人×××公司，在法院的监督、指导下开展工作。

经查，被申请人主要财产、账册、重要文件等灭失，及/或被申请人人员下落不明，经向被申请人的股东、董事等直接责任人员释明、人民法院采取罚款等民事制裁措施后，仍然无法清算。

或：被申请人仅有部分财产，依据现有账册、重要文件等，经人民法院确认进行了部分清偿，但无法全面清算。

现根据最高人民法院《关于审理公司强制清算案件工作座谈会纪要》（法发〔2009〕52号）第28条提请人民法院终结×××（被申请人名称）清算程序。

特此报告。

（清算组印章）
××××年××月××日

法律依据：（同参考样式23）

◇ **参考样式34　申请人民法院裁定认可被申请人债务清偿方案的报告**

×××（被申请人名称）清算组
关于申请认可×××（被申请人名称）
债务清偿方案的报告

〔××××〕××清算第×号

×××人民法院：

根据××××年××月××日×××人民法院（××××）×××××清审第×-×号决定书指定，清算组于××××年××月××日进驻被申请人×××公司，在法院的监督、指导下开展工作。清算组在清理公司财产、编制资产负债表和财产清单时，发现公司财产不足清偿债务，后经与债权人协商，制作了有关债务清偿方案。债务清偿方案已经全体债权人确认，清算组认为其不损害其他利害关系人利益。

现将该已经全体债权人确认债务清偿方案提请人民法院认可。

人民法院不认可的，清算组将依法对×××（被申请人名称）向人民法院申请宣告破产。

特此报告。

（清算组印章）
××××年××月××日

附：《×××（被申请人名称）的债务清偿方案》

法律依据：（同参考样式24）

◇ 参考样式35 《×××（被申请人名称）债务清偿方案》

×××（被申请人名称） 债务清偿方案

一、被申请人基本情况

二、清算组接管被申请人公司财产及其处置变价情况

(另附清单)

三、清算组公告、通知债权人及债权人申报债权情况

(另附清单)

四、被申请人公司可供清算的财产

(另附清单)

五、除股东外应当支付、清偿有关费用、债务情况

简述参加被申请人公司财产分配的清算费用，所欠职工工资、社会保险费用、住房公积金和法定补偿金，所欠国家税费，所欠其他债务总额等基本情况。

六、支付、清偿顺序、金额、方式

1. 清算费用：×××

(另附清单)

2. 所欠职工工资、社会保险费用、住房公积金和法定补偿金：×××

(另附清单)

3. 税费：×××

(另附清单)

4. 债务：×××

其中：

(1) 有财产担保的债权，按照……清偿；

(2) 无财产担保的债权，按照各债权人债权总额的20%清偿……

(另附清单)

5. 剩余财产股东分配：0

以上支付、清偿均以人民币资金通过转账清算支付。

附1：应付清算费用清单表

附2：应付所欠职工工资、社会保险费用、住房公积金和法定补偿金清单表

附3：应付所欠税费清单表

附4：应付所欠债务清单表

法律依据：（同文书样式33）

◇ 参考样式36 债务清偿方案执行结束申请人民法院终结被申请人公司清算程序的报告

×××（被申请人名称） 清算组

关于终结×××（被申请人名称） 公司清算程序的报告

〔××××〕××清算第×号

×××人民法院：

根据××××年××月××日×××人民法院（××××）×××××清审第×-×号决定书指定，清算组于××××年××月××日进驻被申请人×××公司，在法院的监督、指导下开展工作。清算组在清理×××（被申请人名称）财产、编制资产负债表和财产清单时，发现其财产不足清偿债务，经与债权人协商制作债务清偿方案并经债权人确认且不损害其他利害关系人利益，经清算组申请，人民法院于××××年××月××日×××以（××××）×××××清审第×-×号裁定予以认可。

现清算组依据该清偿方案清偿债务结束，申请人民法院终结×××（被申请人名称）公司清算程序。

特此报告。

（清算组印章）

××××年××月××日

附：《×××（被申请人名称）的债务清偿方案执行情况的报告》

法律依据：（同文书样式33）

◇ **参考样式37　依法清算结束清算组申请人民法院确认清算报告终结公司清算程序的报告**

×××（被申请人名称）　清算组

关于提请终结×××公司清算程序的报告

〔××××〕××清算第×号

×××人民法院：

根据××××年××月××日×××人民法院（××××）×××××清审第×-×号决定书指定，清算组于××××年××月××日进驻被申请人×××公司，在法院的监督、指导下开展工作。清算组已经完成清理公司财产，分别编制资产负债表和财产清单；通知、公告债权人；处理与清算有关的公司未了结的业务，并已完成对被申请人公司财产的变价和按照人民法院确认的清算方案清算结束。

现根据最高人民法院《关于审理公司强制清算案件工作座谈会纪要》（法发〔2009〕52号）第28条提请人民法院确认清算报告并终结×××（被申请人名称）清算程序。

特此报告。

（清算组印章）

××××年××月××日

附：《关于×××（被申请人名称）清算报告》

法律依据：（同参考样式26）

◇ **参考样式38　依法清算结束清算组提请人民法院确认的清算报告**

×××（被申请人名称）　清算组

关于×××（被申请人名称）　的清算报告

〔××××〕××清算第×号

×××人民法院：

根据××××年××月××日×××人民法院（××××）×××××清审第×-×号决定

书指定，清算组于××××年××月××日进驻被申请人×××公司，在法院的监督、指导下开展工作。清算组已经完成清理公司财产，分别编制资产负债表和财产清单；通知、公告债权人；处理与清算有关的公司未了结的业务，并已完成对被申请人公司财产的变价和按照人民法院确认的清算方案清算结束。

一、人民法院确认的清算方案

××××年××月××日，×××（被申请人名称）清算组向人民法院提交了《关于提请股东会/股东大会或者人民法院确认的×××（被申请人名称）清算方案的报告》请求确认，人民法院于××××年××月××日以（××××）×××××清审第×-×号民事裁定书予以确认。

二、清算方案实施情况

现该方案清算内容已经实施完毕，具体实施情况如下：

1. 被申请人公司可供清算的财产

2. 除股东外应当支付、清偿有关费用、债务情况

简述参加被申请人公司财产分配的清算费用，所欠职工工资、社会保险费用、住房公积金和法定补偿金，所欠国家税费，所欠其他债务总额等基本情况。

3. 清算顺序、金额、方式

（1）清算费用：×××

（2）所欠职工工资、社会保险费用、住房公积金和法定补偿金：×××

（3）税费：×××

（4）债务：×××

（5）剩余财产按股东出资比例分配：×××

以上清算均以人民币资金通过转账清算支付到账。

附：转账支付清单及支付凭证。

截止××××年×月×日，公司债权债务已清算完毕，剩余财产已分配完毕，实收资本为零。

特此报告。

（清算组印章）

××××年××月××日

司法依据：（同参考样式36）

本章编者说明：

本章文书样式均为本书编者拟制。其中公司诉讼解散、司法清算人民法院的法律文书，根据《最高人民法院关于审理公司强制清算案件工作座谈会纪要》（法发〔2009〕52号）第38条规定，“对于受理、不受理强制清算申请、驳回申请人的申请、允许或者驳回申请人撤回申请、采取保全措施、确认清算方案、确认清算终结报告、终结强制清算程序的，应当制作民事裁定书。对于指定或者变更清算组成员、确定清算组成员报酬、延长清算期限、制裁妨碍清算行为的，应当制作决定书。对于其他所涉有关法律文书的制作，可参照企业破产清算中人民法院的法律文书样式。”故本书编者仅拟制了部分，其中法院文书编号，根据2016年7月6日印发、自2016年8月1日起施行的《最高人民法院关于调整强制清算与破产案件类型划分的通知》(法〔2016〕237号）代字新标准处理。

其他法律文书样式，请参考本书后续企业破产法律文书样式。

第二章

当事人申请、参与破产程序法律文书参考样式

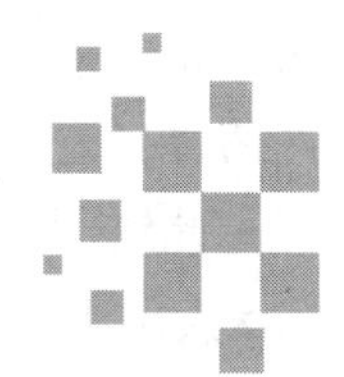

第一节　当事人申请破产程序法律文书参考样式

◇ 参考样式1　债权人对一般企业法人债务人提起破产程序的《破产重整/破产清算申请书》

破产重整/破产清算申请书

申请人：自然人姓名、性别、年龄、民族、职业、工作单位、住所、联系方式，或者法人、其他组织的名称、住所和法定代表人或主要负责人的姓名、职务、联系方式。

被申请人：名称、住所和法定代表人的姓名、职务、联系方式。

申请目的：申请对被申请人破产重整/破产清算。

事实和理由：

1. 申请人债权的基本情况：申请人债权产生、形成的原因、数额，有无担保、担保方式，履行期限已届满被申请人没有清偿或者没有完全清偿，双方债权债务关系合法、有效。

2. 被申请人具有《中华人民共和国企业破产法》第二条规定情形。

3. 申请对被申请人破产重整的，应说明被申请人具有重整价值和重整可能的可行性。

综上所述，被申请人不能清偿到期债务，并且资产不足以清偿全部债务/明显缺乏清偿能力或有明显丧失清偿能力的可能，申请人为维护自身合法有效债权及时得到充分清偿，特依据《中华人民共和国企业破产法》第二条、

第三条、第七条第二款及/或第七十条第一款规定，申请对被申请人重整/破产清算，请人民法院依法裁定受理并对被申请人重整/宣告被申请人破产。

此致

×××人民法院

具书人：(签名/盖章)

××××年××月××日

附：

1. 本申请书副本1份；

2. 证明申请人主体资格的居民身份证/营业执照等文件；

3. 证明被申请人主体资格的营业执照等文件；

4. 证明申请人债权产生形成的原因、数额，有无担保、担保方式，履行期限已届满被申请人没有清偿或者没有完全清偿，及双方债权债务关系合法、有效的证据材料；

5. 申请对被申请人重整的，可以提交证明被申请人具有重整价值和重整可能的可行性评估材料。

法律依据：

《中华人民共和国企业破产法》第二条　企业法人不能清偿到期债务，并且资产不足以清偿全部债务或者明显缺乏清偿能力的，依照本法规定清理债务。

企业法人有前款规定情形，或者有明显丧失清偿能力可能的，可以依照本法规定进行重整。

《中华人民共和国企业破产法》第三条　破产案件由债务人住所地人民法院管辖。

《中华人民共和国企业破产法》第七条第二款　债务人不能清偿到期债务，债权人可以向人民法院提出对债务人进行重整或者破产清算的申请。

《中华人民共和国企业破产法》第七十条第一款　债务人或者债权人可以依照本法规定，直接向人民法院申请对债务人进行重整。

◇ 参考样式2　一般企业法人债务人自己提起破产程序的《破产重整/破产和解/破产清算申请书》

破产重整/破产和解/破产清算申请书

申请人：名称、住所和法定代表人的姓名、职务、联系方式。

申请目的：申请破产重整/破产和解/破产清算。

事实和理由：

1. 申请人的设立、变更情况。

2. 通过陈述申请人的资产状况、生产经营情况、债权债务状况说明申请人具有《中华人民共和国企业破产法》第二条规定的情形及其原因。

3. 申请重整的，应说明申请人具有重整价值和重整可能，进行了可行性评估具有评估材料；申请和解的，应说明制定了和解协议草案。

综上所述，申请人不能清偿到期债务，并且资产不足以清偿全部债务/缺乏清偿能力，/有明显丧失清偿能力的可能，但具有重整价值和重整可能，/制定了切实可行的和解协议草案，特依据《中华人民共和国企业破产法》第二条第二款/第二条第一款、第三条、第七条第一款/第九十五条规定申请重整/和解/破产清算，请人民法院依法裁定受理并对申请人重整/允许申请人和解/宣告申请人破产。

此致

×××人民法院

具书人：（盖章）

××××年××月××日

附：

1. 证明申请人主体资格的营业执照等文件；

2. 申请人法定代表人或者主要负责人名单；

3. 申请人的董事、监事及高级管理人员名单；

4. 申请人的财产状况说明，包括有形资产、无形资产、对外投资情况等；

5. 申请人的债务清册，列明债权人名称、联系方式、住所、债务数额、债务形成时间和催讨偿还情况；

6. 申请人的债权清册，列明债务人的债务人名称、住所、债权数额和债权形成时间；

7. 申请人的有关财务会计报告；

8. 申请人涉及的担保情况；

9. 申请人涉及的诉讼、仲裁、执行情况；

10. 申请人的职工安置预案（列明债务人解除职工劳动关系后依法应对职工的补偿方案）；

11. 证明申请人的职工工资的支付和社会保险费用、住房公积金的缴纳情况的证明文件；

12. 申请人的股东会、股东大会、开办人或者其他依法履行出资义务的人同意申请破产的决议文件，但有证据证明债务人股东会、股东大会、开办人或其他依法履行出资义务的人无法履行职责的除外；

13. 申请重整的，还应提交申请人具有重整价值和重整可能的可行性评估材料；

14. 申请和解的，还应提交和解协议草案。

法律依据：

《中华人民共和国企业破产法》第二条第一款（同参考样式1）

《中华人民共和国企业破产法》第三条（同参考样式1）

《中华人民共和国企业破产法》第七条第一款　债务人有本法第二条规定的情形，可以向人民法院提出重整、和解或者破产清算申请。

《中华人民共和国企业破产法》第九十五条　债务人可以依照本法规定，直接向人民法院申请和解；也可以在人民法院受理破产申请后、宣告债务人破产前，向人民法院申请和解。债务人申请和解，应当提出和解协议草案。

◇ 参考样式3　清算责任人或清算组申请对未清算或者未清算完毕的企业法人提起破产程序的《破产清算申请书》

破产清算申请书

申请人：清算责任人姓名、性别、年龄、民族、职业、工作单位、住所、联系方式，或者法人或者其他组织的名称、住所和法定代表人或者主要负责人的姓名、职务、联系方式；或者清算组名称、办公地址和负责人的姓名、职务、联系方式。

被申请人：名称、住所和法定代表人的姓名、职务、联系方式。

申请目的：对被申请人破产清算。

事实和理由：

1. 被申请人的设立、变更情况。

2. 被申请人已经解散未清算或者成立清算组清算但未清算完毕。

3. 被申请人解散未清算或者清算组通过清理财产，分别编制资产负债表和财产清单发现公司财产不足以清偿债务，符合《中华人民共和国企业破产法》第七条第三款及/或《中华人民共和国公司法》第一百八十七条第一款规定情形。

综上所述，被申请人财产不足以清偿债务，申请人特依据《中华人民共和国企业破产法》第三条、第七条第三款及/或《中华人民共和国公司法》第一百八十七条规定申请对被申请人破产清算，请人民法院依法裁定受理并宣告被申请人破产。

此致

×××人民法院

具书人：清算责任人×××/×××清算组

（签名/盖章）

××××年××月××日

附：

1. 本申请书副本1份；

2. 证明申请人主体资格的居民身份证/营业执照/清算组成立等文件;

3. 证明被申请人主体资格的营业执照等文件;

4. 证明被申请人已经解散的材料;

5. 证明被申请人不能清偿到期债务的材料:

(1) 被申请人未经清算的，应提交其资产不足以清偿债务的财务报告;

(2) 被申请人经过清算的，应提交资产负债表和财产清单，其资产不足以清偿债务的清算报告;

6. 被申请人的债务清册，列明债权人名称、住所、债务数额、债务形成时间和催收偿还情况;

7. 被申请人的债权清册，列明被申请人的债务人名称、住所、债权数额和债权形成时间;

8. 被申请人涉及的担保情况;

9. 被申请人涉及的诉讼、仲裁、执行情况;

10. 被申请人的职工安置预案:

(1) 被申请人为国家出资企业的，职工安置预案应列明拟安置职工基本情况、安置障碍及主要解决方案、稳定因素评估及主要应对措施等;

(2) 被申请人为非国家出资企业的，职工安置预案应列明债务人解除职工劳动关系后依法应对职工的补偿方案;

11. 证明被申请人的职工工资的支付和社会保险费用、住房公积金的缴纳情况的证明文件。

法律依据:

《中华人民共和国企业破产法》第七条第三款　企业法人已解散但未清算或者未清算完毕，资产不足以清偿债务的，依法负有清算责任的人应当向人民法院申请破产清算。

《中华人民共和国公司法》第一百八十七条　清算组在清理公司财产、编制资产负债表和财产清单后，发现公司财产不足清偿债务的，应当依法向人民法院申请宣告破产。

公司经人民法院裁定宣告破产后，清算组应当将清算事务移交给人民法院。

《中华人民共和国企业破产法》第三条（同参考样式1）

◇ 参考样式4　债权人申请对债务人进行破产清算，破产宣告前债务人或债务人的出资人提起破产重整程序的《破产重整申请书》

破产重整申请书

申请人：债务人名称、住所和法定代表人或者主要负责人的姓名、职务、联系方式。/债务人的出资人：自然人姓名、性别、年龄、民族、职业、工作单位、住所、联系方式，或者法人、其他组织的名称、住所和法定代表人或者主要负责人的姓名、职务、联系方式。

被申请人：债务人名称、住所和法定代表人的姓名、职务。

被申请人管理人：×××管理人。

负责人：×××，职务、联系方式。

破产清算申请人：（债权人）自然人姓名、性别、年龄、民族、职业、工作单位、住所、联系方式，或者法人或者其他组织的名称、住所和法定代表人或者主要负责人的姓名、职务、联系方式。

申请目的：对被申请人重整。

事实和理由：

1. 债权人申请对被申请人进行破产清算人民法院已经受理但尚未宣告债务人破产；

2. 被申请人具有重整价值和重整可能的基本事实；

3. 申请人系债务人的出资人的，说明申请人对被申请人的出资额占被申请人注册资本十分之一以上。

综上所述，申请人认为被申请人具有重整价值和重整可能，/申请人对被申请人的出资额占被申请人注册资本十分之一以上，为此申请人特依据《中华人民共和国企业破产法》第七十条第二款规定申请对被申请人重整，请人民法院依法裁定受理并对被申请人重整。

此致

×××人民法院

具书人：（盖章/签名）

××××年××月××日

附：

1. 本申请书副本2或3份；

2. 证明申请人主体资格文件：

（1）债务人：营业执照等文件；

（2）债务人的出资人：证明申请人对被申请人的出资额占被申请人注册资本十分之一以上的工商登记资料或者其他材料；

3. 证明债权人申请对被申请人进行破产清算人民法院已经受理但尚未宣告债务人破产的文件；

4. 证明被申请人具有重整价值和重整可能的可行性评估材料。

法律依据：

《中华人民共和国企业破产法》第七十条第二款（同参考样式1）

◇ 参考样式5　国有企业债务人自己提起破产程序的《破产重整/破产和解/破产清算申请书》

破产重整/破产和解/破产清算申请书

申请人：名称、住所和法定代表人的姓名、职务、联系方式。
申请目的：申请破产重整/破产和解/破产清算。

事实和理由：

1. 申请人的设立、变更情况；

2. 通过陈述申请人现在的资产状况、生产经营情况、债权债务状况说明申请人具有《中华人民共和国企业破产法》第二条规定的情形及其原因；

3. 申请重整的，应说明申请人具有重整价值和重整可能，进行了可行性评估具有评估报告；申请和解的，应说明制定了和解协议草案；

4. 根据《中华人民共和国企业国有资产法》规定，履行出资人职责的机构在作出同意本申请决定或者向其委派参加国有资本控股公司股东会会议、股东大会会议的股东代表作出同意本申请指示前，已经报请本级人民政府批准；已经听取企业工会的意见，并通过职工代表大会或者其他形式听取了职工的意见和建议。

综上所述，申请人不能清偿到期债务，并且资产不足以清偿全部债务/缺乏清偿能力，/有明显丧失清偿能力的可能，但具有重整价值和重整可能，/制定了切实可行的和解协议草案，特依据《中华人民共和国企业破产法》第二条第二款/第二条第一款、第三条、第七条第一款/第九十五条规定申请重整/和解/破产清算，请人民法院依法裁定受理并对申请人重整/允许申请人和解/宣告申请人破产。

此致

×××人民法院

具书人：（盖章）

××××年××月××日

附：

1. 证明申请人主体资格的营业执照等文件；

2. 申请人法定代表人或者主要负责人名单；

3. 申请人的股东、董事、监事及高级管理人员名单；

4. 申请人的财产状况说明，包括有形资产、无形资产、对外投资情况等；

5. 申请人的债务清册，列明债权人名称、联系方式、住所、债务数额、债务形成时间和催讨偿还情况；

6. 申请人的债权清册，列明债务人的债务人名称、住所、债权数额和债权形成时间；

7. 申请人的有关财务会计报告；

8. 申请人涉及的担保情况；

9. 申请人涉及的诉讼、仲裁、执行情况；

10. 申请人的职工安置预案：

（1）对非合同工职工，应提交拟安置职工基本情况、安置障碍及主要解决方案、稳定因素评估及主要应对措施等；

（2）对合同工，应提交解除职工劳动关系后依法应对职工的补偿方案；

11. 证明申请人的职工工资的支付和社会保险费用、住房公积金的缴纳情况的证明文件；

12. 对申请人履行出资人职责的机构同意申请破产的文件，即根据《中华人民共和国企业国有资产法》规定，履行出资人职责的机构在作出同意本申请决定或者向其委派参加国有资本控股公司股东会会议、股东大会会议的股东代表作出同意本申请指示前，已经报请本级人民政府批准的证据；已经听取企业工会的意见，并通过职工代表大会或者其他形式听取了职工的意见和建议的文件；

13. 申请重整的，还应提交具有重整价值和重整可能的可行性评估报告；

14. 申请和解的，还应提交和解协议草案。

法律依据：

《中华人民共和国公司法》第六十六条　国有独资公司不设股东会，由国有资产监督管理机构行使股东会职权。国有资产监督管理机构可以授权公司董事会行使股东会的部分职权，决定公司的重大事项，但公司的合并、分立、解散、增加或者减少注册资本和发行公司债券，必须由国有资产监督管理机构决定。其中，重要的国有独资公司合并、分立、解散、申请破产的，应当由国有资产监督管理机构审核后，报本级人民政府批准。

前款所称重要的国有独资公司，按照国务院的规定确定。

《中华人民共和国企业国有资产法》第五条　本法所称国家出资企业，是指国家出资的国有独资企业、国有独资公司，以及国有资本控股公司、国有资本参股公司。

《中华人民共和国企业国有资产法》第十三条　履行出资人职责的机构委派的股东代表参加国有资本控股公司、国有资本参股公司召开的股东会会议、股东大会会议，应当按照委派机构的指示提出提案、发表意见、行使表决权，并将其履行职责的情况和结果及时报告委派机构。

《中华人民共和国企业国有资产法》第三十条　国家出资企业合并、分立、改制、上市，增加或者减少注册资本，发行债券，进行重大投资，为他人提供大额担保，转让重大财产，进行大额捐赠，分配利润，以及解散、申请破产等重大事项，应当遵守法律、行政法规以及企业章程的规定，不得损害出资人和债权人的权益。

《中华人民共和国企业国有资产法》第三十一条　国有独资企业、国有独资公司合并、分立，增加或者减少注册资本，发行债券，分配利润，以及解散、申请破产，由履行出资人职责的机构决定。

《中华人民共和国企业国有资产法》第三十二条　国有独资企业、国有独资公司有本法第三十条所列事项的，除依照本法第三十一条和有关法律、行政法规以及企业章程的规定，由履行出资人职责的机构决定的以外，国有独资企业由企业负责人集体讨论决定，国有独资公司由董事会决定。

《中华人民共和国企业国有资产法》第三十三条　国有资本控股公司、国有资本参股公司有本法第三十条所列事项的，依照法律、行政法规以及公司章程的规定，由公司股东会、股东大会或者董事会决定。由股东会、股东大会决定的，履行出资人职责的机构委派的股东代表应当依照本法第十三条的规定行使权利。

《中华人民共和国企业国有资产法》第三十四条　重要的国有独资企业、国有独资公司、国有资本控股公司的合并、分立、解散、申请破产以及法律、行政法规和本级人民政府规定应当由履行出资人职责的机构报经本级人民政府批准的重大事项，履行出资人职责的机构在作出决定或者向其委派参加国有资本控股公司股东会会议、股东大会会议的股东代表作出指示前，应当报请本级人民政府批准。

本法所称的重要的国有独资企业、国有独资公司和国有资本控股公司，按照国务院的规定确定。

《中华人民共和国企业国有资产法》第三十七条　国家出资企业的合并、分立、改制、解散、申请破产等重大事项，应当听取企业工会的意见，并通过职工代表大会或者其他形式听取职工的意见和建议。

《中华人民共和国企业破产法》第二条第一款、第三条、第七条第一款、第九十五条（同参考样式2）

◇ 参考样式6　债权人对上市公司提起破产程序的《破产重整/破产清算申请书》

破产重整/破产清算申请书

申请人：自然人姓名、性别、年龄、民族、职业、工作单位、住所、联系方式，或者法人或者其他组织的名称、住所和法定代表人或者主要负责人的姓名、职务、联系方式。

被申请人：名称、住所和法定代表人的姓名、职务、联系方式。

申请目的：对被申请人破产重整/破产清算。

事实和理由：

1. 债权产生、形成的原因、数额，有无担保、担保方式，履行期限已届满被申请人没有清偿或者没有完全清偿债务；双方债权债务关系合法、有效；

2. 被申请人现在生产经营情况及其具备《企业破产法》第二条规定情形；

3. 申请对被申请人破产重整的，应说明被申请人具有重整价值和重整可能的可行性；

4. 申请人申请破产程序已经告知被申请人；被申请人住所地省级人民政府已经向证券监督管理部门通报了情况；证券监督管理部门的同意意见；被申请人住所地人民政府出具了维稳预案；

综上所述，被申请人不能清偿到期债务，并且资产不足以清偿全部债务/明显缺乏清偿能力，或被申请人有明显丧失清偿能力可能，但具有重整价值和重整可能，申请人为维护自身合法有效债权及时得到充分清偿，特依据《中华人民共和国企业破产法》第三条、第七条第一款/第九十五条规定，并根据或参照最高人民法院《关于审理上市公司破产重整案件工作座谈会纪要》第三条第二款规定，申请被申请人对被申请人重整/破产清算，请人民法院依法裁定受理并对申请人重整/宣告申请人破产。

此致

×××人民法院

具书人：（签名/盖章）

××××年××月××日

附：

1. 本申请书副本1份；

2. 证明申请人的主体资格的居民身份证/营业执照等文件；

3. 证明被申请人的主体资格的营业执照等文件；

4. 证明申请人债权产生形成的原因、数额，有无担保、担保方式，债务履行期限已届满被申请人没有清偿或者没有完全清偿，及双方债权债务关系合法、有效的证据材料；

5. 还应当提交：

（1）申请人就申请被申请人破产程序已经告知被申请人的证据；

（2）被申请人住所地省级人民政府向证券监督管理部门的通报情况材料；

（3）证券监督管理部门的意见；

（4）被申请人住所地人民政府出具的维稳预案等材料；

（5）申请人保证在人民法院受理破产申请前承担保密义务的承诺书；

6. 申请重整的还应当提交被申请人具有重整价值和重整可能的可行性评估材料。

法律依据：

最高人民法院《关于审理上市公司破产重整案件工作座谈会纪要》二、关于上市公司破产重整的申请 会议认为，上市公司不能清偿到期债务，并且资产不足以清偿全部债务或者明显缺乏清偿能力，或者有明显丧失清偿能力可能的，上市公司或者上市公司的债权人、出资额占上市公司注册资本十分之一以上的出资人可以向人民法院申请对上市公司进行破产重整。

申请人申请上市公司破产重整的，除提交《企业破产法》第八条规定的材料外，还应当提交关于上市公司具有重整可行性的报告、上市公司住所地省级人民政府向证券监督管理部门的通报情况材料以及证券监督管理部门的意见、上市公司住所地人民政府出具的维稳预案等。上市公司自行申请破产重整的，还应当提交切实可行的职工安置方案。

最高人民法院《关于审理上市公司破产重整案件工作座谈会纪要》五、关于对破产重整上市公司的信息保密和披露 会议认为，对于股票仍在正常交易的上市公司，在上市公司破产重整申请相关信息披露前，上市公司及其债权人、出资人等利害关系人应当按照法律、行政法规、证券监管机构的部门规章及证券交易所上市规则做好信息保密工作。

上市公司的债权人提出破产重整申请的，人民法院应当要求债权人提供其已就此告知上市公司的有关证据。上市公司应当按照相关规则及时履行信息披露义务。

上市公司进入破产重整程序后，由管理人履行相关法律、行政法规、部门规章和公司章程规定的原上市公司董事会、董事和高级管理人员承担的职责和义务，上市公司自行管理财产和营业事务的除外。管理人在上市公司破产重整程序中存在信息披露违法违规行为的，应当依法承担相应的责任。

《中华人民共和国企业破产法》第二条、第三条、第七条第二款、第七十条第一款（同参考样式1）

◇ 参考样式7　上市公司自己提起破产程序的《破产重整/破产和解/破产清算申请书》

破产重整/破产和解/破产清算申请书

申请人：名称、住所和法定代表人或者主要负责人的姓名、职务、联系方式。

申请目的：申请破产重整/破产和解/破产清算。

事实和理由：

1. 申请人的设立、变更及批准上市情况；

2. 通过陈述被申请人现在的资产状况、生产经营情况、债权债务状况说明申请人具备《企业破产法》第二条规定情形及其原因；

3. 申请重整的，应说明申请人具有重整价值和重整可能，进行了可行性评估具有评估报告；申请和解的，应说明制定了和解协议草案；

4. 说明申请人住所地省级人民政府已经向证券监督管理部门通报了情况，证券监督管理部门的同意意见，上市公司住所地人民政府出具了维稳预案。

综上所述，申请人不能清偿到期债务，并且资产不足以清偿全部债务/缺乏清偿能力，/有明显丧失清偿能力的可能，但具有重整价值和重整可能，/制定了切实可行的和解协议草案，特依据《中华人民共和国企业破产法》第二条第二款/第二条第一款、第三条、第七条第一款/第九十五条规定申请重整/和解/破产清算，请人民法院依法裁定受理并对申请人重整/允许申请人和解/宣告申请人破产。

此致

×××人民法院

具书人：（盖章）

××××年××月××日

附：

1. 证明申请人主体资格的营业执照、上市审批等证明文件；

2. 申请人法定代表人或者主要负责人名单；

3. 申请人的控股股东、董事、监事及高级管理人员名单；

4. 申请人的财产状况说明，包括有形资产、无形资产、对外投资情况等；

5. 申请人的债务清册，列明债权人名称、联系方式、住所、债务数额、债务形成时间和催讨偿还情况；

6. 申请人的债权清册，列明债务人的债务人名称、住所、债权数额和债权形成时间；

7. 申请人的有关财务会计报告；

8. 申请人涉及的担保情况；

9. 申请人涉及的诉讼、仲裁、执行情况；

10. 证明上市公司住所地省级人民政府已经向证券监督管理部门的通报情况的材料，证券监督管理部门的意见，上市公司住所地人民政府出具的维稳预案等材料；

11. 申请人的职工安置预案：

（1）涉及国家出资企业的非合同工职工，应提交拟安置职工基本情况、安置障碍及主要解决方案、稳定因素评估及主要应对措施等；

（2）对合同工，应提交解除职工劳动关系后依法应对职工的补偿方案；

12. 证明申请人的职工工资的支付和社会保险费用、住房公积金的缴纳情况的证明文件；

13. 申请人的股东会、股东大会、开办人或者其他依法履行出资义务的人同意申请破产的决议文件，但有证据证明债务人股东会、股东大会、开办人或其他依法履行出资义务的人无法履行职责的除外；

涉及国家出资企业的，应提交对申请人履行出资人职责的机构同意申请破产的文件，即根据《中华人民共和国企业国有资产法》规定，履行出资人职责的机构在作出同意本申请决定或者向其委派参加国有资本控股公司股东会会议、股东大会会议的股东代表作出同意本申请指示前，已经报请本级人民政府批准的证据；已经听取企业工会的意见，并通过职工代表大会或者其他形式听取了职工的意见和建议的文件；

14. 申请重整的，还应提交具有重整价值和重整可能的可行性评估报告；

15. 申请和解的，还应提交和解协议草案。

法律依据：

最高人民法院《关于审理上市公司破产重整案件工作座谈会纪要》三、(同参考样式6)

《中华人民共和国企业破产法》第二条第一款、第三条、第七条第一款、第九十五条（同参考样式2)

◇ 参考样式8　国务院金融监督管理机构向人民法院对金融机构提起破产程序的《破产重整/破产清算申请书》

破产重整/破产清算申请书

申请人：国务院金融监督管理机构的名称、住所和法定代表人或者主要负责人的姓名、职务、联系方式。

被申请人：金融机构名称、住所和法定代表人的姓名、职务、联系方式。

申请目的：对被申请人进行破产重整/破产清算。

事实和理由：

1. 被申请人拖欠债务的原因、性质、数额，债务履行期限已届满被申请人没有清偿或者没有完全清偿；

2. 通过陈述被申请人现在经营情况、资产状况、债权债务状况说明被申请人具有《企业破产法》第二条规定情形及其原因；

3. 申请重整的，说明被申请人具有重整价值和重整可能，进行了可行性评估具有评估报告。

综上所述，被申请人不能清偿到期债务，并且资产不足以清偿全部债务/明显缺乏清偿能力，或有明显丧失清偿能力可能，但具有重整价值和重整可能，为维护债权人和债务人合法权益，特依据《中华人民共和国企业破产法》

第三条、第一百三十四条规定，/并根据或参照最高人民法院《关于审理上市公司破产重整案件工作座谈会纪要》第三条第二款规定，申请对被申请人重整/破产清算，请人民法院依法裁定受理并对申请人重整/宣告申请人破产。

此致

×××人民法院

具书人：（盖章）

××××年××月××日

附：

1. 证明申请人主体资格的文件；

2. 证明被申请人主体资格的营业执照、从事金融业或非银行金融业的审批文件及资质证书；

3. 被申请人法定代表人或者主要负责人名单；

4. 被申请人的董事、监事及高级管理人员名单；

5. 被申请人的财产状况说明，包括有形资产、无形资产、对外投资情况等；

6. 被申请人的债务清册，列明债权人名称、联系方式、住所、债务数额、债务形成时间和催讨偿还情况；

7. 被申请人的债权清册，列明债务人的债务人名称、住所、债权数额和债权形成时间；

8. 被申请人的有关财务会计报告；

9. 被申请人涉及的担保情况；

10. 被申请人涉及的诉讼、仲裁、执行情况；

11. 证明被申请人住所地、营业地省级人民政府向金融监督管理部门的通报情况的材料，金融监督管理部门的意见，被申请人住所地、营业地人民政府出具的维稳预案等材料；

12. 被申请人的职工安置预案：

（1）涉及国家出资企业的非合同工职工，应提交拟安置职工基本情况、安置障碍及主要解决方案、稳定因素评估及主要应对措施等；

（2）对合同工，应提交解除职工劳动关系后依法应对职工的补偿方案；

13. 证明被申请人的职工工资的支付和社会保险费用、住房公积金的缴纳情况的证明文件；

14. 被申请人的股东会、股东大会、开办人或者其他依法履行出资义务的人同意申请破产的决议文件，但有证据证明债务人股东会、股东大会、开办人或其他依法履行出资义务的人无法履行职责的除外；

涉及国家出资金融机构的，应提交对被申请人履行出资人职责的机构同意申请破产的文件，即根据《中华人民共和国企业国有资产法》规定，履行出资人职责的机构在作出同意本申请决定或者向其委派参加国有资本控股公司股东会会议、股东大会会议的股东代表作出同意本申请指示前，已经报请本级人民政府批准的证据；已经听取企业工会的意见，并通过职工代表大会或者其他形式听取了职工的意见和建议的文件；

15. 申请重整的，还应提交具有重整价值和重整可能的可行性评估报告。

法律依据：

《中华人民共和国企业破产法》第一百三十四条　商业银行、证券公司、保险公司等金融机构有本法第二条规定情形的，国务院金融监督管理机构可以向人民法院提出对该金融机构进行重整或者破产清算的申请。国务院金融监督管理机构依法对出现重大经营风险的金融机构采取接管、托管等措施的，可以向人民法院申请中止以该金融机构为被告或者被执行人的民事诉讼程序或者执行程序。

金融机构实施破产的，国务院可以依据本法和其他有关法律的规定制定实施办法。

《中华人民共和国企业破产法》第二条、第三条（同参考样式1）

第二节　债权人申报债权及相关文书参考样式

◇ 参考样式9　《债权申报书》

债权申报书

申报人： 自然人姓名、性别、年龄、民族、职业、工作单位、住所、联系方式，或者法人或者其他组织的名称、住所和法定代表人或者主要负责人的姓名、职务、联系方式。

委托代理人： 自然人姓名、性别、年龄、民族、职业、工作单位、住所、居民身份证号码、联系方式；受托人是律师的，仅写明姓名、执业单位、执业证号码、联系方式。

申报金额： 债权本金、利息/违约金、滞纳金、诉讼费/仲裁费。

申报的事实和理由：

1. 债权产生形成的时间，是何原因产生的债权（合同、侵权、担保或者其他原因），是否为连带债权；

2. 计算利息的利率标准或违约金计算方法；

3. 债权有无担保及担保方式、担保人；

4. 债权是否附条件/附期限；

5. 债权是否已经诉讼、仲裁结案或正在诉讼、仲裁、法院执行，或是否尚在诉讼/执行申请时效期限内。

据上所述，申报人根据×××人民法院××××年××月××日的（××××）×破审第×号债权申报通知/公告，依据《中华人民共和国企业破产法》第四十四条、第四十五条……提出申报，请予审查。

此致

×××管理人

具书人：（签名/盖章）

××××年××月××日

附：

1. 证明债权申报人身份的居民身份证/营业执照等主体资格证明文件；

2. 证明委托代理人身份的居民身份证或律师执业证复印件、律师事务所指派及证明律师身份的函件；

3. 证明债权申报人债权成立的相关证据材料清单、证据及必要说明。

法律依据：

《中华人民共和国企业破产法》第四十四条 人民法院受理破产申请时对债务人享有债权的债权人，依照本法规定的程序行使权利。

《中华人民共和国企业破产法》第四十五条 人民法院受理破产申请后，应当确定债权人申报债权的期限。债权申报期限自人民法院发布受理破产申请公告之日起计算，最短不得少于三十日，最长不得超过三个月。

《中华人民共和国企业破产法》第四十六条 未到期的债权，在破产申请受理时视为到期。

附利息的债权自破产申请受理时起停止计息。

《中华人民共和国企业破产法》第四十七条 附条件、附期限的债权和诉讼、仲裁未决的债权，债权人可以申报。

《中华人民共和国企业破产法》第四十八条第一款 债权人应当在人民法院确定的债权申报期限内向管理人申报债权。

《中华人民共和国企业破产法》第四十九条 债权人申报债权时，应当书面说明债权的数额和有无财产担保，并提交有关证据。申报的债权是连带债权的，应当说明。

《中华人民共和国企业破产法》第五十条 连带债权人可以由其中一人代表全体连带债权人申报债权，也可以共同申报债权。

《中华人民共和国企业破产法》第五十一条 债务人的保证人或者其他连带债务人已经代替债务人清偿债务的，以其对债务人的求偿权申报债权。

债务人的保证人或者其他连带债务人尚未代替债务人清偿债务的，以其对债务人的将来求偿权申报债权。但是，债权人已经向管理人申报全部债权的除外。

《中华人民共和国企业破产法》第五十二条 连带债务人数人被裁定适用

本法规定的程序的，其债权人有权就全部债权分别在各破产案件中申报债权。

《中华人民共和国企业破产法》第五十三条　管理人或者债务人依照本法规定解除合同的，对方当事人以因合同解除所产生的损害赔偿请求权申报债权。

《中华人民共和国企业破产法》第五十四条　债务人是委托合同的委托人，被裁定适用本法规定的程序，受托人不知该事实，继续处理委托事务的，受托人以由此产生的请求权申报债权。

《中华人民共和国企业破产法》第五十五条　债务人是票据的出票人，被裁定适用本法规定的程序，该票据的付款人继续付款或者承兑的，付款人以由此产生的请求权申报债权。

《中华人民共和国企业破产法》第五十六条　在人民法院确定的债权申报期限内，债权人未申报债权的，可以在破产财产最后分配前补充申报；但是，此前已进行的分配，不再对其补充分配。为审查和确认补充申报债权的费用，由补充申报人承担。

债权人未依照本法规定申报债权的，不得依照本法规定的程序行使权利。

◇ 参考样式 10　《债权申报表》

债权申报表

债权申报人名称	
通信地址、邮编	
联系电话	（及其他通信方式）
委托代理人	
通信地址、邮编	
联系电话	（及其他通信方式）
申报债权性质	（概括写明是因合同、侵权或者其他原因等产生的债权；是否为连带债权）
申报债权本金、利息/违约金、滞纳金等	（应分项写明）

续表

债权担保情况	（有/无。如有应写明担保方式、担保人）
是否附条件/附期限	（有/无。如有应写明所附条件/期限具体情况）
是否诉讼、仲裁或申请法院执行；是否尚在诉讼/执行申请时效期限内	
债权产生形成基本情况	（写明债权产生形成的时间、原因、过程、担保、诉讼或仲裁、申请执行等等情况）

申报人：（签名/盖章）　　　　申报时间：××××年××月××日

附：债权申报证据材料清单及证据

债权申报证据材料清单

序号	证据材料名称	份/页数	原件/复印件
1			
2			
3			
…			
…			
…			

提交人：　　　　接收人：

提交时间：　　　　接收时间：

法律依据：（略）

◇ 参考样式 11 《债权异议申请书》

债权异议申请书

申请人：系债权人的，写明自然人姓名、性别、年龄、民族、职业、工作单位、住所、联系方式，或者法人或者其他组织的名称、住所和法定代表人或者主要负责人的姓名、职务、联系方式；系债务人的，写明法人或者其他组织的名称、住所和法定代表人或者主要负责人的姓名、职务、联系方式。

被申请人：系债务人的，写明法人或者其他组织的名称、住所和法定代表人或者主要负责人的姓名、职务、联系方式；系债权人的，写明自然人姓名、性别、年龄、民族、职业、工作单位、住所、联系方式，或者法人或者其他组织的名称、住所和法定代表人或者主要负责人的姓名、职务、联系方式。

异议请求：确认自己或否决他人部分或全部债权的具体请求。

事实和理由：

【债权人主张自己债权成立的】

××××年××月××日×××人民法院作出〔××××〕×破审第×号民事裁定书受理×××申请对×××重整/和解/破产清算一案，同时指定×××为管理人。申请人根据人民法院的通知/公告在债权申报期限内向×××管理人申报了债权，但×××管理人审查后通知申请人对申请人部分/全部债权不予认可。申请人认为自己的债权部分/全部依法成立，理由是：

（事实根据和法律依据）

【债权人主张他人×××债权不成立的】

××××年××月××日×××人民法院作出〔××××〕×破审第×号民事裁定书受理×××申请对×××重整/和解/破产清算一案，同时指定×××为管理人接收债权人的债权申报。根据债权申报情况，×××管理人在第一次债权人会议上提交了《债权申报表》和《债权表》并作了说明。据申请人了解掌握的情况，申请人认为《债权表》记载的×××（其他债权人）的债权部分/全部不能成立，理由是：

（事实根据和法律依据）

【债务人主张×××债权人债权不成立的】

××××年××月××日×××人民法院作出〔××××〕×破审第×号民事裁定书受理×××申请对×××重整/和解/破产清算一案，同时指定×××为管理人接收债权人的债权申报。根据债权申报情况，×××管理人在第一次债权人会议上提交了《债权申报表》和《债权表》并作了说明。据申请人掌握的证据，申请人认为《债权表》记载的×××（债权人）的债权部分/全部不能成立，理由是：

（事实根据和法律依据）

综上所述，申请人认为自己享有/他人不应当享有前述部分或全部债权，特依据《最高人民法院关于适用〈中华人民共和国企业破产法〉若干问题的规定（三）》第八条规定提出异议，请予纠正。

此致

×××管理人

具书人：（签名/盖章）

××××年××月××日

附：

1. 本申请书副本×份（根据被申请人数量确定）；

2. 证明异议申请人主体资格的居民身份证/营业执照等文件；

3. 管理人提交债权人会议核查的债权表；

4. 申请人主张应当确认自己或/及应当否决他人部分或全部债权的相关事实证据材料。

法律依据：

《最高人民法院关于适用〈中华人民共和国企业破产法〉若干问题的规定（三）》第八条　债务人、债权人对债权表记载的债权有异议的，应当说明理由和法律依据……

◇ 参考样式12　债务人对债权人/债权人对自己、他人提起破产债权确认之诉的《民事起诉状》

民事起诉状

原告： 系债权人的，写明自然人姓名、性别、年龄、民族、职业、工作单位、住所、联系方式，或者法人或者其他组织的名称、住所和法定代表人或者主要负责人的姓名、职务、联系方式；系债务人的，写明法人或者其他组织的名称、住所和法定代表人或者主要负责人的姓名、职务、联系方式。

被告： 系债务人的，写明法人或者其他组织的名称、住所和法定代表人或者主要负责人的姓名、职务、联系方式；系债权人的，写明自然人姓名、性别、年龄、民族、职业、工作单位、住所、联系方式，或者法人或者其他组织的名称、住所和法定代表人或者主要负责人的姓名、职务、联系方式。

案由： 破产债权确认纠纷。

诉讼请求：

1. 确认自己或否决他人部分或全部债权××元；
2. 决定本案诉讼费用由被告承担。

事实和理由：

【债权人主张自己债权成立的】

××××年××月××日×××人民法院作出〔××××〕×破审第×号民事裁定书受理×××申请对×××重整/和解/破产清算一案，同时指定×××为管理人。原告根据人民法院的通知/公告在债权申报期限内向×××管理人申报了债权，但×××管理人审查后通知原告对原告部分/全部债权不予认可，经原告提出异议，×××管理人复核后仍然不予认可。原告认为其理由不能成立。理由是：

(事实根据和法律依据)

【债权人主张他人×××债权不成立的】

××××年××月××日×××人民法院作出〔××××〕×破审第×号民事裁定书受理×××申请对×××重整/和解/破产清算一案，同时指定×××为管理人接收债权人的债权申报。根据债权申报情况，×××管理人在第一次债权人会议上提交了

《债权申报表》和《债权表》并作了说明。据原告了解掌握的情况，原告认为×××（其他债权人）的债权不能成立，经原告提出异议，×××管理人复核后仍然予以认可该债权。原告认为×××（其他债权人）的债权及管理人认可该债权的理由不能成立。理由是：

（事实根据和法律依据）

【债务人主张×××债权人债权不成立的】

××××年××月××日×××人民法院作出〔××××〕×破审第×号民事裁定书受理×××申请对×××重整/和解/破产清算一案，同时指定×××为管理人接收债权人的债权申报。根据债权申报情况，×××管理人在第一次债权人会议上提交了《债权申报表》和《债权表》并作了说明。据原告掌握的证据，原告认为×××（债权人）的债权不能成立，经原告提出异议，×××管理人复核后仍然予以认可。原告认为×××（债权人）的债权及管理人认可该债权的理由不能成立。理由是：

（事实根据和法律依据）

综上所述，原告认为自己的前述部分/全部债权合法有效依法成立，或×××（他人/债权人）前述部分/全部债权依法无效不能成立，特依据《中华人民共和国企业破产法》第五十八条、《最高人民法院关于适用〈中华人民共和国企业破产法〉若干问题的规定（三）》第八条、第九条规定提出诉讼，请人民法院依法裁判。

此致

×××人民法院

具状人：（签名/盖章）

××××年××月××日

附：

1. 本状副本1份；
2. 证明原告主体资格的居民身份证/营业执照等文件；
3. 证明被告主体资格的居民身份证/营业执照等文件；
4. 证明原告主张理由成立应当确认自己或者否决他人部分或全部债权的相关证据材料。

说明:

债权人与债务人之间就争议债权在破产申请受理前订立有仲裁条款或仲裁协议的,依据《最高人民法院关于适用〈中华人民共和国企业破产法〉若干问题的规定(三)》第八条规定应当向选定的仲裁机构申请确认债权债务关系。债权人或者债务人申请仲裁的,应当根据《中华人民共和国仲裁法》第四章仲裁程序的规定向约定仲裁机构提交仲裁申请书,相应当事人则列为"申请人""被申请人"。

法律依据:

《中华人民共和国企业破产法》第五十八条 依照本法第五十七条规定编制的债权表,应当提交第一次债权人会议核查……债务人、债权人对债权表记载的债权有异议的,可以向受理破产申请的人民法院提起诉讼。

《最高人民法院关于适用〈中华人民共和国企业破产法〉若干问题的规定(三)》第八条 债务人、债权人对债权表记载的债权有异议的,应当说明理由和法律依据。经管理人解释或调整后,异议人仍然不服的,或者管理人不予解释或调整的,异议人应当在债权人会议核查结束后十五日内向人民法院提起债权确认的诉讼。当事人之间在破产申请受理前订立有仲裁条款或仲裁协议的,应当向选定的仲裁机构申请确认债权债务关系。

《最高人民法院关于适用〈中华人民共和国企业破产法〉若干问题的规定(三)》第九条 债务人对债权表记载的债权有异议向人民法院提起诉讼的,应将被异议债权人列为被告。债权人对债权表记载的他人债权有异议的,应将被异议债权人列为被告;债权人对债权表记载的本人债权有异议的,应将债务人列为被告。

对同一笔债权存在多个异议人,其他异议人申请参加诉讼的,应当列为共同原告。

第三节　债权人会议、债权人委员会、债权人和有关异议、复议申请书参考样式

◇ 参考样式13　债权人会议、债权人委员会通过债权人会议决议要求更换管理人的《更换管理人申请书》

更换管理人申请书

申请人：×××债权人会议/债权人委员会。

负责人：×××，×××债权人会议主席/债权人委员会主任。

被申请人：×××（被人民法院指定担任管理人的机构或者个人）

法定代表人/负责人：×××，（职务）×××。

申请事项：更换×××（债务人名称）管理人。

事实和理由：

××××年××月××日×××人民法院作出〔××××〕×破审第×号民事裁定书受理×××申请对×××重整/和解/破产清算一案，同时指定×××为管理人。

破产程序进行过程中，债权人/债权人委员会发现×××组建的管理人团队/担任的×××管理人在履行管理人职责存在不得担任管理人或/及以下不能依法、公正执行职务及/或其他不能胜任职务的情形：

1. …………

2. …………

…………

根据《中华人民共和国企业破产法》第二十四条第三款或/及第二十二条第二款、第六十一条第一款第（二）项，以及《最高人民法院关于审理企业破产案件指定管理人的规定》第九条/第二十三条/第二十四条、第三十一条第一款、第三十三条/第三十四条规定，经××××年××月××日第×次债权人会议决议，申请人现申请更换×××管理人，请人民法院根据《最高人民法院关于审理企业破产案件指定管理人的规定》第三十二条规定予以决定。

此致

×××人民法院

具书人：×××债权人会议/债权人委员会
负责人：×××
××××年××月××日

附：

1. 证明债权人会议主席身份的人民法院指定债权人会议主席的文件及债权人会议主席的居民身份证/居住证，或担任债权人委员会主任的证明文件及其居民身份证/居住证；

2. ××××年××月××日第×次债权人会议关于更换管理人的决议；

3. 证明×××（被人民法院指定担任管理人的机构或者个人）存在不得担任管理人或者在履行管理人职责过程中存在不能依法、公正执行职务及/或其他不能胜任职务的情形的证据材料。

法律依据：

《中华人民共和国企业破产法》第二十二条第二款 债权人会议认为管理人不能依法、公正执行职务或者有其他不能胜任职务情形的，可以申请人民法院予以更换。

《中华人民共和国企业破产法》第二十四条第三款 有下列情形之一的，不得担任管理人：

（一）因故意犯罪受过刑事处罚；

（二）曾被吊销相关专业执业证书；

（三）与本案有利害关系；

（四）人民法院认为不宜担任管理人的其他情形。

《中华人民共和国企业破产法》第六十一条 债权人会议行使下列职权：

（一）核查债权；

（二）申请人民法院更换管理人，审查管理人的费用和报酬；

（三）监督管理人；

（四）选任和更换债权人委员会成员；

（五）决定继续或者停止债务人的营业；

（六）通过重整计划；

（七）通过和解协议；

（八）通过债务人财产的管理方案；

（九）通过破产财产的变价方案；

（十）通过破产财产的分配方案；

（十一）人民法院认为应当由债权人会议行使的其他职权。

债权人会议应当对所议事项的决议作成会议记录。

《中华人民共和国企业破产法》第六十八条　债权人委员会行使下列职权：

（一）监督债务人财产的管理和处分；

（二）监督破产财产分配；

（三）提议召开债权人会议；

（四）债权人会议委托的其他职权。

债权人委员会执行职务时，有权要求管理人、债务人的有关人员对其职权范围内的事务作出说明或者提供有关文件。

管理人、债务人的有关人员违反本法规定拒绝接受监督的，债权人委员会有权就监督事项请求人民法院作出决定；人民法院应当在五日内作出决定。

《最高人民法院关于适用〈中华人民共和国企业破产法〉若干问题的规定（三）》第十三条　债权人会议可以依照企业破产法第六十八条第一款第四项的规定，委托债权人委员会行使企业破产法第六十一条第一款第二、三、五项规定的债权人会议职权。债权人会议不得作出概括性授权，委托其行使债权人会议所有职权。

《最高人民法院关于审理企业破产案件指定管理人的规定》第九条　社会中介机构及个人具有下列情形之一的，人民法院可以适用企业破产法第二十四条第三款第四项的规定：

（一）因执业、经营中故意或者重大过失行为，受到行政机关、监管机构或者行业自律组织行政处罚或者纪律处分之日起未逾三年；

（二）因涉嫌违法行为正被相关部门调查；

（三）因不适当履行职务或者拒绝接受人民法院指定等原因，被人民法院从管理人名册除名之日起未逾三年；

（四）缺乏担任管理人所应具备的专业能力；

（五）缺乏承担民事责任的能力；

（六）人民法院认为可能影响履行管理人职责的其他情形。

《最高人民法院关于审理企业破产案件指定管理人的规定》第二十三条　社会中介机构、清算组成员有下列情形之一，可能影响其忠实履行管理人职责的，人民法院可以认定为企业破产法第二十四条第三款第三项规定的利害关系：

（一）与债务人、债权人有未了结的债权债务关系；

（二）在人民法院受理破产申请前三年内，曾为债务人提供相对固定的中介服务；

（三）现在是或者在人民法院受理破产申请前三年内曾经是债务人、债权人的控股股东或者实际控制人；

（四）现在担任或者在人民法院受理破产申请前三年内曾经担任债务人、债权人的财务顾问、法律顾问；

（五）人民法院认为可能影响其忠实履行管理人职责的其他情形。

《最高人民法院关于审理企业破产案件指定管理人的规定》第二十四条　清算组成员的派出人员、社会中介机构的派出人员、个人管理人有下列情形之一，可能影响其忠实履行管理人职责的，可以认定为企业破产法第二十四条第三款第三项规定的利害关系：

（一）具有本规定第二十三条规定情形；

（二）现在担任或者在人民法院受理破产申请前三年内曾经担任债务人、债权人的董事、监事、高级管理人员；

（三）与债权人或者债务人的控股股东、董事、监事、高级管理人员存在夫妻、直系血亲、三代以内旁系血亲或者近姻亲关系；

（四）人民法院认为可能影响其公正履行管理人职责的其他情形。

《最高人民法院关于审理企业破产案件指定管理人的规定》第三十一条第一款　债权人会议根据企业破产法第二十二条第二款的规定申请更换管理人的，应由债权人会议作出决议并向人民法院提出书面申请。”

《最高人民法院关于审理企业破产案件指定管理人的规定》第三十二条　人民法院认为申请理由不成立的，应当自收到管理人书面说明之日起十日内作出驳回申请的决定。人民法院认为申请更换管理人的理由成立的，应当自收到管理人书面说明之日起十日内作出更换管理人的决定。

《最高人民法院关于审理企业破产案件指定管理人的规定》第三十三条 社会中介机构管理人有下列情形之一的，人民法院可以根据债权人会议的申请或者依职权迳行决定更换管理人：

（一）执业许可证或者营业执照被吊销或者注销；

（二）出现解散、破产事由或者丧失承担执业责任风险的能力；

（三）与本案有利害关系；

（四）履行职务时，因故意或者重大过失导致债权人利益受到损害；

（五）有本规定第二十六条规定的情形。

清算组成员参照适用前款规定。

《最高人民法院关于审理企业破产案件指定管理人的规定》第三十四条 个人管理人有下列情形之一的，人民法院可以根据债权人会议的申请或者依职权迳行决定更换管理人：

（一）执业资格被取消、吊销；

（二）与本案有利害关系；

（三）履行职务时，因故意或者重大过失导致债权人利益受到损害；

（四）失踪、死亡或者丧失民事行为能力；

（五）因健康原因无法履行职务；

（六）执业责任保险失效；

（七）有本规定第二十六条规定的情形。

清算组成员的派出人员、社会中介机构的派出人员参照适用前款规定。

◇ 参考样式14 债权人会议对管理人报酬异议的《管理人报酬异议申请书》

管理人报酬异议申请书

申请人：×××破产案债权人会议。

负责人：×××，债权人会议主席。

被申请人：×××管理人。

负责人：×××。

申请事项：对××××管理人的报酬予以降低或者追回的具体请求。

事实和理由：

××××年××月××日×××人民法院作出（××××）×破审第×号民事裁定书受理××××申请对×××重整/和解/破产清算一案，同时指定××××为管理人。

××××年××月××日人民法院召集召开第一次债权人会议，×××管理人向债权人会议报告了贵院确定的管理人报酬方案，债权人会议认为该方案确定的管理人报酬过高/支付办法不当，经与管理人协商未果。××××年××月××日经×××提议召开了第×次债权人会议，债权人会议通过了对管理人报酬提出异议的决议。决议认为管理人报酬方案确定的管理人报酬的计算方式/支付办法不符合《最高人民法院关于审理企业破产案件确定管理人报酬的规定》，具体理由如下：

1. …………

2. …………

…………

根据《中华人民共和国企业破产法》第二十八条第二款、第六十一条第一款第（二）项、《最高人民法院关于审理企业破产案件确定管理人报酬的规定》第十七条规定，××××年××月××日第×次债权人会议决议，申请人现申请对××××管理人报酬方案予以修订，对管理人报酬计算方式/支付办法予以调整，降低管理人报酬/追回已经支付的管理人报酬，请人民法院根据《最高人民法院关于审理企业破产案件确定管理人报酬的规定》第十八条规定予以处理。

此致

×××人民法院

具书人：×××债权人会议

负责人：×××

××××年××月××日

附：

1. 证明债权人会议主席身份的人民法院指定债权人会议主席的文件及债权人会议主席的居民身份证/居住证；

2. ××××年××月××日第×次债权人会议关于提出管理人报酬异议的决议；

3. 管理人报酬方案不符合《最高人民法院关于审理企业破产案件确定管理人报酬的规定》的证据材料。

法律依据：

《中华人民共和国企业破产法》第二十八条第二款 管理人的报酬由人民法院确定。债权人会议对管理人的报酬有异议的，有权向人民法院提出。

《中华人民共和国企业破产法》第六十一条 债权人会议行使下列职权：

（一）核查债权；

（二）申请人民法院更换管理人，审查管理人的费用和报酬；

（三）监督管理人；

（四）选任和更换债权人委员会成员；

（五）决定继续或者停止债务人的营业；

（六）通过重整计划；

（七）通过和解协议；

（八）通过债务人财产的管理方案；

（九）通过破产财产的变价方案；

（十）通过破产财产的分配方案；

（十一）人民法院认为应当由债权人会议行使的其他职权。

债权人会议应当对所议事项的决议作成会议记录。

《最高人民法院关于审理企业破产案件确定管理人报酬的规定》第十七条 债权人会议对管理人报酬有异议的，应当向人民法院书面提出具体的请求和理由。异议书应当附有相应的债权人会议决议。

《最高人民法院关于审理企业破产案件确定管理人报酬的规定》第十八条 人民法院应当自收到债权人会议异议书之日起三日内通知管理人。管理人应当自收到通知之日起三日内作出书面说明。

人民法院认为有必要的，可以举行听证会，听取当事人意见。

人民法院应当自收到债权人会议异议书之日起十日内，就是否调整管理人报酬问题书面通知管理人、债权人委员会或者债权人会议主席。

◇ **参考样式15　债权人委员会请求人民法院就监督事项作出决定的《申请书》**

申请书

申请人：×××债权人委员会。

负责人：×××，债权人委员会主任。

被申请人：×××管理人/债务人的有关人员。

请求事项：就×××管理人/债务人管理或者处分债务人财产/破产财产（《中华人民共和国企业破产法》第六十九条所列事项等）作出决定。

事实和理由：

××××年××月××日，×××人民法院根据×××（申请人姓名或名称）的申请，裁定受理×××（债务人名称）破产清算（或重整、和解）一案并指定×××担任管理人。

根据《中华人民共和国企业破产法》规定管理人应当勤勉尽责，忠实执行职务，履行的管理人的各项职责，向人民法院报告工作，并接受债权人会议和债权人委员会的监督。

（或：根据《中华人民共和国企业破产法》规定，自人民法院受理破产申请的裁定送达债务人之日起至破产程序终结之日，债务人的有关人员应当妥善保管其占有和管理的财产、印章和账簿、文书等资料，根据人民法院、管理人的要求进行工作，并如实回答询问）

但是，管理人在履行职务过程中，拒绝接受本委员会监督，具体事实如下：

1. …………

2. …………

…………

（或：债务人的有关人员违反法律规定，实施了什么行为）

综上所述，申请人认为被申请人的行为对债权人利益有重大影响，经申请人要求被申请人说明或/及提供有关文件而被申请人无正当理由予以拒绝。为此，申请人特依据《中华人民共和国企业破产法》第六十八条/及第六十九条规定请求人民法院作出决定。

此致

×××人民法院

具书人：×××债权人委员会

负责人：×××

××××年××月××日

附：

1. 证明设立债权人委员会并经人民法院认可债权人委员会成员的证明文件；

2. ××××年××月××日第×次债权人委员会会议关于就×××一事请求人民法院作出决定的决议；

3. ×××管理人/债务人的有关人员拒绝接受监督的有关事项的证据材料。

法律依据：

《中华人民共和国企业破产法》第六十八条（同参考样式13）

《中华人民共和国企业破产法》第六十九条 管理人实施下列行为，应当及时报告债权人委员会：

（一）涉及土地、房屋等不动产权益的转让；

（二）探矿权、采矿权、知识产权等财产权的转让；

（三）全部库存或者营业的转让；

（四）借款；

（五）设定财产担保；

（六）债权和有价证券的转让；

（七）履行债务人和对方当事人均未履行完毕的合同；

（八）放弃权利；

（九）担保物的取回；

（十）对债权人利益有重大影响的其他财产处分行为。

未设立债权人委员会的，管理人实施前款规定的行为应当及时报告人民法院。

《最高人民法院关于适用〈中华人民共和国企业破产法〉若干问题的规定（三）》第十五条　管理人处分企业破产法第六十九条规定的债务人重大财产的，应当事先制作财产管理或者变价方案并提交债权人会议进行表决，债权人会议表决未通过的，管理人不得处分。

管理人实施处分前，应当根据企业破产法第六十九条的规定，提前十日书面报告债权人委员会或者人民法院。债权人委员会可以依照企业破产法第六十八条第二款的规定，要求管理人对处分行为作出相应说明或者提供有关文件依据。

债权人委员会认为管理人实施的处分行为不符合债权人会议通过的财产管理或变价方案的，有权要求管理人纠正。管理人拒绝纠正的，债权人委员会可以请求人民法院作出决定。

人民法院认为管理人实施的处分行为不符合债权人会议通过的财产管理或变价方案的，应当责令管理人停止处分行为。管理人应当予以纠正，或者提交债权人会议重新表决通过后实施。

◇ 参考样式 16　债权人请求人民法院撤销债权人会议决议并责令其重新作出决议的《申请书》

申 请 书

申请人：自然人姓名、性别、年龄、民族、职业、工作单位、住所、联系方式，或者法人或者其他组织的名称、住所和法定代表人或者主要负责人的姓名、职务、联系方式。

被申请人：××××破产重整/破产和解/破产清算案债权人会议

负责人：×××，债权人会议主席

请求事项：撤销/部分撤销××××重整/和解/破产清算案债权人会议第×次会议关于××××事项的决议，责令债权人会议重新作出决议。

事实和理由：

××××年××月××日，×××债权人会议第×次会议作出关于××事项的决议，申请人认为作出该决议的债权人会议的召开违反法定程序或/及该决议的表决违反法定程序或/及该决议的内容违法或/及该决议超出债权人会议的职权范围，具体表现如下：

1. …………

2. …………

…………

综上所述，申请人认为被申请人的决议违反法律规定，损害了申请人的利益。为此，申请人特依据《中华人民共和国企业破产法》第六十四条、《最高人民法院关于适用〈中华人民共和国企业破产法〉若干问题的规定（三）》第十二条规定，请求人民法院裁定撤销该决议，责令其重新作出决议。

此致

×××人民法院

具书人：（签名/盖章）

××××年××月××日

附：

1. 证明申请人身份的居民身份证/居住证/营业执照等文件；

2. 证明申请人享有提出申请撤销债权人会议决议并责令其重新作出决议的主体资格的证据；

3. ××××年××月××日第×次债权人委员会会议关于××事项的决议；

4. ××××年××月××日第×次债权人委员会会议关于××事项的决议违反法律规定损害申请人利益的证据材料。

法律依据：

《中华人民共和国企业破产法》第六十四条　债权人会议的决议，由出席会议的有表决权的债权人过半数通过，并且其所代表的债权额占无财产担保债权总额的二分之一以上。但是，本法另有规定的除外。

债权人认为债权人会议的决议违反法律规定，损害其利益的，可以自债权人会议作出决议之日起十五日内，请求人民法院裁定撤销该决议，责令债权人会议依法重新作出决议。

债权人会议的决议，对于全体债权人均有约束力。

《最高人民法院关于适用〈中华人民共和国企业破产法〉若干问题的规定（三）》第十二条　债权人会议的决议具有以下情形之一，损害债权人利益，债权人申请撤销的，人民法院应予支持：

（一）债权人会议的召开违反法定程序；

（二）债权人会议的表决违反法定程序；

（三）债权人会议的决议内容违法；

（四）债权人会议的决议超出债权人会议的职权范围。

人民法院可以裁定撤销全部或者部分事项决议，责令债权人会议依法重新作出决议。

债权人申请撤销债权人会议决议的，应当提出书面申请。债权人会议采取通信、网络投票等非现场方式进行表决的，债权人申请撤销的期限自债权人收到通知之日起算。

◇ 参考样式17　债权人对人民法院强制裁定的债务人财产管理方案、破产财产变价方案、破产财产分配方案不服申请复议的《复议申请书》

复议申请书

申请人：自然人姓名、性别、年龄、民族、职业、工作单位、住所、联系方式，或者法人或者其他组织的名称、住所和法定代表人或者主要负责人的姓名、职务、联系方式。

请求事项：撤销××××年××月××日×××人民法院（××××）×破审第×-×号民事裁定书。

事实和理由：

××××年××月××日，×××管理人在×××债权人会议第×次会议报告了关于债务人财产的管理方案/破产财产的变价方案/破产财产的分配方案，经债权人会议表决未予通过（或破产财产的分配方案经债权人会议二次表决仍未通过），×××管理人提请×××人民法院裁定，×××人民法院××××年××月××日以（××××）×破审第×-×号民事裁定书认可了该方案。

申请人认为该方案内容违反法律规定损害了自己或/及其他/全体债权人的合法权利，具体表现如下：

1. …………

2. …………

…………

综上所述，申请人认为人民法院××××年××月××日（××××）×破审第×-×号民事裁定认可的债务人财产的管理方案/破产财产的变价方案/破产财产的分配方案内容违反法律规定，损害了申请人或/及其他/全体债权人的合法权利。为此，申请人特依据《中华人民共和国企业破产法》第六十五条、第六十六条规定，向人民法院申请复议，请求撤销该裁定。

此致

××××人民法院

具书人：（签名/盖章）

××××年××月××日

附：

1. 证明申请人身份的居民身份证/居住证/营业执照等文件；

2. 证明申请人享有提出复议申请资格的证据材料；

3. ××××年××月××日第×次债权人委员会会议上管理人向债权人会议报告的关于债务人财产的管理方案/破产财产的变价方案/破产财产的分配方案；

4. 债务人财产的管理方案/破产财产的变价方案/破产财产的分配方案违反法律规定损害申请人或/及其他/全体债权人的合法权利的证据材料。

法律依据：

《中华人民共和国企业破产法》第六十一条（同参考样式13）

《中华人民共和国企业破产法》第六十五条　本法第六十一条第一款第八项、第九项所列事项，经债权人会议表决未通过的，由人民法院裁定。

本法第六十一条第一款第十项所列事项，经债权人会议二次表决仍未通过的，由人民法院裁定。

对前两款规定的裁定，人民法院可以在债权人会议上宣布或者另行通知债权人。

《中华人民共和国企业破产法》第六十六条 债权人对人民法院依照本法第六十五条第一款作出的裁定不服的，债权额占无财产担保债权总额二分之一以上的债权人对人民法院依照本法第六十五条第二款作出的裁定不服的，可以自裁定宣布之日或者收到通知之日起十五日内向该人民法院申请复议。复议期间不停止裁定的执行。

◇ 参考样式18 单个债权人查阅有关资料管理人无正当理由不予提供债权人请求人民法院作出决定的《申请书》

申 请 书

申请人：自然人姓名、性别、年龄、民族、职业、工作单位、住所、联系方式，或者法人或者其他组织的名称、住所和法定代表人或者主要负责人的姓名、职务、联系方式。

请求事项：决定准许申请人查阅债务人财产状况报告或/及第×债权人会议决议或及/债权人委员会决议或/及管理人监督报告等资料。

事实和理由：

申请人是×××破产重整/破产和解/破产清算案已经申报债权并经×××管理人审查、债权人会议核查、人民法院确认的债权表记载的合法债权人，参与破产程序需要查阅债务人财产状况报告、债权人会议决议、债权人委员会决议、管理人监督报告等所必需的债务人财务和经营信息资料。但××××年××月××日申请人在管理人处要求查阅前述×××资料时，管理人无正当理由予以拒绝。

据上所述，申请人认为管理人拒绝申请人查阅上述材料于法无据，损害了申请人的正当合法权利。为此，申请人特依据《最高人民法院关于适用〈中华人民共和国企业破产法〉若干问题的规定（三）》第十条规定，请求人民法院依法作出决定。

此致

×××人民法院

具书人：(签名/盖章)

××××年××月××日

附：

1. 证明申请人主体资格的居民身份证/居住证/营业执照等文件；

2. 证明申请人享有查阅债务人财产状况报告、债权人会议决议、债权人委员会决议、管理人监督报告等所必需的债务人财务和经营信息资料的主体资格的证据材料；

3. 申请人请求查阅有关资料清单。

法律依据：

《中华人民共和国企业破产法》第五十七条 管理人收到债权申报材料后，应当登记造册，对申报的债权进行审查，并编制债权表。债权表和债权申报材料由管理人保存，供利害关系人查阅。

《最高人民法院关于适用〈中华人民共和国企业破产法〉若干问题的规定(三)》第十条　单个债权人有权查阅债务人财产状况报告、债权人会议决议、债权人委员会决议、管理人监督报告等参与破产程序所必需的债务人财务和经营信息资料。管理人无正当理由不予提供的，债权人可以请求人民法院作出决定；人民法院应当在五日内作出决定。

上述信息资料涉及商业秘密的，债权人应当依法承担保密义务或者签署保密协议；涉及国家秘密的应当依照相关法律规定处理。

第四节　企业破产程序衍生诉讼有关法律文书样式

◇ 参考样式19　债权人诉求确认自己债权成立的《民事起诉状》

民事起诉状

原告：自然人的姓名、性别、年龄、民族、职业、工作单位、住所、联系方式，或者法人、其他组织的名称、住所和法定代表人或主要负责人的姓名、职务、联系方式。

被告：债务人的名称、住所和法定代表人的姓名、职务、联系方式。

诉讼代表人：×××，（被告）管理人/（被告）管理人负责人。

联系方式。

被告：（如有）债务人的担保人，包括自然人的姓名、性别、年龄、民族、职业、工作单位、住所、联系方式，或者法人、其他组织的名称、住所和法定代表人或主要负责人的姓名、职务、联系方式。

请求事项：

1. 判决确认原告对被告享有××元人民币/美元或其他外币的债权；

2. 决定本案诉讼费用由被告承担。

事实和理由：

1. 原被告债权产生形成的时间，是何原因产生的债权（合同、侵权、担保或者其他原因），是否为连带债权。

2. 计算利息的利率标准或违约金计算方法及计算期限。

3. 担保方式、担保人。

4. 债权是否附条件/附期限。

5. 债权是否已经诉讼、仲裁结案或正在诉讼、仲裁、法院执行，或是否尚在诉讼/执行申请时效期限内。

6. 原告已经按照人民法院的公告/通知向被告破产管理人申报上述债权，管理人在提交债权人会议核查的债权表中未予认可，经原告交涉其仍然未予认定，要求原告通过诉讼程序解决。

为此原告特具此状，诉请人民法院依法判准如前请求事项。

此致

×××人民法院

具状人：（签名/盖章）
××××年××月××日

附：

1. 本状副本×份；

2. 证明原告主体资格的居民身份证/营业执照等文件；
3. 证明被告公司主体资格的营业执照及×××系被告管理人等文件；
4. 证明原告对被告存在合法债权的证据；
5. 证明被告管理人债权表未予认可原告债权的证据；
6. 其他相关证据。

说明：

1. 如果破产衍生诉讼的原被告双方均为破产企业，且其破产案件由不同的法院受理时，可以根据《企业破产法》第四条“破产案件审理程序，本法没有规定的，适用民事诉讼法的有关规定。”适用《中华人民共和国民事诉讼法》第三十五条的规定，由最先立案的人民法院管辖；

2. 原被告双方就双方债权债务关系发生争议约定仲裁的，应当向仲裁机构申请确认债权债务关系；

3. 未到期的债权，在破产申请受理时视为到期。债权表未予认可的可以通过诉讼程序主张。

4. 主张的债权利息、违约金只能计算至破产案件受理之前一日；因管理人解除合同，违约金不作为破产债权，定金不再适用定金罚则。

5. 保证人被裁定进入破产程序的，债权人有权申报其对保证人的保证债权。债权表未予认可的也可以通过诉讼程序主张。

法律依据：

《中华人民共和国企业破产法》第五十八条（同参考样式12）

《最高人民法院关于审理企业破产案件若干问题的规定》（法释〔2002〕23号）第五十五条　下列债权属于破产债权：

…………

（五）清算组解除合同，对方当事人依法或者依照合同约定产生的对债务人可以用货币计算的债权；

…………

以上第（五）项债权以实际损失为计算原则。违约金不作为破产债权，定金不再适用定金罚则。

《最高人民法院关于适用〈中华人民共和国企业破产法〉若干问题的规定

(二)》第四十七条 人民法院受理破产申请后，当事人提起的有关债务人的民事诉讼案件，应当依据企业破产法第二十一条的规定，由受理破产申请的人民法院管辖。

受理破产申请的人民法院管辖的有关债务人的第一审民事案件，可以依据民事诉讼法第三十八条的规定，由上级人民法院提审，或者报请上级人民法院批准后交下级人民法院审理。

受理破产申请的人民法院，如对有关债务人的海事纠纷、专利纠纷、证券市场因虚假陈述引发的民事赔偿纠纷等案件不能行使管辖权的，可以依据民事诉讼法第三十七条的规定，由上级人民法院指定管辖。

《最高人民法院关于适用〈中华人民共和国企业破产法〉若干问题的规定(三)》第三条 破产申请受理后，债务人欠缴款项产生的滞纳金，包括债务人未履行生效法律文书应当加倍支付的迟延利息和劳动保险金的滞纳金，债权人作为破产债权申报的，人民法院不予确认。

第四条 保证人被裁定进入破产程序的，债权人有权申报其对保证人的保证债权。

主债务未到期的，保证债权在保证人破产申请受理时视为到期。一般保证的保证人主张行使先诉抗辩权的，人民法院不予支持，但债权人在一般保证人破产程序中的分配额应予提存，待一般保证人应承担的保证责任确定后再按照破产清偿比例予以分配。

保证人被确定应当承担保证责任的，保证人的管理人可以就保证人实际承担的清偿额向主债务人或其他债务人行使求偿权。

第五条 债务人、保证人均被裁定进入破产程序的，债权人有权向债务人、保证人分别申报债权。

债权人向债务人、保证人均申报全部债权的，从一方破产程序中获得清偿后，其对另一方的债权额不作调整，但债权人的受偿额不得超出其债权总额。保证人履行保证责任后不再享有求偿权。

第八条、第九条(同参考样式12)

第四十七条 人民法院受理破产申请后，当事人提起的有关债务人的民事诉讼案件，应当依据企业破产法第二十一条的规定，由受理破产申请的人民法院管辖。

受理破产申请的人民法院管辖的有关债务人的第一审民事案件，可以依据民事诉讼法第三十八条的规定，由上级人民法院提审，或者报请上级人民法院批准后交下级人民法院审理。

受理破产申请的人民法院，如对有关债务人的海事纠纷、专利纠纷、证券市场因虚假陈述引发的民事赔偿纠纷等案件不能行使管辖权的，可以依据民事诉讼法第三十七条的规定，由上级人民法院指定管辖。

◇ **参考样式20　取回权诉讼《民事起诉状》**

民事起诉状

原告：自然人的姓名、性别、年龄、民族、职业、工作单位、住所、联系方式，或者法人、其他组织的名称、住所和法定代表人或主要负责人的姓名、职务、联系方式。

被告：债务人的名称、住所和法定代表人的姓名、职务、联系方式。

诉讼代表人：×××，（被告）管理人/（被告）管理人负责人。

联系方式。

请求事项：

1. 判决准予原告取回因仓储或/及保管、承揽、代销、借用、寄存、租赁等被被告占有、使用的原告的××（或者变价款/保险金、赔偿金、代偿物）；

2. 决定本案诉讼费用由被告承担。

事实和理由：

1. 原被告仓储或/及保管、承揽、代销、借用、寄存、租赁等合同或者其他法律关系形成的时间、原因；

2. 原告对基于仓储或/及保管、加工承揽、委托交易、代销、借用、寄存、租赁等合同或者其他法律关系被被告占有、使用的财产享有权利的事实；

3. 上述占有、使用是否附条件/附期限，原告主张是否符合取回约定条件；

4. 上述财产取回是否已经诉讼、仲裁结案或正在诉讼、仲裁、法院执行，或是否尚在诉讼/执行申请时效期限内。

5. 原告已经按照人民法院的公告/通知向被告破产管理人主张取回，被告以……（理由）拒绝，要求原告通过诉讼程序解决。

为此原告特具此状，诉请人民法院依法判准如前请求事项。

此致

×××人民法院

具状人：（签名/盖章）

××××年××月××日

附：

1. 本状副本×份；

2. 证明原告主体资格的居民身份证/营业执照等文件；

3. 证明被告公司主体资格的营业执照及×××系被告管理人等文件；

4. 证明原告对被告存在合法仓储或/及保管、加工承揽、委托交易、代销、借用、寄存、租赁等关系及可以取回（符合取回约定条件）的证据；

5. 证明被告管理人拒绝原告取回的证据；

6. 其他相关证据。

说明：

如果破产衍生诉讼的原被告双方均为破产企业，且其破产案件由不同的法院受理时，可以根据《企业破产法》第四条“破产案件审理程序，本法没有规定的，适用民事诉讼法的有关规定。”适用《中华人民共和国民事诉讼法》第三十五条的规定，由最先立案的人民法院管辖。

法律依据及注意事项：

《中华人民共和国企业破产法》第二十一条　人民法院受理破产申请后，有关债务人的民事诉讼，只能向受理破产申请的人民法院提起。

第七十六条　债务人合法占有的他人财产，该财产的权利人在重整期间要求取回的，应当符合事先约定的条件。

《最高人民法院关于适用〈中华人民共和国企业破产法〉若干问题的规定（二）》第二条　下列财产不应认定为债务人财产：

（一）债务人基于仓储、保管、承揽、代销、借用、寄存、租赁等合同或者其他法律关系占有、使用的他人财产；

（二）债务人在所有权保留买卖中尚未取得所有权的财产；

（三）所有权专属于国家且不得转让的财产；

（四）其他依照法律、行政法规不属于债务人的财产。

第二十六条　权利人依据企业破产法第三十八条的规定行使取回权，应当在破产财产变价方案或者和解协议、重整计划草案提交债权人会议表决前向管理人提出。权利人在上述期限后主张取回相关财产的，应当承担延迟行使取回权增加的相关费用。

第二十七条　权利人依据企业破产法第三十八条的规定向管理人主张取回相关财产，管理人不予认可，权利人以债务人为被告向人民法院提起诉讼请求行使取回权的，人民法院应予受理。

权利人依据人民法院或者仲裁机关的相关生效法律文书向管理人主张取回所涉争议财产，管理人以生效法律文书错误为由拒绝其行使取回权的，人民法院不予支持。

第二十八条　权利人行使取回权时未依法向管理人支付相关的加工费、保管费、托运费、委托费、代销费等费用，管理人拒绝其取回相关财产的，人民法院应予支持。

第二十九条　对债务人占有的权属不清的鲜活易腐等不易保管的财产或者不及时变现价值将严重贬损的财产，管理人及时变价并提存变价款后，有关权利人就该变价款行使取回权的，人民法院应予支持。

第三十条　债务人占有的他人财产被违法转让给第三人，依据物权法第一百零六条的规定第三人已善意取得财产所有权，原权利人无法取回该财产的，人民法院应当按照以下规定处理：

（一）转让行为发生在破产申请受理前的，原权利人因财产损失形成的债权，作为普通破产债权清偿；

（二）转让行为发生在破产申请受理后的，因管理人或者相关人员执行职务导致原权利人损害产生的债务，作为共益债务清偿。

第三十一条　债务人占有的他人财产被违法转让给第三人，第三人已向债务人支付了转让价款，但依据物权法第一百零六条的规定未取得财产所有权，原权利人依法追回转让财产的，对因第三人已支付对价而产生的债务，人民法院应当按照以下规定处理：

（一）转让行为发生在破产申请受理前的，作为普通破产债权清偿；

（二）转让行为发生在破产申请受理后的，作为共益债务清偿。

第三十二条　债务人占有的他人财产毁损、灭失，因此获得的保险金、赔偿金、代偿物尚未交付给债务人，或者代偿物虽已交付给债务人但能与债务人财产予以区分的，权利人主张取回就此获得的保险金、赔偿金、代偿物的，人民法院应予支持。

保险金、赔偿金已经交付给债务人，或者代偿物已经交付给债务人且不能与债务人财产予以区分的，人民法院应当按照以下规定处理：

（一）财产毁损、灭失发生在破产申请受理前的，权利人因财产损失形成的债权，作为普通破产债权清偿；

（二）财产毁损、灭失发生在破产申请受理后的，因管理人或者相关人员执行职务导致权利人损害产生的债务，作为共益债务清偿。

债务人占有的他人财产毁损、灭失，没有获得相应的保险金、赔偿金、代偿物，或者保险金、赔偿物、代偿物不足以弥补其损失的部分，人民法院应当按照本条第二款的规定处理。

第三十三条　管理人或者相关人员在执行职务过程中，因故意或者重大过失不当转让他人财产或者造成他人财产毁损、灭失，导致他人损害产生的债务作为共益债务，由债务人财产随时清偿不足弥补损失，权利人向管理人或者相关人员主张承担补充赔偿责任的，人民法院应予支持。

上述债务作为共益债务由债务人财产随时清偿后，债权人以管理人或者相关人员执行职务不当导致债务人财产减少给其造成损失为由提起诉讼，主张管理人或者相关人员承担相应赔偿责任的，人民法院应予支持。

第三十四条　买卖合同双方当事人在合同中约定标的物所有权保留，在标的物所有权未依法转移给买受人前，一方当事人破产的，该买卖合同属于双方均未履行完毕的合同，管理人有权依据企业破产法第十八条的规定决定解除或者继续履行合同。

第三十五条　出卖人破产，其管理人决定继续履行所有权保留买卖合同的，买受人应当按照原买卖合同的约定支付价款或者履行其他义务。

买受人未依约支付价款或者履行完毕其他义务，或者将标的物出卖、出质或者作出其他不当处分，给出卖人造成损害，出卖人管理人依法主张取回标的物的，人民法院应予支持。但是，买受人已经支付标的物总价款百分之七十五以上或者第三人善意取得标的物所有权或者其他物权的除外。

因本条第二款规定未能取回标的物，出卖人管理人依法主张买受人继续支付价款、履行完毕其他义务，以及承担相应赔偿责任的，人民法院应予支持。

第三十六条　出卖人破产，其管理人决定解除所有权保留买卖合同，并依据企业破产法第十七条的规定要求买受人向其交付买卖标的物的，人民法院应予支持。

买受人以其不存在未依约支付价款或者履行完毕其他义务，或者将标的物出卖、出质或者作出其他不当处分情形抗辩的，人民法院不予支持。

买受人依法履行合同义务并依据本条第一款将买卖标的物交付出卖人管理人后，买受人已支付价款损失形成的债权作为共益债务清偿。但是，买受人违反合同约定，出卖人管理人主张上述债权作为普通破产债权清偿的，人民法院应予支持。

第三十七条　买受人破产，其管理人决定继续履行所有权保留买卖合同的，原买卖合同中约定的买受人支付价款或者履行其他义务的期限在破产申请受理时视为到期，买受人管理人应当及时向出卖人支付价款或者履行其他义务。

买受人管理人无正当理由未及时支付价款或者履行完毕其他义务，或者将标的物出卖、出质或者作出其他不当处分，给出卖人造成损害，出卖人依据合同法第一百三十四条等规定主张取回标的物的，人民法院应予支持。但是，买受人已支付标的物总价款百分之七十五以上或者第三人善意取得标的物所有权或者其他物权的除外。

因本条第二款规定未能取回标的物，出卖人依法主张买受人继续支付价款、履行完毕其他义务，以及承担相应赔偿责任的，人民法院应予支持。对因买受人未支付价款或者未履行完毕其他义务，以及买受人管理人将标的物出卖、出质或者作出其他不当处分导致出卖人损害产生的债务，出卖人主张作为共益债务清偿的，人民法院应予支持。

第三十八条　买受人破产，其管理人决定解除所有权保留买卖合同，出卖人依据企业破产法第三十八条的规定主张取回买卖标的物的，人民法院应予支持。

出卖人取回买卖标的物，买受人管理人主张出卖人返还已支付价款的，人民法院应予支持。取回的标的物价值明显减少给出卖人造成损失的，出卖人可从买受人已支付价款中优先予以抵扣后，将剩余部分返还给买受人；对买受人已支付价款不足以弥补出卖人标的物价值减损损失形成的债权，出卖人主张作为共益债务清偿的，人民法院应予支持。

第三十九条　出卖人依据企业破产法第三十九条的规定，通过通知承运人或者实际占有人中止运输、返还货物、变更到达地，或者将货物交给其他收货人等方式，对在运途中标的物主张了取回权但未能实现，或者在货物未达管理人前已向管理人主张取回在运途中标的物，在买卖标的物到达管理人后，出卖人向管理人主张取回的，管理人应予准许。

出卖人对在运途中标的物未及时行使取回权，在买卖标的物到达管理人后向管理人行使在运途中标的物取回权的，管理人不应准许。

第四十条　债务人重整期间，权利人要求取回债务人合法占有的权利人的财产，不符合双方事先约定条件的，人民法院不予支持。但是，因管理人或者自行管理的债务人违反约定，可能导致取回物被转让、毁损、灭失或者价值明显减少的除外。

第四十七条　人民法院受理破产申请后，当事人提起的有关债务人的民事诉讼案件，应当依据企业破产法第二十一条的规定，由受理破产申请的人民法院管辖。

受理破产申请的人民法院管辖的有关债务人的第一审民事案件，可以依据民事诉讼法第三十八条的规定，由上级人民法院提审，或者报请上级人民法院批准后交下级人民法院审理。

受理破产申请的人民法院，如对有关债务人的海事纠纷、专利纠纷、证券市场因虚假陈述引发的民事赔偿纠纷等案件不能行使管辖权的，可以依据民事诉讼法第三十七条的规定，由上级人民法院指定管辖。

◇ 参考样式 21　破产抵消权诉讼《民事起诉状》

民事起诉状

原告：自然人的姓名、性别、年龄、民族、职业、工作单位、住所、联系方式，或者法人、其他组织的名称、住所和法定代表人或主要负责人的姓名、职务、联系方式。

被告：债务人的名称、住所和法定代表人的姓名、职务、联系方式。

诉讼代表人：×××，（被告）管理人/（被告）管理人负责人。

联系方式。

请求事项：

1. 判决准予原告以对被告享有的××债权抵消对被告的××债务；
2. 决定本案诉讼费用由被告承担。

事实和理由：

1. 原告对被告负有债务、享有债权的时间、原因。
2. 原被告双方互负债务、互享债权尚未清偿、抵消的事实。
3. 原被告双方互负债务、互享债权抵消合法的理由。
4. 上述抵消是否已经诉讼、仲裁结案或正在诉讼、仲裁、法院执行，或是否尚在诉讼/执行申请时效期限内。
5. 原告已经按照人民法院的公告/通知向被告破产管理人主张抵消，被告以……（理由）拒绝，要求原告通过诉讼程序解决。

为此原告特具此状，诉请人民法院依法判准如前请求事项。

此致

×××人民法院

具状人：（签名/盖章）

××××年××月××日

附：

1. 本状副本×份；
2. 证明原告主体资格的居民身份证/营业执照等文件；
3. 证明被告公司主体资格的营业执照及×××系被告管理人等文件；
4. 证明原告对被告负有债务、债权的时间、原因，原被告双方互负债务、互享债权尚未清偿、抵消的证据；

5. 证明被告管理人拒绝原告抵消的证据；

6. 其他相关证据。

说明：

1. 如果破产衍生诉讼的原被告双方均为破产企业，且其破产案件由不同的法院受理时，可以根据《企业破产法》第四条“破产案件审理程序，本法没有规定的，适用民事诉讼法的有关规定。”适用《中华人民共和国民事诉讼法》第三十五条的规定，由最先立案的人民法院管辖。

2. 破产申请受理时，债权人、债务人互负债务、互享债权尚未到期，互负债务标的物种类、品质不同的，可以抵消。

3. 管理人对债权人的抵销主张有异议的，也可以在约定的异议期限内或者自收到主张债务抵销的通知之日起三个月内向人民法院提起诉讼。

法律依据及注意事项：

《中华人民共和国企业破产法》第四十条　债权人在破产申请受理前对债务人负有债务的，可以向管理人主张抵销。但是，有下列情形之一的，不得抵销：

（一）债务人的债务人在破产申请受理后取得他人对债务人的债权的；

（二）债权人已知债务人有不能清偿到期债务或者破产申请的事实，对债务人负担债务的；但是，债权人因为法律规定或者有破产申请一年前所发生的原因而负担债务的除外；

（三）债务人的债务人已知债务人有不能清偿到期债务或者破产申请的事实，对债务人取得债权的；但是，债务人的债务人因为法律规定或者有破产申请一年前所发生的原因而取得债权的除外。

《最高人民法院关于适用〈中华人民共和国企业破产法〉若干问题的规定（二）》第四十一条　债权人依据企业破产法第四十条的规定行使抵销权，应当向管理人提出抵销主张。

管理人不得主动抵销债务人与债权人的互负债务，但抵销使债务人财产受益的除外。

第四十二条　管理人收到债权人提出的主张债务抵销的通知后，经审查无异议的，抵销自管理人收到通知之日起生效。

管理人对抵销主张有异议的，应当在约定的异议期限内或者自收到主张债务抵销的通知之日起三个月内向人民法院提起诉讼。无正当理由逾期提起的，人民法院不予支持。

人民法院判决驳回管理人提起的抵销无效诉讼请求的，该抵销自管理人收到主张债务抵销的通知之日起生效。

第四十三条　债权人主张抵销，管理人以下列理由提出异议的，人民法院不予支持：

（一）破产申请受理时，债务人对债权人负有的债务尚未到期；

（二）破产申请受理时，债权人对债务人负有的债务尚未到期；

（三）双方互负债务标的物种类、品质不同。

第四十四条　破产申请受理前六个月内，债务人有企业破产法第二条第一款规定的情形，债务人与个别债权人以抵销方式对个别债权人清偿，其抵销的债权债务属于企业破产法第四十条第（二）（三）项规定的情形之一，管理人在破产申请受理之日起三个月内向人民法院提起诉讼，主张该抵销无效的，人民法院应予支持。

第四十五条　企业破产法第四十条所列不得抵销情形的债权人，主张以其对债务人特定财产享有优先受偿权的债权，与债务人对其不享有优先受偿权的债权抵销，债务人管理人以抵销存在企业破产法第四十条规定的情形提出异议的，人民法院不予支持。但是，用以抵销的债权大于债权人享有优先受偿权财产价值的除外。

第四十六条　债务人的股东主张以下列债务与债务人对其负有的债务抵销，债务人管理人提出异议的，人民法院应予支持：

（一）债务人股东因欠缴债务人的出资或者抽逃出资对债务人所负的债务；

（二）债务人股东滥用股东权利或者关联关系损害公司利益对债务人所负的债务。

第四十七条　人民法院受理破产申请后，当事人提起的有关债务人的民事诉讼案件，应当依据企业破产法第二十一条的规定，由受理破产申请的人民法院管辖。

受理破产申请的人民法院管辖的有关债务人的第一审民事案件，可以依据民事诉讼法第三十八条的规定，由上级人民法院提审，或者报请上级人民法院批准后交下级人民法院审理。

受理破产申请的人民法院，如对有关债务人的海事纠纷、专利纠纷、证券市场因虚假陈述引发的民事赔偿纠纷等案件不能行使管辖权的，可以依据民事诉讼法第三十七条的规定，由上级人民法院指定管辖。

◇ 参考样式22　别除权诉讼《民事起诉状》

民事起诉状

原告：自然人的姓名、性别、年龄、民族、职业、工作单位、住所、联系方式，或者法人、其他组织的名称、住所和法定代表人或主要负责人的姓名、职务、联系方式。

被告：债务人的名称、住所和法定代表人的姓名、职务、联系方式。

诉讼代表人：×××，（被告）管理人/（被告）管理人负责人。

联系方式。

请求事项：

1. 判决确认原告对被告的××享有别除权及/或准予原告对被告××行使别除权；

2. 决定本案诉讼费用由被告承担。

事实和理由：

1. 原告在被告破产申请受理前对被告享有债权及/或抵押、质押、留置等担保权的时间、原因。

2. 被告破产申请已经被人民法院受理的事实。

3. 原告对被告享有债权及/或抵押、质押、留置等担保权是否已经诉讼、仲裁结案或正在诉讼、仲裁、法院执行，或是否尚在诉讼/执行申请时效期限内。

4. 原告对被告的别除权合法，主张别除权合法、适时、条件成立事实及理由。

5. 原告已经按照人民法院的公告/通知向被告破产管理人申报债权主张别除权，被告以……（理由）拒绝，要求原告通过诉讼程序解决。

为此原告特具此状，诉请人民法院依法判准如前请求事项。

此致

×××人民法院

具状人：(签名/盖章)

××××年××月××日

附：

1. 本状副本×份；
2. 证明原告主体资格的居民身份证/营业执照等文件；
3. 证明被告公司主体资格的营业执照及×××系被告管理人等文件；
4. 证明原告对被告享有债权及/或抵押、质押、留置等担保权的证据；
5. 证明原告对被告主张别除权合法、适时、条件成立事实的证据；
6. 证明被告管理人拒绝原告行使别除权的证据；
7. 其他相关证据。

说明：

1. 但如果破产衍生诉讼的原被告双方均为破产企业，且其破产案件由不同的法院受理时，可以根据《企业破产法》第四条“破产案件审理程序，本法没有规定的，适用民事诉讼法的有关规定。”适用《中华人民共和国民事诉讼法》第三十五条的规定，由最先立案的人民法院管辖。

2. 别除权纠纷除适用《中华人民共和国企业破产法》外，还应适用《中华人民共和国物权法》第四编的规定；企业破产法与物权法规定不一致的，应当适用物权法。

3. 如破产人仅作为担保人为他人债务提供物权担保，在担保物不足以清偿担保债权时，余额不得作为普通破产债权；别除权人放弃优先受偿权利，其债权也不能转为对破产人的普通破产债权，只能向主债务人求偿。

4. 在第三人为破产人债务提供担保时，因提供担保的财产不属于破产人所有，则不构成破产别除权。

法律依据及注意事项：

《中华人民共和国企业破产法》第一百零九条　对破产人的特定财产享有

担保权的权利人，对该特定财产享有优先受偿的权利。

第一百一十条　享有本法第一百零九条规定权利的债权人行使优先受偿权利未能完全受偿的，其未受偿的债权作为普通债权；放弃优先受偿权利的，其债权作为普通债权。

第七十五条　在重整期间，对债务人的特定财产享有的担保权暂停行使。但是，担保物有损坏或者价值明显减少的可能，足以危害担保权人权利的，担保权人可以向人民法院请求恢复行使担保权。

第八十七条　部分表决组未通过重整计划草案的，债务人或者管理人可以同未通过重整计划草案的表决组协商。该表决组可以在协商后再表决一次。双方协商的结果不得损害其他表决组的利益。

未通过重整计划草案的表决组拒绝再次表决或者再次表决仍未通过重整计划草案，但重整计划草案符合下列条件的，债务人或者管理人可以申请人民法院批准重整计划草案：

（一）按照重整计划草案，本法第八十二条第一款第一项所列债权就该特定财产将获得全额清偿，其因延期清偿所受的损失将得到公平补偿，并且其担保权未受到实质性损害，或者该表决组已经通过重整计划草案；

…………

《最高人民法院关于适用〈中华人民共和国企业破产法〉若干问题的规定（二）》第三条　债务人已依法设定担保物权的特定财产，人民法院应当认定为债务人财产。

对债务人的特定财产在担保物权消灭或者实现担保物权后的剩余部分，在破产程序中可用以清偿破产费用、共益债务和其他破产债权。

第四十七条（同参考样式20）。

第四章

破产管理人工作文书样式

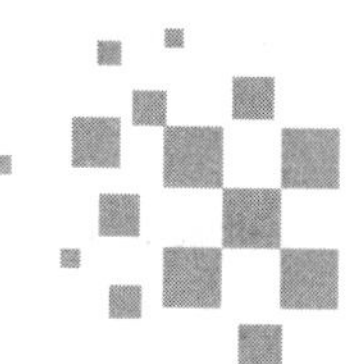

第三节　破产管理人其他工作文书参考样式

◇ 参考样式1　《关于提请人民法院对管理人工作团队备案的报告》

关于提请人民法院对管理人工作团队备案的报告

×××人民法院：

你院××××年××月××日指定本单位为×××破产重整/破产和解/破产清算一案的管理人的（××××）×破审第×-×号决定书收悉。我们接受你院的指定，同意担任×××破产重整/破产和解/破产清算一案的管理人。

为勤勉尽责，忠实执行职务，我们组建了由如下同志组成的管理人工作团队，并进行了适当分工：

负责人：×××，性别：×，专业执业证书类别、号码：×××，×××××××××××；联系方式：移动电话号码×××××××××××；电子邮箱：×××@×××.COM。工作职责：负责管理人团队全面工作。

成 员：×××，性别：×，专业执业证书类别、号码：×××，×××××××××××；联系方式：移动电话号码×××××××××××；电子邮箱：×××@×××.COM。工作职责：负责×××工作。

成 员：×××，性别：×，专业执业证书类别、号码：×××，×××××××××××；联系方式：移动电话号码×××××××××××；电子邮箱：×××@×××.COM。工作职责：负责×××工作。

成 员：×××，性别：×，专业执业证书类别、号码：×××，××××××××××

×；联系方式：移动电话号码×××××××××××；电子邮箱：×××@ ×××. COM。工作职责：负责×××工作。

…………

（根据管理工作需要可以设立管理事务部等具体管理部门）

当否，请审查。如你院无意见、建议，请备案。

特此报告。

×××律师事务所/
会计师事务所/
清算事务所（有限公司）
××××年××月××日

附：

1. 负责人×××的居民身份证、专业执业证复印件；
2. 成 员×××的居民身份证、专业执业证复印件；
3. 成 员×××的居民身份证、专业执业证复印件；

…………

◇ 参考样式 2　《关于提请人民法院对管理人的规章制度备案的报告》

关于提请人民法院对管理人的规章制度备案的报告

×××人民法院：

你院××××年××月××日指定本单位为×××破产重整/破产和解/破产清算一案的管理人的（××××）×破审第×-×号决定书收悉。我们/我接受你院的指定，同意担任×××破产重整/破产和解/破产清算一案的管理人。

为勤勉尽责，全面履行管理人职责，忠实执行职务，我们根据×××破产重整/破产和解/破产清算一案的实际情况需要，制定了如下规章制度，提请人民法院审查；如你院无意见、建议，请备案。

1. 管理人工作规程；
2. 管理人会议议事规则；
3. 管理人财务收支管理制度；

4. 管理人证照印章管理制度；
5. 管理人文书档案管理制度；
6. 管理人工作保密制度；
7. 重大突发事件应急预案；
特此报告。

×××律师事务所/
会计师事务所/
清算事务所
××××年××月××日

附：

1.《管理人工作规程》；
2.《管理人会议议事规则》；
3.《管理人财务收支管理制度》；
4.《管理人证照印章管理制度》；
5.《管理人文书档案管理制度》；
6.《管理人管理工作保密制度》；
7.《重大突发事件应急预案》。

◇ 参考样式3 《管理人工作规程》

管理人工作规程

第一章 总 则

第一节 适用范围及工作原则

第一条 为规范×××律师事务所/会计师事务所/清算事务所（以下简称本所）工作人员担任破产案件管理人的执业行为，防范执业风险，充分发挥管理人在企业破产程序中的作用，依据《中华人民共和国企业破产法》及相关司法解释的规定，结合管理工作实际制定本规程。

第二条　凡本所工作人员担任破产案件管理人、管理人成员的，均应遵守本规程。

担任公司强制清算程序清算组、清算组成员的，参照适用本规程。

本所工作人员担任破产案件管理人、管理人成员的，除必须列明的外，以下一律简称管理人。

第三条　管理人应当勤勉尽责、忠实执行职务，不得利用管理人的身份或地位为自己和他人谋取私利，并始终贯彻审慎原则，依法办理相关事务，切实防范法律风险。

第四条　管理人应当注重工作效率，节约破产费用，并在程序和实体上公平对待所有债权人、债务人和其他利害关系人。

第五条　管理人应当严格履行保密义务。对于在执业中知悉的人民法院、有关其他国家机关和债务人、债权人、其他利害关系人的国家秘密、商业秘密、个人隐私应当保密。

第六条　管理人应当亲自履行职责，不得以任何方式将管理人应当履行的职责全部或者部分转让给其他社会中介机构或者个人。

第七条　管理人执行管理人职务，应当依法向人民法院报告工作，接受债权人会议和债权人委员会的监督。

第二节　担任管理人、回避、辞职和更换

第八条　凡本所在人民法院在册备案具有担任管理人条件的人员，应当接受人民法院的指定担任破产案件管理人成员或者管理人。

但上述人员有《中华人民共和国企业破产法》第二十四条第三款、第四款规定情形，不得担任管理人。

第九条　管理人有《中华人民共和国企业破产法》第二十四条第三款第（一）项、第（二）项及第四款规定情形，应当向本所负责人报告，由本所（公司）向人民法院提出不担任管理人/管理人成员。

第十条　管理人有《中华人民共和国企业破产法》第二十四条第三款第（三）项、第（四）项规定情形，应当向本所负责人报告，由本所（公司）向人民法院提出回避申请。

第十一条　管理人是否具有《中华人民共和国企业破产法》第二十四条第三款第（三）项、第（四）项规定情形，应当依据《最高人民法院关于审

理企业破产案件指定管理人的规定》第二十三条、第二十四条和第九条、第二十六条及第三十三条、第三十四条规定认定。

第十二条 管理人在履行管理人职务过程中发生《中华人民共和国企业破产法》第二十四条第三款、第四款规定情形，或者被债权人会议申请、被人民法院依职权更换的，管理人负责人或者个人应当立即报告本所负责人，并根据《最高人民法院关于审理企业破产案件指定管理人的规定》第三十三条、第三十四条规定自查，提出是否不应当担任管理人或者是否应当回避的事实和理由，由本所向人民法院报告说明。

第十三条 本所及工作人员在参与人民法院采取公告方式邀请的管理人业务竞争时，如存在《中华人民共和国企业破产法》第二十四条第三款、第四款规定情形，应当退出竞争。

第十四条 管理人被人民法院指定后申请辞职，必须经本所同意并报经人民法院许可。

未经本所同意和人民法院许可坚持辞职被人民法院决定更换的，应当按照本所有关规章制度承担相应责任。

第十五条 本所或本所个人依据本规程提出不担任管理人或者提出回避申请、辞职报告后，人民法院予以批准、许可的，或者人民法院因债权人会议申请或依职权决定更换管理人的，作为原管理人团队成员或个人管理人应当自收到人民法院决定书之日起停止履行管理人职责，并于次日在人民法院监督下向新任管理人移交自己已接管的全部资料、财产、营业事务及管理人印章，并及时向新任管理人书面说明自己已履行管理人职务的情况。在破产程序终结前，应当在必要时接受新任管理人、债权人会议、人民法院关于其履行管理人职责情况的询问。

第十六条 其他管理人发生更换，本所新任管理人的，本所管理人团队或个人应当在收到人民法院指定管理人决定书的次日向原管理人接收原管理人已接管的全部资料、财产、营业事务及管理人印章，并依法履行管理人职责。

第三节 管理人前期工作

第十七条 本所或本所工作人员接受人民法院指定担任管理人的，可以组建管理人团队履行管理人职责。管理人团队的人员组成及其分工，由本所根据破产案件实际需要及管理人职责履行情况确定和调整，并报人民法院审查、备案。管理人团队应当指定一名负责人。

第十八条　管理人团队实行管理人负责人责任制，对内向本所负责人报告工作，并直接领导管理人团队及其工作；对外代表管理人，领导管理人团队履行管理人职责。

第十九条　管理人团队根据工作分工需要，可以设立以下机构履行相应工作职责：

（一）综合事务部

下设办公室、资料室、财务室。

1. 办公室工作职责：负责管理人日常行政事务；负责管理人与司法部门和行政部门的日常联络；负责筹备组织债权人会议，编制管理人各种工作报告、规章制度；负责管理人各下设机构的协调工作；负责安全保卫与维稳，牵头处理应急事件。

2. 资料室工作职责：负责保管债务人的证照、印章、档案；负责管理人有关文件的建档、保管；负责管理人印章使用的登记；破产财产分配后，负责办理有关公章、证照的注销手续。

3. 财务室工作职责：负责管理人的日常财务收支管理。

（二）债权审核部

债权审核组职责范围：接受债权申报，形成债权登记册，对债权性质、类别、有无担保及担保方式等及其合法性、时效性审核，并依据初步审核结果编制债权表。

（三）资产清收部

资产清收部工作职责：负责送达偿还财物通知书；负责应收款及债权的追收；负责管理有关仲裁及诉讼等法律事务。

（四）资产管理部

资产管理部工作职责：负责保管有关财产凭证；负责破产企业财产的管理、清理及评估、拍卖变现。

各部门应确保工作人员相对固定。确需调整有关人员的，部门负责人应及时通知管理人。

各部门的设立、撤销及人员调整，由管理人合议决定。

第二十条 第十九条所设机构根据具体职责范围，制定本部门的规章制度或业务操作规程，报管理人会议通过后执行。

规章制度及业务操作规程应包括但不限于如下内容：

（一）人员分工和岗位职责；

（二）文书档案的建立和管理；

（三）办文程序；

（四）可以普遍适用的标准化操作规程。

第二十一条 本所自收到指定管理人决定书之日起十个工作日内制定工作计划，并将本管理工作规程以及相关规章制度等，报人民法院审查备案。

第二十二条 本所担任管理人，经人民法院或债权人会议许可，可以聘用必要的工作人员。

第二十三条 管理人应当在收到本院指定决定书之日起十个工作日内，持受理破产申请裁定书、指定决定书等法律文书到公安机关刻制管理人印章、管理人财务专用印章和负责人印章，印章交人民法院封样备案后启用。

管理人应当建立用印管理制度，印章由专人保管，设置使用登记台账，仅限执行职务时使用，不得在所涉破产事务之外的任何场合使用。

第二十四条 管理人应当持受理破产申请裁定书、指定决定书等相关材料和印章，向银行申请开立管理人账户。

债务人资产较大的，管理人可以通过比选方式开设账户，具体办法提请人民法院决定。

第二章　管理人在企业破产程序中的普遍职责

第一节　债务人财产、印章和账簿、文书的接管

第二十五条 管理人应当自收到指定管理人决定书之日起三个工作日内，安排相关人员到人民法院阅卷，了解破产案件的基本情况。

第二十六条 根据债务人实际情况，管理人可以就债务人的财产、印章和账簿、文书等资料的接管制订接管方案，并根据接管方案的规定进行接管。

第二十七条 管理人在接管前，应当以书面或电话方式将拟接管的内容、范围告知债务人的有关人员，要求其做好交接准备，确定接管时间，并告知其违反交接义务应该承担的法律责任。

第二十八条　如果案情需要，管理人应当制订突发事件应急预案，并及时报告突发事件情况，对可能影响社会稳定的突发性、群体性事件的处理方案应当报人民法院批准。

第二十九条　管理人接管时应当制作移交清单、接管笔录，书面告知债务人有关人员的法律责任，接管工作完成后由管理人和债务人的有关人员签名确认。

第三十条　管理人应当接管的债务人财产、印章和账薄、文书等资料包括：

（一）债务人的现金、银行存款、有价证券、债权债务清册、存货、流动资产、固定资产、在建工程、对外投资、无形资产等财产及相关凭证；

（二）公章、财务专用章、合同专用章、发票专用章、海关报关章、职能部门章、电子印章、法定代表人名章等印章；

（三）总账、明细账、台账、日记账等账簿及全部会计凭证、重要空白凭证；

（四）批准设立文件、营业执照、税务登记证书及各类资质证书、章程、涉及股权变动的各类文件资料及各类决议、会议记录、人事档案、电子文档、管理系统授权密码等资料；

（五）债务人的各类合同、协议及相关债权、债务文件资料；

（六）有关债务人的诉讼、仲裁、执行案件的材料；

（七）债务人的其它重要资料。

债务人有分支机构的，分支机构的财产、印章和账簿、文书等资料，管理人应当一并接管。

第三十一条　不属于债务人所有但由债务人占有或者管理的财产、印章和账簿、文书等资料，管理人应当一并接管。

第三十二条　管理人对债务人的财产、印章和账簿、文书等资料情况基本了解后，可以对债务人的财产、印章和账簿、文书等资料进行全面接管，也可以根据实际情况进行分期、分批接管。

管理人在接管前，债务人仍在经营的，管理人应当在依法决定债务人营业事务继续或者停止后再接管债务人的营业事务。

第三十三条　债务人的有关人员无法交出应交接的财产、印章和账簿、文书等资料的，管理人应当要求其作出书面说明或者提供有关证据、线索。

债务人的有关人员无合理事由拒不移交财产、印章和账簿、文书等资料的，管理人可以申请人民法院采取强制措施、依法进行处罚或追究相关责任人的刑事责任。

管理人对所接管的财产、印章、账册、文书等资料应当及时造册并妥善保管，防止毁损或遗失。

第三十四条 管理人发现债务人的有关人员隐匿财产，对资产负债表或者财产清单作虚假记载或者在未清偿债务前分配债务人财产，严重损害债权人或者其他人利益的，应当及时向公安机关报案。

管理人发现债务人的有关人员隐匿或者故意销毁依法应当保存的会计凭证、会计账簿、财务会计报告，情节严重的，应当及时向公安机关报案。

管理人发现债务人的有关人员伪造、销毁有关证据材料，通过隐匿财产、承担虚假的债务或者以其他方法转移、处分财产，实施虚假破产，严重损害债权人或者其他人利益的，应当及时向公安机关报案。

第三十五条 管理人接管过程中，应当根据案件需要及时申请人民法院通知有关机关解除对债务人财产的保全措施、中止有关债务人的诉讼、仲裁或者执行程序，申请人民法院对可能被转移的财产采取保全措施。管理人完成接管后，应当向审理案件的人民法院、仲裁机构申请恢复诉讼和仲裁 。

第三十六条 管理人完成接管后，经人民法院许可或者债权人会议同意，可以聘用债务人的有关人员作为留守人员。管理人决定聘用留守人员时，应当与其重新签订聘用合同，同时解除原劳动合同。留守人员的劳动报酬根据债务人的实际情况确定，从破产费用中支付。

第三十七条 管理人完成接管后应当制作阶段性工作报告，向人民法院报告接管工作情况；同时向本所备案。

第二节　债务人财产状况调查及财产管理方案的拟定

第三十八条 管理人接受人民法院指定后即应开始对债务人的财产状况进行调查，调查范围包括但不限于：

（一）债务人的营业状况；

（二）债务人的资产状况；

（三）债务人的债权债务情况；

（四）债务人职工情况，职工工资、经济补偿金支付情况及社会保险费用的缴纳等情况；

（五）债务人出资人的出资情况；

（六）债务人是否存在企业破产法第三十一条、第三十二条或者第三十三条规定的行为；

（七）债务人的董事、监事和高级管理人员是否存在利用职权获取非正常收入或者侵占债务人财产的行为；

（八）债务人未履行完毕的合同情况；

（九）有关债务人的未审结诉讼、仲裁及未执行完毕的案件情况；

（十）有关债务人的其他情况。

第三十九条　管理人可以对债务人财产进行专项审计和评估，并此在此基础上进行调查和制作债务人财产状况报告。

第四十条　管理人认为有必要的，可以要求债务人的有关人员协助调查，管理人调查询问有关人员应有两名调查人员在场并制作调查笔录，调查人员和被询问人员应当在笔录上签字确认。

第四十一条　管理人无法全面调查债务人财产状况的，应当就无法调查的情况在债务人财产状况报告中作出说明。

第四十二条　管理人制作的债务人财产状况报告，应当及时地提交给人民法院、债权人会议及债权人委员会，作为人民法院、债权人会议及债权人委员会决定相关事项时的参考依据。

第四十三条　管理人应当拟定债务人的财产管理方案，主要内容包括：

（一）债务人财产的管理、维护和费用预算；

（二）债务人继续营业的营业计划和费用预算；

（三）债务人财产清收的计划安排和费用预算。

第四十四条　管理人拟定的财产管理方案，应当提交给债权人会议表决。债权人会议表决通过的财产管理方案，管理人应当执行；债权人会议表决没有通过的财产管理方案，管理人可以请求人民法院裁定认可，并在人民法院裁定认可后执行。

第三节　债务人内部事务及财务收支管理

第四十五条　管理人接受指定后，债务人的内部管理事务、日常开支和其他必要开支由管理人根据相关管理制度决定。

债务人破产清算的会计处理，管理人应当按照财政部《企业破产清算有关会计处理规定》办理。

第四十六条 管理人应当将债务人的存款、债务人财产变价款等涉及债务人财产的收入划入管理人账户集中统一管理，接受人民法院监督。

第四十七条 管理人决定债务人的日常开支和其他必要开支时应当严格坚持合法、合理、必要的原则，厉行节约，勤俭办事，降低清算成本。

管理人应当对开支的原因、金额及其必要性进行审查。管理人不得将破产费用用于破产管理工作以外的事项。

第四十八条 管理人应当依据财务开支管理制度，在接管完成后向人民法院提交债务人的日常开支和其他必要开支的预算报告，根据破产程序的进度定期报告财务收支情况，提请人民法院终结破产程序时应当同时提交财务决算总报告。

第四十九条 为了有效地规范债务人的内部事务管理、日常开支和其他必要开支控制，管理人应当将债务人内部事务管理制度、债务人财务开支管理制度通知相关人员遵照执行。

第四节 债务人营业事务及合同的管理

第五十条 在第一次债权人会议召开之前，管理人决定继续或者停止债务人的营业或者实施企业破产法第六十九条规定行为之一的，应当报经人民法院的许可。

召开债权人会议的，由债权人会议决定继续或停止债务人的营业。管理人实施企业破产法第六十九条规定行为之一的，应当及时报告债权人委员会，未设立债权人委员会的，应当及时报告人民法院。

管理人判断债务人继续营业的标准一般应当以继续营业有利于提高债务人财产价值及债权清偿比例为原则。

第五十一条 人民法院受理破产申请后，管理人对破产申请受理前成立而债务人和对方当事人均未履行完毕的合同决定解除或者继续履行的，应通知对方当事人。

管理人判断是否决定继续履行均未履行完毕的合同的标准一般应当以继续履行有利于提高债务人财产价值及债权人清偿比例为原则。

自破产申请受理之日起二个月内未通知对方当事人，或者自收到对方当事人催告之日起三十日内未答复的，视为解除合同。

第五十二条 管理人决定并通知对方当事人继续履行的合同，如果对方当事人要求管理人提供继续履行合同的担保，管理人可以用债务人财产提供担保。管理人不提供担保或者提供的担保对方当事人不接受的，视为合同解除。

第五十三条 管理人决定解除或者继续履行均未履行完毕合同的事项，如果与决定停止或者继续债务人营业的事项直接相关，应参照本规程第四十五条的规定执行。

第五十四条 管理人或债务人依法解除合同的，对方当事人因合同解除而产生的对债务人的损害赔偿请求权，管理人应当告知对方当事人申报债权；对方当事人因合同解除而产生的对债务人的债务，管理人应当及时向对方当事人追偿。

第五节 债务人财产的管理

第五十五条 管理人对债务人财产应当及时登记、清理、审计、评估、变价，在第一次债权人会议之前，管理人处置易损、易腐、易贬值、保管费用较高的财产，应当报人民法院批准。

第五十六条 债务人设立的不具有法人资格的分支机构，管理人应当将其财产列为债务人财产进行管理和处置。

第五十七条 管理人发现接管的财产与其他关联企业存在混同的，应当及时进行清理。

第五十八条 管理人接管债务人财产后，应当书面通知债务人的债务人及时向管理人清偿债务。书面通知的内容应当包括：

（一）人民法院受理破产申请的时间；

（二）债务人的债务人应当清偿的债务金额；

（三）限定清偿债务的时间和方式；

（四）不清偿债务的法律责任；

（五）异议期限及证明责任；

（六）管理人认为应当通知的其他内容。

债务人的债务人拒绝清偿债务的，管理人应当及时追偿。

第五十九条 管理人接管债务人财产后，应当书面通知债务人的财产持有人及时向管理人交付财产。书面通知的内容应当包括：

（一）人民法院受理破产申请的时间；

（二）债务人的财产持有人应当交付的财产品名、规格、数量及状况；

（三）限定交付财产的时间和方式；

（四）不交付财产的法律责任；

（五）异议期限及证明责任；

（六）管理人认为应当通知的其他内容。

债务人的财产持有人拒绝交付财产的，管理人应当及时追偿。

第六十条 管理人接管债务人财产后，可以通过清偿债务或者提供为债权人接受的担保的方式，取回质物、留置物。

管理人决定取回质物、留置物一般应当以提高债务人财产价值及债权人清偿比例为原则。前述债务清偿或替代担保，在质物或者留置物的价值低于被担保的债权额时，以该质物或者留置物当时的市场价值为限。

第一次债权人会议召开之前，管理人认为有必要通过清偿债务或者提供为债权人接受的担保的方式取回质物、留置物的，管理人应当事先取得人民法院的许可。第一次债权人会议召开之后，应当将相关情况报告债权人委员会；未设立债权人委员会的，管理人应当将相关情况报告人民法院。

第六十一条 管理人对债务人的知识产权、专有技术、商业秘密等无形资产应当及时确定权属，适时变价出售。

对于债务人的对外投资，管理人应当依法行使出资人的权利，及时处置。

第六十二条 管理人经调查发现债务人存在企业破产法第三十一条、第三十二条或者第三十三条规定行为的，应当及时向相对人发出书面通知，说明理由要求其清偿债务或返还财产。

相对人在限定时间内未清偿债务或者交付财产的，管理人应当依法向人民法院提起诉讼。

经上述程序债务人财产损失仍不能得以弥补的，管理人应当依法对负有责任的债务人的有关人员提起赔偿之诉。

第六十三条 人民法院受理破产申请后，债务人的出资人尚未完全履行出资义务的，管理人应当要求该出资人缴纳所认缴的出资，不受出资期限的限制。

债务人的出资人在限定时间内未履行出资义务的，管理人应当依法向人民法院提起诉讼。

第六十四条　管理人经调查发现债务人的董事、监事和高级管理人员利用职权获取非正常收入或者侵占债务人财产的，应当书面通知其返还财产。

上述人员在限定时间内未返还财产的，管理人应当依法向人民法院提起诉讼。构成犯罪的，管理人应当向有关机关报案，追究其刑事责任。

第六十五条　人民法院受理破产申请后，对于可能因有关利益相关人的行为或者其他原因，影响破产程序依法进行的，管理人应当向人民法院申请对债务人的全部或部分财产采取保全措施。

第六节　权利人财产取回及所有权保留买卖合同的处理

第六十六条　管理人接管债务人财产后，对于债务人占有的不属于债务人的财产，该财产的权利人管理人要求取回的，管理人应当依法审查，确认权利人的请求无误的，可以将该财产返还给权利人。

权利人行使取回权时未依法向管理人支付相关的加工费、保管费、托运费、委托费、代销费等费用，管理人应当要求权利人清偿。权利人不清偿的，管理人应当拒绝其取回要求。

第六十七条　权利人可以取回的财产灭失或者毁损，权利人的取回权依照《最高人民法院关于适用〈中华人民共和国企业破产法〉若干问题的规定（二）》第三十二条规定处理。

第六十八条　管理人决定解除或者继续履行所有权保留买卖合同，有关事项依照《最高人民法院关于适用〈中华人民共和国企业破产法〉若干问题的规定（二）》第三十四条至第三十九条规定处理。

第七节　参加诉讼、仲裁及其他法律程序

第六十九条　人民法院受理破产申请后，人民法院或者仲裁机构已经开始而尚未终结的有关债务人的民事诉讼、仲裁程序或执行程序案件尚未中止的，管理人应当书面要求人民法院或者仲裁机构依法中止。

第七十条　管理人接管债务人财产后，应当及时制作告知书，要求人民法院或者仲裁机构对已中止的诉讼或者仲裁案件恢复审理。管理人没有接管或者部分接管，但管理人认为有关债务人的诉讼或者仲裁案件的恢复审理不受接管影响的，管理人也可以要求人民法院或者仲裁庭恢复已中止诉讼或者

仲裁案件的审理。

第八节　接收、审查债权申报

第七十一条　管理人应当在人民法院公告确定债权人申报债权的期限和地点，接收债权人的债权申报材料。

管理人应当制作《债权申报须知》《债权申报表》《债权人地址及联系方式确认书》《债权申报文件清单》等文件，在接收地点引导债权人申报债权。

管理人接收债权人债权申报和证据材料，应当给申报人出具回执。

第七十二条　管理人应在人民法院公告受理破产申请之日起七日内书面通知相关税务机关、社保部门，告知其依法申报债务人欠缴的税款、应由债务人承担的欠缴保险费用。

第七十三条　管理人在接收债权人的债权申报材料时，应当要求申报人提交下列材料：

（一）债权人自己申报的，须提供企业营业执照或个人合法身份证明；债权人委托他人进行申报的，受托人应同时提交委托人签名盖章的《授权委托书》（须注明授权具体内容）和受托人的身份证明。

（二）申报人应当书面说明债权金额和有无财产担保等，并提交有关证据材料。

债权人申报债权材料不全的，管理人应当允许债权人在指定的期限内补正、补充。

第七十四条　债权人未在债权申报期限内申报，在破产财产最后分配前向管理人补充申报债权的，此前已进行的分配，不再对其补充分配，管理人可以要求债权人承担审查和确认补充申报债权的必要合理费用，但不得单独就此收取管理人报酬。

前款规定的已进行的分配，是指债权人补充申报时人民法院已裁定认可破产财产分配方案。

第七十五条　管理人接收债权申报材料后，应当根据申报人提交的债权申报材料登记造册。登记造册的项目应当包括：

（一）债权人基本情况：企业名称或个人姓名、企业法定代表人或负责人的姓名、职务与住所、债权人开户银行、联系方式；有代理人的，管理人还应记明代理人的姓名、住址、联系方式及委托代理权限等事项；

（二）债权基本情况：债权发生原因、存在的证据、债权到期日、申报时间、申报债权额（原始债权、孳息债权等）、有无财产担保、是否附有条件及期限、是否为连带债权、有无连带债务人、是否为求偿权或将来求偿权等；

（三）管理人认为其他必要的事项。

第七十六条　管理人对申报债权的真实性、合法性和时效性等内容进行实质审查。

（一）债权附有利息、罚息、违约金、滞纳金的，则破产申请受理后的利息、罚息、违约金、滞纳金停止计算；

（二）行政、司法机关对债务人的罚款、罚金以及其他有关费用，不作为破产债权；

（三）没有到期的债权在破产申请受理时视为到期，可以申报；

（四）在破产申请受理时未成就的附条件或者附期限的债权，可以申报；

（五）在破产申请受理时诉讼、仲裁未决的债权，可以申报；

（六）对债务人享有连带债权的任何一个连带债权人，可以经其他连带债权人授权共同向管理人申报连带债权，也可以未经其他连带债权人授权而向管理人申报连带债权；部分连带债权人分别申报连带债权并且没有达成共同协议的，该连带债权可以由该部分连带债权申报人共同享有；

（七）债务人的保证人或者其他连带债务人已经代替债务人清偿全部或者部分债务的，可以就其代替债务人已清偿部分的求偿权向管理人申报债权；债务人的保证人或者其他连带债务人尚未代替债务人清偿债务的，可以就其对债务人尚未清偿部分的将来求偿权申报债权；但是，债权人已经向管理人申报全部债权的除外；

（八）债务人是连带债务人时，债权人可以申报债权；债务人和其他连带债务人都被人民法院裁定受理破产申请的，债权人可以分别地向债务人和其他连带债务人的管理人申报其全部债权；

（九）管理人在人民法院受理破产申请后依法解除合同的，合同相对人可以就合同解除所造成合同相对人的实际损失金额申报债权；此项可以申报债权的损失金额范围不包括合同约定的违约金；

（十）债务人是委托合同的委托人，受托人在人民法院受理破产申请后，不知债务人破产事实而继续处理委托事务的，受托人可以就其继续处理事务所产生的请求权申报债权；受托人在人民法院受理破产申请后，知道债务人破产事实而继续处理委托事务的，受托人不可以就其继续处理事务所产生的请求权申报债权，法律另有规定的除外；

（十一）在委托合同约定受托人在人民法院受理破产申请后仍须继续处理委托事务的情形下，即使受托人知道债务人破产事实，受托人在管理人或者债务人解除合同前依据委托合同约定继续处理委托事务的，受托人可以就其继续处理事务所产生的请求权申报债权；

（十二）在停止处理委托事务将损害债务人利益的情形下，无论受托人是否知道债务人破产事实，受托人在管理人或者债务人要求其停止处理委托事务之前为债务人利益而继续处理事务所产生的请求权，管理人可以将其作为共益债务清偿；

（十三）债务人是票据的出票人，该票据的付款人继续付款或者承兑所产生的请求权，付款人可以申报债权；

（十四）对于债权人申报的对债务人的特定财产享有担保权的债权，审查的内容包括但不限于：担保权的法律效力；同一担保财产有多项担保权存在的受偿顺序；提供担保是否有可以依法撤销的情形；担保财产的价值；担保权的受偿范围；担保财产的价值小于担保债权金额的，以担保财产的价值为限，债权金额超过担保财产价值的债权部分作为普通债权；

（十五）债权人向管理人提交的债权证据是具有强制执行效力的法律文书的，则法律文书中确认的债权金额和有无财产担保的内容，管理人可以直接确认；法律文书中确认的债权不是以金额计算的，管理人可以按市场价值换算为金额；

（十六）债权人向管理人申报的债权属于诉讼或者仲裁案件中未决债权的，管理人可以提请人民法院临时确定其债权金额和是否有财产担保，或依法先予确定其债权金额和是否有财产担保；

（十七）建设工程价款优先权超过主张除斥期间的，不予认可优先权；

（十八）已经超过诉讼时效或者申请人民法院执行时效期间的，不予认可。

管理人应将审查结论书面通知申报人。

第七十七条 管理人应当根据债务人财务资料、人事资料、考勤记录等证据材料确认职工的劳动债权，必要时可以向债务人的有关人员核实情况；职工对劳动债权清单记载有异议并要求更正的、管理人应当进行复核并将复核结果书面通知职工。管理人复核后不予更正的，应当告知职工可以依法提起诉讼。

第七十八条　管理人在第一次债权人会议召开之前应当完成债权审核和债权表的编制，因特殊原因未完成债权审核和债权表编制的，应当向债权人会议书面说明。管理人应当保存债权表和债权申报材料，供利害关系人查阅。

第七十九条　管理人编制债权表后，应及时制作提请债权人会议核查债权的报告，将债权申报登记册和债权表一并提交第一次债权人会议核查。

对于债权人、债务人均无异议的债权，管理人应及时提请人民法院裁定确认。管理人申请人民法院裁定确认债权表记载的债权时，应当说明债权审查过程和债权人会议核查债权的情况。

债权人会议核查债权表后，债权人、债务人对债权表记载事项有异议的，可以在债权人会议上提出异议，也可以在债权人会议结束后十日内提出异议。管理人应当对有异议的债权进行复核，经复核仍有异议的，管理人应当书面告知异议人在收到复核通知之日起十五日内依法向人民法院提起诉讼，并将受理情况反馈给管理人；逾期不起诉的，视为无异议。

第九节　抵消审查

第八十条　债权人向管理人提出债务抵销主张的，管理人应当在约定的异议期限内或自收到抵销债务通知之日起三个月内进行审查并作出是否同意抵销的决定。

第八十一条　债权人主张抵销的债权、债务应当真实合法有效，有《中华人民共和国企业破产法》第四十条规定情形的不得抵消。

第十节　参加、筹备债权人会议及会务工作

第八十二条　第一次债权人会议由管理人协助人民法院筹备。以后的债权人会议，由管理人筹备。

管理人应当在第一次债权人会议召开前申请人民法院指定债权人会议主席，将债权人会议的筹备情况及相关文件报送人民法院。管理人可以根据债权数额、债权性质等因素向人民法院推荐债权人会议主席人选。

需要设立债权人委员会的，管理人应当在第一次债权人会议召开前将成员候选名单报人民法院初审。债权人会议决定设立后将债权人委员会成员名

单报人民法院认可。

第八十三条 管理人应做好以下会务工作：

（一）负责在法定期限内通知债权人、债务人的有关人员、职工或者工会代表，涉及审计、鉴定、评估事项的，还应当通知委托的中介机构派员列席债权人会议，并附会议议程与议题清单，载明注意事项；

（二）核对登记参会人员身份，对参会人员身份有异议的，应作出相应处理，并向人民法院和债权人会议报告；

（三）将债权人会议所议事项的决议作成会议记录，并根据实际需要，对会议过程进行录音录像；

（四）负责保存有关债权人会议的文件材料；

（五）按照人民法院和债权人会议主席的要求，协助做好其他会务工作。

债权人会议表决有关事项以现场表决为主，也可以采用通讯、网络等方式表决。采用通讯、网络等方式表决有关事项的，管理人应当告知债权人表决程序和规则。

第八十四条 第一次债权人会议后，管理人可以依据工作进展情况和需要，向债权人会议主席提议并向人民法院报告召开债权人会议。

管理人提议债权人会议的，应当提前拟定会务预案书面报送人民法院。会务预案一般应当包括：

（一）通知发送时间与方式；

（二）物资配备；

（三）人员配备；

（四）文件准备；

（五）咨询与查询安排；

（六）费用预算等。

召开规模较大或者可能存在涉稳因素的债权人会议，管理人应当事先和相关债权人等进行充分沟通，制定维稳保障方案并报送人民法院审查，接受人民法院指导。

第八十五条 管理人应当在第一次债权人会议前准备并向第一次债权人会议提交下列文件：

（一）会议议程；

（二）债务人财产等接管、调查情况等阶段性工作情况；

（三）债务人财产状况报告；

（四）债权审核报告及债权表；

（五）职工安置情况，职工工资、经济补偿金及社会保险费用的支付、缴纳情况；

（六）债务人财产的管理方案；

（六）破产财产的变价方案；

（七）管理人报酬方案；

（八）人民法院认为应当说明的其他内容。

第八十六条　管理人应当向债权人会议报告职务执行情况，回答债权人会议成员的询问，并接受债权人会议和债权人委员会的监督。

第八十七条　债权人会议、债权人委员会要求管理人对其职权范围内的事务作出说明或提交有关文件的，管理人应当执行。

第八十八条　债权人会议结束后三日内，管理人应当将债权人会议的到会情况、表决情况及决议书面报告人民法院。

第八十九条　债权人会议表决未通过债务人财产管理方案、破产财产变价方案的，或者经债权人会议二次表决仍未通过破产财产分配方案的，管理人应当及时申请人民法院裁定。

第三章　管理人在重整程序中的职责

第一节　一般职责

第九十条　管理人管理债务人财产和营业事务的，经人民法院许可，可以聘请债务人的经营管理人员负责营业事务。

人民法院批准债务人自行管理财产和营业事务的，管理人职权由债务人行使，管理人应当制订监督债务人管理财产和营业事务的制度，经人民法院批准后执行。

第九十一条　债务人的股东申请转让股权的，管理人应当向人民法院提出书面意见，未经人民法院许可不得协助其办理股权转让手续。

管理人对担保权人行使担保权的申请不应准许，但应当妥善保管担保物，防止其毁损灭失。债务人自行管理财产的，管理人应当监督债务人限制担保权人行使担保权并妥善保管担保物。

第九十二条 管理人为债务人继续营业而以债务人名义借款的，可以债务人财产为该借款设定担保，但应事先报人民法院审批。自行管理人财产的债务人借款的，管理人应当提出审核意见，报人民法院审批。

第九十三条 管理人对出资人分配投资收益的申请不应准许，债务人自行管理财产和营业事务的，管理人应当监督债务人不得分配投资收益。

第九十四条 债务人合法占有的他人的财产，该财产的权利人要求取回的，管理人应当审查是否符合事先约定的条件。管理人同意取回权人申请的，应当附相关证据材料，报人民法院审查。不同意取回的，报人民法院备案。

第九十五条 有下列情形之一的，管理人应当申请人民法院裁定终止重整程序，并宣告债务人破产：

（一）债务人的经营状况和财产状况继续恶化，缺乏挽救的可能性；

（二）债务人有欺诈、恶意减少债务人财产或者其他显著不利于债权人的行为；

（三）由于债务人的行为致使管理人无法执行职务。

第二节 重整计划的制定、表决和执行

第九十六条 管理人负责制作重整计划草案的，应当按期向人民法院和债权人会议提交重整计划草案。在债权人会议对重整计划草案进行表决时，管理人应当就重整计划草案向债权人会议作出说明，并回答询问。

债务人负责制作重整计划草案的，管理人应当对重整计划草案的合法性和可行性提出分析意见，在重整计划草案提交债权人会议表决之前书面报告人民法院。

重整程序中，普通债权不能获得全额清偿的，管理人应当自行或者委托中介机构测算普通债权依照破产清算程序所能获得的清偿比例，并将测算内容列入重整计划草案。

第九十七条 管理人或者债务人应当自人民法院裁定债务人重整之日起六个月内，同时向人民法院和债权人会议提交重整计划草案。有正当理由，经管理人请求，或者债务人请求管理人提出意见，提请人民法院裁定延期三个月。

经人民法院许可，因重大诉讼、仲裁未决影响重整计划草案的制作的，重大诉讼、仲裁期间不计入重整计划草案提交期限。

第九十八条　对重整计划的表决应按债权分类分组表决，有必要时可以提请人民法院许可在普通债权组中分设大额债权组和小额债权组，对重整计划草案分别进行表决。

第九十九条　重整计划草案涉及出资人权益调整事项的，管理人应当提请人民法院许可设出资人组对该事项进行表决。

经人民法院同意，出资人组的表决按出席会议的过半数同意，并且其所代表的出资额占该组出资总额三分之二以上的，即为通过。

第一百条　出席债权人会议的同一表决组的债权人过半数同意重整计划草案，并且其所代表的债权额占该组债权总额的三分之二以上的，即该表决组通过重整计划草案。

各表决组均通过重整计划草案的，重整计划草案即为通过。管理人应当在重整计划草案通过后的十日内，向人民法院提交批准重整计划的申请。

部分表决组未通过重整计划草案的，债务人或者管理人同未通过重整计划草案的表决组协商后，该表决组拒绝再次表决或者再次表决仍未通过重整计划草案，但重整计划草案符合法定条件的，管理人可以向人民法院申请批准重整计划草案。

第一百零一条　人民法院裁定批准重整计划后，管理人应当按照重整计划的规定监督重整计划的执行。存在未决诉讼、仲裁情况的，重整计划执行期间仍由管理人代表债务人参加诉讼、仲裁。

管理人应当制定监督计划，明确监督方式、监督事项和监督职责，督促债务人在重整计划执行期限内执行完毕。监督期届满，管理人还应当向人民法院提交监督报告，详细说明重整计划的执行情况和债务人财务状况。

第一百零二条　债务人申请延长重整计划执行期限，管理人有正当理由认为确有必要延长执行期限和监督期的，管理人应当在重整计划执行期限和监督期届满前一个月，申请人民法院裁定延长重整计划执行期限和监督期。

第一百零三条　重整计划执行过程中，管理人认为确有必要变更重整计划的，应当报人民法院审查，对债权人利益产生重大影响的，应当提交债权人会议表决。

第一百零四条　重整计划执行完毕后，管理人应当申请人民法院裁定确认重整计划执行完毕并终结破产程序。

第一百零五条　债务人不能执行或者不执行重整计划的，管理人应当申请人民法院裁定终止重整计划的执行，并宣告债务人破产。

人民法院裁定终止重整计划执行的，债权人在重整计划中作出的债权调整的承诺失去效力。债权人因重整计划所受的清偿仍然有效，债权未受偿部分作为破产债权。但该债权人只有在其他同顺位债权人同自己所受的清偿达到同一比例时，才能继续接受分配。

人民法院裁定终止重整计划执行的，为重整计划的执行提供的担保继续有效。

第一百零六条 人民法院裁定终止重整程序，并宣告债务人破产，管理人负责管理财产和营业事务的，管理人应当按照破产清算程序执行职务。债务人负责管理财产和营业事务的，管理人应当立即接管债务人财产和营业事务，按照破产清算程序执行职务。

第三节 补充申报债权的接收和审查

第一百零七条 债权人未在债权申报期限内申报债权，在重整计划草案提交债权人会议表决前补充申报的，债权人应当接收、审查并提请债权人会议核查，未被人民法院确认的，该债权人不享有重整计划草案表决权。

债权人未在债权申报期限内申报债权，但其在重整计划草案提交债权人会议表决前补充申报并经管理人审查提请债权人会议核查、人民法院裁定确认的，人民法院裁定批准重整计划后，该债权人被确认的债权可依照重整计划确定的债权受偿方案获得清偿。

债权人未在债权申报期限内申报债权，在人民法院裁定批准重整计划后重整计划执行完毕前补充申报债权的，管理人可以接受申报并进行审查，但债权人在重整计划执行期间不得行使权利；在重整计划执行完毕后，可以按照重整计划规定的同类债权的清偿条件行使权利，但因债务人提供保证担保而形成的债权除外。

第一百零八条 债权人未在债权申报期限内申报债权，在重整计划执行完毕后补充申报债权的，管理人不再接收，应告知债权人直接向债务人主张权利。

第四章 和解程序中的管理人职责

第一百零九条 债务人在人民法院受理破产申请后，宣告债务人破产前，向人民法院申请和解，人民法院裁定和解的，管理人可以协助债务人制作和解协议草案并提出可行性分析意见。

第一百一十条　对债务人的特定财产享有担保权的权利人，自人民法院裁定和解之日起可以向管理人主张行使担保权。管理人准许担保权人行使担保权的，应当经人民法院许可。

第一百一十一条　裁定和解后，未经人民法院许可，管理人不得协助债务人股东办理股权转让手续。

第一百一十二条　人民法院裁定认可和解协议，终止和解程序的，管理人可以要求债务人按照和解协议的约定将用于清偿债务的资金划入管理人账户统一支付。

第一百一十三条　人民法院裁定认可和解协议，终止和解程序的，管理人应当向债务人移交财产和营业事务，并书面说明管理人接管期间债务人财产和营业事务的变化情况，同时向人民法院提交执行职务的报告。

第一百一十四条　和解协议执行期间，管理人可以不接受债权人的补充债权申报；在和解协议执行完毕后，未申报债权人、补充申报债权人可以按照和解协议规定的清偿条件行使权利。

第一百一十五条　和解协议执行期间，管理人发现在和解协议的成立中，债务人有欺诈或者其他违法行为的，可以请求人民法院裁定和解协议无效，并宣告债务人破产。

第一百一十六条　债务人不能执行或者不执行和解协议的，管理人可以协助和解债权人请求人民法院裁定终止和解协议的执行，并宣告债务人破产。

人民法院终止和解协议执行的，和解债权人在和解协议中作出的债权调整的承诺失去效力。和解债权人因执行和解协议所受的清偿仍然有效，和解债权未受偿的部分作为破产债权。

第一百一十七条　人民法院裁定认可债务人与全体债权人自行达成的和解协议并终结破产程序的，管理人应当向债务人移交财产和营业事务，并书面说明管理人接管期间债务人财产和营业事务的变化情况，同时向人民法院提交执行职务的报告。

第一百一十八条　人民法院裁定终止和解程序、终止和解协议的执行或者裁定和解协议无效，并宣告债务人破产的，管理人应当立即接管债务人财产和营业事务，按照破产清算程序执行职务。

第五章　债务人被宣告破产后的管理人职责

第一节　破产财产的变价

第一百一十九条　人民法院裁定宣告破产后，管理人应当及时拟订破产财产变价方案提交债权人会议讨论。出席债权人会议的有表决权的债权人过半数通过，并且其所代表的债权额占无财产担保债权总额的二分之一以上的，破产财产变价方案即为通过。

债权人会议没有通过破产财产变价方案的，管理人可以提请人民法院裁定认可。

第一百二十条　管理人应当根据债权人会议通过或者人民法院裁定认可的破产财产变价方案，适时变价出售破产财产。

第一百二十一条　破产财产的变价原则上采用拍卖方式，拍卖程序参照《最高人民法院关于人民法院网络司法拍卖若干问题的规定》执行。

经债权人会议或者债权人委员会通过，可以采用招标转让、协议转让、委托出售或者在破产分配时直接进行实物分配等变价方式进行处置。

第一百二十二条　破产企业可以全部或者部分变价出售。企业变价出售时，管理人可以将其中的无形资产和其他财产单独变价出售。

破产财产中的成套设备一般应当整体出售。无法整体出售的，管理人可以根据实际情况分别变价，应当在破产财产变价方案中说明情况和理由。

第一百二十三条　管理人出售、转让债务人持有的有限责任公司股权的，应当依法通知该公司及全体股东；管理人出售、转让债务人投资的股份有限公司股权的，应当依法通知该公司。

股权价值为零或者负值且无法变价，管理人停止追收的，应当报债权人会议表决。子公司符合法定条件的，管理人可以依法对子公司提出破产申请或者强制清算申请。

第一百二十四条　债务人实际控制的关联公司符合适用实体合并规则进行破产清算的，管理人可以拟订合并破产方案，经人民法院批准后实施。

第一百二十五条　债务人的职工住房，已经签订房改合同、交付房款的，或者有证据证明已经房改给个人的，管理人可以按非破产财产处理。

第一百二十六条　人民法院宣告债务人破产后，债务人职工尚未与债务人解除劳动合同的，管理人应当书面通知债务人的职工终止劳动合同。

第一百二十七条　对于难以变价的廉价资产或者变现费用超过变现价值的资产，经债权人会议或者债权人委员会通过，管理人可以采取公益赠与、报废等方式处置，但处置方式不得损害社会公共利益。

对于债务人与他人共同共有的财产，管理人应当代表债务人与共有人协商，先分割财产再变价出售。对于债务人与他人按份共有的财产，管理人可以直接将债务人享有的财产份额变价出售。

如果债务人与他人共有的，财产属于一个整体或者配套使用，出售破产财产时应当保障共有人的优先购买权。

第二节　破产财产的分配

第一百二十八条　管理人应当根据破产财产变价情况拟订破产财产分配方案，破产财产分配方案经人民法院审查后提交债权人会议表决。

债权人会议通过破产财产分配方案后，管理人应当将该方案提请人民法院裁定认可；债权人会议没有通过的，管理人可以要求债权人会议二次表决，债权人会议二次表决仍不通过或者拒绝表决的，管理人可以提请人民法院裁定认可破产财产分配方案。

第一百二十九条　管理人必须严格按照法定清偿顺序分配破产财产，但债权人自愿放弃清偿的除外。

破产财产不足以清偿同一顺序的清偿要求的，按照比例分配。

第一百三十条　破产财产分配一般应当以货币分配方式进行。但是，经债权人会议表决通过，可以采用实物分配、债权分配、权利分配等方式进行分配。

第一百三十一条　对特定破产财产享有担保权的权利人，对该特定破产财产享有优先受偿的权利，但管理人可以扣除担保权人应当承担的保管、评估、拍卖、诉讼、仲裁等维护和实现担保权的费用。实现担保权的费用以实际支出为限，管理人应当提供费用支出的证据，报人民法院审批。

第一百三十二条　对于附生效条件或者解除条件的债权，管理人应当将其分配额提存。

管理人依照前款规定提存的分配额，在最后分配公告日，生效条件未成就或者解除条件成就的，应当分配给其他债权人；在最后分配公告日，生效条件成就或者解除条件未成就的，应当交付给债权人。

第一百三十三条 债权人未受领的破产财产分配额，管理人应当提存。债权人自最后分配公告之日起满二个月仍不领取的，视为债权人放弃受领分配的权利，管理人或者人民法院应当将提存的分配额分配给其他债权人。

第一百三十四条 破产财产分配时，对于诉讼或者仲裁未决的债权，管理人应当将其分配额提存。自破产程序终结之日起满二年仍不能受领分配的，由人民法院将提存的分配额分配给其他债权人。但是，破产程序终结时诉讼、仲裁未决的除外。

第三节 终结破产程序

第一百三十五条 债务人财产不足以清偿破产费用且无债权人、管理人、债务人的出资人或者其他利害关系人垫付费用或者垫付的费用仍不足以支付破产费用的，管理人应当提请人民法院裁定宣告债务人破产并终结破产程序。

经清算，债务人确无财产可供分配的，管理人应当提请人民法院裁定终结破产程序。

第一百三十六条 管理人在破产财产最后分配完结后，应当向人民法院提交清算工作报告，并提请人民法院裁定终结破产程序。

第一百三十七条 管理人应当自破产财产最后分配完结后，将执行职务过程中形成的账簿装订成册，经人民法院许可，聘请审计机构对管理人账目进行审计。

第一百三十八条 管理人应当自破产程序终结之日起十日内，持人民法院指定管理人决定书、宣告破产裁定书、终结破产程序裁定书及公司注销登记申请书、指定代表或者共同委托代理人的证明、指定代表或者共同委托代理人的身份证件、企业法人营业执照正副本、分公司注销登记证明等材料，向工商登记机关申请办理注销工商登记。

但是，存在诉讼或者仲裁未决等情况的除外。

第一百三十九条 管理人于办理注销登记完毕的次日终止执行职务。但是，存在诉讼或者仲裁未决情况的，管理人仍应当继续依法履行职责。

第一百四十条 管理人依法终止执行职务后，应当注销管理人账户，将管理人印章交公安机关销毁并将销毁印章的证明交人民法院备案。

第一百四十一条 管理人终止执行职务后，应当对管理人接管的债务人的账簿、文书等档案资料全部移交给档案管理部门或其他机构保管，债务人为国有企业或国有控股企业的，相关档案资料可以移交给上级主管机关或控股股东。

人民法院裁定批准重整计划或债权人会议通过和解协议并经人民法院裁定认可而终止破产程序的，管理人应及时将已接管的债务人的印章、账簿、文书等资料全部移交给债务人。

管理人可以在必要时预留相应的破产费用，以支付债务人或者破产人的账簿、文书等档案资料的保管费用。

第一百四十二条　管理人应当将执行职务过程中形成的卷宗材料装订成册，通过本所按照档案保管规定保存备查或者通过本所移交档案保管机构保管。

第七章　附　则

第一百四十三条　本规程由本所负责解释。

第一百四十四条　本规程自××××年××月××日起执行。

破产案件适用简易程序的，本规程有关程序和工作可以简化。

第一百四十五条　本规程未尽事宜，应当适用法律法规及相关司法解释的规定；法律法规、司法解释未规定的，按照受理破产案件的人民法院的意见执行。

◇ 参考样式4　《管理人会议议事规则》

管理人会议议事规则

第一条　为了提高管理工作效率，保证管理人工作依法有序顺利进行，根据管理工作需要制定本规则。

第二条　管理人会议分为办公例会和临时会议。

（一）管理人办公例会是处理管理人日常事务的定期召开的会议，每周五在管理人办公场所会议室召开；

（二）根据管理工作需要，由人民法院或者管理人负责人提议、或者管理人下设各部门负责人提议经管理人负责人同意召开的会议，属于临时会议；

（三）管理人办公例会、临时会议由管理人负责人或管理人负责人委托的管理人成员主持召开；由受理破产案件的人民法院提议的，可由人民法院审判人员主持召开；

（四）管理人负责人及管理人成员必须参加管理人办公会议，如有事不能参加必须提前两个工作日向管理人负责人请假；

（五）会议召开前管理人综合事务部办公室应提前将会议内容书面（含电子文件方式）通知参加会议人员。

第三条 管理人办公例会的内容：

（一）布置相关工作任务；

（二）对上次会议后的工作进行回顾和总结；

（三）听取部门负责人、管理人成员通报管理工作情况汇报；

（四）审查管理人会计师通报的财务收支情况；

（五）讨论通过管理人人民币××元以上的财务支出；

（六）讨论审议各部门上报应由管理人会议决定的事项；

（七）讨论处理重大突发事件的措施；

（八）其他管理人负责人或成员认为需要提交管理人会议讨论决定的事项。

第四条 管理人会议在广泛听取各方面意见的基础上形成决定。

重要事项应当按照管理人成员一人一票进行表决，三分之二以上表决票同意即为通过。

前款所称重要事项包括但不限于：管理人的工作计划、工作方案，工作总结、工作报告，增加或者减少财务开支，增加或者减少工作人员，申请回避、辞去管理人债务等。

会议议定事项或者表决通过的事项需要报请人民法院批准或者备案的，由管理人提请人民法院批准或者备案。

第五条 管理人办公例会、临时会议由管理人办公室派专人记录，会议结束由与会人员签名确认。

会议记录由管理人综合事务部办公室存档保管。

第六条 管理人综合事务部办公室于每月 10 日前根据会议内容总结当月管理人工作情况形成工作报告，由管理人提交人民法院审查备案。

第七条 本规则适用于×××律师事务所/会计师事务所/清算事务所工作人

员担任管理人的破产案件。

×××律师事务所/会计师事务所/清算事务所工作人员被指定担任公司强制清算案件清算组成员组成清算组的，可以参照执行；但是，×××律师事务所/会计师事务所/清算事务所工作人员被指定担任公司强制清算案件清算组成员与公司股东、董事、监事、高级管理人员组成清算组的，本规则不予适用。※

第八条　本规则经×××律师事务所/会计师事务所/清算事务所提请人民法院审查备案后执行。由×××律师事务所/会计师事务所/清算事务所负责解释。

说明

因律师事务所、会计师事务所或清算事务所工作人员被指定担任公司强制清算案件清算组成员与公司股东、董事、监事、高级管理人员组成清算组，公司股东、董事、监事、高级管理人员就清算组会议决定事项可能存在直接利害关系，根据最高人民法院《关于审理公司强制清算案件工作座谈会纪要》第26条规定，“公司强制清算中的清算组因清算事务发生争议的，应当参照公司法第一百一十二条的规定，经全体清算组成员过半数决议通过。与争议事项有直接利害关系的清算组成员可以发表意见，但不得参与投票；因利害关系人回避表决无法形成多数意见的，清算组可以请求人民法院作出决定。与争议事项有直接利害关系的清算组成员未回避表决形成决定的，债权人或者清算组其他成员可以参照公司法第二十二条的规定，自决定作出之日起六十日内，请求人民法院予以撤销。”因此，律师事务所/会计师事务所/清算事务所工作人员被指定担任公司强制清算案件清算组成员与公司股东、董事、监事、高级管理人员组成清算组的，上述规则应不予适用。

◇ 参考样式5　《管理人财务收支管理制度》

管理人财务收支管理制度

第一条　为维护债务人、债权人及管理人的合法权益，加强企业破产程序进行过程中的财务收支管理，保障破产程序依法顺利进行，根据《管理人工作规程》和管理工作需要制定本制度。

第二条　管理人决定债务人、管理人的日常开支和其他必要开支，应当严格坚持合法、合理、必要和厉行节约、勤俭办事、降低成本的原则。

管理人必须对开支的原因、金额及其必要性进行审查，任何人不得将破产费用用于破产管理工作以外的事项，不得将用于破产管理工作以外事项的费用列支为破产费用。

第三条 管理人应当将债务人的存款、债务人财产变价款等涉及债务人财产的收入划入管理人账户集中统一管理，接受人民法院监督。

第四条 管理人应当依据本制度，在接管完成后向人民法院提交涉及债务人的日常开支和其他必要开支的预算报告，经人民法院审查批准后执行。

管理人应当根据破产程序的进度按季度向人民法院书面报告财务收支情况。

重大复杂破产案件或者人民法院另有要求的，管理人在提请人民法院终结破产程序时应当提交财务决算报告。

第五条 为了有效地规范债务人的内部事务管理、日常开支和其他必要开支控制，管理人及管理人设立的综合事务部财务室应当将本制度公示通知相关人员遵照执行。

管理人下设的各职能部门和工作人员办理财会事务，必须遵守本制度。

第六条 管理人综合事务部财务室的职责：

（一）认真贯彻执行国家有关会计制度、财务管理制度和税收政策；

（二）建立健全财务管理的各种规章制度，编制财务计划，加强核算管理，反映、分析财务计划的执行情况，检查监督财务纪律的执行情况；

（三）负责债务人、管理人财务核算和成本费用管理；

（四）厉行节约，合理使用资金；

（五）积极主动与有关机构及税务、银行部门沟通，及时掌握相关法律、法规的变化，有效规范财务工作，及时提供财务报表及其他相关资料。

第七条 财务室由一名会计、一名出纳组成。

财务专用章、用于财务收支的管理人负责人的名章由会计保管，会计、出纳名章由出纳保管。

出纳员不得兼管会计档案保管和债权债务会计账目的登记工作。

第八条 管理人银行账户只供管理人管理破产事务收支结算使用，严禁出借账户供外单位或个人使用，严禁为外单位或个人代收代支、转账套现。

第九条 破产程序进行过程中的日常支出包括：

（一）债务人继续经营的税款；

（二）债务人继续经营期间的职工工资、社保费用；

（三）清收、调查债务人财产的费用；

（四）债务人财产保管、维护费用；

（五）处理债务人财产的审计、评估、拍卖费用；

（六）必要的水电气等费用；

（七）其他由管理人会议通过的必须支出的费用。

第十条　破产程序进行过程中的收入包括：

（一）债务人的债务人向债务人清偿债务的收入；

（二）他人占有债务人的财产因毁损、灭失等原因不能交回而向债务人支付的赔偿费用；

（三）管理人依据企业破产法第三十一条、第三十二条、第三十三条、第三十六条追回的债务人的财产；

（四）管理人依据企业破产法第三十五条要求债务人的出资人缴纳所认缴的尚未履行或尚未完全履行出资义务的出资及有关出资人抽逃的出资；

（五）处理债务人财产的收入；

（六）其他属于债务人财产的收入。

第十一条　银行账户往来应逐笔登记入账，不得多笔汇总高收，也不准以收抵支记账。

债务人收入应于当日存入银行。

出纳可以保留备用金××元。

第十二条　财务人员支付每一笔日常开支款项，不论金额大小均须综合事务部、管理人负责人签名同意。

第十三条　管理人可以向开户银行申请一定数量的支票备用，由出纳保管。特殊情况下需预先使用支票时，须填写《支票领用单》，注明付款用途，经审核批准后由领用人签收，并负责在规定期限内完善报销审批手续。

严格履行请领、签发、保管、核销、及时报账等支票使用，不得签发空头支票、远期支票、空白支票。

第十四条　出纳人员应当建立健全现金、银行存款账目，按照发生时序逐笔记录现金、银行存款收支业务。账目应当日清月结，账、款相符。每周编制银行、现金周报报告综合事务部负责人。

第十五条　借款及报销审批程序：

（一）凡因工作需要借款的人员，必须先到财务组领取《借款凭证》，写明借款金额、用途、用款时间、归还日期，先经所在部门负责人同意，再由管理人负责人审批后，方予借支，前次借款未归还或未销账不得再借款。

（二）借款人员工作完毕后应及时到财务组报账，报账后结欠部分金额当场归还。

（三）报销审批时应具备的凭证：《付款审批单》《费用报销单》，原始发票及明细表。经手人应在所附凭发票及明细表上签名。

财务人员对不真实、不合法的原始凭证不予受理。

一次借款在××元以上的，要提前通知财务室。

第十六条 管理人工作人员出差开支标准：

工作人员出差乘坐车、船、飞机和住宿、伙食、市内交通费应参照国家公务员差旅费用控制标准执行。

各部门负责人应严格控制外出人员，并考虑完成任务的期限，确定出差日期和各项费用限额。超标部分一律由个人承担。工作人员应按取得实际发生费用的合法发票报销，不得虚报费用。

第十七条 因业务需要开支误餐、接待费的，由各部门负责人填写《误餐/接待费审批单》，报管理人负责人批准。超审批金额外的业务接待费不予开支。

报销单据必须有税务部门的正式发票，先由经手人签名，注明用途，再报部门负责人审核，然后由管理人负责人审批。

第十八条 破产清算、重整、和解有关债务清偿使用金钱方式的，由管理人负责人依据人民法院裁定的破产财产分配方案、重整计划、和解协议中规定或约定的清偿人数、金额、比例、时间等通知财务室办理。

第十九条 破产重整计划被人民法院裁定终止执行并宣告债务人破产的，债权人在重整计划中作出的债权调整的承诺失去效力。债权人因执行重整计划所受的清偿仍然有效，债权未受清偿的部分作为破产债权。

在破产清算程序中前款规定的债权人，只有在其他同顺位债权人同自己所受的清偿达到同一比例时，才能继续接受分配。

第二十条 和解协议被人民法院裁定终止执行并宣告债务人破产的，和解债权人在和解协议中作出的债权调整的承诺失去效力。和解债权人因执行和解协议所受的清偿仍然有效，和解债权未受清偿的部分作为破产债权。

在破产清算程序中前款规定的债权人，只有在其他债权人同自己所受的清偿达到同一比例时，才能继续接受分配。

第二十一条 会计账务处理：

（一）会计应负责审核原始凭证的各项经济内容真实性、合理性，对不能确定的事项报财务组组长审核。

（二）会计审核传票时，应先审核原始凭证是否符合税收法律及相关规定。

（三）会计人员应根据上述规定要求取得的合理、合法的单据按会计法、企业会计准则及会计制度的相关规定进行账务处理。

（四）严格按照《中华人民共和国会计法》的有关规章制度建立会计账册，做到根据审核无误的原始凭证填制记账凭证；登记会计账簿应连续，不得跳行、隔页，定期结账、对账，保证账证相符、账账相符、账实相符。

（五）会计人员不得伪造、编造、故意毁坏会计账簿或者账外设账。财务人员每月25日定期向管理人负责人汇报财务管理状况。

第二十二条 重整、和解程序，会计处理按照财政部2019年5月16日修订的《企业会计准则第12号——债务重组》（财会〔2019〕9号）办理；债务人破产清算的，会计处理按照财政部《企业破产清算有关会计处理规定》办理。

第二十三条 本制度未涉及的事项按会计法、企业会计制度及会计准则的一般相关规定办理。

第二十四条 本制度适用于×××律师事务所/会计师事务所/清算事务所工作人员担任管理人的破产案件。

×××律师事务所/会计师事务所/清算事务所被指定担任公司强制清算案件清算组的，可以参照执行。

第二十五条 本制度经×××律师事务所/会计师事务所/清算事务所提请人民法院审查备案后执行。由×××律师事务所/会计师事务所/清算事务所负责解释。

◇ 参考样式6 《管理人证照印章管理制度》

管理人证照印章管理制度

第一条 为保证债务人证照、印章和管理人印章使用的规范性、严肃性和安全性，维护债务人、管理人的合法权益，保障破产程序和管理人工作的顺利开展，特制定本制度。

第二条 债务人的证照、印章在管理人接管后由管理人综合事务部资料室负责保管。

第三条 债务人的证照只能用于债务人在破产程序进行过程中必须使用的事项，包括：

（一）证明债务人的主体资格；

（二）证明债务人享有的资质、特定权利。

第四条 债务人印章的使用条件：

（一）除特殊事项外，只能使用行政公章；

（二）只能用于债务人在破产程序进行过程中必须使用的事项；

（三）只能用于证明债务人的主体资格。

第五条 管理人印章的范围：

管理人行政公章、管理人财务专用章、管理人合同专用章、管理人负责人名章各一枚。

第六条 管理人综合事务部资料室负责债务人印章和管理人行政公章、管理人合同专用章和管理人负责人名章的管理和使用工作，综合事务部负责人对印章的管理和使用对管理人负责人负责。

第七条 管理人综合事务部财务室会计负责管理人财务专用章的管理和使用工作，对管理人负责人负责。

第八条 负责管理印章的部门负责人和印章保管人员要保持高度的责任心，妥善保管印章，严格执行印章管理、使用办法。

第九条 印章的使用采取审批登记制度。使用印章前，用印人需填写《用印审批单》，经相关人员签批后，向印章保管人员申请用章。

《用印审批单》的内容包括：用印部门、用印原因、用印名称、用印人、用印部门负责人的审批意见、管理人负责人的审批意见、综合事务部负责人审查意见、印章保管人员签字。

第十条 使用印章的程序如下：

（一）管理人各部门的经办人填写《用印审批单》；

（二）经办人所在部门负责人签名同意；

（三）管理人负责人审批；

（四）印章保管人盖章并登记。

第十一条　印章保管人员应对用印文件的内容和《用印审批单》上载明的签署情况予以核对，经核对无误的，印章保管人员在《用印审批单》上签字，加盖相关印章，并填写《用印登记簿》。用印登记簿的内容应包括：用印日期、用印内容、用印名称、用印份数、用印次号、用印人和印章保管人签字。

第十二条　对加盖印章的文件，印章保管人应注意落款单位必须与印章一致。用印位置恰当，要"骑年盖月"，字组端正，图形清晰。多页的文件除在落款处盖章外，还必须加盖骑缝章，骑缝章必须覆盖文件的所有页边。

第十三条　印章保管人必须留存用印文件的副本，以供查对和归档管理。经办人部门根据工作需要留存用印文件的正副本或复印件。

第十四条　已盖印章的文件若不能使用，必须交回印章保管人员销毁并登记。

第十五条　印章原则上不得带出管理人办公地点，确因工作需要必须将印章带出使用的，应事先填写《用印审批表》和《用印登记表》，经管理人负责人批准后方可带出使用。

第十六条　因工作需要，综合事务部负责人、印章保管人员更换时，须对《用印审批单》《用印登记簿》和用印存档材料进行交接。

第十七条　本制度适用于×××律师事务所/会计师事务所/清算事务所工作人员担任管理人的破产案件。

×××律师事务所/会计师事务所/清算事务所被指定担任公司强制清算案件清算组的，可以参照执行。

第十八条　本制度经×××律师事务所/会计师事务所/清算事务所提请人民法院审查备案后执行。由×××律师事务所/会计师事务所/清算事务所负责解释。

◇ 参考样式7　《管理人文书档案管理制度》

管理人文书档案管理制度

第一条　为保证管理人收发文及档案管理工作的规范性、严肃性和安全性，保障破产程序和管理人工作的顺利开展，特制定本制度。

第二条 债务人的账簿、文书及其他档案资料在管理人接管后由管理人综合事务部资料室负责统一保管。资料室要采取安全可靠措施保证档案资料的绝对安全。

债务人规模较大、原档案管理规范、有完整管理规章制度和安全措施的，管理人接收后可以经人民法院批准聘用债务人原管理人员，将其中部分档案资料交由其按照债务人原管理方式就地继续保管，管理人综合事务部资料室负责指导、监督和在人民法院、管理人需要使用时负责调取。

第三条 管理人收文的处理程序为：收文、报送、分文、传送、催办、立卷、归档。

第四条 管理人发文工作的程序为：拟稿、审核（部门负责人）、签发（管理人负责人）、打印、盖章、发送、催办、立卷、归档、销毁等。

第五条 管理人收发文由综合事务部办公室统一负责。

收文一律提交管理人负责人首先审阅；需要传阅、交办的由管理人负责人签署意见后通过办公室转交有关部门或工作人员传阅、办理。

收发文一律不得积压延误，属急件的，应在接件后及时处理。

综合事务部办公室设置《收文簿》《发文簿》，收发文及传阅、交办事项必须按照时序编号完整登记。

第六条 管理人发文涉及管理人整体工作事项的，由综合事务部办公室负责起草，涉及部门工作的由各部门负责起草，并统一由各部门负责人审核后提交管理人负责人签发。

草拟公文应注意以下事项：

（一）反映情况要客观，实事求是；

（二）文字要准确、精练，条理要清楚，层次要分明，结构要紧密，用语要规范；

（三）适用法律、法规及国家政策依据要明确、具体、准确。

第七条 管理人发文按照以下规定编号：

（一）以管理人名义发文、综合事务部办公室起草的发文：“（××××）××破管字第×号”；

（二）其他属于管理人综合事务部办公室起草的发文：“（××××）××破管综字第×号”；

（三）债权审核部起草的发文："（××××）××破管债审字第×号"；

（四）资产清收部起草的发文："（××××）××破管资清字第×号"；

（五）资产管理部起草的发文："（××××）××破管资管字第×号"；

（六）综合事务部财务室起草的发文："（××××）××破管财务字第×号"；

第八条　管理人对外发文排版标题一律使用二号"华文宋体"或"宋体"；正文使用三号"华文宋体"或"宋体"；布局"常规"，行距28。

其他格式、样式参照《最高人民法院关于印发〈管理人破产程序工作文书样式（试行）〉的通知》执行。

第九条　文件签发打印后送回起草部门校对，校对无误方能印制、盖章。

文件和原稿，统一交由综合事务部资料室分类归档，保存备查。

第十条　文件统一由综合事务部办公室指定人员负责发送。送件人应将文件内容、报送日期、部门、接件人、发送方式等事项在《发文簿》详细登记，并向文件起草部门报告发送结果。

秘密文件必须由专人按核定的范围、方式发送。

第十一条　各部门收集整理本部门收发的文件资料，指定专人负责并保持相对稳定，人员变动应及时通知综合事务部办公室。

第十二条　由几个部门共同参与工作形成的文件材料，由主办部门收集归卷。

会议文件由会议主办部门收集归卷。

第十三条　管理人员外出交流、调查研究、参加会议等公务活动的，必须将会议的主要文件资料向所属部门办理归卷手续。

第十四条　管理人召开会议，由会议主办部门指定专人将会议材料、音像资料等向资料室办理归档手续。

第十五条　各部门负责文件收发的工作人员的职责：

（一）了解本部门的工作业务，掌握本部门文件材料的归档范围，收集管理本部门的文件资料；

（二）管理人员借用文件材料时，应负责提供，并办理借用文件资料登记手续。

第十六条　管理人应归档保存文件范围：

（一）人民法院的裁定、决定、通知及指示等文件；

（二）人民政府有关部门的有关决定、纪要、简报等文件；

（三）管理人起草、制作的管理人的各种规章制度，管理人的工作计划、工作方案，追收债务人财产的各类通知及参加诉讼、仲裁等法律程序的资料，债权申报登记册、债权表，重整计划草案，债务人财产管理方案、破产财产变价方案、破产财产分配方案，破产财产分配方案公告；

（四）会议材料。包括会议的通知、报告、决议、总结、会议简报、会议记录等；

（五）债务人、债权人向债权人会议、债权人委员会或者管理人提交的各种方案、草案、异议及债权人对债务人提起诉讼、申请仲裁等法律程序的资料；

（六）管理人对外的发文及管理人与有关单位、个人往复的文书；

（七）管理人的请示与人民法院或者有关政府部门的批复；

（八）管理人的各种工作计划、工作报告、总结；

（九）管理人的各种统计报表及简报；

（十）管理人与有关单位、个人签订的合同、协议书等文件资料；

（十一）管理人人员任免、调整的文件资料；

（十二）其他与管理人、管理工作有关文书、文件等资料。

第十七条 各部门均应建立健全平时常规归卷制度。对处理完毕或批存的文件材料，由专人整理归卷后提交综合事务部资料室集中统一归档保管。

第十八条 各部门应根据本部门的工作范围及工作任务，编制文件材料归卷使用的“案卷类目”。“案卷类目”的条款必须简明确切，并编上条款号。

第十九条 公文承办人员应及时将办理完毕或经负责人员批存的文件材料，收集齐全，加以整理，送交本部门归卷。

第二十条 资料室专职文书人员应及时将各部门提交的归卷的文件材料按照“案卷类目”条款，放入相应的文件卷夹，并在收发文登记簿上注明。

第二十一条 全体管理人工作人员，对公文中涉及的国家秘密，债务人、债权人及本管理人的商业秘密，应当保密，不得泄露、披露。

第二十二条 管理人负责人及各部门负责人等，阅、批公文应仔细认真，阅完后要签名并注明日期，并签署具体意见。

第二十三条 管理人所有发文，发文单位应有存档，并将文件原稿及审核稿件连同正本二份送资料室存档。有负责人批示的，还应附批复件。

第二十四条　单个债权人有权查阅债务人财产状况报告、债权人会议决议、债权人委员会决议、管理人监督报告等参与破产程序所必需的债务人财务和经营信息资料。

债权人要求查阅的，资料室应当提供《查阅资料申请表》指导债权人填写，并报管理人负责人审查批准。

上述信息资料涉及商业秘密的，应当告知债权人依法承担保密义务或者与其签署保密协议、或者要求其填写《保密承诺书》作出保密承诺；涉及国家秘密的应当通过管理人报经人民法院或者有关国家机关批准。

管理人负责人不予批准的，资料室不得提供，但应告知债权人可以请求人民法院作出决定。

第二十五条　人民法院裁定批准重整计划，或者债权人会议通过和解协议并经人民法院裁定认可而终止破产程序的，管理人应将已接管的债务人的账簿、文书及其他档案资料全部移交给债务人。

人民法院裁定终止重整程序并宣告债务人破产，或者人民法院裁定终止和解程序、终止和解协议的执行或者裁定和解协议无效并宣告债务人破产，管理人应当立即接管已经移交债务人的上述档案资料，继续履行保管职责。

第二十六条　破产清算完结人民法院裁定终结破产程序，管理人终止执行职务后，应当对接管的债务人的账簿、文书及其他档案资料全部移交给档案管理部门或其他机构保管。

债务人为国有企业或国有控股企业的，相关档案资料可以移交给其上级主管机关或控股股东。

第二十七条　破产清算完结人民法院裁定终结破产程序，管理人终止执行职务后，应当将执行职务过程中形成的档案资料，包括执行职务过程中形成的账簿装订成册归档，交由×××律师事务所/会计师事务所/清算事务所按照档案保管规定保存备查或者通过×××律师事务所/会计师事务所/清算事务所移交档案保管机构保管。

第二十八条　管理人可以在必要时预留相应的破产费用，以支付债务人或者破产人的账簿、文书等档案资料的保管费用。

第二十九条　本制度适用于×××律师事务所/会计师事务所/清算事务所工作人员担任管理人的破产案件。

×××律师事务所/会计师事务所/清算事务所被指定担任公司强制清算案件

清算组的，可以参照执行。

第三十条 本制度经×××律师事务所/会计师事务所/清算事务所提请人民法院审查备案后执行。由×××律师事务所/会计师事务所/清算事务所负责解释。

◇ **参考样式8 《管理人工作保密制度》**

管理人工作保密制度

第一条 为保障企业破产程序和管理人工作的顺利开展，保证企业破产程序进行的安全性，维护人民法院的审判权威，保守国家秘密、商业秘密、个人隐私，维护债务人、债权人及管理人的合法权益，特制定本制度。

第二条 管理人的所有工作人员（以下简称管理人工作人员），包括管理人成员、管理人聘用的工作人员，都有保守破产案件涉及的国家秘密、商业秘密和个人隐私的义务。

第三条 管理人保密工作，实行既确保保密又便利工作的方针。

第四条 管理人工作人员，对工作中知悉的受理破产案件的人民法院涉及本案的未公开信息，包括但不限于裁判文书、法律措施、会议纪要、庭审笔录、询问笔录等信息，不得向管理人成员以外的人员泄露和公开披露。

第五条 管理人工作人员，对工作中知悉的有关国家机关处理涉案企业破产事宜的未公开信息，包括但不限于决定、决议、会议纪要、行政措施等信息，不得向管理人成员以外的人员泄露和公开披露。

第六条 管理人工作人员，对工作中知悉的有关债务人（破产人）及其发起人、出资人、股东、实际控制人和法定代表人、董事、监事、高管人员、员工的属于国家秘密、商业秘密、个人隐私的事项，包括但不限于下列信息，不得向管理人成员以外的人员泄露和公开披露：

（一）属于国家秘密的债务人的设立、资质、生产经营、生产技术和工艺、经营销售情况等信息；

（二）属于国家秘密或者商业秘密的债务人的财产状况、债权债务等财务情况信息；

（三）属于国家秘密或者商业秘密的债务人的合同、协议、意见书、主要会议记录等信息；

（四）属于国家秘密或者商业秘密的债务人员工的人事档案资料信息；

（五）上市公司尚未公开披露的信息；

（六）属于国家秘密或者商业秘密的债务人的其他信息；

（七）债务人（破产人）的发起人、出资人、股东、实际控制人和法定代表人、董事、监事、高管人员、员工企业破产程序中不需要公开的信息、未公开的信息。

第七条　管理人工作人员在债务人破产程序进行过程中制作的各种文书以及整理的档案等资料，涉及破产案件国家秘密、商业秘密个人隐私的，不得向管理人成员以外的人员泄露和公开披露。

第八条　本制度第六条、第七条所称“属于国家秘密或者商业秘密”信息的认定及其范围，除第六条第（五）项外，由受理破产案件的人民法院、有关国家机关及债务人依法确定，并书面通知管理人。

第九条　未公开的债权人申报债权及其申报的债权信息，属于国家秘密或者商业秘密、个人隐私的，管理人工作人员不得向管理人成员以外的人员泄露和公开披露。

上款“属于国家秘密或者商业秘密、个人隐私”的信息认定，由受理破产案件的人民法院、相关国家机关、债权人依法确定，并书面通知管理人。

第十条　管理人工作中涉及国家秘密和商业秘密、个人隐私的相关文件、资料和其他物品，其制作、收发、传递、使用、复制、摘抄、保存和销毁，由管理人综合事务部办公室及资料室指定专人负责执行和管理。

第十一条　破产程序进行过程中需要对外交往合作，如重整程序中邀请、招募重整投资人，签订有关合同、协议及备忘录等，必须提供涉密信息资料的，应当事先经管理人报经人民法院、有关国家机关批准或者征得相关当事人书面同意。

第十二条　债权人申请查阅债务人财产状况报告、债权人会议决议、债权人委员会决议、管理人监督报告等参与破产程序所必需的债务人财务和经营信息资料，涉及国家秘密的，应当通过管理人报经人民法院或者有关国家机关批准；涉及商业秘密、个人隐私的，应当告知其依法承担保密义务或者与其签署保密协议、或者要求其填写《保密承诺书》作出保密承诺。

第十三条　涉及国家秘密保护的其他措施本制度未规定的，适用《中华人民共和国保守国家秘密法》的规定。

第十四条 本制度适用于×××律师事务所/会计师事务所/清算事务所工作人员担任管理人的破产案件。

×××律师事务所/会计师事务所/清算事务所被指定担任公司强制清算案件清算组的，可以参照执行。

第十五条 本制度经×××律师事务所/会计师事务所/清算事务所提请人民法院审查备案后执行。由×××律师事务所/会计师事务所/清算事务所负责解释。

◇ 参考样式9 《重大突发事件应急预案》

重大突发事件应急预案

第一条 为保证破产程序顺利进行，确保及时、迅速、高效、有序地处理破产程序进行过程中发生的重大突发事件，维护社会稳定，特制定本应急预案。

第二条 管理人处理重大突发事件应当坚持人民法院指导、管理人主导和管理人全员参与的原则。

管理人处理重大突发事件应当反应及时、处置迅速、积极有序、依法谨慎。

第三条 本预案所指重大突发事件是指突然发生或已有明确发生征兆的严重影响破产程序顺利进行的下列行为和事件：

（一）债权人、中小投资者及债务人职工或其他人员因债务人破产案件群体性到债务人生产经营地点或者管理人办公地点走访，发生情绪失控闹事行为；

（二）债权人、中小投资者及债务人职工或其他人员因债务人破产案件群体性到有关国家机关上访，发生情绪失控闹事行为；

（三）债务人发生重大安全事故；

（四）受理破产案件以外的其他执法机关突然对债务人财产采取强制措施，或者对债务人有关人员采取强制措施，影响破产程序进行的；

（五）与破产案件工作有关的负责人及工作人员突然失去联系或发生重大

人事变动，影响破产程序进行的；

（六）其他严重影响破产程序工作顺利进行的情形。

前款所称“群体性”，是指五人以上的自然人行为。

第四条　管理人直接负责破产程序进行期间重大突发事件的应对处理工作；管理人负责人为主管负责人，全面领导应急预案的制定、实施和执行并及时向人民法院及其他有关国家机关汇报工作。

第五条　管理人处理重大突发事件的主要职责：

（一）研究确定应对重大突发事件的指导思想和决策意见；

（二）制定应对重大突发事件发生时的处置措施并组织实施；

（三）总体调整应急部署并调度人力、物力；

（四）组织重大突发事件后期处置工作，包括但不限于清理事故现场，调查评估损失情况，调查事件原因；

（五）向人民法院、有关人民政府及其相关部门报告重大突发事件发生情况并接受其工作指导；

（六）总结重大突发事件处置工作，整理材料并存档；

（七）应对重大突发事件的其他相关工作。

第六条　与企业破产案件有关的所有工作人员都有义务在得知突发事件发生或即将发生的第一时间向管理人通报或报告，并在保障自身安全的情况下，立即实施力所能及的紧急处置措施。

第七条　管理人任何成员得知突发事件发生或即将发生的事实后应在第一时间报告管理人负责人；管理人负责人应在得知突发事件发生或即将发生的第一时间向人民法院报告。

第八条　突发事件发生后，管理人应在第一时间采取相应的应急措施，包括临时措施和应对措施，在请示人民法院同意后及时实施。

情况紧急的，应当先采取措施再在第一时间向人民法院报告。

第九条　重大突发事件一旦发生，管理人相关部门负责人应立即赶往现场开展了解核实情况等前期工作，并及时向管理人负责人通报；管理人负责人应当第一时间向人民法院报告。

管理人所有成员应迅速集中到管理人办公地点待命。

第十条　债权人、中小投资者、债务人职工或其他人员因债务人破产案件群体性到债务人生产经营场地或者管理人办公地点走访，发生情绪失控闹事行为的，管理人相关部门负责人应在第一时间到达现场了解情况，采取一切必要的临时措施防止事态扩大。管理人负责人应根据具体情况调配其他工作人员参与。

（一）应通过耐心劝导、疏导，稳定大局。严禁使用偏激、对立性的语言和采用任何过激动作行为；

（二）如事态进一步恶化，工作人员应请求值班保安将闹事人员进行隔离、集中，尽量避免其四处走动、喧哗。现场工作人员应与保安人员沟通、协作，继续对闹事人员进行劝导、疏导，同时注意防止保安人员的不文明语言、举止和使用武力、器械；

（三）如采取以上措施仍然无法控制局面，经管理人负责人同意后，现场工作人员应及时向辖区派出所或 110 报警。报警时要叙述清楚事发地点、单位、事由和联系电话。由出警人员依法处置，管理人的工作人员予以协助配合。

第十一条　债权人、中小投资者及债务人职工或其他人员因债务人破产案件群体性到有关国家机关上访，发生情绪失控闹事行为，由有关国家机关依法处理，管理人应当主动积极配合协助。

第十二条　债务人继续营业期间发生重大安全事故的，债务人生产经营负责人应当按照债务人生产经营安全事故管理制度和法律规定立即请求专业救援机构救援并报告人民政府安全生产管理部门。

管理人负责人应当第一时间赶往事故现场了解情况，并立即报告人民法院，同时带领管理人工作人员协助救援工作。

债务人生产经营活动是由管理人负责的，管理人应当按照本条第一款规定履行职责。

第十三条　执法机关突然对债务人财产采取强制措施，或者对债务人有关人员采取强制措施可能影响破产程序进行的，管理人应当立即报告人民法院，并向相关执法机关了解情况说明破产程序进行情况，并在人民法院指导下予以处理。

第十四条　与破产案件工作有关的负责人及工作人员突然失去联系或发生重大人事变动，影响破产程序进行的，管理人应当第一时间了解情况并向人民法院报告，并根据人民法院指导予以处理。

第十五条　管理人应就重大突发事件的处理情况、进度以及影响等事项及时向人民法院汇报，并提出相应的补救措施或建议。

第十六条　应急预案启动期间，管理人应保证办公场所的报警电话及其他通信设施畅通，各相关人员应24小时保证通信联络通畅；各应急主要负责部门应根据需要组建应急专门队伍待命。

第十七条　重大突发事件处理完毕，管理人应及时总结情况向人民法院报告。

第十八条　本预案没有涉及的其他重大突发事件，或者重大突发事件持续时间较长，影响严重，管理人应当另行制定相应的专项预案，提请人民法院审查、指导执行。

第十九条　本预案适用于×××律师事务所/会计师事务所/清算事务所工作人员担任管理人的破产案件。

×××律师事务所/会计师事务所/清算事务所被指定担任公司强制清算案件清算组的，可以参照执行。

第二十条　本预案经×××律师事务所/会计师事务所/清算事务所提请人民法院审查备案后执行。由×××律师事务所/会计师事务所/清算事务所负责解释。

◇ 参考样式10　被指定担任管理人的中介机构申请本机构或人员回避的《回避申请书》

回避申请书

申请人：×××律师事务所/会计师事务所/清算事务所（有限公司）。

法定代表人/负责人：×××，职务×××。

申请事项：不担任×××破产重整/破产和解/破产清算案的管理人/管理人团队成员。

事实和理由：

×××人民法院××××年××月××日指定本单位为×××破产重整/破产和解/破产清算一案的管理人的（××××）×破审第×-×号决定书收悉，申请人尚未接受人民法院指定/申请人已经同意接受人民法院的指定。

经申请人按照《中华人民共和国企业破产法》第二十四条第三款、第四款和《最高人民法院关于审理企业破产案件指定管理人的规定》第九条、第二十三条/第二十四条规定自行审查，申请人/申请人成员×××存在不得担任管理人/以下应当回避的情形：

1. …………

2. …………

…………

综上所述，申请人不得担任管理人或申请人或/及申请人成员×××与×××破产重整/破产和解/破产清算一案存在利害关系/申请人或申请人成员×××有重大债务纠纷/申请人或申请人成员×××因涉嫌违法正在被相关部门调查，应当回避。为此，申请人特依据《最高人民法院关于审理企业破产案件指定管理人的规定》第二十五条规定说明上述情况并申请回避，请人民法院根据《中华人民共和国企业破产法》第二十四条第三款/第四款或/及《最高人民法院关于审理企业破产案件指定管理人的规定》第九条/第二十三条/第二十四条规定依法决定。

此致

×××人民法院

具书人：（盖章）

××××年××月××日

附：

1. 申请人的执业许可证书/营业执照/居民身份证；

2. 申请人或者申请人成员与×××破产重整/破产和解/破产清算一案存在利害关系/申请人或者申请人成员有重大债务纠纷/申请人或者申请人成员因涉嫌违法正在被相关部门调查的相关证明材料。

◇ 参考样式11　被指定担任管理人的个人申请回避的《回避申请书》

回避申请书

申请人：×××，×××律师事务所/会计师事务所/清算事务所（有限公司）执业律师/会计师/职员。

申请事项：不担任×××破产重整/破产和解/破产清算案的管理人。

事实和理由：

×××人民法院××××年××月××日指定本人为×××破产重整/破产和解/破产清算一案的管理人的（××××）×破审第×-×号决定书收悉，申请人尚未接受人民法院指定/申请人已经同意接受人民法院的指定。

经本人按照《中华人民共和国企业破产法》第二十四条第三款、第四款和《最高人民法院关于审理企业破产案件指定管理人的规定》第九条、第二十四条规定自行审查，本人存在不得担任管理人/以下应当回避的情形：

1. …………

2. …………

…………

综上所述，申请人不得担任管理人或与×××破产重整/破产和解/破产清算一案存在利害关系/申请人有重大债务纠纷/申请人因涉嫌违法正在被相关部门调查。为此，申请人特依据《最高人民法院关于审理企业破产案件指定管理人的规定》第二十五条规定说明上述情况并申请回避，请人民法院根据《中华人民共和国企业破产法》第二十四条第三款/第四款或/及《最高人民法院关于审理企业破产案件指定管理人的规定》第九条/第二十四条规定依法决定。

此致

×××人民法院

具书人：（签名）

××××年××月××日

附：

1. 申请人的专业执业证书、居民身份证复印件；

2. 申请人与×××破产重整/破产和解/破产清算一案存在利害关系/申请人有重大债务纠纷/申请人因涉嫌违法正在被相关部门调查的相关证明材料。

◇ 参考样式 12　《×××管理人关于债务人财产等的接管和调查方案的报告》

×××管理人
关于债务人接管和债务人财产调查方案的报告

（××××）××破管字第×号

×××人民法院：

你院××××年××月××日指定本单位为×××破产重整/破产和解/破产清算一案的管理人的（××××）×破审第×-×号决定书收悉。我们/我接受你院的指定，同意担任×××破产重整/破产和解/破产清算一案的管理人。

根据《中华人民共和国企业破产法》第二十五条第一款第（一）项规定，为勤勉尽责，忠实执行接管职务，我们在你院受理债务人破产申请公告后，已经及时安排人员到你院进行了阅卷，了解了破产案件的基本情况，并向债务人有关人员了解了债务人的其他有关情况，告知了债务人及有关人员配合我们做好有关交接工作，并拟在本报告提交你院审查备案的三十日内完成对债务人财产、印章和账簿、文书等资料的接管，完成对债务人财产状况的调查。现将《×××管理人关于债务人财产、印章和账簿、文书等资料的接管与债务人财产的调查方案》

现提请你院审查，如无意见、建议请备案。

特此报告。

（管理人印章）

××××年××月××日

附：《债务人接管和债务人财产调查方案》

◇ 参考样式13　《债务人接管和债务人财产调查方案》

债务人接管和债务人财产调查方案

一、接管、调查人员配备和步骤

（一）接管、调查人员配备

根据债务人财产、印章和账簿、文书等资料状况和保管情况，成立以×××同志为负责人的资产管理部，并配备以下人员负责对债务人的各项接管工作：

1. ×××、×××同志负责接管、调查债务人的财产；

2. ×××、×××同志负责接管债务人的印章，协助调查债务人财产；

3. ×××、×××同志负责接管债务人的财务会计账簿，协助调查债务人财产；

4. ×××、×××同志负责接管债务人文书、档案资料，协助调查债务人财产。

实际接管、调查过程中，资产管理部负责人可以根据接管工作实际需要临时调配上述人员跨接管范围相互协作配合，共同完成接管和调查工作。

（二）接管、调查步骤安排

…………

二、接管范围

（一）债务人的财产

1. 债务人的现金；

2. 银行存款；

3. 有价证券；

4. 债权清册；

5. 债务清册；

6. 存货；

7. 流动资产；

8. 固定资产；

9. 在建工程；

10. 对外投资；

11. 无形资产；

12. 债务人的其他财产。

上述财产系权利凭证的，应当接管凭证，有对应财产时应同时核对清点相应财产；上述财产有相关凭证的，应当同时接管并对应清点相关财产。

债务人占有或者管理但不属于债务人所有的财产，应当一并接管。

债务人财产由他人占有或者管理的，应当依据人民法院受理破产申请的公告向实际占有人或财产管理人送达接管通知书，要求移交相关财产。

他人对债务人负有债务的，应当依据人民法院受理破产申请的公告向债务人的债务人发出清偿债务的通知书，要求清偿债务。

债务人的出资人尚未完全履行出资义务的，应当要求该出资人缴纳所认缴的出资，而不受出资期限的限制。

债务人的董事、监事和高级管理人员利用职权从企业获取的非正常收入和侵占的企业财产，应当追回。

对他人因《中华人民共和国企业破产法》第三十一条、第三十二条或者第三十三条规定的行为而取得的债务人的财产，应当追回。

（二）债务人的印章

1. 法人公章；

2. 法定代表人经营管理专用名章；

3. 财务专用章；

4. 财务人员财务管理专用名章；

5. 合同专用章；

6. 发票专用章；

7. 海关报关章；

8. 职能部门印章；

9. 分支机构印章；

10. 电子印章；

11. 电子签名（数字签名）使用的数字证书；

12. 债务人的其他印章；

13. 债务人的其他经营管理人员用于经营管理的专用名章。

（三）债务人的财务会计账簿

1. 总账；

2. 明细账；

3. 台账；

4. 日记账；

5. 全部会计凭证；

6. 重要空白会计凭证。

（四）债务人的文书、档案等材料

1. 债务人的批准设立文件或/及债务人设立的投资协议书、发起人协议书、股东名册；

2. 企业法人章程、管理制度；

3. 法人营业执照正副本及税务登记证书、组织机构代码证书；

3. 分支机构营业执照正副本；

4. 外汇登记证、海关登记证明、经营资质文件等与债务人经营业务相关的批准、许可或授权文件；

5. 各类经营管理合同、协议书、备忘录；

6. 各类会议记录、会议决议、会议纪要；

7. 人事档案、劳动合同、劳务合同；

8. 电子文档、管理系统授权密码资料；

9. 有关债务人的诉讼、仲裁、执行案件的材料；

10. 债务人的其他重要资料。

三、接管程序

1. 接管债务人财物时，应当事先通知财、物的占有人、管理人或者其他负有协助义务的人员，告知其交接时间和不予交付、拒绝协助的法律责任。

2. 制作交接书、交接清单和接管笔录，相关文书由具体接管人员和债务人的有关人员签名确认。

3. 债务人或者相关单位和个人不协助管理人接管的，或者出现影响接管的其他情形的，应当及时通过管理人负责人报告人民法院，并提出处理意见。

4. 接管过程中，发现有关机关对债务人财产已经采取保全措施、有关债务人的诉讼、仲裁或者执行程序正在进行，应当报告管理人负责人以管理人名义及时告知有关机关解除对债务人财产的保全措施、中止有关债务人的诉讼、仲裁或者执行程序。

完成接管后，管理人应当及时告知有关机关恢复诉讼或者仲裁。

5. 根据接管实际情况，对可能被转移、毁损、隐匿的债务人的财产、印章和账簿、文书等资料，应当报告管理人负责人并以管理人名义及时申请人民法院采取保全措施。

6. 根据接管工作需要，可以通过管理人负责人请求人民法院对接管工作、包括现场交接工作进行指导、监督。

7. 接管完成后，接管小组应当报告管理人负责人，以管理人名义在债务人营业场所公告有关情况；同时通过管理人制作接管情况报告并附交接书、交接清单和接管笔录等文书材料，报人民法院审查备案。

8. 接管完成后，对债务人的财产、印章和账簿、文书等资料应当妥善保管，防止损毁或者遗失。

需要聘用债务人的有关人员作为留守人员或者其他人员管理维护债务人财产的，接管人应当及时报告管理人负责人并以管理人名义报经人民法院许可，由管理人与聘用人员签订聘用合同对双方的权利义务、劳动报酬标准等事项作出明确约定。

其中聘用债务人的有关人员作为留守人员的，其劳动报酬原则上不高于原报酬。

四、调查内容及程序

（一）调查内容

在接管过程中，应当同时对债务人及其分支机构的下列事项进行全面调查：

1. 债务人的营业状况；

2. 债务人的资产状况：

（1）库存现金、银行存款及其他货币资金；

（2）存货的存放地点、数量、状态、性质及相关凭证；

（3）设备权属、债务人有关海关免税的设备情况；

（4）土地使用权、房屋所有权、在建工程的立项文件、相关许可、工程进度、施工状况及相关技术资料；

（5）专利权、商标权、著作权、许可或特许经营权情况；

（6）各种投资证券、全资企业、参股企业等资产情况；

（7）无法人资格的分公司、无法人资格的工厂、办事处等分支机构的资产情况；

3. 债务人的债权债务情况：

（1）债权、债务的形成原因、形成时间、具体内容；

（2）债务人的债务人经营管理与经济状况；

（3）债权、债务催收、被催收情况；

（4）债权、债务是否涉及诉讼或仲裁催收、被催收，是否已过诉讼、申请法院执行时效；

（5）已诉讼或仲裁的债权、债务的履行期限；

（6）有关债务人债权、债务的未审结诉讼、仲裁或其他法律程序以及未执行完毕的案件情况；

4. 债务人职工安置情况，职工工资、经济补偿金支付情况及社会保险费的缴纳情况；

5. 债务人出资人的出资情况：

（1）出资人名册、出资协议、公司章程；

（2）验资报告及实际出资情况、非货币财产出资的批准文件、财产权属证明文件、权属变更登记文件；

（3）历次资本变动情况及相应的验资报告；

6. 债务人财产被其他人占有、管理的状况；

7. 债务人是否存在企业破产法第三十一条、第三十二条或者第三十三条规定的行为；

8. 债务人的董事、监事和高级管理人员是否存在利用职权获取非正常收入或者侵占债务人财产的行为；

9. 债务人未履行完毕的合同；

10. 有关债务人财产的其他未审结诉讼、仲裁或其他法律程序以及未执行完毕的案件情况；

11. 有关债务人的其他情况。

（二）调查程序

1. 对债务人相关人员的调查，应由至少两名调查人员进行，并制作调查笔录、工作记录，调查人员、调查相对人应当在笔录或记录上签名确认。调查相对人拒不签字的，应当详细记录并说明相关情况。

2. 调查人员可以要求债务人的有关人员协助调查，债务人的有关人员怠于或者拒绝协助调查的，管理人应当及时报告管理人负责人向人民法院提出处理意见。

3. 调查完成后，应当根据债务人财产接管和调查情况及时制作财产状况报告，以管理人名义报告人民法院并提交第一次债权人会议审查。

4. 无法全面调查债务人状况时，应当在第一次债权人会议前向人民法院报告；并在第一次债权人会议上向全体债权人报告。

5. 对财产状况不清或者有关人员下落不明的债务人，管理人应当本着有利于提高债务人财产价值的原则，在取得债权人会议或者债权人委员会同意并合理控制费用的前提下，对债务人状况继续进行调查。

◇ 参考样式14 第一次债权人会议召开前管理人致人民法院《×××管理人关于×××破产重整/破产和解/破产清算案债权申报登记和审查情况的报告》

×××管理人
关于×××破产重整/破产和解/破产清算案
债权申报登记和审查情况的报告

〔××××〕××破管字第×号

×××人民法院：

×××破产重整/破产和解/破产清算一案债权申报和管理人审查工作已经结束，根据你院公告第一次债权人会议将于××××年××月××日在你院第×会议室召开/通过网络通信方式召开/通过书面形式召开。

为便于人民法院了解掌握可能出席债权人会议的债权人成员及其债权申报登记及管理人审查情况，及时指定债权人会议主席和/或建议债权人会议决定设立债权人委员会，保证第一次债权人会议的顺利召开，管理人现将债权申报登记及管理人审查情况（详见附件）报告你院，并拟在第一次债权人会议上向出席会议的债权人、列席会议的债务人的有关人员等报告。

当否，请审查并提出意见、建议。

特此报告。

（管理人印章）

××××年××月××日

附：

1.《×××破产重整/破产和解/破产清算案债权申报登记册（表）》共×册；

2.《×××管理人对×××破产重整/破产和解/破产清算案债权申报的审查意见》；

3. 建议债权人会议核查的《×××破产重整/破产和解/破产清算案债权表》。

◇ 参考样式 15　第一次债权人会议召开前管理人致人民法院《×××管理人关于提请指定债权人会议主席的报告》

×××管理人
关于推荐债权人会议主席人选的报告

〔××××〕××破管字第×号

×××人民法院：

×××破产重整/破产和解/破产清算一案债权申报和管理人审查工作已经结束，根据你院公告第一次债权人会议将于××××年××月××日在你院第×会议室召开/通过网络通信方式召开/通过书面形式召开。

为便于人民法院及时依据《中华人民共和国企业破产法》第六十条规定及时指定债权人会议主席，保障债权人会议顺利召开，经管理人研究拟推荐下列×位债权人作为担任债权人会议主席的人选，请人民法院选择指定其中一人并在第一次债权人会议开始时宣布。

1. ×××，男/女，个人债权人/单位债权人法定代表人或其委托的代理人，债权有/无财产担保，债权额占总债权额的××%，占有/无财产担保债权总额的××%；

…………

当否，请审查并决定。

特此报告。

（管理人印章）

××××年××月××日

附：

1. 候选人×××的居民身份证复印件，联系方式：住所地××××××，电话号码××××××，电子邮箱×××@×××. COM；/候选人×××的居民身份证复印件，所属债权人的营业执照、单位证明/授权委托书，联系方式：住所地××××××，电话号码××××××，电子邮箱×××@×××. COM；

……

◇ 参考样式16　第一次债权人会议召开前管理人致人民法院《×××管理人关于推荐债权人委员会成员候选人的报告》

×××管理人
关于推荐债权人委员会成员候选人的报告

〔××××〕××破管字第×号

×××人民法院：

×××破产重整/破产和解/破产清算一案债权申报和管理人审查工作已经结束，根据你院公告第一次债权人会议将于××××年××月××日在你院第×会议室召开/通过网络通信方式召开/通过书面形式召开。

根据本案债权人人数众多，多次召开债权人会议比较困难，依据《中华人民共和国企业破产法》第六十七条规定，管理人认为通过债权人会议决定设立债权人委员会，依照《中华人民共和国企业破产法》第六十八条第一款行使部分债权人会议职权，有利提高破产程序工作效率。现根据债权人类型和债权结构，经征求部分债权人和债务人部分职工/债务人工会意见，管理人拟推荐下列××（数量）人作为债权人委员会成员候选人，请人民法院依法审查并在第一次债权人会议上建议。

1. ×××，男/女，债务人的职工代表/工会代表；

2. ×××，男/女，个人债权人/单位债权人法定代表人或其委托的代理人，债权有/无财产担保，债权额占总债权额的××%，占有/无财产担保债权总额的××%；

…………

当否，请审查。

特此报告。

（管理人印章）

××××年××月××日

附：

1. 候选人×××的居民身份证复印件，在债务人单位入职的相关材料/当选债务人工会职务的相关材料；联系方式：住所地××××××，电话号码××××××，电子邮箱×××@ ×××. COM；

2. 候选人×××的居民身份证复印件，联系方式：住所地××××××，电话号码××××××，电子邮箱×××@ ×××. COM；/候选人×××的居民身份证复印件，所属债权人的营业执照、单位证明/授权委托书，联系方式：住所地××××××，电话号码××××××，电子邮箱×××@ ×××. COM；

…………

◇ 参考样式17　第一次债权人会议召开前管理人致人民法院《×××管理人关于提请确定个别债权人的债权额的报告》

×××管理人

关于提请临时确定个别债权人的债权额的报告

〔××××〕××破管字第×号

×××人民法院：

×××破产重整/破产和解/破产清算一案债权申报和管理人审查工作已经结

束，根据你院公告第一次债权人会议将于××××年××月××日在你院第×会议室召开/通过网络通信方式召开/通过书面形式召开。

为保障全体债权人依法行使表决权及其他债权人权利，依据《中华人民共和国企业破产法》第五十九条第二款规定，管理人提请人民法院临时确定下列债权人的债权额：

1. 债权人×××（个人/单位），申报债权额×××元；管理人审查尚未确定债权额×××元，建议临时确定债权额×××元。

建议原因：…………

2. 债权人×××（个人/单位），申报债权额×××元；管理人审查尚未确定债权额×××元，建议临时确定债权额×××元。

建议原因：…………

…………

上述临时确定的债权额在第一次债权人会议结束后管理人再行审查并经人民法院裁定确认其实际债权额后失效。

当否，请审查决定。

特此报告。

（管理人印章）

××××年××月××日

附：

1. 债权人×××（个人/单位）申报债权相关材料及证据；

2. 债权人×××（个人/单位）申报债权相关材料及证据；

…………

◇ **参考样式18 《债务人财产管理方案》**

债务人财产管理方案

一、债务人财产的接管

（一）接管的具体步骤

列明接管的时间、措施；制定的接收方案；包括交付财产通知、接管通知、《接管清单》等在内的各类接管文件。

（二）接管的债务人财产及资料汇总

1. 固定资产和实物资产

2. 无形资产

3. 有价证券

4. 尚未履行完毕的合同

5. 债务人的诉讼、仲裁案件的材料

6. 财产权属证书

7. 印章、证照

8. 财务账册、银行存款凭证等财务资料

9. 债务人银行账户资料

10. 人事档案

11. 文书档案

12. 其他接管的财产

（三）未接管债务人财产及资料总汇

列明财产清单及未接管原因。

二、债务人财产的管理

（一）对接管财产的管理措施

1. 列明各项有关债务人财产管理的规章制度，例如：《债务人财产保管和使用办法》《债务人印章和资料的保管和使用办法》《债务人财务收支管理办法和标准》等；

2. 列明债务人财产、账簿、文书、资料的保管措施；

3. 列明债务人财产的安全保卫措施。

（二）未接管财产的追回措施

列明未接管财产的追回方案。

◇ 参考样式 19　《破产财产变价方案》

破产财产变价方案

一、变价原则

阐述本方案确定的财产变价原则。

二、破产财产状况

分别列明经审计、评估的破产人货币（有价证券）资金、应收账款和预付账款、对外债权、对外投资、存货、固定资产、无形资产等各类破产财产的状况。

三、破产财产变价方案

分别列明各类破产财产的处置措施：

（一）对外债权、对外投资的处置

1. 经调查后发现确无追回可能或追收成本大于债权本身的，报请债权人委员会审议，予以核销处理。

2. 破产人的债务人已破产的，依法申报债权。

3. 其他对外债权、投资的处置方案。

（二）存货、固定资产、无形资产的处置

一般采取拍卖方式进行变价。需要采取拍卖方式之外的变价措施的，列明相应的变价措施。

（三）其他破产财产的处置

四、变价预备措施

对拟公开拍卖财产遭遇流拍时的预备处置措施。

五、设定担保权的特定财产的变价处置方案

◇ 参考样式 20　《破产财产分配方案》

破产财产分配方案

一、参加破产财产分配的债权情况

简述参加破产财产分配的债权人人数、各类债权总额等基本情况。另行制作《参与分配债权人表》，详细列明参与分配的债权人名称或者姓名、住所、债权性质与债权额等情况。

二、可供分配的破产财产总额

分别列明货币财产和非货币财产的变价额。直接分配非货币财产的，列明非货币财产的估价额。

三、破产财产分配的顺序、比例和数额

（一）破产费用和共益债务的清偿情况

列明各项破产费用和共益债务的数额，包括已发生的费用和未发生但需预留的费用。人民法院最终确定的管理人报酬及收取情况须特别列明。

（二）破产债权的分配

列明剩余的可供分配破产债权的破产财产数额，依《中华人民共和国企业破产法》第一百一十三条规定的顺序清偿。分别列明每一顺序债权的应清偿额、分配额、清偿比例等。

四、破产财产分配实施办法

（一）分配方式

一般以货币方式进行分配，由管理人根据各债权人提供的银行账号，实施转账支付，或者由债权人领取。

（二）分配步骤

列明分配次数和时间，拟实施数次分配的，应当说明实施数次分配的理由。

（三）分配提存

列明破产财产分配额提存的情况，以及提存分配额的处置方案。

五、特定财产清偿方案

（一）对特定财产享有担保权的债权情况

（二）可供清偿的特定财产总额

列明特定财产的变价总额。

（三）特定财产清偿方案

特定财产的清偿方案。特定财产不足分配所有担保债权的，还应列明未受偿的担保债权数额。

附：《破产债权清偿分配明细表》

破产债权清偿分配明细表

序号	债权人名称（单位/个人）	债权金额（元）		分配数额（元）	领款人证件	领款人签字
		申　报	确　认			
1						
2						
3						
4						
5						
6						
7						
8						
9						
10						
…						

◇ 参考样式21 《重整计划草案》

重整计划草案

一、债务人基本情况

1. 企业的设立日期、性质、住所地、法定代表人姓名；
2. 企业注册资本、出资人及出资比例；
3. 企业生产经营范围；
4. 企业目前状态。

二、重整计划草案起草的过程和可行性分析

简述重整计划草案起草的前期过程，重点分析重整计划草案实施的可行性。

三、重整计划草案的框架和主要内容

（一）债务人的经营方案

简述经营团队组成、经营计划、经营计划的可行性分析、经营目标等。

（二）债权分类和调整方案

简述经法院裁定确认的债权核查情况，并按债权类别介绍各类债权的金额和调整方案，说明债权调整的理由和实施途径。

（三）出资人权益调整方案

简述出资人情况及出资比例，介绍出资人权益调整方案，说明调整的理由和实施途径。

（四）债权受偿方案

简述各类债权的受偿途径和比例，并须特别说明如果不重整而直接进行破产清算的债权的可能受偿比例。

（五）重整计划的执行期限

说明重整计划的执行期限及其确定理由。

（六）重整计划执行的监督期限

说明重整计划执行监督措施及确定重整计划执行监督期限的理由。

（七）有利于债务人重整的其他方案

四、重整计划草案的重点与难点

突出说明重整计划实施中的重点与难点，介绍解决的方案和途径，以及重整计划实施过程中需要进一步工作的内容。

◇ 参考样式 22 《和解协议草案》

和解协议草案

一、债务人基本情况

1. 企业的设立日期、性质、住所地、法定代表人姓名；
2. 企业注册资本、出资人及出资比例；
3. 企业生产经营范围；
4. 企业目前状态。

二、债务人财产状况说明

1. 债务人现有财产总额、财产类别、财产分布、其他可利用的财产；
2. 债务人享有的债权总额及分类、性质、数额，目前追收情况；
3. 债务人拟改善财产状况的途径、措施、期限。

三、债务人债务情况说明

1. 债务人负担的债务总额；
2. 分类债务性质、应当清偿的期限、方式；
3. 有争议的债务类别、性质和数额，争议的原因，目前解决情况。

四、债务减免与清偿

1. 债务减免：

（1）请求债权人减免债务人债务的原则；

（2）请求债权人减免债务人债务的类别、性质；

（3）请求债权人减免债务人债务的比例、数额；

2. 债务清偿：

（1）当期清偿债务的类别、性质、数额、比例、方式、期限；

（2）延期清偿债务的类别、性质、数额、比例、方式、期限；

（3）分期清偿债务的类别、性质、数额、比例、方式、期限。

五、债务人确保执行和解协议的措施

应当列明债务人已经采取的确保和解协议执行的措施以及在和解协议达成后将要采取的确保和解协议执行的措施。其中，包括债务人自己或者第三人为债务人清偿债务提供担保的方式、担保期限、担保责任。

六、争议债务的处理办法

协商、调解或者诉讼、仲裁。

◇ **参考样式23　《重整、和解期间债务人财产管理制度》**

重整、和解期间债务人财产管理制度

第一条　为了防止重整或者和解期间债务人资产风险，避免债务人及其有关人员欺诈、恶意减少债务人财产或者其他显著不利于债权人的行为，维护债权人、债务人的合法权益，特制定本管理制度。

第二条　本管理制度所称重整、和解期间，是指自人民法院裁定债务人重整、和解之日起至人民法院裁定重整程序、和解程序终止之日止，不包括重整计划、和解协议执行期间。

第三条　重整、和解期间，债务人的法定代表人、董事、监事、高管人员和所有留守员工有义务保障债务人财产不受损害，不得实施隐匿、转移、毁损及其他一切损害债务人财产及其价值的行为。

第四条　债务人财产的保管部门和保管责任人及其岗位职责，由管理人确定、制定。

债权人、债务人、管理人，都有权利和义务监督保管部门和保管责任人履行保管职责。

第五条 债务人资产如有安全隐患、面临重大风险，或者发生丢失、毁损的，保管责任人应当在第一时间向主管部门领导进行报告，并保留相应的工作记录。

主管部门领导应及时报告管理人，以采取措施消除隐患和风险或者通过法律途径处理，

债务人财产出现安全隐患、发生安全事故隐瞒不报或不及时处理，造成损失的，有关责任人要承担直接责任。

第六条 债务人财产保管实行“7×24”值班制度，确保债务人重要资产、设备和财务账册、凭证、电子文档每天二十四小时有人监管。

保管部门应主动与公安、消防等部门保持日常的沟通协调工作。

第七条 为保障债务人有关资产及权益安全，管理人必要时可申请人民法院采取财产保全措施。

第八条 重整期间，对债务人的特定财产享有的担保权暂停行使。但是，担保物有损坏或者价值明显减少的可能，足以危害担保权人权利的，担保权人可以向人民法院请求恢复行使担保权；是否许可，由人民法院决定。

第九条 重整期间债务人为继续营业而借款，为该借款设定担保，均应通过管理人审查并报经人民法院许可。

重整期间管理人为继续营业而借款，为该借款设定担保，均应报经人民法院许可。

第十条 重整期间，债务人合法占有的他人财产，该财产的权利人在重整期间要求取回的，应当符合事先约定的条件，同时应当通过管理人审查并报经人民法院许可。

第十一条 重整期间，债务人的出资人不得请求投资收益分配。

债务人的董事、监事、高级管理人员不得向第三人转让其持有的债务人的股权。但是，经管理人审查并报经人民法院同意的除外。

第十二条 重整期间，债务人有欺诈、恶意减少债务人财产或者其他显著不利于债权人的行为的，管理人应当请求人民法院裁定终止重整程序，并宣告债务人破产。

第十三条 重整期间，债务人或者管理人需要与职工解除劳动关系的，

管理人应当报经人民法院许可。

第十四条　自人民法院裁定和解之日起，对债务人的特定财产享有担保权的权利人可以行使权利，但应当通过管理人审查并报请人民法院许可。

第十五条　本管理制度未尽事宜，按照企业破产法及最高人民法院相关司法解释执行；企业破产法及最高人民法院相关司法解释未规定的，通过管理人会议补充。

第十六条　本管理制度经管理人提请人民法院审查备案后执行，由管理人负责解释。

◇ 参考样式 24　《重整期间债务人合同管理制度》

重整期间债务人合同管理制度

第一条　为加强重整期间的合同管理，保证重整程序的顺利完成，维护债权人合法权益，特制定本管理制度。

第二条　本管理制度所称重整期间，是指自人民法院裁定债务人重整之日起至人民法院裁定重整程序终止之日止，及重整计划执行期间。

第三条　重整期间，债务人对外签订合同一律适用本管理制度。

第四条　重整期间，债务人对外签订合同应当以有利于提高债务人财产价值、有利于提高债务人清偿债务能力为原则。

第五条　合同由债务人或者管理人工作部门具体经办人拟订初稿，由管理人统一登记编号、经办人签名后，按合同审批权限进行审批。

合同正式签订前，必须按规定上报管理人或管理人办公会议，经审查批准后，方能正式签订。

第六条　合同审批权限如下：

（一）标的在人民币 10 万元以下的，由管理人办公会议审批；

（二）标的超过人民币 10 万元的，由管理人办公会议通过后报请人民法院审批。

第六条　合同必须经管理人律师进行审查。

管理人律师审查的重点包括：

（一）合同的合法性。包括：当事人有无签订、履行该合同的权利能力和行为能力；合同内容是否符合国家法律、政策规定。

（二）合同的严密性。包括：合同应具备的条款是否齐全；当事人双方的权利、义务是否具体、明确、公平；文字表述是否确切无误。

（三）合同的可行性。包括：当事人双方特别是对方是否具备履行合同的能力、条件；预计取得的经济效益和可能承担的风险；合同非正常履行时可能受到的经济损失。

第七条 债务人磋商合同事宜，应当报告管理人，管理人有权派员参加。

第八条 合同内容不得违反国家法律、法规和政策。

第九条 对外签订合同的经办人，必须持有管理人签发的授权委托书。

第十条 对外签订的合同一律采用管理人制定的统一格式。

第十一条 管理人综合事务部财务室负责合同登记、合同账目及合同归档管理工作，

管理人资产管理部监督合同履行情况并适时报告管理人。

第十二条 任何人对外签订合同，都不得在假公济私、损公肥私，收受贿赂。否则将依法追究其法律责任。

第十三条 本管理制度未尽事宜，通过管理人会议补充。

第十四条 本管理制度经管理人提请人民法院审查备案后执行，由管理人负责解释。

◇ **参考样式 25 《债务人安全保卫管理制度》**

债务人安全保卫管理制度

第一条 为加强债务人企业的安全保卫工作，维护债务人的财产安全，企业留守人员的人身安全，保障债权人的合法权益，保证破产程序顺利进行，特制定本制度。

第二条 本管理制度适用于管理人接管债务人财产之后至破产程序终结管理人终止执行职务。

第三条 本管理制度由管理人资产管理部组织实施。

债务人自行管理营业期间，由债务人组织实施，管理人予以监督。

第四条 管理人与保安服务公司签订服务合同，安排保卫人员对债务人

企业进行全天候二十四小时安全保卫，确保债务人企业财物不被盗抢遭受损失。

第五条　保安公司安保人员与债务人的留守人员，要密切配合，确保债务人经营场所、仓库有关通道保持畅通，严格按照《建筑灭火器材配置设计规范》的要求，分类备足相应的防火器具，确保防火器具功能有效，摆放位置明显，不被杂物挤压围堆。

第六条　债务人经营场所要严格防止超负荷使用电力设备、线路和液化气容器，对老化、破损、超载的要及时进行保养更换，电线、照明灯具要与其他物品保持安全距离，不得挤压电源线路、液化气容器。

第七条　债务人的留守人员，要正确使用、操作电器、设备。要求持证上岗的必须持证上岗。对设备要定期进行安全检查维护，对存有安全隐患的设备要及时停用、维修或更换。重要设备要设专人管理负责。

第八条　管理人对债务人对外出租的库房、办公用房等要与承租的单位或个人签订安全保卫、防火防盗、安全用电协议，做到责任清楚，各负其责。

第九条　管理人要根据安全生产主管部门的有关规定，经常检查、监督安全保卫、防火防盗、安全用电，严格操作规程，保证企业财产和员工人身的安全。

第十条　保安公司安保人员与债务人的留守人员，要自觉接受公安、消防、治安部门的监督管理，保持与相关部门的沟通联系，共同构建防范屏障。

对影响债务人财产安全的寻衅滋事、盗窃财产、侵害公物等的行为要及时报警处理。

第十一条　债务人留守工作人员要树立防范意识，爱护公共财产，妥善保管好个人物品，下班后要锁好门窗、文件柜，办公室内不要存入现金等贵重物品。

第十二条　财务重地避免闲人出入，确保财务档案安全。财务室要认真执行现金保管规定，送款、取款要有保卫措施。财务人员下班后要严格检查门窗、保险柜是否锁好并开启监控设备。

第十三条　债务人汽车驾驶人员未经批准不得私自出车，坚决遵守《中华人民共和国道路交通安全法》及本地区交通法规和本单位的安全行车规定。

第十四条　保安公司安保人员与债务人的留守人员，要做到懂安全操作规程，会防火、灭火、自救，保护事故现场，会使用消防、防盗设备器具。

第十五条 保安公司要建立处理突发、紧急情况事务处理机制，如遇重大突发情况，做到及时报告求助，及时采取得力措施，避免人员、财产的损失。

第十六条 安全保卫工作必须常抓不懈，管理人将定期或不定期进行检查监督，发现安全隐患及时纠正解决。

第十七条 本管理制度未尽事宜，通过管理人会议补充。

第十八条 本管理制度经管理人提请人民法院审查备案后执行，由管理人负责解释。

◇ 参考样式 26 《留守管理制度》

留守管理制度

第一条 为维持债务人企业的稳定，避免债务人资产风险，保障管理人依法有序开展管理工作，保证破产程序顺利进行，特制定本管理规定。

第二条 人民法院受理破产申请后，管理人接管债务人之前，债务人的法定代表人和财会、统计、保管、保卫人员必须留守。

破产程序进行过程中其他时间段需要留守人员的，由管理人根据管理工作需要报经人民法院决定。

第二条 管理人接管债务人之前，债务人的留守人员尤其是法定代表人及财务、保卫人员，不得擅离职守。

第三条 留守人员职责：

（一）配合管理人做好员工的思想工作，妥善安排好员工的工作生活，避免发生群体性走访、上访等突发事件；

（二）管理好债务人财产、印章和账簿、文书、档案，主动配合管理人的接管工作。

管理人办公会议确定留守人员的岗位与职责。

留守人员的岗位与职责确定后留守人员必须遵守劳动纪律，严格履行岗位责任，接受管理人考核。

第四条 留守人员的劳动报酬通过平等协商确定，社会医疗保险、养老保险正常缴纳，由破产管理人报经人民法院批准执行。

留守人员的其他待遇，依照劳动法律、法规和政策的相关规定办理。

第五条　为节约破产费用，管理人可根据破产程序进程对留守人员的人数、岗位进行调整，并将调整结果及时公布。

第六条　留守人员的正常休假、病假、事假由管理人综合事务部办公室负责审批。

法定代表人、财务人员、保卫人员的休假、病假、事假须报管理人办公会议批准。

第七条　债务人自行管理营业期间的劳动人事管理由债务人负责，管理人监督。

第八条　本管理制度未尽事宜，通过管理人会议补充。

第九条　本管理制度经管理人提请人民法院审查备案后执行，由管理人负责解释。